"十四五"国家重点出版物出版规划项目·重大出版工程

—— 中国学科及前沿领域2035发展战略丛书

学术引领系列

国家科学思想库

中国工业互联网
2035发展战略

"中国学科及前沿领域发展战略研究（2021—2035）"项目组

科学出版社

北 京

内 容 简 介

工业是国民经济的命脉，随着新一代信息技术的快速发展和应用，工业发展正在迎来新的变革性契机，需要新的发展思路，而工业互联网正是实现这场变革的核心要素。《中国工业互联网2035发展战略》从信息技术视角出发，系统地分析工业互联网的科学意义和战略价值，回顾和梳理工业互联网的现状和发展规律，凝练工业互联网的关键科学问题和核心技术领域，指出值得重点关注的发展方向，进而给出我国发展工业互联网的政策建议。

本书为相关领域战略与管理专家、科技工作者、企业研发人员及高校师生提供了研究指引，为科研管理部门提供了决策参考，也是社会公众了解工业互联网发展现状及趋势的重要读本。

图书在版编目（CIP）数据

中国工业互联网 2035 发展战略 /"中国学科及前沿领域发展战略研究（2021—2035）"项目组编 . —北京：科学出版社，2023.6
（中国学科及前沿领域 2035 发展战略丛书）
ISBN 978-7-03-075343-4

Ⅰ.①中… Ⅱ.①中… Ⅲ.①互联网络 - 应用 - 工业发展 - 发展战略 - 研究 - 中国 Ⅳ.① F424-39

中国国家版本馆 CIP 数据核字（2023）第 061561 号

丛书策划：侯俊琳　朱萍萍
责任编辑：邹　聪　高雅琪 / 责任校对：韩　杨
责任印制：师艳茹 / 封面设计：有道文化

科学出版社 出版
北京东黄城根北街 16 号
邮政编码：100717
http://www.sciencep.com
中国科学院印刷厂 印刷
科学出版社发行　各地新华书店经销
*
2023 年 6 月第 一 版　开本：720×1000　1/16
2023 年 7 月第二次印刷　印张：23
字数：360 000

定价：158.00元
（如有印装质量问题，我社负责调换）

"中国学科及前沿领域发展战略研究（2021—2035）"

联合领导小组

组　长　常　进　李静海

副组长　包信和　韩　宇

成　员　高鸿钧　张　涛　裴　钢　朱日祥　郭　雷
　　　　　杨　卫　王笃金　杨永峰　王　岩　姚玉鹏
　　　　　董国轩　杨俊林　徐岩英　于　晟　王岐东
　　　　　刘　克　刘作仪　孙瑞娟　陈拥军

联合工作组

组　长　杨永峰　姚玉鹏

成　员　范英杰　孙　粒　刘益宏　王佳佳　马　强
　　　　　马新勇　王　勇　缪　航　彭晴晴

《中国工业互联网 2035 发展战略》

编 写 组

组 长 梅 宏

副组长 黄 维 丁 汉 陈维江

成 员（以姓氏拼音为序）

陈晓江	东 方	何 源	冀晓宇	蒋朝辉
金嘉晖	李福存	李向阳	刘 亮	刘 敏
刘佳琪	刘云浩	刘云淮	卢家伟	鲁宗相
罗军舟	马 郓	马华东	单 冯	沈卫明
史彦军	苏玥琦	孙茂杰	谈海生	谭玥宁
王继良	吴巍炜	熊润群	徐 恪	徐文渊
徐晓兰	薛小磊	杨 晨	杨 铮	姚 苏
於志文	张 兰	张 宇	张竞慧	张燕咏
郑霄龙	周 迎			

秘 书 组

组 长 罗军舟 刘云浩

成 员 （以姓氏拼音为序）

东 方 金嘉晖 刘 敏 马 郓 熊润群

杨 铮

咨询顾问组

成 员 （以姓氏拼音为序）

陈 纯 丁 华 方 帆 桂卫华 秦天石

隋少春 陶 波 王 宇 王继业 王建浦

杨 亮 张 平

总　序

党的二十大胜利召开，吹响了以中国式现代化全面推进中华民族伟大复兴的前进号角。习近平总书记强调"教育、科技、人才是全面建设社会主义现代化国家的基础性、战略性支撑"[①]，明确要求到 2035 年要建成教育强国、科技强国、人才强国。新时代新征程对科技界提出了更高的要求。当前，世界科学技术发展日新月异，不断开辟新的认知疆域，并成为带动经济社会发展的核心变量，新一轮科技革命和产业变革正处于蓄势跃迁、快速迭代的关键阶段。开展面向 2035 年的中国学科及前沿领域发展战略研究，紧扣国家战略需求，研判科技发展大势，擘画战略、锚定方向，找准学科发展路径与方向，找准科技创新的主攻方向和突破口，对于实现全面建成社会主义现代化"两步走"战略目标具有重要意义。

当前，应对全球性重大挑战和转变科学研究范式是当代科学的时代特征之一。为此，各国政府不断调整和完善科技创新战略与政策，强化战略科技力量部署，支持科技前沿态势研判，加强重点领域研发投入，并积极培育战略新兴产业，从而保证国际竞争实力。

擘画战略、锚定方向是抢抓科技革命先机的必然之策。当前，新一轮科技革命蓬勃兴起，科学发展呈现相互渗透和重新会聚的趋

---

① 习近平. 高举中国特色社会主义伟大旗帜 为全面建设社会主义现代化国家而团结奋斗——在中国共产党第二十次全国代表大会上的报告. 北京：人民出版社，2022：33.

势，在科学逐渐分化与系统持续整合的反复过程中，新的学科增长点不断产生，并且衍生出一系列新兴交叉学科和前沿领域。随着知识生产的不断积累和新兴交叉学科的相继涌现，学科体系和布局也在动态调整，构建符合知识体系逻辑结构并促进知识与应用融通的协调可持续发展的学科体系尤为重要。

擘画战略、锚定方向是我国科技事业不断取得历史性成就的成功经验。科技创新一直是党和国家治国理政的核心内容。特别是党的十八大以来，以习近平同志为核心的党中央明确了我国建成世界科技强国的"三步走"路线图，实施了《国家创新驱动发展战略纲要》，持续加强原始创新，并将着力点放在解决关键核心技术背后的科学问题上。习近平总书记深刻指出："基础研究是整个科学体系的源头。要瞄准世界科技前沿，抓住大趋势，下好'先手棋'，打好基础、储备长远，甘于坐冷板凳，勇于做栽树人、挖井人，实现前瞻性基础研究、引领性原创成果重大突破，夯实世界科技强国建设的根基。"[①]

作为国家在科学技术方面最高咨询机构的中国科学院（简称中科院）和国家支持基础研究主渠道的国家自然科学基金委员会（简称自然科学基金委），在夯实学科基础、加强学科建设、引领科学研究发展方面担负着重要的责任。早在新中国成立初期，中科院学部即组织全国有关专家研究编制了《1956—1967年科学技术发展远景规划》。该规划的实施，实现了"两弹一星"研制等一系列重大突破，为新中国逐步形成科学技术研究体系奠定了基础。自然科学基金委自成立以来，通过学科发展战略研究，服务于科学基金的资助与管理，不断夯实国家知识基础，增进基础研究面向国家需求的能力。2009年，自然科学基金委和中科院联合启动了"2011—2020年中国学科发展

---

① 习近平. 努力成为世界主要科学中心和创新高地 [EB/OL]. (2021-03-15). http://www.qstheory.cn/dukan/qs/2021-03/15/c_1127209130.htm[2022-03-22].

战略研究"。2012 年，双方形成联合开展学科发展战略研究的常态化机制，持续研判科技发展态势，为我国科技创新领域的方向选择提供科学思想、路径选择和跨越的蓝图。

联合开展"中国学科及前沿领域发展战略研究（2021—2035）"，是中科院和自然科学基金委落实新时代"两步走"战略的具体实践。我们面向 2035 年国家发展目标，结合科技发展新特征，进行了系统设计，从三个方面组织研究工作：一是总论研究，对面向 2035 年的中国学科及前沿领域发展进行了概括和论述，内容包括学科的历史演进及其发展的驱动力、前沿领域的发展特征及其与社会的关联、学科与前沿领域的区别和联系、世界科学发展的整体态势，并汇总了各个学科及前沿领域的发展趋势、关键科学问题和重点方向；二是自然科学基础学科研究，主要针对科学基金资助体系中的重点学科开展战略研究，内容包括学科的科学意义与战略价值、发展规律与研究特点、发展现状与发展态势、发展思路与发展方向、资助机制与政策建议等；三是前沿领域研究，针对尚未形成学科规模、不具备明确学科属性的前沿交叉、新兴和关键核心技术领域开展战略研究，内容包括相关领域的战略价值、关键科学问题与核心技术问题、我国在相关领域的研究基础与条件、我国在相关领域的发展思路与政策建议等。

三年多来，400 多位院士、3000 多位专家，围绕总论、数学等18 个学科和量子物质与应用等 19 个前沿领域问题，坚持突出前瞻布局、补齐发展短板、坚定创新自信、统筹分工协作的原则，开展了深入全面的战略研究工作，取得了一批重要成果，也形成了共识性结论。一是国家战略需求和技术要素成为当前学科及前沿领域发展的主要驱动力之一。有组织的科学研究及源于技术的广泛带动效应，实质化地推动了学科前沿的演进，夯实了科技发展的基础，促进了人才的培养，并衍生出更多新的学科生长点。二是学科及前沿领域的发展促进深层次交叉融通。学科及前沿领域的发展越来越呈现出多学科相互渗透的发展态势。某一类学科领域采用的研究策略和技术体系所产生的基础理论与方法论成果，可以作为共同的知识基础适用于不同学科领域的多个研究方向。三是科研范式正在经历深刻变革。解决系统性复杂问题成为当前科学发展的主要目标，导致相应的研究内容、方法和范畴等的改变，形成科学研究的多层次、多尺度、动态化的基本特征。数据驱动的科研模式有力地推动了新时代科研范式的变革。四是科学与社会的互动更加密切。发展学科及前沿领域愈加重要，与此同时，"互联网＋"正在改变科学交流生态，并且重塑了科学的边界，开放获取、开放科学、公众科学等都使得越来越多的非专业人士有机会参与到科学活动中来。

"中国学科及前沿领域发展战略研究（2021—2035）"系列成果以"中国学科及前沿领域2035发展战略丛书"的形式出版，纳入"国家科学思想库－学术引领系列"陆续出版。希望本丛书的出版，能够为科技界、产业界的专家学者和技术人员提供研究指引，为科研管理部门提供决策参考，为科学基金深化改革、"十四五"发展规划实施、国家科学政策制定提供有力支撑。

在本丛书即将付梓之际，我们衷心感谢为学科及前沿领域发展战略研究付出心血的院士专家，感谢在咨询、审读和管理支撑服务方面付出辛劳的同志，感谢参与项目组织和管理工作的中科院学部的丁仲礼、秦大河、王恩哥、朱道本、陈宜瑜、傅伯杰、李树深、李婷、苏荣辉、石兵、李鹏飞、钱莹洁、薛淮、冯霞，自然科学基金委的王长锐、韩智勇、邹立尧、冯雪莲、黎明、张兆田、杨列勋、高阵雨。学科及前沿领域发展战略研究是一项长期、系统的工作，对学科及前沿领域发展趋势的研判，对关键科学问题的凝练，对发展思路及方向的把握，对战略布局的谋划等，都需要一个不断深化、积累、完善的过程。我们由衷地希望更多院士专家参与到未来的学科及前沿领域发展战略研究中来，汇聚专家智慧，不断提升凝练科学问题的能力，为推动科研范式变革，促进基础研究高质量发展，把科技的命脉牢牢掌握在自己手中，服务支撑我国高水平科技自立自强和建设世界科技强国夯实根基做出更大贡献。

"中国学科及前沿领域发展战略研究（2021—2035）"

联合领导小组

2023 年 3 月

前　　言

　　以工业为核心的生产力是驱动人类社会发展进步的根本性力量。在远古的石器时代，出现了"石器工业"，人类开始将燧石、角岩或玄武岩等石头打造成武器和生产工具，这帮助人类逐渐抛弃猿人的生活方式，慢慢"站"了起来。为此，恩格斯在其《自然辩证法》中说道："没有一只猿手曾经制造过一把哪怕是最粗笨的石刀。"之后，人类经历了"青铜时代"、"铁器时代"、"第一次工业革命"和"第二次工业革命"，工业形态逐渐从以手工业为主转变为以机器工业为主，驱动机器的能源动力也从蒸汽机转变为内燃机、电动机。这些时代的变迁彰显了人类社会发展的规律和逻辑——任何一次工业技术的革新，都使人类文明跨上一个新的台阶，走向更加辉煌的未来。当前，这种革新的力量仍未停下脚步，正在如暗流一般酝酿着一次新的技术大爆炸，正在开启一轮新的工业革命，有人从"工业 4.0"视角将其命名为"第四次工业革命"，也有如杰里米·里夫金（Jeremy Rifkin）等的趋势学家将其称为"第三次工业革命"。命名可以有不同，但他们对其本质的认识却是一致的：人类正在进入一个社会经济变革转型的时代！

　　如果问什么是当前这个时代的标志，我想大多数人的答案会是以互联网为核心的信息技术。在过去的 20 多年中，信息技术已经深度渗透到经济和社会生活的方方面面，打破了原有的社会结构和经济架构，并逐渐编织出新的社会经济网络。这场由网络化带来的社会经济"革命"，在广度、深度和速度上都是空前的，并以席卷之势扩展到工业领域，为未来工业发展提供了变革性的驱动力。"数字化转型"，正在成为当今时代变革发展的主旋律。具体到工业领域，这场革命的目标是实现工业生产、经营环境中人、机、物等各类生产要素的全面互联互通互操作，亦即本报告所探讨的"工业互联网"。

网络在计算机科学领域并不是一个十分新潮的课题，自20世纪70年代温顿·瑟夫（Vinton Cerf）和罗伯特·卡恩（Robert Kahn）共同开发了TCP/IP之后，整个互联网大部分的流量都依托于这个经典的协议来运转。对于工业来说，是否还需要新的网络和新的协议呢？答案是肯定的。工业所使用的网络历史更加悠久，协议也远比互联网复杂。在现有的工业网络中，90%以上的解决方案被西门子、施耐德等大公司垄断，这些解决方案采用不同的技术标准，彼此很难互联互通，而且通常"硬嵌入"到生产装备中，和装备紧耦合，较难独立升级。这种人为"隔离"在很大程度上导致了工业网络更新周期长，通常十年甚至更长的时间才进行一次更新，相比而言，我们熟知的互联网技术则以年为周期进行更新迭代。"隔离"大大限制了工业系统人、机、物的进一步互联互通互操作，也成为将互联网领域先进技术部署到工业生产中的主要阻碍。梅特卡夫定律（Metcalfe's law）指出：网络的价值与网络使用者数量的平方成正比。在消费互联网中，主要的交互发生在用户和服务器之间；而在工业互联网中，所有联网的人、机、物都能进行复杂的协同和交互，这必将创造出超越梅特卡夫定律的价值。

从更加宏观的角度来看，工业互联网可以让工业企业更加了解企业自身。进入21世纪，产能过剩与信息过载已然成为全球企业不得不面对的世纪难题，信息高速公路让传统的低速、稳态、线性、小样本的商业环境转变为极速、动态、复杂、大数据的商业环境，这给企业信息化带来了更大的空间和更多的机会，当然也带来了新的挑战。在过去，由于技术能力的限制和出于研发成本的考虑，很多企业的信息化工作更多地集中在具有共性的管理层面，生产层面的信息化则面临信物融合、环境复杂等诸多难题，还需要各自解决自身的个性化问题，因此，总体而言，企业的管理信息化远远走在了生产信息化的前面。时至今日，企业要想继续在产品维度取得竞争优势，单纯依赖如 OAS、ERP 等管理信息化工具实现增长已经日渐乏力，需要重新审视自己，从生产层面进行革新，通过工业互联网所带来的生产信息化实现对研发、试制、生产等各个环节的全面掌控。

　　企业信息化的发展历程大致可以划分为三个阶段。20 多年前，互联网还没有现在这么普及，我们将企业数据通过手工的方式录入计算机，经过人为的抽象总结，获取表格、统计图等形式的数字描述，这种数字化，属于"数字后行"。随着传感器、物联网、大数据、人工智能等的巨大进展，我们逐渐有能力把从物理世界感知和获取的数据实时映射到虚拟空间中，从而实现现实世界的数字映像，数字化走到了"数字并行"阶段。未来，随着工业互联网带来的人、机、物等各类生产要素的全面互联互通，企业可以通过智能感知、网络互联、数据分析和控制协同让数字虚拟企业先于现实，"主动"进行规划、推演和论证，从而引领生产、经营过程。这一阶段可称为"数字先行"。通过"数字先行"，企业能够充分调动海量历史数据、实时现场数据以及外部数据，大大降低生产的试错成本，实现生产效益的最大化。"数字先行"的核心是构建数字孪生，基于"孪生"进行生产仿真，与传统如有限元分析等基于模型的仿真技术不同的是，工业互联网加持下的仿真能够更加适应工业现场复杂多变的环境，实现更加深入、更加全面的数字化模拟。

　　除了企业精益求精的内因以外，外部因素也是推动工业互联网发展的动力。一方面，制造业是国民经济的主体，当前正处于世界产业发展格局重构的阶段：世界经济进入全球低增长时期，陷入低迷；全球性产能过剩，利润空间萎缩；主要工业国家面临严峻的老龄化和低生育率问题，人口结构发生重大变化；经济危机之后，发达工业国家纷纷启动再工业化战略，全球化竞争愈演愈烈。当今时代的制造业普遍面临着"不变则死"的困境，"以变求生"成为刚需。另一方面，随着物联网、大数据、云计算、人工智能等新技术的发展和应用，通过互联网等新理念打造智能制造新模式，进而衍生出更多的商业模式，使得商业、生产、服务更加智能、更有效率，为处于困境中的制造行业带来了"浴火重生"的曙光。曙光中，已经出现了若干先行者，如汽车行业的"跨界者"——特斯拉。特斯拉以互联网思维研发了生产制造控制系统，该系统具备人机交互、智能识别及追溯功能，支持世界顶级的制造工艺，大大提高了生产效率，降低了生产成本，进而将营销、生产、销售和技术策略紧密结合，给汽车行业带来了颠覆性影响，短短15年，特斯拉就成长为世界最畅销电动汽车的生产商之一。

对于我国而言，随着世界产业发展格局的重构，发达国家制造业高端垄断和发展中国家中低端分流的双重挤压对我国经济发展造成了极大的压力。我国工业发展的历史不算长，新中国成立后，我们通过艰苦奋斗，构建起世界上门类最齐全的工业体系；改革开放以来，我们的制造业更是得到了长足发展，成为"世界工厂"。然而，我国工业总体上走的是学习跟踪的道路，很多企业家都是"摸着石头过河"，产品可以生产了，但是对于为什么能生产、如何使生产效率更高这些问题却像是面对一个黑盒，只能靠工人一遍一遍地"调参"来获得高质量的产品。这种方式在企业建立的早期非常高效，但当企业跨过"小河"，来到制造行业的"星辰大海"面前时，这条路就难以走下去了。必须进一步向高端发展，必须面对和世界同行业领先者同样的挑战：真正地了解自己，实现对研发、试制、生产等各个环节的全面掌控。同样，随着我国"人口红利"逐渐消失，人口老龄化、资源能源短缺以及产能过剩等问题的出现，严重制约着工业的进一步发展。据2019年《财富》数据，中国500强中最亏钱企业中，66%是制造企业，亏损金额超过270亿元。之前最赚钱的石化、电子、机械、电力、冶金五个行业新增亏损额占全部规模以上工业新增亏损额的80%。这样的内外因，注定了"顺时顺势、创新求变"成为我国工业发展的必然选择。

我国一直高度重视工业互联网的发展，2015年5月国家提出"制造强国"战略，进一步丰富了工业互联网的内涵，不仅包含利用物联网和大数据实现生产环节的数字化、网络化和智能化，还包括利用消费互联网与工业融合创新，实现制造产品的精准营销和个性化定制，通过重塑生产过程和价值体系，推动制造业的服务化发展。于2017年11月发布的《国务院关于深化"互联网＋先进制造业"发展工业互联网的指导意见》，明确了我国工业互联网的三个阶段发展目标和主要任务，成为我国发展工业互联网的纲领性文件。2018年以来，工业互联网已经连续5年被写入政府工作报告。

在这样的背景下，受国家自然科学基金委员会和中国科学院的联合资助，我们承担了"工业互联网发展战略研究（2021—2035）"项目，希望通过该项目的实施，系统地分析工业互联网的科学意义和战略价值，回顾和梳理工业互联网的现状和发展规律，凝练工业互联网的关键科学问题和核心技术领域，指出值得重点关注的发展方向，进而给出我国发展工业互联网的政策建议。

项目于2020年启动，为期两年，由黄维院士、丁汉院士、陈维江院士和我共同作为项目负责人，由来自全国11所高校、3家科研院所和1家企业的40余名计算机、机械、自动化等多学科专家学者组成编写组，按照科学意义与战略价值（马华东牵头）、现状及其形成（刘云浩牵头）、关键科学问题和核心技术领域（罗军舟牵头）、发展目标及展望（刘云淮牵头）、政策建议（徐晓兰牵头）五个章节，开展研究工作和分章节的报告撰写。我们还设立了秘书组，由罗军舟和刘云浩牵头，马郓、东方、金嘉晖、刘敏、熊润群和杨铮为成员，负责项目的协调推进和报告汇总整理。参与本报告研讨、撰写和意见反馈的专家涉及海内外近百名学者，他们出于对工业互联网发展的浓厚兴趣，秉承对工业互联网事业发展的使命感，在自己教学科研任务都比较繁重的情况下，积极参与项目工作，为本报告的顺利完成做出了重要贡献。

需要特别指出的是，本项目启动时正值新冠疫情暴发，在两年多的时间里，疫情给项目执行带来了很大影响，特别是在人员交流方面受到诸多限制。项目组成员始终饱含最大热情投入项目的研究之中，通过线上线下相结合的方式先后召开了六次工作组全体会议、十余次专题组和秘书组会议，于2020年12月在杭州举行了以工业互联网为主题的中国科学院学部第114期科学与技术前沿论坛，七位院士和数十位资深专家学者以主题报告、圆桌论坛、专题研讨等多种形式对工业互联网的认识和发展建言献策。我们还在2021年国际计算机学会（ACM）中国图灵大会、2021年院士大会等多个场合报告本项目的进展，广泛听取与会专家的建议与意见，对报告做进一步完善。

经过编写组内外专家的辛勤努力，终汇成此报告。报告第一章梳理并给出了工业互联网的定义，在此基础上分析了工业互联网的科学意义和战略价值。第二章回顾了工业互联网的发展历史并总结了其规律，梳理了产业发展情况，对比了国内外发展差异。第三章以"三层级四环节"的工业互联网逻辑架构为主线，凝练了工业互联网发展过程中面临的关键科学问题，探讨其关键技术及难点挑战。第四章明确了工业互联网发展目标和思路，并对工业互联网的行业应用和未来愿景进行了展望。第五章聚焦工业互联网发展过程中面临的核心问题，给出了相应的政策建议。

圉于编写组的知识和能力，本报告难免存在不足之处，特别是参与报告写作的大多数人来自信息技术领域，因此，总体而言，属于从信息技术视角去看工业互联网，然而是"管窥一斑，可见全豹"，还是仅仅是"盲人摸象"，留待读者去评判。只要能够从信息技术视角呈现给读者以工业互联网的部分视图和有价值的参考，为这头"大象"全图的绘就做出实质性贡献，则本报告的目的就算是达到了。关于其他方面，我们也意识到诸多不足，如当前对工业互联网未来的展望仍然存在局限性，也许偏于保守；对国家政策目前只有较为宏观的汇总，所提出建议的合理性和可操作性还有待实践检验。在此，诚挚恳请广大读者谅解并给予批评指正。

梅　宏
《中国工业互联网 2035 发展战略》编写组组长
壬寅年仲春于北京

摘　　要

　　工业是国民经济的命脉，工业发展不断推动着人类社会和经济的发展进步。在过去的两百多年里，世界工业已经历了三次重大变革与飞跃，从机械化、电气化发展到如今的自动化，极大提升了人类的物质文明。随着互联网、物联网、大数据、人工智能等新一代信息技术的快速发展和应用，未来工业发展正在迎来新的变革性契机，需要新的发展思路，而工业互联网正是实现这场变革的核心要素。从全球范围来看，工业互联网作为数字化转型的关键支撑力量，推动了传统产业加快转型升级、新兴产业加速发展壮大。对于我国而言，加快工业互联网创新发展步伐，快速构建我国制造业竞争新优势，抢占未来发展主动权具有重要的战略意义。

　　工业互联网通过互联网、物联网、大数据、人工智能等新一代信息技术在工业领域的深度融合和创新应用，建立了广泛连接人、机、物等各类生产要素的全球性网络，形成了贯穿全产业链的实体联网、数据联网、服务联网的开放平台，是重塑工业生产与服务体系，实现产业数字化、网络化、智能化发展的重要基础设施。本报告从信息技术的视角出发，将工业互联网的互联范围划分为工厂、企业、产业链三个层级，将工作流程归纳为智能感知（感）、网络互联（联）、数据分析（知）和控制协同（控）四个环节，提出"三层级四环节"的工业互联网逻辑架构。基于该架构,工业互联网连接了全生产系统、全产业链、全价值链，使原本割裂的工业数据在网络上流通，最终实现人、机、物的全面、深度、安全互联。

从知识体系来看，工业互联网具有多学科交叉、多应用驱动、多技术融合的特点。①多学科交叉：工业互联网涉及计算机、通信、控制、电子、机械、材料、制造等，几乎涵盖了信息、工程、材料领域的大部分学科。②多应用驱动：工业互联网应用场景丰富多样，面临的新需求层出不穷，通过解决应用问题可以驱动知识体系的完善，呈现应用带动学科发展的显著特征。③多技术融合：工业互联网融合了物联网、人工智能、大数据、云计算、机器人、移动通信、智能制造、柔性材料等多种前沿技术。

从层次结构来看，工业互联网的互联范围在工厂、企业和产业链三个层级不断延伸：①对于工厂级互联，覆盖"人、机、料、法、环"各方面，打通车间内部各系统间的"信息孤岛"；②对于企业级互联，实现企业业务全流程的联网，包含产品的设计、生产、售后等各个阶段；③对于产业链级互联，涉及各企业、产业和区域之间的价值链、企业链、供需链和空间链，涵盖产品生产或服务提供的全要素、全环节、全过程，借助工业互联网平台，实现产业链上下游企业（供应、制造、销售、金融）之间的互联，实现产业基础能力提升、运行模式优化、产业链控制力增强和治理能力提升。

就本质而言，工业互联网是通过信息网络使得原本割裂分散的工业大数据实现按需有序流通的，其关键科学问题体现在"感、联、知、控"四个环节上：首先，在"感"环节上，需要通过感知生产过程相关的人、机、物等各类生产要素及所在工业场景，刻画制造过程依赖关系和时空关联，以实现从物理世界到数字世界的映射；其次，在"联"环节上，需要通过海量多元工业实体泛在接入，构建安全、可靠、高效的工业互联网络，以实现异质离散工业实体（即人、机、料、法、环）数据的集成与汇聚；再次，在"知"环节上，需要通过研究有效的认知表达范式、认知实现方法与认知决策机制,以实现工业互联网与智能认知的充分融合;最后,在"控"环节上,需要通过对工业全流程的全局协同与控制,提高生产线的柔性反应能力和供应链的敏捷精准反应能力,以实现全流程柔性生产和智能制造。针对"感、联、知、控"四个环节,本报告将以上四大关键科学问题归结为:全模态信息表征、全要素互联组织、全场景智能认知、全流程柔性协同。

围绕"感、联、知、控"四大关键科学问题,工业互联网主要涉及六大核心技术领域:①工业智能感知,针对强干扰、大范围、多目标的复杂工业环境,实现全方位感知;②工业互联与信息集成,针对工业互联网异质工业实体与异构互联网络,设计高效的自适应互联技术,实现泛在工业互联网络数据实时传输和信息高度共享;③工业大数据与工业智能,针对多源异构工业数据,结合人工智能技术及工业领域知识,实现智能分析和决策;④工业互联网控制协同,针对物理世界和数字世界中的控制与协同难题,通过虚拟仿真、数据分析、认知决策等多个领域关键技术,实现全流程控制协同方法与机制;⑤工业互联网平台软件,面向工厂、企业到产业链的不同层级对资源管理和应用开发的不同需求,提供不同层级的共性软件平台,向下实现工业资源的有效管理,向上支撑工业场景的应用开发;⑥工业互联网安全,构建涵盖设备层、网络层、数据层、应用层、控制层的工业互联网安全防护体系。

展望未来,工业互联网将呈现三大发展趋势。一是泛在化。工业互联网将接入工业全场景,涵盖各环节的人、机、物,实现无处不在、无迹可寻的工业数字孪生世界。二是协同化。通过亚微秒级低时延、高可靠、广覆盖的基础设施,实现工业全场景、全链条的人、机、物高度协同。三是智能化。通过人工智能技术与工业场景、知识的深度结合,在工业设计、生产、管理、服务等各个环节实现模仿或超越人类的能力。

随着核心技术的突破和大规模部署应用，工业互联网必将催生工业生产制造新模式，重塑产品规划、设计、制造、销售环节，为工厂、企业乃至整个产业链带来全新发展机遇。若干发展可以预期。①工厂将实现生产柔性化：柔性化生产可以打通用户交互、产品创意产生、个性化订单下达、产品模块部件匹配、自动化生产等环节，此时，"量体裁衣"式的个性化生产将成为现实。②企业将实现生产服务化：在工业互联网时代，企业价值体系由以制造为中心向以服务为中心转变，即便产品已经交付使用，企业仍可以远程感知产品的运行数据，进而得以分析实时运行状况，为用户提供维护、预警、保养等附加工业服务，并从中产生新盈利点。③产业链将实现模式重塑：随着传统的工业化生产向数字化、网络化、智能化的方向发展，新一代信息技术将在制造、能源、交通、医疗等行业深度应用，并促进跨行业领域的融合，带来革命性的产业变革。

Abstract

Industry is the lifeblood of the national economy. Industrial development is constantly promoting the development and progress of human society and economy. In the past 200 years, the world industry has experienced three major changes and leaps, from mechanization and electrification to today's automation, which has greatly improved the material civilization of mankind. With the rapid development and application of next-generation information technologies such as the Internet, Internet of Things, big data, and artificial intelligence, future industrial development is ushering in new transformative opportunities, which require new development ideas, and the Industrial Internet is the core element to realize this change. From a global perspective, the Industrial Internet, as a key supporting force for digital transformation, promotes the transformation and upgrading of traditional industries and the development and growth of emerging industries. For China, it is of great strategic significance to accelerate the pace of innovation and development of the Industrial Internet, quickly build new competitive advantages in China's manufacturing industry, and seize the initiative in future development.

Through the deep integration and innovative application of next-generation information and communication technologies such as new networks, artificial intelligence, and big data in the industry, the Industrial Internet establishes a global network that widely connects people, machines, things and other production factors. The open platform of the physical networking, data networking and service networking of the industry chain is an important infrastructure for reshaping the industrial production and service system, and realizing the digital, networked and intelligent development of the industry. From the perspective of information technology, this report divides the interconnection scope of the Industrial Internet into three levels of "factory, enterprise, industry chain", summarizes the workflow into four phases, i.e., intelligent perception (sense), network interconnection (connection), data analysis (knowledge) and open service (control), and proposes a "three-level and four-phases" Industrial Internet logical architecture. Based on this architecture, the Industrial Internet connects the entire production system, the entire industrial chain, and the entire value chain, allowing the originally fragmented industrial data to circulate in the intelligent network, and finally realizes the comprehensive, deep, and secure interconnection of people, machines, and things.

From the perspective of knowledge hierarchy, the Industrial Internet has the interdisciplinary, multi-application driven, and multi-technology integration characteristics. (1) Interdisciplinary: The Industrial Internet involves computers, communications, control, electronics, machinery, materials, manufacturing, etc., covering almost all disciplines in the fields of information, engineering, and materials. (2) Multi-application driven: Application scenarios of the Industrial Internet are rich and diverse, in which new demands are emerging one after another. Solving these problems can drive the improvement of knowledge hierarchy, which shows the remarkable feature that application drives the development of disciplines. (3) Multi-technology integration: The Industrial Internet integrates various advanced technologies such as the Internet of

Things, artificial intelligence, big data, cloud computing, robot, mobile communication, intelligent manufacturing, and flexible materials.

From the perspective of hierarchical structure, the interconnection scope of the Industrial Internet extends at the three levels of factories, enterprises and industrial chains. (1) For factory-level interconnection, it covers all aspects of "human, machine, material, method and environment", and opens up the "information island" between various systems in the workshop. (2) For enterprise-level interconnection, it realizes the networking of the whole process of enterprise business, including product design, production, after-sales and other stages. (3) For the interconnection of the industrial chain, it involves the value chain, enterprise chain, supply and demand chain and space chain between enterprises, industries and regions, covering all elements, links and processes of product production and service provision. With the help of the Industrial Internet platform, the interconnection between upstream and downstream enterprises (supply, manufacturing, sales, and finance) in the industrial chain can be realized, and the basic industrial capacity, operation mode, industrial chain control and governance capacity can be optimized or improved.

In essence, the Industrial Internet enables the originally fragmented industrial big data to flow orderly on demand through the information network. Its key scientific issues are reflected in the four links of "sense, connection, knowledge and control". First of all, in the link of "sense", it is necessary to depict the dependence and spatio-temporal relationship of the manufacturing process by perceiving various production factors related to the production process, such as people, machines, things and their industrial scenes, so as to realize the mapping from the physical world to the digital world. Secondly, in the link of "connection", it is necessary to build a safe, reliable and efficient Industrial Internet through ubiquitous access of a large number of diversified industrial entities, so as to realize the integration and aggregation of data of heterogeneous and discrete industrial entities (i.e., human, machine, material, law and environment). Thirdly, in the link of "knowledge", it is necessary to establish the effective cognitive expression paradigm, cognitive realization method and cognitive decision-making mechanism, so as to realize the full integration of the Industrial Internet and intelligent cognition. Finally, in the link of "control", it is necessary to improve the flexible response ability of the production line and the agile and accurate response ability of the supply chain through the overall coordination and control of the whole industrial process, so as to realize flexible production and intelligent manufacturing in the whole process. In this report, the above four key scientific issues are summarized as full-mode information representation, all-element interconnection and organization, all-scene intelligent cognition, and whole-process flexible collaboration.

Focusing on the four key scientific issues of "sense, connection, knowledge and control", the Industrial Internet mainly involves six core technical fields. (1) Industrial intelligent sense. Aiming at the complex industrial environment with strong interference, large range and multiple targets, it realizes all-round sensing. (2) Industrial interconnection and information integration. Aiming at heterogeneous industrial entities and heterogeneous interconnected networks in the Industrial Internet, it designs efficient adaptive interconnection technology to achieve real-time data transmission and high information sharing in ubiquitous industrial interconnection networks. (3) Industrial big data and industrial intelligence. Aiming at multi-source heterogeneous industrial data, it combines artificial intelligence technology and industrial domain knowledge to realize intelligent analysis and decision-making. (4) Industrial Internet control and collaboration. Aiming at the control and coordination problems in the physical world and the digital world, it realizes the method and mechanism of control and coordination in the whole process through virtual simulation, data analysis, cognitive decision-making and other key technologies in various fields. (5) Industrial Internet platform software. Facing the different needs of resource management and application development of factories, enterprises and industrial chains, it provides common software platforms at different levels, realizes effective management of industrial resources downwards, and supports application development of industrial scenarios upwards. (6) Industrial Internet security. It builds an Industrial Internet security protection system covering the device layer, network layer, data layer, application layer, and control layer.

Looking forward to the future, the Industrial Internet will show the following three development trends. The first is ubiquity. The entire industrial scene covering people, machines and things in all links will be connected to the Industrial Internet, realizing an invisible but ubiquitous industrial digital twin world. The second is collaboration. Through sub-microsecond-level low-latency, high-reliability and wide-coverage infrastructure, a high degree of collaboration between people, machines, and things in all industrial scenarios and chains will be realized. The third is intelligence. Through the in-depth integration of artificial intelligence technology with industrial scenarios and knowledge, the ability to imitate or surpass human beings will be realized in various links such as industrial design, production, management and service.

With the breakthrough of core technologies and large-scale deployment and application, the Industrial Internet will surely give birth to a new model of industrial production and manufacturing, reshape links of product planning, design, manufacturing and sale, and bring new development opportunities for factories, enterprises and even the entire industrial chain. There are several expected developments. (1) Factories will realize flexible production. Flexible production can get through links such as user interaction, product idea generation, personalized order placement, product module component matching, and automated production. At this time, personalized production of "tailor-made" will become a reality. (2) Enterprises will realize the production service. In the era of the Industrial Internet, the enterprise value system has changed from manufacturing-centered to service-centered. Even if the product has been delivered for use, the enterprise can still remotely sense the product's operating data, and then analyze the real-time operating status to provide users with additional industrial services such as maintenance, early warning and maintenance, and generate new profit points from them. (3) The industrial chain will be remodeled. With the development of traditional industrial production towards the direction of digitization, networking and intelligence, the next-generation information technology will be deeply applied in industries such as manufacturing, energy, transportation and medical, and promote the integration of cross-industry fields, bringing revolutionary industrial changes.

目　　录

第一章

工业互联网的科学意义与战略价值

工业互联网将信息技术（Information Technology，IT）与工业系统深度融合，正成为工业变革发展的关键综合信息基础设施，被广泛认为是新一轮工业革命的重要基石。首先，本章厘清并给出工业互联网的定义，在此基础上探讨工业互联网的科学意义和战略价值，并根据知识体系内容和形成模式，阐述工业互联网的学科知识体系和内涵特征。接着，本章将探讨工业互联网对其他相关科学技术领域的影响，分析其对工业生产变革和相关产业升级的推动。最后，本章还将阐释工业互联网的战略价值。

第一节　工业互联网的定义与内涵

一、概念发展与演变

工业是国民经济的命脉，其发展不断推动着社会的进步与人类生活水平的提高。在过去的两百多年里，世界工业历经了三次革命与飞跃，从机械化、电气化发展到如今的自动化（图1-1），极大提升了人类的物质文明。

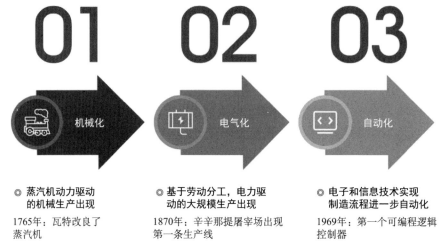

图 1-1　三次工业革命主要特征

第一次工业革命是指18世纪由英国发起的技术革命，以蒸汽机作为动力机被广泛使用为标志，开创了以机器代替手工劳动的时代。由于蒸汽机等机械设备代替了手工生产，工厂代替了手工工场，产能呈几何级数增长。除纺织、采矿及交通运输业外，也带动了冶金及化工工业的发展。

第二次工业革命以电力的大规模应用为标志，人类进入了电气时代。以电力技术、内燃发动机、合金和化学技术，以及电报和无线电等通信技术为代表的新技术发挥了至关重要的作用。科学和技术、工业生产紧密结合起来，物理学、生物学、化学等方面的理论对技术的进步起了巨大的推动作用。

第三次工业革命开始于20世纪四五十年代，以电子计算机的发明和应用为主要标志，涉及信息技术、新能源技术、新材料技术、生物技术、空间技术等诸多领域。工业更加机械化、自动化，减少了生产成本，人类由电气时代进入电子时代。第三次工业革命促进了社会经济结构和生活结构的重大改变，使得第一产业、第二产业在国民经济中比重下降，第三产业比重上升。有别于前两次工业革命，科学技术在推动生产力的发展方面发挥着越来越重要的作用，科学技术转化为直接生产力的速度加快，人类的衣、食、住、行、用等日常生活的各个方面产生了重大的变革。

然而，随着社会发展，世界人口老龄化日益严重、资源能源短缺等问题在极大程度上制约着工业的发展步伐。同时，社会消费结构不断升级，产品需求趋向个性化、多元化，各类生产设备、生产物料等数量更加庞大、种类更加复杂、功能更加多样。如何基于现有的工业生产条件实现按需定制柔性生产以满足消费者个性化、多元化的需求，从而降低企业生产成本，提升产品质量，增强企业竞争力，不仅是未来工业发展面临的挑战，也是当今世界经济发展的难题。

与此同时，计算技术及互联网的发展正深刻改变着人类社会。如图 1-2 所示，从 20 世纪 60 年代的主机计算时代，到 80 年代的个人计算时代，再到新世纪以来的移动计算时代，计算生态［中央处理器（CPU）+ 操作系统（OS）］每隔二十年发生一次重要变革，目前正在进入人、机、物融合计算的新时代。与此同时，从因特网特别是传输控制协议 / 网际协议（Transmission Control Protocol/Internet Protocol，TCP/IP）的发明与应用，到万维网、移动互联网、物联网（Internet of Things，IoT）的不断发展，互联的尺度从数十台终端快速扩展至百亿量级，且随着万物互联（IoE）时代的到来，千亿计算设备联网已然可期。

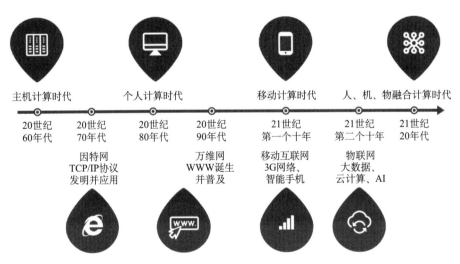

图 1-2　计算技术与互联网技术的发展演进

由此可见，工业生产技术与信息技术两方面都孕育着巨大变革，随着新一轮科技革命和产业变革蓬勃兴起，新一代信息技术所带来的新一轮工业革命和社会经济革命，在广度、深度和速度上都将是空前的，将远远超出我们自工业社会以来的常识、认知和预期。工业经济在管理、业务、生产等方面的数字化、网络化、智能化发展将成为第四次工业革命的核心内容。当前，以互联网融合创新引领未来工业发展已成为广泛共识。互联网、物联网、大数据、人工智能（Artificial Intelligence，AI）等新一代信息技术快速发展，进入集成突破新阶段，为未来工业发展提供了新的变革性契机。工业互联网，作为互联网、物联网等新一代信息技术与工业系统深度融合的产物，逐渐成为工业升级发展的关键综合信息基础设施，在全球范围内不断颠覆传统制造模式、生产组织方式和产业形态，推动传统产业加快转型升级、新兴产业加速发展壮大。

工业互联网概念最初由美国通用电气公司（General Electric Company，GE）于 2012 年提出，是指在物联网的基础上，综合应用大数据分析技术和远程控制技术，来优化工业设施和机器的运行和维护，提升资产运营绩效。作为传统工业设备制造商，GE 为应对经营成本不断上升、运营回报率持续承压，希望通过倡导工业互联网来引领工业设备市场和行业的发展，在帮助其客户提升营运效率和实现业务模式创新的同时，将自身转型成为一家专门提供分析和预测服务的软件公司。可见，工业互联网概念自诞生之初，便着眼于利用新一代信息技术满足制造业发展亟须提升效率、优化资产和运营的迫切需求。在 GE 的推动下，美国电话电报公司（American Telephone & Telegraph，AT&T）、思科、GE、IBM 及英特尔等五家分别来自电信服务、通信设备、工业制造、数据分析和芯片技术领域的行业龙头企业，联合组建了工业互联网联盟（Industrial Internet Consortium，IIC），旨在制定通用标准，打破技术壁垒，利用新一代信息技术激活传统工业过程，促进物理世界和数字世界的融合，这一联盟吸引了全球制造和信息行业骨干企业的加入。2012年，美国国家科学技术委员会公布了《国家先进制造战略规划》，由美国商务部、国防部和能源部牵头，相关部门参与，旨在协调各部门发展先进制造的政策，并于 2018 年再次发布《美国先进制造领先战略》，以确保美国在工业领域先进制造的领先地位，维护美国国家安全和经济繁荣。

与此同时，作为传统工业强国，德国政府推出"工业 4.0"战略，核心是通过互联网来提升制造业的信息化水平，将生产中的供应、制造、销售过程数字化、智能化，最后达到快速、有效、个性化的产品供应，从而提高德国工业的竞争力，在新一轮工业革命中占领先机。"工业 4.0"主要分为三大主题：智能工厂——重点研究智能化生产系统及过程，以及网络化分布式生产设施的实现；智能生产——主要涉及整个企业的生产物流管理、人机互动以及 3D 技术在工业生产过程中的应用等，力图使中小企业成为新一代智能化生产技术的使用者和受益者，同时也成为先进工业生产技术的创造者和供应者；智能物流——主要通过互联网、物联网、物流网，整合物流资源，大幅提高现有物流资源供应方的效率，而需求方则能够快速获得服务匹配，得到物流支持。GE 工业互联网和德国"工业 4.0"的具体内容如图 1-3 所示。

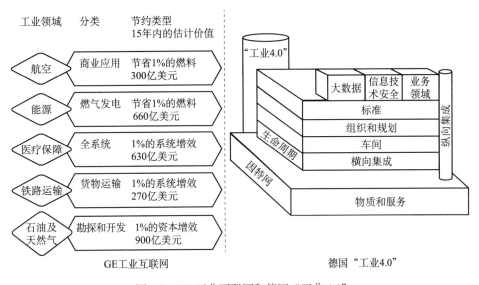

图 1-3　GE 工业互联网和德国"工业 4.0"

我国工业经济正处于由数量和规模扩张向质量和效益提升转变的关键期，支撑发展的要素条件发生深刻变化，面对发达国家制造业高端垄断和发展中国家中低端分流的双重挤压，我国工业迫切需要加快创新发展步伐，推动工业经济从规模、成本优势转向质量、效益优势，促进新旧动能接续转换，快速构建我国制造业核心竞争力，抢占未来发展主动权。因此，我国也高度重视工业互联网的发展，将工业互联网的内涵进一步丰富，不仅包含利用物联网和大数据实现生产环节的数字化、网络化和智能化，还包括利用互联网与工业融合创新，实现制造产品的精准营销和个性化定制，通过重塑生产过程和价值体系，推动制造业的服务化发展。

可以看出，工业互联网的出现是工业乃至人类社会发展的必然需求，其萌芽于信息化第三次浪潮之中，随着互联网、物联网、大数据、人工智能等新一代信息技术的创新发展而成长，在"先进制造""制造强国"等国家战略中，呈现出共性的内涵与不同的侧重。

二、视角与定义

工业互联网的概念出现之后，对其认识涌现出一些不同视角，宛如盲人摸象一般（图1-4）。在不同的视角下，对工业互联网的含义与体系的理解各有侧重。例如，从技术角度出发，IT视角与运营技术（Operational Technology，OT）视角对工业互联网中IT与OT的角色有着不同的定位；从受众角度出发，行业视角与普通用户视角下，工业互联网涉及的范围与提供的服务也有着较大的差异。

本报告将以IT视角为主，辅以多个视角引领读者尽量全面地理解工业互联网。事实上，即使是在IT视角下，对工业互联网的认知与理解也有不同的侧重，较为典型的有如下四种观点。

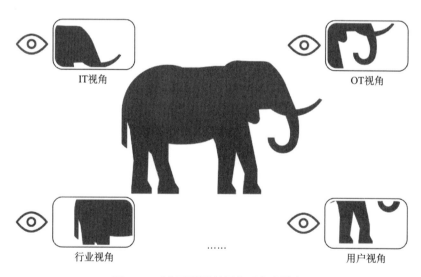

图1-4　工业互联网理解之"盲人摸象"

一是网络互联观点（刘云浩，2017）：工业互联网通过信息网络使原本割裂的工业数据实现流通，并实现"实体联网、数据联网、服务联网"，即工业互联网不仅仅是人员、机器设备、物料等工业生产实体间的互联，也是贯穿全产业链的数据间的互联，进而形成各种工业生产服务间的互联。

二是工业云观点（罗军舟等，2020）：工业互联网以工业云构成的"云端"架构为基础，通过工业生产实体（端）与工业云平台（云）协作计算，实现对工业信息全面深度感知（感）、高效实时联网传输（联）、快速计算处理和高级建模分析（知），从而实现智慧决策优化和精准执行控制（控）。

三是计算平台观点（工业互联网产业联盟，2017）：工业互联网由网络、平台、安全三个部分构成，网络是基础，平台是核心，安全是保障。平台是工业全要素链接的枢纽，也是工业资源配置的核心，通过海量数据汇聚、建模分析与应用开发，推动制造能力和工业知识的标准化、软件化、模块化与服务化，支撑工业生产方式、商业模式创新和资源高效配置。

四是信息物理系统观点（李杰等，2017）：工业互联网是基于信息物理系统（Cyber-Physical Systems，CPS）的5C架构（连接、转换、网络、认知、配置），可以实现设备自我连接和感知，基于数字孪生进行自我评价，并将评价结果进行决策分析，进而实现机器或生产系统的自我配置、自我调整和自我优化。

随着技术的发展和应用的展开，人们对工业互联网各个视角的理解与认识逐渐交汇与融合，其范畴和特征也逐渐清晰。工业互联网产业联盟在《工业互联网体系架构（版本1.0）》白皮书中也对此进行了深入的阐述："工业互联网是互联网和新一代信息技术与工业系统全方位深度融合所形成的产业和应用生态，是工业智能化发展的关键综合信息基础设施。其本质是以机器、原材料、控制系统、信息系统、产品以及人之间的网络互联为基础，通过对工业数据的全面深度感知、实时传输交换、快速计算处理和高级建模分析，实现智能控制、运营优化和生产组织方式变革。"在此基础上，工业互联网产业联盟在宏观层面和技术层面分别给出了工业互联网的定义：

参考定义1（工业互联网产业联盟）：从宏观层面看，工业互联网通过工业经济全要素、全产业链、全价值链的全面连接，支撑制造业数字化、网络化、智能化转型，不断催生新模式、新业态、新产业，重塑工业生产制造和服务体系，实现工业经济高质量发展；从技术层面看，工业互联网是新型网络、先进计算、大数据、人工智能等新一代信息通信技术与制造技术融合的新型工业数字化系统，它广泛连接人、机、物等各类生产要素，构建支撑海量工业数据管理、建模与分析的数字化平台，提供端到端的安全保障，以此驱动制造业的智能化发展，引发制造模式、服务模式与商业模式的创新变革。

中国工业互联网研究院（China Academy of Industrial Internet，CAII）也对工业互联网进行了类似定义：

参考定义 2（中国工业互联网研究院）：工业互联网是新一代网络信息技术与制造业深度融合的产物，是实现产业数字化、网络化、智能化发展的重要基础设施，通过人、机、物的全面互联，全要素、全产业链、全价值链的全面连接，推动形成全新的生产制造和服务体系，是经济转型升级的关键依托、重要途径、全新生态。

上述从产业视角进行的定义，重点强调了新一代信息技术与制造技术深度融合，对工业特别是制造业各生产要素和各生产环节的影响。此外，学术界还从互联视角对工业互联网的内涵进行了探讨，其中具有代表性的是在东南大学、北京邮电大学、清华大学联合承担的国家自然科学基金重点项目"工业互联网体系结构及关键技术研究"中对工业互联网的定义：

参考定义 3（东南大学、北京邮电大学、清华大学）：工业互联网是通过互联网与物联网、云计算和大数据等新兴技术在工业中的深度融合和创新应用，建立能够在联网对象彼此之间、联网对象与外部环境之间、联网对象与人之间高度协同、共享智能的全球性网络，形成实体联网、数据联网以及服务联网的网络开放平台，为最终实现网络化的智能生产、制造、管理等提供支撑服务。

根据工业互联网概念的发展与演变，综合上述两种视角，本报告关于工业互联网的定义如下：

工业互联网是通过新型网络、人工智能、大数据等新一代信息技术在工业中的深度融合和创新应用，建立广泛连接人、机、物等各类生产要素的信息网络，形成贯穿全产业链的实体联网、数据联网、服务联网的开放平台，是重塑工业生产与服务体系，实现产业数字化、网络化、智能化发展的重要基础设施。

进一步，本报告认为工业互联网作为 IT 与 OT 的融合，具有"三层级四环节"架构。

从层级来看，本报告认为工业互联网包含了工厂、企业、产业链三个层级：工厂层级主要作用范畴为具体的工业生产环境，包括"人、机、料、法、环"各方面，其主要目的是实现生产过程中工业实体与环境之间的协同感知与交互控制，打通企业内部各系统间的"信息孤岛"，促进信息技术与生产技术的深度融合，打造智能工厂；企业层级主要作用范畴为业务全流程，包含产品的设计、生产、售后等各个阶段，通过对相关数据的全面集成，以全生命周期可追溯为基础，提升企业对业务全流程的综合管理能力；产业链层级主要作用范畴为各企业、产业和区域之间的价值链、企业链、供需链和空间链，涵盖产品生产或服务提供的全要素、全环节、全过程，完成上下游企业（供应、制造、销售、金融）之间的横向互联，实现产业基础能力提升、运行模式优化、产业链控制力增强和治理能力提升。

同时，本报告认为工业互联网主要具有"感、联、知、控"四个环节，并贯穿到工厂、企业、产业链三个层级中："感"环节主要包括生产实体状态感知、业务流程状态感知、产业状态信息感知；"联"环节主要包括生产数据互联、业务流程数据互联、产业全信息互联；"知"环节主要包括生产流程智能决策、智能运维管理决策、产业控制优化决策；"控"环节主要包括生产实体协同反馈控制、业务流程管理控制和全产业链控制协同。工业互联网各环节不仅需要独立发展，还需要实现有机融合，形成面向多层次、多环节的服务能力。

三、学科内涵

"学科"一词通常具有两种含义：一是相对独立的知识体系，二是高等教育专业设置的学科分类。本小节将从这两个方面出发，对工业互联网的学科内涵及特点进行分析。

（一）知识体系

人类的活动产生经验，经验的积累和消化形成认识，认识通过思考、归纳、理解、抽象而上升为知识，知识在经过运用并得到验证后进一步发展到科学层面形成知识体系，处于不断发展和演进的知识体系根据某些共性特征进行划分而成为学科。

工业互联网的知识体系应该覆盖"感、联、知、控"四个环节，形成囊括感知、联网、分析处理、控制服务几大方面的完整系统。针对工业互联网的特点，在感知方面，关注工业全要素、全场景、全流程、多尺度的信息获取；在联网方面，关注把设备、生产线、工厂、供应商、产品和客户紧密地连接和融合起来，共享工业经济中的各种要素资源，实现大连接、低时延的互联互通；在分析处理方面，关注工业大数据的快速处理和建模分析；在控制服务方面，关注精准执行控制，注重柔性按需的服务提供，帮助制造业延长产业链，推动制造业转型发展。

工业互联网的知识体系具有如下鲜明特点。①多学科交叉：工业互联网涉及计算机、通信、控制、电子、机械、材料、制造等，几乎涵盖了信息领域的所有学科。②多应用驱动：工业互联网应用场景丰富多样，面临的新需求层出不穷，通过解决应用问题可以驱动知识体系的完善，呈现应用带动学科发展的显著特征。③多技术融合：工业互联网融合了物联网、人工智能、大数据、云计算、机器人、移动通信、智能制造、柔性材料等多种前沿技术。

（二）学科特点

从工业互联网知识体系的特点与我国高等教育专业设置的学科分类角度来看，工业互联网涉及计算机科学与技术、控制科学与工程、电气工程、电子科学与技术、信息与通信工程、网络空间安全等多学科的知识，故其难以被划分为一个独立的学科门类。工业互联网的"三层级四环节"内涵也说明了其具有学科集成的特色，这为工业互联网领域的人才培养增加了很大的难度。如果只是简单地对相关学科进行裁剪和叠加，再增加部分与工业互联网相关的专业课程，将导致其核心知识比较分散，培养出来的学生在各个学科方面基础比较薄弱、理论深度不够，很难满足工业互联网创新型人才培养的需求。

因此，工业互联网宜采用集成型学科的建设理念，即注重集成创新，选择具有较强技术关联性和产业带动性的重大战略产品，实现关键领域的突破；建立面向国家战略任务和国际学术前沿的跨学科平台和团队，对重大专项课题进行攻关，解决社会发展和经济建设中的关键问题，构建以人才集成和知识集成为核心的集成型"学科体系框架"，推进"优化－集群－关联－拓展"的学科整合。

跨越学科障碍、打破学科壁垒既是当今时代学科综合化发展的方向，也是学科建设进行集成创新的内在需求。对于工业互联网而言，靠一个学科单独实现创新已不现实，需要考虑相近学科或相关学科构成的学科群集成建设。集成除了有组合的含义，更有集中、突出重点之意，它不同于一般性的汇聚，各种资源要素不是简单地汇聚在一起，关键在于集成包含了主动性的优选行为，体现了经过有目的、有意识的比较选择，各种资源要素既能够发挥各自的最大优势，相互之间又能够实现优势互补这样一个统一的过程。工业互联网学科群集成建设，一方面，应紧抓工业与互联网两个重点，以计算机科学与技术、控制科学与工程为核心，整合其他相近相关学科，把握关键核心技术；另一方面，立足高校进行大学科集成建设，主要体现在基础研究、应用研究与开发研究之间的衔接，以及不同学科之间的合作，甚至包括与企业、科研机构以及其他高校之间的合作。在多方的相互促进下，形成产学研良性互动的创新网络，实现学科水平的整体提高。

第二节　推动相关科学技术领域发展

工业互联网的发展将积极推动并加速其他相关科学技术领域的发展。首先，工业互联网将直接促进制造业的技术创新与产业升级。其次，工业互联网作为新一代信息技术与工业经济深度融合的关键基础设施，是新型基础设施建设体系的重要组成，对该体系中其他重要领域（能源、交通等）和技术（移动通信、数据中心等），也将产生推动作用。

一、对先进制造技术发展的推动作用

与传统制造业相比，先进制造业不断吸收电子信息、计算机、机械、材料等领域的新技术、新成果，并综合应用于研发设计、生产制造、检测运维、服务管理等领域，实现高效、优质、低耗、灵活生产的工艺流程。下面将围绕先进制造流程中涉及的现代设计技术、先进制造工艺与装备技术、工业自动化技术、先进制造生产模式，分析工业互联网的推动作用。

（一）对现代设计技术的推动作用

工业互联网将推动新的工业设计模式和平台发展。在传统的设计服务模式中，专业设计师完成新产品设计方案后，由企业制造部门进行加工生产，营销人员对产品进行营销推广，售后人员提供售后服务。整个过程因采取线性服务模式，在设计阶段缺少终端用户和工程师的参与，往往会导致设计方案与施工过程不一致，或者新产品不能完全满足用户需求。这种基于设计师经验的设计模式导致用户反馈无法及时体现到产品设计上。因此，工业互联网的发展将推动基于反馈的现代设计技术的发展，通过产线上、用户端等环节大量的及时数据反馈，设计可以快速迭代、动态调整，实现反馈式设计，提高设计效率。

工业互联网的发展还将促进产业链上下游的交互和融合，使工业互联网众包设计平台成为可能。例如，GE 与开放式汽车制造商洛克汽车（Local Motor）合作，建设了开放众包平台 First Build，塑造了多方共同参与的并行设计流程，支持设计方案的众包生产和众筹营销。设计师利用该在线平台寻找跨地区、跨企业的优质供应商，通过 3D 打印服务商或者小工厂将设计进行小规模生产，从而提高样机和样品的加工质量，降低采购成本。通过发布企业需求信息，该在线平台智能匹配并推送设计师资源，促进供需匹配的高效设计，并依托平台发布制造能力，将过剩产能转化为对外提供服务，提升制造设备等资源的利用效率。用户也可以通过平台发布定制化需求，并深度参与设计过程，根据个性化需求来打造自己的产品。

此外，工业互联网可推动工业仿真技术以及装备运行控制技术的发展。在传统工业中，通过相关知识形成工业经验，并验证工艺仿真流程与设备控制的有效性，从而进行工业生产过程的优化。工业互联网会对设备信息和生产结果进行细粒度的信息采集，推动基于数据分析的工业机理认知，实现数据、机制、知识沉淀和软件功能解耦，使第三方开发者能够加快工业软件的开发与交付，推动模型的快速迭代和应用创新。

（二）对先进制造工艺与装备技术的推动作用

工艺技术对先进制造具有重要的影响，多个子过程相互耦合、多个工艺参数相互关联的复杂过程导致机理模型难以建立，尤其在工艺升级时，机理模型沉淀成本高，需要大量实验和一线工程经验反复融合。此外，在工艺分析时，工艺不达标产生的质量问题难以归因、不易解释。工业互联网的发展将使生产制造积累大量的数据，通过人工智能等方法形成智能化的工艺技术，加速模型分析、机理和算法积累，推动工艺发展快速迭代。

工业装备是指为国民经济各部门简单再生产和扩大再生产所提供的技术装备。工业智能装备是在工业装备基本功能的基础之上，附加数字通信控制以及智能分析等功能的设备、模块或装置，通常具有感知、推理和控制等功能，是智能制造的重要组成部分。工业互联网的发展，促进了信息技术与装备技术的深度融合，将极大推动工业装备智能化发展，并支撑工业装备形成自适应、自诊断、自维护等能力。此外，传感检测设备、控制设备、核心部件等关键工业设施也将受益于工业互联网，工业互联网将促进相关关键技术的突破。

基于工业机器人的自动化生产是衡量一个国家自动化水平的重要指标。工业互联网促进了工业机器人的发展，为工业应用提供了更多的可能性和场景，充分激活了制造业对智能制造转型升级的需求。首先，通过工业互联网实现机器人互联互通和数据共享，进而实现机器人协同工作，提高生产力并降低成本。其次，通过工业互联网进行远程监控、管理、预警，及时同步生产控制状态，让机器人在工作时有效降低材料消耗，避免变形、划伤、磕碰，降低维修停机成本。最后，通过优化工作模型，机器人可以快速适应多品种和小批量的定制生产，产品更新换代快，易形成规模经济。

（三）对工业自动化技术的推动作用

工业自动化涉及工业控制、工业网络、工业传感器等多个行业，为感知、控制、传输提供一种解决方法，来完成其在运营技术层面的智能制造功能，而传统工业自动化并不涵盖大量数据采集、数据控制、智能反馈控制等智能技术。

工业互联网将推动相关的自动化控制技术的发展和创新。例如，数控机床是高端装备制造战略性新兴产业的重要组成部分。目前，数控机床正向智能机床发展，实现了自主感知、自主学习、自主优化与决策、自主控制与执行，从而显著提升了机床加工质量和效率，成为工业互联网时代的典型底层硬件支撑。除了单体设备工业自动化的提升，工业互联网还会促进多流水线、多设备的协同自动化。自动化设备通过工业互联网的感知、互联、数据分析、协同决策能力，实现了跨流水线甚至跨环节的协同自动化生产，扩大了传统工业自动化的能力边界，发展成更大规模、更灵活的工业自动化技术。

工业互联网也会推动工业软件的发展。工业软件需要更加智能和高效，而工业互联网会带来感知数据的爆炸式增长，如何解决工业软件对感知数据的处理瓶颈，并在时延敏感的应用场景下实现智能化的算法实现，是具有挑战的新问题。工业互联网将推动工业软件解决新问题，适应新场景。

（四）对先进制造生产模式的推动作用

工业技术的发展使得产品更新速度加快，制造企业之间需要更加频繁的资源协调和生产并行化。因此，工业生产模式与管理技术也需要进行较大的变革和发展。工业互联网将促进产业链内相关产业的协同生产，从宏观上缓解生产资源分布不均的问题；智能控制和决策方法将推动智能化工程管理的发展，为解决复杂生产过程的管理和调度提供新的途径，以实现精细化的工业管理和调度，大幅提升生产劳动效率。

传统企业间设备无法共享，设备利用率非常不均衡，存在效率低下的问题。工业互联网通过解决产品接口不适配、标准不统一、数据难互通等问题，来实现多源异构生产能力的接入和数据的并发融合处理，以及资源的统一池化管理和调度，以促进产业内的协同生产。在协同生产的框架下，工业互联网将支持产品高效的生产条件适配与调度，满足用户多样化和定制化的生产需求，实现真正的柔性生产。进而，工业互联网可以推动面向服务的生产模式的发展，提供标准化的服务能力，实现资源的优化整合和分配、需求的模糊柔性处理及智能推送，满足多元化、定制化生产服务需求。

工业互联网还可以推动面向可持续发展的绿色制造生产模式的发展。工业互联网打通了生产的全链条，实现需求信息、生产信息、销售信息的综合，使生产能力和市场需求充分对接，形成按需生产、低碳生产的个性化制造，避免盲目过度生产造成的产能过剩和资源浪费。

二、对其他科学技术领域发展的推动作用

（一）对移动通信技术的推动作用

工业互联网要求构建低时延、高可靠的网络基础设施，以满足工业生产的通信传输需求，并基于网络设施，形成实时感知、协同交互、智能反馈的生产模式。一方面，工业互联网目前仍然采用专用协议来解决确定性的低时延、高可靠问题，但这些协议彼此通常是异构不兼容的，难以进行有效的信息共享，无法满足工业互联网广泛互联互通的需求；另一方面，由于工业生产环境的多样性与动态性，单纯依赖标准的以太网进行工业互联网建设显然难以满足工业生产需求。

工业互联网对组网传输的需求，将加速移动通信技术、时延敏感网络技术等的发展与大范围应用，推动通信技术向高速率、大带宽、低时延、高可靠、大连接、广覆盖的技术特性发展。

此外，工业互联网还将推动其他无线通信技术的发展。现有的无线通信技术在满足工业复杂场景下的高实时、高可靠、高精度等工业应用需求方面还存在瓶颈，工业互联网的发展和应用将推动无线网络超级上行、高精度室内定位、确定性网络、高精度时间同步等新的技术创新。同时，面向工业互联网，工业级无线通信芯片和模组、网关及工业多接入边缘计算等通信设备研发技术都将得到有力推动。

（二）对大数据技术的推动作用

目前，数据作为国家基本的战略资源，在现代社会中充当重要角色。工业大数据涵盖整个工业周期的产品和服务的数据，如企业在研发设计、制造、运营管理、运维服务中产生和使用的数据。但是工业大数据的发展还存

在如下问题：首先，由于企业的数字化程度参差不齐、各种装备接口标准不一、数据格式形式多样等因素，工业数据的采集在实践中难度较大，"孤岛"现象严重，对海量实时异构数据的挖掘能力不足；其次，相对于互联网服务领域中的大数据而言，工业大数据更加复杂，也存在着数据采集聚合不完整、流通共享不足、开发应用不彻底、治理安全不充分的问题；最后，工业大数据具有显著的时序特征，为相关分析处理技术带来了挑战。工业互联网的发展将有利于上述问题的有效解决，推动工业大数据技术创新发展。

工业企业的数据共享需求在跨企业、跨行业模式中急速增长，跨企业、跨行业的数据共享与合作成为挑战。工业互联网的发展也有助于数据交易技术的不断革新，推动工业大数据资产价值评估体系的完善等，从技术手段、定价机制、交易规则等方面入手，确保数据的可靠性流通，促进数据市场化配置。

（三）对人工智能技术的推动作用

在各种复杂的工业场景面前，智能模型和算法是支持智能化工业互联网平台应用的基础。如何把专业知识和机理集成到人工智能模型，并加速知识沉淀、传播和再利用，已成为亟待解决的问题，对促进人工智能和工业互联网一体化发展具有重要意义。

工业互联网的发展催生了工业智能化等新领域，也将促进人工智能领域相关理论和关键技术的发展。工业智能是人工智能技术与产业的融合，在设计、生产、物流等多个环节，提升感知、分析、决策能力，使企业适应不断变化的工业环境，完成多样化的工业任务，提高生产效率或设备产品性能。工业智能将人工智能引入工业领域，也会推动人工智能新技术的发展。首先，工业互联网将推动人工智能芯片的研发。工业场景的复杂性和特殊性要求将推动专用人工智能芯片的设计与开发，解决工业互联网智能计算的复杂性和特殊性之间的矛盾。其次，工业互联网将有利于专用的学习框架的发展。特别是对于智能推理框架，设备端的能力有限无法满足工业终端的计算需求，故工业互联网的发展还将促进面向工业领域的专用端侧推断框架的研究和发展。最后，工业可靠性和可解释性需求将促进白盒化智能算法的研究。深度神经网络等智能算法的黑盒特点使其产生了可靠性和可解释性问题，不适用于高可靠性需求的工业场景。对安全可靠的智能模型的迫切需求，将推动深度神经网络在理论框架、方法机理上的进一步发展。

（四）对能源技术的推动作用

工业互联网可以提高能源领域的信息化和智能化水平。使用工业互联网支持能源领域基础设施的智能化，可以实现更多维度的状态监测和信息采集，形成新型作业方法和能源服务模式，以改善生产、运输、配送等环节的使用效率和协调有限能源资源的使用，还可以促进可再生能源、电网通信、智能电网、能源网络等相关技术的发展。

尽管在如电力行业等能源行业中设备的智能化水平很高，但能源行业数据的集成和分析应用程度不高。工业互联网可以提高能源生产、运维的效率，推动能源运维的远程化、无人化，为能源行业提供远程在线监测、状态评估、故障诊断、预测性维护、设备运维等服务。能源故障预警模型和实时异常监测可以根据工业互联网对人、机、物等多维度全信息的监测，自动建立检修维护排程计划以降低经济损失。构建工业互联网集成的智能服务促进了能源领域新运维模式的形成。

（五）对交通的推动作用

工业互联网可以打通交通领域创新发展链条和上下游产业，形成协同创新的集群模式，促进智能交通新技术的发展和快速迭代。例如，高速铁路和城际轨道交通产业链，与设计咨询、原材料、施工、设备制造、运行和维护，以及下游应用的运输服务行业相关。工业互联网与该产业链条中多个环节密切相关，可以促进形成轨道交通智能制造及智能运维新模式，赋能轨道交通产业。

工业互联网可以物联网技术为基础，收集关于飞机、车辆、轮船等交通工具运行状态的实时数据，打通交通领域的全链条信息获取渠道，通过大数据技术进行安全运行分析来实现飞机、车船等交通工具的全生命周期管理，推动新一代智能交通治理平台的建设，实现安全可靠的现代化交通治理体系。

第三节　推动工业生产变革与相关产业升级

　　工业互联网一方面通过新一代信息技术对工业生产进行变革，提升产品质量和生产效率；另一方面通过大量工业技术原理、行业知识、基础流程、模型工具对工业生产进行规范化、模块化，有利于构建基于工业互联网平台的产业生态。随着工业互联网的创新发展，其生态不断壮大，其作用范围已经扩展到实体经济的各个领域。本节将首先阐述工业互联网对工业生产变革的推动作用；进而描述工业互联网对第一产业（农、林、牧、渔等）、第三产业（服务业）等其他产业升级换代的推动作用。

一、对工业生产变革的推动作用

　　提升工业制造效率的第一步就是深化工业互联网和生产的融合应用。保障工业互联网向生产场景的进一步发展，需要提升工业企业数字化、网络化和智能化水平，并通过深入实施基于互联网的工业生产和管理，促进生产、仓储、物流、环境等各个环节各方面的管理模式升级，推动跨企业、跨部门生产管理协调水平的提高，提升数字化生产、网络化协同、智能化管控能力。工业互联网应用的广度可以通过生产工艺链路的覆盖范围来测量，应用的深度可以通过生产系统的分层覆盖来测量。

　　工业互联网包括海量设备、系统、软件工具，汇聚业务需求和集成制造能力，是网络协同优化的关键，孕育了一系列新的网络化生产服务模式，如众包众创、协同制造和智能服务。工业互联网向下连接大量的设备，向上连接生产应用，是生产全要素环节的枢纽和资源配置的核心。工业互联网平台具有先进的计算架构和高性能基础设施，可实现海量异构数据的集成、存储和计算，加速数据驱动的网络化和智能化进程。进一步，依托工业互联网，可实现安全生产的快速感知、实时监控、超前预警、应急响应和系统评估，促进安全生产全过程风险的可感知、可分析、可预测、可管控，提高工业企业安全生产水平。

二、对其他产业升级的推动作用

除了直接作用于工业领域，工业互联网基于工业化生产方式和互联网思维，通过优化产业链，来改善流通环节，降低运维和沟通成本，赋能第一产业（农、林、牧、渔等）和第三产业（服务业）的高质量发展，并反向促进工业互联网发展，进而达到全产业体系数字化、网络化、智能化的目的。

《工业互联网发展应用指数白皮书（2020 年）》《工业互联网产业经济发展报告（2020 年）》《中国工业互联网产业经济发展白皮书（2021 年）》等报告对工业互联网的产业影响进行了数据的统计与估算，由于统计口径、测算模型，以及工业互联网的外延范围等差异较大，本报告不再引用上述报告中的数据。下面以三个具体产业为例，描述工业互联网对其他产业升级的推动作用。

农业：工业互联网与农业生产经营的各个环节相互融通、紧密结合，是推动农业生产数字化转型的关键支撑。一方面，借助工业互联网平台，农业经营者可以通过各类感控设备，对农作物的生长环境、生长周期进行全方位监测，实现精准播种、精细施肥、智能灌溉。另一方面，工业互联网可以为农产品流通降本增效提供技术和装备支撑，为农产品溯源提供技术和网络支撑，确保农产品源头可追溯、流向可跟踪、信息可查询，有力保障农产品安全。

零售业：由于大部分工业制造的尾端都连接着零售业，因此零售业与制造业有着紧密的联系。在传统的供应链（Supply Chain）中，制造业处于零售业上游，零售业极少能够参与到制造业流程中。工业互联网能实现企业生产经营所需的各种原材料、知识、产品和服务的在线交易、交流和共享，贯穿产品研发、设计、制造、销售、售后的全生命周期。

信息传输、软件开发和信息技术服务业：工业互联网的快速发展，促进了新一代信息技术的实施，如物联网、云计算、人工智能，进一步扩大了信息技术的应用场景，通过技术落地推广新技术的发展，实现信息化产业的良性循环。

第四节　工业互联网对国家战略发展的意义

本节将从制造强国战略和网络强国战略两个方面，阐述工业互联网对我国国家战略发展的意义。

一、制造强国战略

我国工业经济正处于从数量和规模的扩大向质量和效益的提高转变的重要时期，为工业互联网带来了重要的战略机遇。首先，促进传统产业转型升级。通过跨设备、跨系统、跨工厂和跨区域的综合互连，可以实现范围更宽、效率更高、各种生产和服务资源更精确的优化配置，促进了制造业供给侧的结构改革，大大提高了工业经济发展的质量和效益。其次，加速新兴产业培育壮大。工业互联网促进了设计、生产、管理、服务环节从单点数字化向全面集成的改进，以充分整合其他环节的发展，加速了创新机制、生产模式、组织形式和经营方式的深刻改变。因此，亟须在工业互联网创新发展中加快脚步，推动新老动能连续转换，加快新的竞争优势在我国制造业的建设，抢占未来发展的主动权。

此外，工业互联网是实体经济数字化转型的关键。工业互联网与工业、能源、交通、农业等实体经济的各个领域相结合，为实体经济提供了网络连接、计算处理平台等新的通用基础设施支持；推动各种资源要素的优化和产业链的协作，来实现创新研发模式，优化生产过程。通过促进传统工业制造体系和服务体系的再构建，驱动共享经济、平台经济、大数据分析等在更大范围内以更快的速度、更深的层次的拓展，加快实体经济数字化转型。

二、网络强国战略

我国工业门类齐全、体量大，通过工业互联网把众多的工业设备集成互联，并有效实施状态监测、故障预测和优化控制，将是建设网络强国过程中不可或缺的重要任务之一。2017 年发布的《国务院关于深化"互联网＋先进制造业"发展工业互联网的指导意见》中将建设网络基础设施作为重点工程加以推进，通过转型升级工业企业内部网络、加快建设工业企业外部网络、推进标识解析体系建设、推动第 6 版互联网协议（Internet Protocol Version 6，IPv6）在工业领域的全面部署，打造一个支撑产业发展的低时延、高可靠、广覆盖的网络。

由此可见，工业互联网对于网络强国建设具有重要意义。在加速网络演进升级方面，工业互联网促进人与人相互连接的公众互联网、物与物相互连接的物联网向人、机、物的全面互联拓展，显著提升网络设施的支撑服务能力；在拓展网络经济空间方面，工业互联网渗透力强，可以与交通、物流、能源、医疗、农业等实体经济各个领域进行更深层次的结合，实现在产业上下游、跨领域的互联互通，促进网络应用从虚拟到实体以及从生活到生产的飞跃，大大拓展了网络经济的发展空间。

第五节　本　章　小　结

本章分析了工业互联网及相关概念的发展演变历程，通过归纳分析其特征，提出了本报告对工业互联网的定义，并剖析了其"三层级四环节"的内涵。进一步，根据知识体系的内容和形成模式，阐述了工业互联网的学科内涵，总结出工业互联网具有多学科交叉、多应用驱动、多技术融合的内涵特点。围绕先进制造涉及的相关科学领域，总结了工业互联网对其他相关科学技术领域的影响，并分析了工业互联网对工业生产变革和相关产业升级的推动作用，最后阐明了工业互联网对国家制造强国战略和网络强国战略发展的重要意义。

第二章

工业互联网的现状及其形成

工业互联网正在重塑全球工业的生产方式和产业形态。本章首先将工业互联网和互联网进行类比，梳理工业互联网的发展历程，从三个维度总结工业互联网的发展规律，并介绍其当前阶段的特点。其次，介绍工业互联网的六项共性关键技术，并从产业发展的角度，辨析工业生产企业与互联网企业在工业互联网发展中的位置与角色。最后，从宏观层面介绍国内外的发展环境，包括战略规划、发展政策、产业联盟和标准制定。

第一节　工业互联网的发展规律与特点

过去的两个多世纪发生过三次工业革命，每一次都极大地提升了人类的物质文明。进入 21 世纪以来，计算机与互联网技术飞速发展，联网终端数量呈现出指数增长的趋势，全球移动通信系统协会（Global System for Mobile Communications Association，GSMA）的统计数据显示，2020 年全球物联网设备连接的数量高达 126 亿台，已经超过了全球的人口数量。回顾过去发生的三次工业革命，每两次之间都间隔了大概 100 年；相比之下，计算机和操作系统几乎每隔 20 年就会发生一次重要变革。计算机与互联网技术的快速发展正深刻地影响着工业生产，加速了新工业革命的到来。具体来说，IT 与 OT 不断碰撞摩擦，走向融合，催生了作为新一轮工业革命基石的工业互联网。

在过去几十年中，互联网以联网终端数量的增加为主要发展趋势。在 20 世纪六七十年代，因特网连接的终端只有数十台，到了 90 年代，这一数字增长到了百万台。到了 21 世纪，出现了移动互联网和物联网，联网终端的数量迎来了爆炸式增长，达到了十亿甚至百亿的数量级。与互联网的发展历程类似，工业互联网的发展也呈现出联网终端数量增加、联网范围逐渐扩大的发展规律。

一、发展规律

工业互联网发展的主线规律是网络互联范围的逐渐扩大，最终实现"三层级四环节"的全面、深度、安全互联。如图 2-1 所示，这一规律体现在三个维度，分别是全生产系统互联、全产业链互联和全生命周期互联，而互联的原点则在于以"人、机、料、法、环"为核心的 IT 与 OT 的融合。

（一）全生产系统互联

在企业内部，工业互联网发展的主要规律体现为各个生产系统的逐渐互联，促进信息技术与生产技术的深度融合，实现数字化、网络化、智能化发展。当前，我国的工业经济规模位居世界第一，且拥有门类齐全、独立完整的现代工业体系。2020 年，中国的制造业约占全球规模的 1/3，相当于美国、德国、日本三国之和。但与世界先进水平相比，我国工业仍然大而不强，数字化、网络化发展程度很不均衡。2020 年，我国规模以上工业企业生产设备数字化率为 49.9%，而数字化设备联网率仅为 43.5%。

因此，一方面，在工厂级，当前工业互联网的发展方向之一仍然是提高生产要素的数字化率和联网率，对生产线进行数字化和网络化改造，同时利用物联网等技术在生产环境中部署传感器和控制器，增强数据收集和设备控制能力。

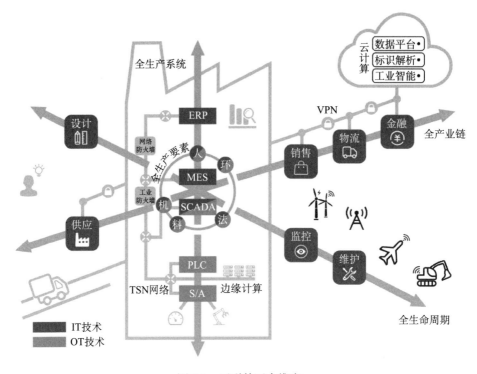

图 2-1 互联的三个维度

另一方面,许多企业内已经引入了一些信息管理系统和生产制造系统,如企业资源计划(Enterprise Resource Planning, ERP)系统、制造执行系统(Manufacturing Execution System, MES)以及数据采集与监控(Supervisory Control and Data Acquisition, SCADA)系统等。但这些系统往往独立运行,相互之间存在"信息孤岛"。打破这些系统之间的"信息孤岛",扩大互联范围,实现 IT 与 OT 的融合是当前工业互联网发展的又一趋势。

当前,全生产系统互联的重点是推动发展开放、标准的网络技术,并用其逐渐取代封闭、各异的网络技术。企业内部互联并不是传统互联网技术在工业领域的简单应用。传统的以 TCP/IP 技术为核心的互联网技术采用"尽力而为"的设计原则和服务方式,虽然保持了协议设计的简洁性,但却无法提供确定性的服务保障和低传输时延。这使得以太网、无线保真(Wireless Fidelity, WiFi)等技术的应用只能局限于企业的办公系统中,无法深入到工业现场,实现 IT 与 OT 的融合。传统的工业网络主要聚焦于工业控制领域,这些网络通常只在工业现场实现较小范围内的设备连接与控制，比如单个设备的控制技术（直接数字控制、模拟仪表控制等）、现场总线控制技术、工业以太网控制技术。然而，这些系统的网络技术通常都是封闭的。如表 2-1 所示，现场总线和工业以太网的通信协议标准和物理接口的种类繁多，不同企业的协议相互之间兼容性差（Kalogeras et al.，2019）。

表 2-1　现场总线、工业以太网协议

名称	主要组织	主要厂家
Modbus TCP	Modbus IDA	施耐德
EtherCAT	EtherCAT 协会	倍福
PROFINET	PROFIBUS	西门子
CC-Link	CC-Link 协会	三菱

为了实现 IT 与 OT 的融合，电气与电子工程师协会（Institute of Electrical and Electronics Engineers，IEEE）802.1 TSN 工作组起草的时间敏感网络（Time Sensitive Networking，TSN）标准有望成为新一代以太网技术，使得改变工业网络"七国八制"（20 世纪 80 年代的中国通信市场上总共有 8 种制式的机型，分别来自 7 个国家）的现状成为可能。TSN 能够同时承载不同类型的数据流，既包括对实时性、可靠性有较高要求的工业控制数据，也包括对实时性、可靠性要求较低的普通网络流量。在工业生产环境中，诸如机器控制、流程控制、机器人控制等应用对通信的实时性和可靠性有着相当高的要求，而企业的其他一些信息系统对数据传输的实时性和可靠性则没有那么高的需求。TSN 的出现，有助于打破这些不同系统之间的"信息孤岛"，促进不同系统之间互联互通。

（二）全产业链互联

产业链各环节的企业（供应商、制造商、销售商、物流商和金融机构等），在工业互联网的推动下，逐渐加深合作，增强交流，协同优化，形成合力。在这一过程中，工业互联网平台能够把分散在不同地区的生产设备资源、智力资源等各种核心能力整合在一起，而标识解析体系则是企业间能够实现互联互通的重要基础设施。同时，跨越公网的网络连接的安全问题也不容忽视。

当前，世界各国都非常重视工业互联网网络连接基础设施的建设与完善。美国、德国等工业大国纷纷制定了工业互联网的网络连接框架，提出全新的工业互联网堆栈模型，以满足跨企业、跨行业数据互通和系统互融的需求。我国计划到2025年基本形成具有国际竞争力的基础设施和产业体系，基本建成覆盖各地区、各行业的工业互联网网络基础设施。同时，工业互联网平台的建设也在加速进行，目前我国具有一定行业、区域影响力的工业互联网平台已超70个，在30多个国民经济重点行业中得到了应用，这背后的推动者既包括传统的制造企业，也包括许多IT企业。

然而，我国也存在着区域间、企业间网络建设不均衡的现象：部分企业的工业网络建设水平还很低；一些企业在不同区域之间仍然存在着"信息孤岛"问题；产业链的上下游企业之间依然无法互联互通。当前，随着工业互联网平台的发展，这些问题正在逐渐被解决。工业互联网成为构建产业生态的关键，使得在产业链上从供应商、制造商到销售商的互联互通得以实现。未来的产业竞争本质上是产业生态之间的竞争，全产业链的互联互通有助于实现资源优化配置，供需精准对接，形成发展合力。

为了实现产业链上下游企业间的数据互通，工业互联网标识解析体系的建设也在同步进行。标识解析体系是工业互联网重要的基础设施，是实现企业间信息交互的关键枢纽。工业企业在自己的信息系统中，给每个联网的实体（设备、产品、传感器等）、每一条信息（订单信息、设计信息、物流信息等）提供一个标识，来对其进行唯一标定，然而不同企业和行业对标识的编码和解析方式互不兼容，无法互通。随着工业互联网的发展，迫切需要建立一个统一的，能够跨越不同地域、不同行业，兼容不同技术体系的标识解析系统。目前我国已经建成北京、上海、广州、武汉和重庆五个国家顶级节点，南京、贵阳两个灾备节点也在加速建设中，形成了"东西南北中"的布局，并且这些标识解析节点已与现有的标识解析体系句柄［Handle，一套由多纳（DONA）基金会组织运行和管理的全球分布式管理系统］、对象标识符（Object Identifier，OID）技术实现对接，面向全球范围提供解析服务。

强化安全保障能力是构建企业间互联互通体系的重要前提。产业链上下游企业之间想要通过网络协同合作，势必要将企业信息系统的部分接口开放到公网，暴露在网络攻击者的视野范围内，企业间互联的深入发展和不断扩大，给工业互联网安全能力建设带来了严峻挑战。根据中国信息通信研究院发布的《工业互联网产业经济发展报告（2020年）》，我国工业互联网安全产业规模迅速扩容，从2017年的13.4亿元增长至2019年的27.2亿元，年复合增长率高达42.3%。同时，我国的工业互联网安全产品和服务体系也在加速构建，企业边界安全防护成为工业互联网安全产品的主要分布形态之一，安全检测与态势感知能力建设成为未来厂商的重要布局方向。在国际上，美国和德国等国政府也都非常重视工业互联网的安全建设工作，美国政府不断强化工业互联网安全相关立法，以加强对产业支撑能力建设的引领，同时借助IIC深入开展工业互联网安全研究和安全实践工作。德国政府也同样高度重视"工业4.0"安全保障工作，与我国在工业数据安全方面达成合作，重点关注中德企业合作时信息交互的安全需求。

（三）产品全生命周期互联

工业互联网互联的第三个维度贯穿从设计到制造、再到售后维护的产品全生命周期。工业互联网通过汇聚全要素资源，服务于产品全生命周期，以提升企业的研发设计、生产制造、营销推广、售后服务等能力。具体来说，产品全生命周期的互联主要体现在以下三个方面。

第一，产品在设计阶段联网，以实现用户参与的个性化产品设计。满足人们的个性化需求是社会生产力进步的长期诉求，工业互联网的发展让产品在设计阶段就能接入网络，从而让用户也能够参与其中，直接将自己对产品的需求加入产品的设计之中。为了支撑用户参与产品设计，许多工业互联网平台塑造了多角色共同参与的协同设计服务模式，实现了设计资源优化集成、模糊设计需求的柔性处理，促进了用户、设计师、工程师、销售人员的协同创新。这些平台汇聚了设计的基础能力（设计人才、设计知识、设计流程）和设计的制造资源（加工设备、加工数据、工业机理模型、工业企业、工业园区、行业资源），协同设计产品，打造标准化的设计云资源池、产品池、能力池。

此外，产品在设计阶段联网也能促进设计与生产阶段的协同，以节省人力和减少设计的反复修改。以船舶制造为例（Li et al.，2017），当前美国、日本、韩国以及欧洲等国家和地区在船舶智能化设计中占据领先地位，并已普遍采用 3D 设计建模，实现了设计和生产协同一体化。美国电船公司以每年建造两艘"弗吉尼亚"级潜艇和每艘成本降至 20 亿美元为目标，完成了"面向制造的设计"的项目研究。我国的南通中远海运川崎船舶工程有限公司也在计算机辅助设计（Computer Aided Design，CAD）系统的基础上，开发了计算机辅助工艺规划（Computer-Aided Process Planning，CAPP）和计算机辅助制造（Computer Aided Manufacturing，CAM）系统，推动了产品生产设计协同一体化的进程。

第二，产品在制造阶段联网，以实现大规模定制化生产。传统的流水线生产模式只能支持规模化量产，制造阶段的产品联网为定制化产品的规模化生产提供了可能。生产物料或者生产过程中的产品具有"自知性"，即知道自身的产品属性，并且借助网络，可以和生产设备互联互通，告知生产设备自身的设计参数，从而实现灵活可控的生产。如此一来，即使是批量生产的产品，每一件也都具备唯一的标识，是独立可识别的，包含了其自身用户定制的产品制造信息。

第三，产品在售后阶段联网，以实现产品状态的远程监控和预测性维护。对于各种复杂的大型设备，经常性的维护检修是必需的。设备检修的方法可以分为故障性维护（故障发生后处理）、状态性维护（定期检查设备状态以及时发现问题）和预测性维护（预测故障发生的可能性）。在过去，企业最多只能做到状态式维护，但在目前，随着产品售后阶段的联网，产品的维护方式逐渐向预测性维护转变。预测性维护是指通过对售出设备运行状态进行持续测量和监控，使用工业数据建模和数据分析技术预测和诊断设备故障，在设备故障发生前采取修正措施。预测性维护当前在工程机械、电力设备、供水设备等装备制造行业的应用最为突出，这些行业的企业通过工业互联网实时监控售出产品的运行状况，并开展远程运维、健康管理等服务。

为了应对突发的设备故障问题，企业往往需要准备大量的配件库存，而随着预测性维护的发展，这种情况已大幅改善。德国思爱普（SAP）公司介绍，一家生产飞机零部件的大公司在采用其提供的预测性维护系统后，在生产流程方面缩短了 25% 的时间，降低了 30% 的组装库存水平，并减少了 40% 的加班费用。与此同时，中国东方航空集团有限公司也进行了预测性维护的尝试，他们将 500 多台售出的国际发动机公司（CFM）的发动机连接到工业互联网平台，收集了它们的高压涡轮叶片数据，结合远程诊断记录和第三方数据，建立了叶片损伤分析预测模型。在产品联网之前，CFM 发动机的维修检测需要把微型摄像头伸入发动机内部进行检查，现在利用物联网等技术，只需根据数据分析平台上的结果就可以自动预测发动机的运行状况，以此可定制科学的重复检查间隔，从而提升运营效率，降低维护成本。

产品售后阶段的联网正在改变着行业的生态，设备生产厂商会逐渐转变为服务提供商，负责设备的安装和维护，形成自己的闭环业务链条，而运营商将购买透明化的设备服务，只需要关心对终端客户的服务优化，无须再关心设备的维护和检修等后台业务。

二、发展特点

近年来，工业互联网从探索走向实践，表现出了以下发展特点。

第一，不同于互联网将人作为主要的互联对象，工业互联网的互联涵盖工业生产的"人、机、料、法、环"等各个方面。工业互联网通过物联网技术，将机器、设备、材料、人员、环境等接入网络，进行集中的管理和控制，同时通过收集细微的数据，汇聚成大数据，为人工智能的应用提供数据基础。根据工业和信息化部的统计数据，截至 2021 年 3 月底，在具有较强行业和区域影响力的 100 多个工业互联网平台上，连接的工业设备数量达到了 7300 万台（套）。此外，中国工业感测终端的数量保持着飞速增长的态势，2014 年，中国工业感测终端的数量为 7 亿台左右，随着工业互联网的发展，到 2020 年，中国工业感测终端的数量突破了 20 亿台。

第二，工业互联网需要可靠的、确定性的、实时的网络技术。以以太网、WiFi 等为代表的互联网接入技术，由于其"尽力而为"的特性，无法满足工业互联网的需求。本节对工业互联网发展规律的阐述中提到，在工业生产环境中，诸如机器控制、流程控制、机器人控制等应用对通信的实时性和可靠性有着相当高的要求，这使得传统的互联网技术无法应用于工业生产中。TSN 与第五代移动通信技术（5th Generation Mobile Communication Technology，5G）网络成为发展工业互联网的重要网络技术。TSN 具有高可靠性、低时延、标准开放等特性，为实现信息技术与生产技术的融合提供了网络技术基础；而5G网络具有高带宽、低时延和大连接等特性，适用于航空制造、智慧矿山、无人驾驶、智慧港口等领域。

第三，发展工业互联网需要依靠对垂直领域的深入理解。不同于互联网的"赢者通吃"，工业互联网的发展有相当厚的行业壁垒，需要将信息技术与垂直领域的专业知识深度结合。例如，对于钢铁、石化、能源等流程行业来说，产能、资产等方面的系统性优化是其发展工业互联网的主要方向。因此，工业互联网需要主要聚焦于业内原料配比优化、产能合理分配、高价值设备维护、安全管理、能耗优化等场景的应用研究。我国化工行业的中策橡胶集团股份有限公司通过大数据分析不同产地原料组合的质量效果，计算最优配比，实现了将混炼胶合格率提高6%以上。韩国钢铁行业的浦项制铁公司自创AI智能监控系统，实现钢厂设备、材料、操作信息的全呈现，预测安全风险并予以示警（Mezgár and Pedone，2019）。对于每个行业的每项具体应用，其都需要将信息技术与领域的专业知识深度融合才能实现。

第四，相比于传统互联网，工业互联网对安全性提出了更高维度的要求。首先，工业互联网的数据种类和保护需求呈现多样化，数据流动和分布呈现离散化和复杂化，因此依靠传统安全设计中单点、离散的数据保护措施很难有效保护工业互联网的数据安全。其次，工业互联网安全是网络安全和生产安全的融合体，因此一旦受到攻击，受到威胁的不仅包括经济，还包括生产安全，会对人民的生命财产安全和社会和谐稳定构成隐患。除此之外，工业互联网伴生的新兴技术的发展也会对工业互联网安全提出新的挑战，其中人工智能、大数据、云计算、区块链和边缘计算等技术与工业互联网的深度融合一方面加速了发展，另一方面也增加了信息泄露、数据窃取、风险外露和安全防护分散等诸多新的挑战。

第五，工业互联网发展尚处早期，标准架构还在探索之中，商业模式尚不成熟，推广应用的过程十分复杂而艰巨。首先，打通"壁垒"十分耗时耗力，一条生产线上实现设备的互联互通往往需要打通几十种协议之间的障碍，而对工业数据的实时处理的难度与成本远高于互联网，同时不同行业中大量点状的知识分散在零碎的工序中，海量的经验需要转化成工业手机应用软件（Application，APP）才能形成数字化的互联。这一套"组合拳"的成本与门槛足以使大多数工业企业望而却步。其次，目前工业互联网尚未在应用层面体现出明显的价值，这使得中小型企业无法形成对其价值的统一而坚定的认知，而因此缺乏投资动力。同时数字化带来的成本问题、安全问题和维护问题则加重了中小企业管理层的顾虑。最后，工业互联网的商业模式尚不清晰，自身"造血能力"机制还不完善，平台建设仍处于粗放型增长期。以美的集团股份有限公司为例，2012年以来其在数字化上的投入超过100亿元，但从营收来看，美的集团股份有限公司旗下的工业互联网平台美云智数在2018年、2019年的营收分别约为3.5亿元、4亿元。就在2020年，处于行业头部的海尔卡奥斯物联生态科技有限公司以9.5亿元的融资规模刷新了国内工业互联网行业A轮融资金额最高纪录，这也意味着头部企业目前尚处于融资阶段，缺乏自身盈利能力。

第二节　关键技术与产业发展

一、关键技术

作为传统工业系统和新一代信息技术深度融合的产物，工业互联网正在重塑全球工业的生产方式和产业形态，融合工业数据、终端机器及参与各方等多种元素，构筑网络连接、数据计算、平台管理及安全保障的一体化服务能力，致力于传统工业的数字化、网络化、智能化转型。工业互联网的共性关键技术包括感知、互联、智能、控制、平台、安全等六个方面。

（一）感知

感知是"感、联、知、控"的第一个环节，是工业互联网数字化转型的前提条件，支持物理世界和网络空间的连接。通过广泛部署感知终端与数据采集设施，全面感知人、机、物、环境四类对象蕴含的资产属性、状态及行为等特征的数据，实现全要素、全产业链、全价值链信息的全面深度实时监测，提升工业泛在感知能力。工业互联网的"触手"是位于感知识别层的大量信息生成设备，现有的感知方法较多，既包括传感器，也包括最近几年蓬勃发展的新型感知手段，如射频识别（Radio Frequency Identification，RFID）、视觉感知、激光雷达等。

在传感器技术飞速发展的今天，包括光电、热敏、气敏、声敏等不同类别的工业传感器在工业互联网场景中得到了广泛应用，传感器感知的数据单条数据量小，但是频率极高。在复杂的工业环境下，非传感器感知技术是未来发展方向。RFID通过无线射频方式进行非接触双向数据通信，对记录媒体（电子标签/射频卡）进行读写，实现目标识别和数据交换，与传感器相似，其单条数据量也较少，频率较高。日本和韩国在未来的IT发展规划中均把RFID作为一项关键技术发展。我国也高度重视RFID技术的发展与应用。迄今，RFID技术在我国的物流、物资管理、物品防伪等诸多领域已经得到了广泛应用。计算机视觉技术和高清摄像头制造技术的快速发展，使得在工厂生产作业过程中引入视觉感知技术，对生产流程进行监控成为可能，有效推动工厂的智能化升级。摄像头实时采集，持续监控，产生大量数据，因此对工厂的带宽和时延要求极高。激光雷达是发射激光束探测目标的位置、速度等特征量的雷达系统，通常包括非相干和相干探测两种探测方式。

（二）互联

互联是"感、联、知、控"的第二个环节，是工业数据传输和工业互联网发展的支撑基础。为实现工业互联网的全要素网络互联、全流程数据互通与跨领域系统互融，工业网络需具备多类型数据高质量传输、多通信制式相互开放、多网络架构深度融合、多业务流程灵活管理的能力。随着工业信息数字化水平不断提升、数据业务类型不断增加、系统复杂性不断加深，传统互联网的通信模型与网络连接技术［例如开放系统互连（Open System Interconnection，OSI）］难以再满足工业互联网的网络连接需求。

为此，美国、德国、中国等工业大国纷纷制定工业互联网的网络互联框架并发布网络互联技术白皮书。其中，美国IIC发布的工业互联网连接框架（Industrial Internet of Things Connectivity Framework，IICF），参考7层OSI模型与4层TCP/IP模型，提出了全新的6层工业互联网堆栈模型并定义了每一层的网络连接技术标准，包括物理层、链路层、网络层、传输层、框架层以及分布式数据互操作与管理层，如图 2-2 所示。德国"工业 4.0"平台在 ISO/OSI 模型扩展的基础上提出工业网络连接框架，支持从开发、生产到服务的全生命周期以及从产品、设备、车间到企业互联的全层级系统上的跨维度通信，如图 2-3 所示。中国工业互联网产业联盟参考 7 层 OSI 模型和 4 层 TCP/IP

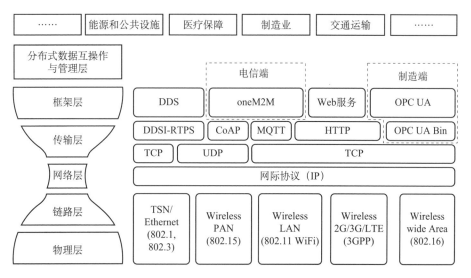

图 2-2　美国工业互联网连接框架（Industrial Internet Consortium，2018）

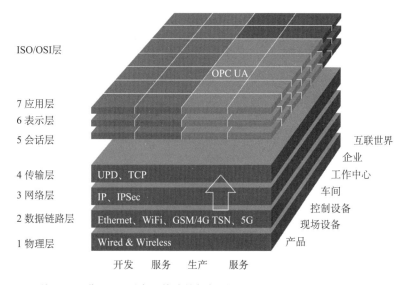

图 2-3　德国"工业 4.0"平台网络连接框架（Industrial Internet Consortium，2017）

模型，提出工业互联网网络连接框架，该连接框架包括网络互联和数据互通两个层次，可以促进系统间的互联互通，从孤立的系统/网络中解锁数据，如图 2-4 所示。

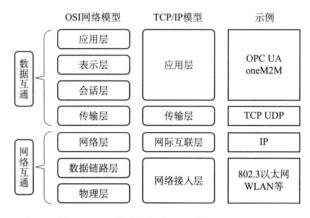

图 2-4 中国工业互联网网络连接框架（工业互联网产业联盟，2018b）

网络互联包括有线和无线两种接入方式，旨在将工业互联网体系相关的"人、机、料、法、环"以及企业上下游、智能产品、用户等全要素连接，支持多业务类型数据的端到端的传输与转发。现场总线、工业以太网以及 TSN 是工业领域常用的有线技术（Li et al.，2017）。现场总线的代表性技术包括过程现场总线（Process Field BUS，PROFIBUS）、工业以太网通信协定（EtherNet/Industrial Protocol，EtherNet/IP）、Modbus & Modbus TCP、 可寻址远程传感器高速通道（Highway Addressable Remote Transducer，HART）& 无线 HART 协议（Wireless HART）等，为实现工业网络中不同类型的数据传输提供了丰富的解决方案。然而，现场总线存在传输速率低、兼容性弱、系统间互操作性差的问题。遵从 TCP/IP 框架的工业以太网技术应运而生，这一技术通过改进以太网的实时通信并增加相应的控制应用功能以满足工业环境的网络要求，具有传输速率快、互操作性好、互通便捷等突出优势。随着工业互联网智能信息化水平的不断提升，工业互联网业务发展对承载网络的互操作性、兼容性以及传输质量提出了更高要求，多类型网络架构融合、数据共网传输以及各层协议开放成为必然的演进方向。TSN 是新一代以太网技术，用以太网物理接口承接工业内有线连接，凭借以太网协议体系具备的互联互通的天然优势，为实现 OT 和 IT 网络融合提供技术支撑，并且可打破传统工业多种网络制式相对封闭的技术壁垒，促进网络架构融合和网络协议的开放互通。更为重要的是，TSN 为端到端数据传输确定了不可协商的时间框架，可以保证多种业务数据的共网高质量传输。无线技术主要包括 WiFi、紫蜂协议（Zigbee）、第二代手机通信技术规格（2-Generation Wireless Telephone Technology，2G）、第 三 代 移 动 通 信 技 术（3rd Generation Mobile Communication Technology，3G）、长 期 演 进（Long Term Evolution，LTE）、第四代移动通信技术（4th Generation Mobile Communication Technology，4G）以及 5G 等。与有线技术相比，无线技术具有建设维护成本低、部署灵活等优点，以 5G 为代表的无线技术将更为广泛地应用于工业生产中，实现生产全流程、无死角的网络覆盖。

（三）智能

智能对应"感、联、知、控"第三个环节。数据是工业互联网的核心要素，是工业智能化的核心驱动力。制造业数字化、智能化转型的关键在于通过数据融合汇聚、集成管理及建模分析，形成基于数据驱动的"感知控制、数字模型、决策优化"的数据优化闭环，提升泛在感知、智能决策、敏捷响应、全局协同及动态优化五类核心能力。由此可知，数据优化技术是实现工业生产过程整体优化与高效协同的关键，是工业互联网发展需求不可或缺的组成部分，也是提高核心竞争力和生产效率的重要支撑。无论是美国 IIC 提出的工业互联网参考架构（Industrial Internet Reference Architecture，IIRA）（Mezgár and Pedone，2019），还是德国"工业 4.0"的参考架构模型（Reference Architecture Model Industrie，RAMI）（Kalogeras et al.，2019），抑或是中国工业互联网产业联盟提出的"工业互联网体系架构（版本 2.0）"，均将数据优化作为关键模块和重要使能技术，突出数据优化在工业互联网中的重要地位，如图 2-5 至图 2-7 所示。数据优化技术主要包括大数据分析与处理、工业智能等。

大数据处理与分析技术包括数据预处理、数据存储、数据分析和挖掘技术等。数据预处理技术将对生产过程、工业设备、管理控制等不同工业阶段的数据，进行初步的清理、数据集成、数据规约与数据转换等，并将数据对象与对应的工业系统关联起来，以提高数据的总体质量，便于后续的数据分析。利用分布式存储、云存储等数据存储技术，可以实现低成本、安全可靠的工业数据存储。数据分析和挖掘技术依据工业目标，借助统计分析、人工智能等方法的支持获取工业数据的有效价值，发现数据背后隐藏的规律与知识，为后续诊断、预测和优化功能的实现提供支撑。相比于一般的大数据，

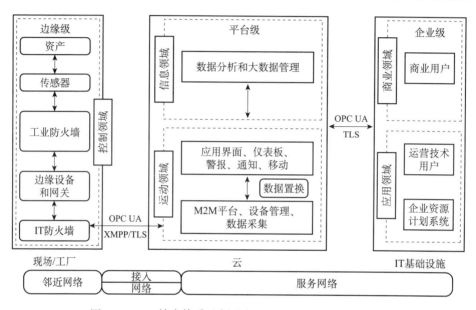

图 2-5　IIRA 技术体系示意图（Mezgár and Pedone，2019）

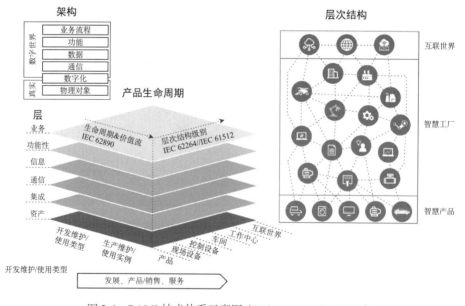

图 2-6　RAMI 技术体系示意图（Kalogeras et al.，2019）

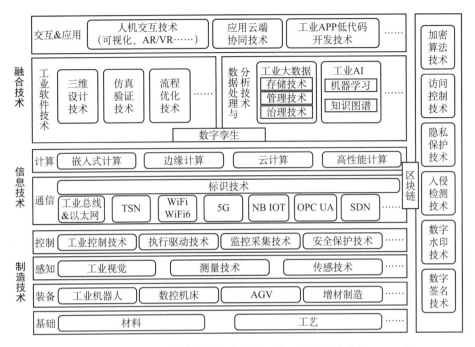

图 2-7　工业互联网技术体系示意图（工业互联网产业联盟，2020）

工业数据还具备噪声大、表征难和时序强等特征，因此需要对工业数据进行专门的处理，比如在数据预处理过程中解决噪声数据、缺失数据以及异常数据等问题，在工业时序数据处理过程中进行存储组织、快速读写和内容抽取等任务。工业智能技术旨在对高度复杂的工业数据进行计算、分析，提炼出相应的工业规律和知识，能有效提升工业生产的决策水平。工业智能是工业互联网的重要组成部分，其可以在全面感知、泛在连接、深度集成和高效处理的基础上，实现精准决策和动态优化，完成工业互联网的数据优化闭环（Lee et al.，2018）。美国、欧洲、中国等国家和地区均高度重视工业智能技术，积极出台相关战略政策，例如美国发布了《国家人工智能研究与发展战略规划》，欧盟发布了《数字化工业战略》，中国发布了《工业智能白皮书》等。

工业智能的发展和人工智能类似，同样经历了三个发展阶段。近年来，以人工神经网络为架构的深度学习技术逐渐兴起。与决策树或支持向量机等早期机器学习技术相比，深度学习通过建立深层结构模型对数据进行表征学习，可更好地解决机理未知且模糊的工业问题，实现生产过程的精准预测、工业资源的优化配置和复杂关系的准确推理，这一技术在工业领域的应用前景更为广泛。相比于应用广泛的通用人工智能技术，工业智能是一种应用于工程的系统训练方法，面向有限的具体问题，因此其通用性往往较弱。但是工业智能需要更加专业的工业领域的知识和经验，以及对工业系统运行状态的实时感知能力，并通过反馈调节形成工业控制的闭环。此外，边缘智能可以在边缘侧部署轻量级、高时效的人工智能计算框架，来提供边缘数据建模、行为分析和决策优化能力。与云侧智能相比，边缘智能具有低处理时延、强隐私保护、分布式决策等显著优势，因而成为工业智能发展的必然趋势。

（四）控制

控制对应"感、联、知、控"的第四个环节，通过将控制论方法应用在工业互联网中，实现研发、生产、管理和服务等不同业务的协同，统筹管控资源配置、物料调度、能效管理、质量监测等环节，建立全局协同、整体管控的能力，最终形成全要素、全产业链、全价值链的控制协同体系。云计算模式作为一种控制协同方法，能够提供无处不在的计算服务，并实现资源统一管理与按需调度，是工业互联网不可或缺的关键技术。然而，随着工业生产实时性、可靠性、隐私性等需求的不断提升，传统云计算模式采用集中化部署运行和全局管控决策方式，面临工业现场"信息孤岛"、生产过程刚性单一化、整体统筹低时效等多种关键挑战，难以满足工业互联的控制需求。边缘计算通过就近提供计算、通信以及存储等资源，从而更好地满足工业敏捷连接、实时优化、柔性生产、安全可靠等方面的关键需求，并且改变传统工业集中化的部署运行和管控决策方式。随着边缘计算在工业领域的广泛应用，云计算与边缘计算协同优势逐渐凸显，边云协同将为工业互联网数字化、智能化转型发挥重要作用。国际自动化协会（International Society of Automation，ISA）提出的工业自动化系统参考体系架构中明确提出了边云协同的概念（Dai ct al.，2019）。中国工业互联网产业联盟在《离散制造业边缘计算解决方案白皮书》中明确指出边云协同是离散制造业数字化改造的主要使能器。边缘计算聚焦实时、小数据的处理，用于实现业务数据本地处理及生产现场的实时控制反馈；云计算则聚焦长周期、大数据的处理，用于实现边缘侧基础设施资源的统一管理与运维调度，支持边缘侧应用的灵活部署和迭代升级。通过边云控制协同可以达到产业配置最优、高效利用资源、实时快速决策的全局协同目标。

（五）平台

工业平台是指工业环境中提供应用程序的硬件或者软件的集合。工业平台汇集多种工业互联网技术，并为技术间相互集成、协调和部署提供支撑，是工业全要素链接的枢纽与工业资源配置的核心，也是工业互联网落地实施与生态建设的关键载体，在工业互联网体系架构中有着至关重要的地位。当工业要素和资源通过"感、联、知、控"四环节对应的技术接入工业互联网之后，需要工业平台软件来运营和管理各类工业资源和制造资源，并根据具体的工业场景为相关的工业应用提供开发能力。

在工厂层、企业层和产业链层三个层级，工业互联网的平台软件可以满足工业互联网的资源管理和应用支撑的需求，并提供工业资源的泛在连接、弹性供给、高效配置，同时支撑面向工业场景的应用开发和运行。在工厂层，工业互联网平台软件需要收集生产环境中异构的人、机、物的海量信息，并对数据进行初步计算与分析。在企业层，工业互联网平台软件需要管理企业的内部资源，并为上层决策提供支撑，从而在工业互联网场景下为企业的智能化生产需求提供数字化服务。在产业链层，工业互联网平台软件需要解决跨主体、跨层级间大规模资源协同的问题，同时为达成工业互联网中产业链多主体间的高效合作提供高效的技术支持。

中国工业互联网联盟在《工业互联网平台白皮书》中明确指出，工业互联网平台对制造业数字化转型的驱动能力正逐渐显现，无论是大企业依托平台开展工业大数据以实现更高层次价值的挖掘，还是中小企业应用平台云化工具以较低成本实现信息化与数字化的普及，抑或是基于平台的制造资源优化配置和产融对接等应用模式创新，都正在推动制造业向更高发展水平迈进。

（六）安全

安全是工业互联网发展的前提和保障。工业互联网泛在连接与融合开放的特性引导工业系统朝着扁平化、灵活化和开放化方向演进。传统安全机制已无法应对结构复杂化、种类多样化、可信要求高、全生命周期跨度的新型安全挑战，需要部署构建多方联动处理、快速升级迭代、功能健全完备的安全保障体系。工业互联网的信息安全技术旨在有效识别和抵御安全威胁并化解安全风险，以保障工业生产环节的可靠性、隐私性、可用性以及安全性等，确保工业互联网健康有序发展。

传统网络安全框架 OSI 安全体系架构、信息保障技术框架（Information Assurance Technical Framework，IATF）以及 IEC62443 均只实现工业系统的静态安全防护机制，并未部署动态持续的安全防护措施，无法应对工业互联网中持续变化的内外部安全威胁，也无法满足更加复杂全面的信息保障需求。策略、防护、检测、响应（Policy，Protection，Detection，Response；P2DR）仅从技术上考虑网络安全问题，忽略了管理对安全防护的重要性。为此，美国、德国、中国等工业大国纷纷发布针对工业互联网的安全框架与关键技术架构，如图 2-8、图 2-9 所示。美国提出工业物联网安全架构（Industrial Internet of Things Security Framework，IISF），该架构包括端点保护、通信与连接保护、安全监测与分析、安全配置与管理、数据保护、安全模型与策略六个相互作用的功能模块，以保护设备间的互联通信，支持可靠数据的传输，

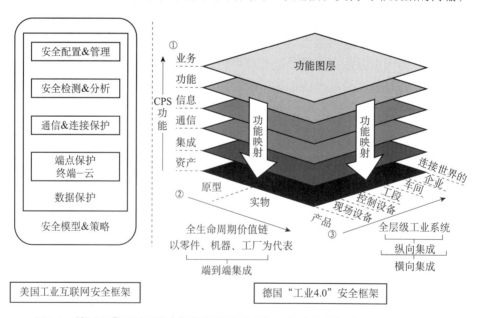

图 2-8　美国工业互联网安全框架和德国"工业 4.0"安全框架（Industrial Internet Consortium，2016；Plattform Industrie 4.0，2016）

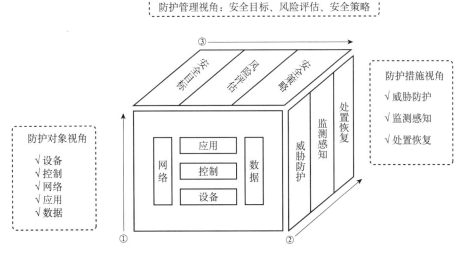

图 2-9　中国工业互联网安全框架（工业互联网产业联盟，2018c）

动态监测运行风险，实现端到端的安全防护。德国提出基于层次划分思路的安全管理框架，从 CPS 功能、全生命周期价值链和全层级工业系统三个视角对工业互联网的安全风险进行持续分析，进而指导工业互联网安全措施的部署。中国工业互联网产业联盟发布《工业互联网安全框架》白皮书，从防护对象、防护措施及防护管理三个视角构建工业互联网安全框架，三个防护视角之间相对独立，同时又相互关联、互为补充，形成了一个完整、动态、持续的防护体系。这三个安全框架的呈现视角略有不同，但是皆认为工业互联网的安全框架应该贯穿工业互联网的整个架构以承载和维系所有结构要素，因此需要分类别部署安全防护措施，其中，安全防护对象涵盖设备、数据、网络以及系统，通过融入安全管理机制来提供动态持续的安全保障能力。

工业互联网涉及的关键安全技术包括设备安全、数据安全、网络安全和系统安全四个方面。工业互联网中存在海量终端设备，设备失效或受到攻击将直接影响工业生产。设备安全技术主要保障工厂内单点器件、成套设备以及智能产品的安全，常用的安全机制包括软件定义平台、虚拟机技术、应用程序沙箱、终端标识等。其中，软件定义平台和虚拟机技术允许将系统彼此隔离，降低系统被攻击的风险。应用程序沙箱是当前测试不受信任或未经测试的程序的主流技术，如果检测到恶意软件或程序无法正常运行，应用程序沙箱则会报告错误并限制恶意程序的访问。终端标识旨在为每个设备指定身份以便于区分、管理与跟踪设备。鉴于传统身份认证方法（如 IP 地址或主机名等）容易被篡改，可以采用密码技术对工业设备进行加密身份验证。

数据安全技术旨在保障采集、传输、存储、处理各个环节数据信息的安全。其中，磁盘加密技术可保护硬盘驱动器上的数据；数据备份技术可从备份源中恢复丢失的数据；数据屏蔽技术可防止数据暴露给未经授权的人员；数据擦除技术可去除存储空间中的关键或敏感数据，避免数据泄露并防止数据被非法恶意恢复。

网络安全技术旨在确保工业内外部通信的安全，主要包括通信授权、数据加密、网络隔离等技术。通信授权技术在双方信息传输时首先确认通信方身份是否可信，典型类型有静态授权、准静态授权和动态授权。对称密钥加密、非对称密钥加密、安全多方计算、同态加密、差分隐私、密钥分割等数据加密技术可防止数据被未经授权用户或恶意入侵者获取有效信息，确保数据传输的机密性和完整性。

近年来，国际工业互联网联盟组织积极探索人工智能、区块链等新型技术在工业系统安全方面的应用，旨在提高安全防护的智能化水平，增强全方位预测、持续基础防护、动态监测响应以及自动抵御威胁的能力。利用人工智能技术实时监测工业设备，进行网络故障诊断，实现状态预测与报警等功能。此外，区块链共享账本、智能合约、匿名隐私等机制可以为跨平台、跨企业的安全管理提供应对方案，成为构建多方共治、安全可信且智能运作工业系统的突破口。

二、产业发展

从产业发展角度看，工业互联网发展的动能主要源自两大群体：其一是工业企业，这些企业原本就属于工业领域的某个具体行业，例如能源、化工、冶金、制造等；其二是互联网企业，这些企业原本立足于互联网或者广义的信息技术行业，如互联网电商企业。在工业互联网的发展进程中，工业企业和互联网企业的立足点不同，技术积累、产业资源、商业动机等也各不相同，因而遵循不同的发展模式，在工业互联网产业发展中扮演着各不相同却同等重要的角色。下面将分别介绍这两类企业的发展模式和发展现状。

（一）工业企业主导的工业互联网平台研发

工业企业在工业互联网产业发展进程中首先要立足于自身所处的产业链，明确产业链从链式结构到网状互联演进的发展动机、技术路线、生态规模、潜在机遇等。然后因循数字化到网络化的发展路径，由内向外，通过渐进式的技术改良、升级和逐步替代，实现以生产系统为中心的垂直行业的智能化。

具体而言，这条路径可以分为三个阶段：第一阶段，通过物联网等为代表的新一代信息技术，实现制造流程设计的人、机、物、环境等对象的泛在感知和信息交互，即"工厂级"的互联；第二阶段，通过数据驱动的方法实现面向产品全生命周期的业务互联、协同与闭环反馈优化，实现产品模式和服务的创新升级，重点在"企业级"的互联；第三阶段，基于全产业链、产品全生命周期积累的丰富数据，归纳提炼知识，实现人、生产线、产品、环境、业务流程的网络化交互与智能化协同，最终走向全面的互联互通和人、机、物的共融，即"全产业链"的互联。

以制造业为例，美国、德国在工业互联网领域的发展方面处于先发地位。在美国，GE于2012年发布了题为《工业互联网：突破智慧与机器的界限》的报告，认为工业客户开始将更多注意力从"提高生产力"转向了"提高利润率"，升级工业网络成为一个必要和可行的解决方案。因此，该公司率先提出"工业互联网"的概念，强调"要建立一个开放、全球化的网络，将人、数据和机器连接起来"。GE提出的工业互联网，其实是工业网络的全面升级，其核心价值主要集中在两个方面：一是联网节点数的大量增长，GE遍布全球的航空发动机、大型医疗设备都要纳入同一个网络，而且利用目前商业互联网成熟的基础设施和技术，就能低成本实现大范围的信息交互；二是构建"云端"的数据分析系统，对各个网络节点（每一台联网进来的机器设备都是一个网络节点）发来的海量工业数据进行深度分析和决策，然后将高价值的信息提炼出来服务工业客户。

2014年10月10日，GE正式对外宣布与威瑞森、思科、英特尔缔结"物联网同盟"，打造一个Predix平台。Predix负责将各种工业资产设备和供应商相互连接并接入云端，并提供资产性能管理和运营优化服务。作为一个完全开放的系统，Predix并不局限于GE自有的设备与应用，而是面向所有的工业企业，他们都可以利用Predix开发和共享各种专业应用。作为GE在工业互联网应用的成功案例，亚洲航空公司（AirAsia）部署了 GE 的飞行效率服务（Flight Efficiency Services，FES）。FES 结合 GE 的实时数据分析，能够帮助亚洲航空公司优化交通流量管理、飞行序列管理以及飞行路径设计，2014 年 FES 系统帮助亚洲航空公司节省了 1000 万美元的燃油费用。

GE 不断扩大联盟规模，与埃森哲合作建立全球战略联盟，共同开发技术和分析应用；与 AT&T 合作将 GE 的设备与其网络和云端连接，为 GE 的工业互联网提供高效安全的无线传输服务。为了实现更优化的无线连接，软件银行集团和沃达丰也成为 GE 的盟友。亚马逊是 GE 第一个在工业互联网上部署的云服务提供商，利用亚马逊遍布全球的基础设施、广泛的服务和大数据专长，为企业提供面向工业应用和基础设施的云解决方案。

与 GE 的 Predix 工业互联网相似并构成竞争关系的国际化平台，还包括德国西门子构建的 MindSphere、法国施耐德构建的 EcoStruxure。

在我国，三一重工股份有限公司投资的树根互联股份有限公司主要关注传统制造业转型升级的核心需求，构建了开放的工业互联网平台根云。根云平台着力于强化工业互联网平台的纵深发展，打造从设备接入、物联呈现，到行业应用的端到端解决方案的运营平台。面向设备全生命周期管理、生产制造数字化、设计研发数字化服务、售后市场服务、商业模式创新等五大服务场景，提供工业可视化、设备管理、位置管理、身份识别与访问管理、能耗管理、边缘计算、数据管理、大数据分析、生产排程、智能诊断、追溯分析、工业区块链、售后服务管理等覆盖制造产业链大部分环节的诸多服务。根云平台提供的解决方案，成功应用到了注塑、纺织、工业机器人、机床、包装机械、环保、新能源装备、定制家居等 81 个细分行业的制造企业。

海尔集团旗下的卡奥斯（COSMOPlat）则代表了面向终端消费者的制造企业向工业互联网演进的实践。海尔集团作为全球首屈一指的家电制造企业，其终端消费者在其智能制造服务体系中居于中心位置。卡奥斯平台的核心理念是通过用户全流程参与制造流程，打造以用户为中心的工业互联网平台。该平台主要包含云化形成交互定制、开放创新、精准营销、模块采购、智能制造、智能物流和智慧服务七大模块产品矩阵，实现了产品的大规模定制模式，为企业在未来创新产品设计、产品模式、产品售后服务等方面持续赋能。该平台目前也已经应用到了家电、模具、纺织服装、文旅、建材、化工等多个行业。

　　能源是工业的必要组成部分，能源行业的创新发展在工业互联网发展进程中扮演着特殊而重要的角色。以德国、美国、日本三国为例，德国提出国家级能源互联网项目"电子能源"（E-Energy），以信息技术为中心，借助信息网络对电力生产和消费信息进行实时收集、处理和反馈，以期满足未来以分布式能源供应为主的电力系统的需求，实现电网基础设施与用电设备之间的相互通信和协调。美国实施了未来可再生电能传输与管理（The Future Renewable Electric Energy Delivery and Management，FREEDM）系统构建计划，其核心理念是在电力电子、高速数字通信和分布控制技术的支撑下，建立新型智能能源网络构架，通过综合控制能源生产、传输和消费的各个环节，实现分布式能源的即插即发、即插即储、即插即用。日本推出"数字电网"项目，深入融合互联网技术和能源网络，逐步重构国家电力系统，将目前的同步电网细分成异步自主、相互连通的异构局域电网，通过电力路由器完成能源流和信息流的双向传输。

　　在能源结构转型的大背景下，国家电网早在 2014 年就率先提出了全球能源互联网（Global Energy Interconnection，GEI）的构想。全球能源互联网，是以特高压电网为骨架，实现全球互联的智能电网，是清洁能源在全球范围大规模开发、输送和使用的基础平台。在全球能源互联网的构想下，为满足新能源的大规模输送和安全消纳，需要重点研发能源互联网信息交互技术、智能电网控制和调度技术以及分布式电源控制协同技术等关键技术，给全球能源互联提供强有力的管理控制和决策支持机制。

　　近年来，全球能源互联网建设不断完善。首先，国际标准组织、世界各主要国家以及跨国机构均在智能电网、特高压、清洁能源及互联电网方面开展了大量的研究，并形成了相应的标准体系或标准系列。其中最主要的是全球能源互联网标准，其已成为建设全球能源互联网的必不可少的技术基础。

　　其次，按照国内互联、洲内互联和洲际互联的全球能源互联网三阶段发展战略，当前世界各国正处于国内互联阶段末期或洲内互联阶段初期，各国均在加快清洁能源开发和国内电网互联建设。全球正处于国内互联与洲内互联的关键节点，能源科技和数字化创新正在改变着能源及相关产业的传统产业价值链，并引领着全新能源生态系统的构建。

最后，2017 年全球能源互联网发展合作组织发布的《全球能源互联网发展战略白皮书》，提出全球能源互联网建设的八大战略重点，分别为电网发展、清洁替代、电能替代、科技创新、产业创新、金融创新、机制建设和国际合作，为共同推动全球能源互联网发展提供战略指引和行动指南。各国对能源互联网多能耦合、扁平分散、高比例可再生能源接入等方面的基本特征的理解高度统一，同时又结合本国国情提出了各具特色的发展方向。

（二）互联网企业主导的工业互联网平台研发

互联网企业依靠在互联网领域的资源集聚和积累，特别是互联网对流通和消费领域的信息化，反推制造环节实现技术革新、产业链重构、商业模式创新，与工业互联网的演进进程同步，实现商业系统的智能化。在工业互联网产业发展中，互联网企业的优势是其作为网络平台对跨行业、跨地域、跨价值链的横向连接能力。互联网企业主导建立的工业互联网平台，在企业数字化转型、创造规模化工业互联网生态方面发挥着至关重要的作用。

以阿里云工业互联网平台为例，它是在阿里云物联网平台的基础上，全面整合阿里云在制造企业数字化转型方面已有的信息化改造能力，以及阿里云生态系统中电商销售平台、供应链平台、金融平台、物流平台等多方面的能力，为制造业数字转型的企业、服务商、行业运营商以及区域运营商提供工业互联网领域全面的支撑平台。

与工业企业的工业互联网发展模式不同，阿里云工业互联网平台代表的互联网企业发展模式，典型地体现了互联网企业的两大优势：一是建构于先进网络基础设施之上的云平台，其有着丰富的计算、存储、分析、集成、应用开发资源，有助于减少重复开发的成本，最大限度地挖掘智力资源，加速工业互联网时代的创新步伐；二是跨产业链环节、跨产业链、跨行业、跨区域的连接，先天上有利于实现全面的互联互通和信息的汇聚共享，从而支持产业链多环节协同和区域级的资源优化配置。

对上述产业发展现状进行综合分析不难看出，当前我国工业互联网总体架构"三层级四环节"的共识已初步形成。制造业、能源行业的发展现状反映出先进的工业企业已经初步建立了"工厂级"和"企业级"的互联体系，而先进的互联网企业则通过网络技术的应用以及搭建工业互联网平台，持续推动"全产业链"互联体系的建设和发展。从"感、联、知、控"四个环节的角度看,基于工业企业已有的数字化基础,在互联网和移动通信技术的促进下,"感"和"联"两个环节发展速度最快,部分行业和企业在积累了丰富的数据资产的基础上,在"知"这个环节已经有了长足进展,而"控"这个环节以前三个环节的充分成熟为前提,目前还尚未全面形成。

第三节 国家层面发展计划与产业联盟

一、国内外战略规划

工业互联网战略规划指的是根据本国实际产业情况从国家层面提出的一系列全局战略举措、方针指导等,主要涉及工业互联网的发展方向、总体目标、主要步骤以及重大措施等方面,以全局战略眼光全面把握工业互联网发展的大方向、总目标,从而加强政府对工业互联网发展的宏观引导作用,进一步促进工业互联网的快速转型与繁荣发展。本节将从工业互联网国际战略规划、国内战略与地方政策以及国内外战略对比三方面分别进行介绍。

(一)国际战略规划

目前,美国、德国、日本等发达国家率先加入工业互联网布局,通过新一代信息技术促进产业变革,积极推动工业信息化转型,以抢占未来制造业竞争的制高点。这些国家从本国产业实际情况出发,加快建设和完善适用于本国工业转型的产业结构、政策框架以及战略举措,为发展工业互联网提供引导作用及制度保障,有利于快速实现工业信息化转型的发展目标。

1. 美国

为应对新科技产业革命,争夺国际产业竞争话语权,美国将大力发展先进制造业上升为国家战略。2008 年金融危机以来,美国政府持续推出关于先进制造业的战略举措,利用工业、信息与互联网等技术实现制造业生产方式的革命性升级，将工业互联网作为重塑制造业竞争优势的核心支撑，强化创新驱动的国际前沿引领优势，推动美国经济再次走上可持续增长之路。

2011 年 6 月，美国正式启动"先进制造伙伴关系"计划，旨在加快抢占 21 世纪先进制造业的制高点。2012 年 2 月进一步推出"先进制造业国家战略计划"，全面阐释"再工业化"的关键举措，并指出工业互联网是先进制造战略的核心基础和重要支撑。2016 年 2 月美国政府发布《国家制造业创新网络计划》，力求创造可持续发展、强竞争性的产学研用一体化架构，强调制造业基础技术与高端先进技术的深入协同与集成创新，加快创新技术向本土制造能力的转化速度，提升美国制造的核心竞争力。2018 年 10 月，美国政府又出台了《美国先进制造业领导战略》，旨在利用人工智能、工业机器人、数字制造、网络互联等多元领域的综合优势，加快推动以工业互联网为关键支撑的先进制造业的发展进程。

2014 年，由美国 GE 牵头，联合 AT&T、思科、IBM 和英特尔，共同发起了美国 IIC。IIC 官方网站显示，截至 2021 年 7 月，该联盟的创始成员为 EMC、华为和普渡大学（工程学院），普通成员共 158 家机构，而最初的 5 家发起机构却已相继退出。2021 年 8 月 31 日，该联盟全面转型物联网领域，其名称改为美国工业物联网联盟（Industrial IoT Consortium，IIC），英文缩写不变。GE 在 2011 年开始计划要变革工业产业，在 2014 年发起了全球第一个工业互联网联盟，吸引诸多国家的企业加入，特别是利用德国和中国企业国际化的发展规划，吸纳了一些德国和中国的企业作为创始成员。然而，后续由于自身经营出现问题，GE 在 2018 年出售了自家工业互联网平台 Predix，转变了在工业互联网领域的发展思路。随着创始成员的不断退出，美国 IIC 也逐渐由盛转衰。这场转变在预料之中，只是转变的速度超出了预期。美国 IIC 的兴衰起落，对于蓬勃发展的中国工业互联网产业以及相关的中国工业互联网联盟机构，具有重要的启发和警示意义，同时也赋予了他们机遇与挑战。

2. 德国

德国指出工业发展历经蒸汽机时代、电气化时代、信息化时代后将进入利用信息化技术促进产业变革的智能化时代，即"工业 4.0"时代。德国政府将"工业 4.0"战略作为应对最新技术发展、全球产业转移以及自身劳动力结构变化的重要国家级战略，基于制造装备、工业自动化等传统工业方面的国际领先优势，着重强化传统工业的数字化、网络化及智能化变革。

德国政府于 2010 年 7 月公布的《高技术战略 2020》中指出支持工业领域新一代革命性技术的研发与创新，是提升德国国际竞争力的一项强有力的手段。2014 年，"工业 4.0"被列为德国"2020 高技术战略"的十大未来项目之一。2013 年以来，德国政府相继发布的《新高科技战略（3.0）》《数字议程（2014—2017）》《数字化战略 2025》《德国工业战略 2030》等，集中体现了德国工业发展的变革思路：在人、机、物全面互联和网络协同的基础上，将工业生产与新一代信息技术深度融合，从"刚性硬制造"向"柔性智能生产"方向转型；并将信息物理系统作为"工业 4.0"的核心技术（Li et al.，2017），在标准制定、技术研发、验证测试平台建设等方面做出了一系列战略部署。2019 年发布的《工业战略 2030》指出，机器与互联网互联是"工业 4.0"时代极其重要的突破性技术，机器构成的真实世界和互联网构成的虚拟世界之间的鸿沟正在逐渐消失，工业互联网技术成为工业体系变革和竞争优势确立的基础。

3. 其他国家

除了美国、德国外，其他国家也在积极布局工业互联网，推动工业互联网从概念探讨迈入产业实践。法国、英国、日本等国家均发布了制造业数字化转型及工业互联网发展规划，并且成立由产学研用多方组成的跨部门、跨领域统筹机构，形成相对完善的资源协同和技术集成体系，共同促进整个工业格局的快速演进。

法国在 2013 年提出"新工业法国"战略，推出无人驾驶汽车、机器人、新式高铁等 34 个优先项目。随后，于 2015 年又提出了升级版战略"新工业法国 2.0"，以未来工业为核心，将新工业化总体布局调整为以新资源开发、可持续发展城市、环保汽车、网络技术等 9 个新兴领域为支柱，并从战略取向上开始全面学习德国"工业 4.0"。此外，2017 年，法国成立了由工业领域和 IT 领域机构组成的未来工业联盟，并以此推动建立互联互通、更具竞争力的法国工业生态。

英国政府于 2008 年推出"高价值制造"战略，指出物联网、人工智能等新一代信息技术是改造和推进传统工业转型升级、促进制造业高质量发展、培育经济发展新动能的有效途径（Mezgár and Pedone, 2019）。2012 年 1 月，英国政府启动"英国工业 2050 计划"，并于 2013 年发布《制造业的未来：英国面临的机遇与挑战》报告。该报告旨在指导以工业互联网为核心基础的新一代信息技术发展的落地，引领传统工业朝着以技术创新为驱动、以市场需求为导向、以可持续发展为前提的方向更迭换代。

2016 年以来，工业互联网在欧盟范围内形成共识。欧盟委员会于 2016 年 4 月启动数字化欧洲工业（Digitizing European Industry, DEI）行动计划，对"工业 4.0"战略、智能工业等各国工业数字化计划进行补充，并于 2020 年初发布《欧洲新工业战略》，旨在帮助欧洲工业向数字化转型，提高其竞争力和战略自主性。截至 2020 年，欧盟主要国家的工业互联网相关战略如表 2-2 所示。

表 2-2　欧盟主要国家的工业互联网相关战略

国家	主要战略	发布年份
荷兰	数字化议程	2011 年
德国	"工业 4.0"战略	2013 年、2015 年
法国	新工业法国	2013 年、2015 年
英国	工业 2050 计划	2016 年
波兰	政府预算	2017 年
意大利	政府预算	2017 年
瑞典	新型工业化战略	2018 年
西班牙	政府预算	2019 年
爱尔兰	"工业 4.0"战略	2020 年

此外，在德国"工业 4.0"和日本"社会 5.0"的基础上，欧盟委员会首次提出"工业 5.0"概念，并于 2020 年 9 月和 2021 年 1 月先后发布《工业 5.0 使能技术》和《工业 5.0——迈向可持续，以人为本和弹性的欧洲产业》，对"工业 5.0"给出如下定义："工业 5.0"在生产过程中尊重自然、以人为本的做法，使得工业不仅是实现就业和经济增长等社会目标的力量，更成为社会稳定繁荣的基石。"工业 5.0"包括三个核心要素——以人为本、可持续性和复原力，强调将人的核心需求和利益放在生产过程的核心位置，提高工业生

产的可持续性和复原力。总的来说，"工业 4.0"是一种技术愿景，旨在通过技术革新来提高工业生产效能，而"工业 5.0"补充并扩展了"工业 4.0"的标志性功能，在突出技术创新重要性的基础上将人与社会的需求放在中心，秉承"技术朝着支持价值的方向发展、技术变革需要根据社会需要进行设计"的理念，可以将其描述为"以人为本 / 以价值为中心的工业 4.0"。日本的工业互联网战略则另辟蹊径，重点关注企业之间的互联互通以期提升全行业的生产效率。日本政府早在 2012 年就发布了《日本制造业白皮书 2013》，指明工业互联网在机器人、新能源汽车、3D 打印和再生医学等领域有重大发展潜力。2016 年，日本再次发布制造业白皮书，明确指出要充分发挥信息技术的作用，将原有制造业转型为利用大数据的下一代制造业。随后在 2017 年，日本政府又提出了"互联工业"的概念，并将其作为"社会 5.0"超智能社会构想的重要组成部分。之后又于 2018 年提出了"工业价值链计划"，发布《日本互联工业价值链战略实施框架》，其重点在于建立一套本地化的互联工业支撑体系。

此外，新加坡、泰国等东盟各国也积极推动本国的工业互联网产业发展，意图抓住新一轮科技革命和产业变革的重要历史机遇，结合各国自身工业发展特点，积极推出相应举措，加快推动工业化进程，快速融入全球产业链。新加坡于 2015 年提出《未来制造业倡议》，旨在利用国家战略布局工业数字化转型，引导产业的发展方向。泰国于 2016 年推出"工业 4.0"计划，旨在通过这一重大经济转型战略来加速泰国的经济增长。在 2019 年 11 月举办的东盟峰会及东亚合作领导人系列会议上，东盟各国联合发布《东盟关于向工业 4.0 转型的宣言》，在发展"工业 4.0"方面取得共识。同时，印度、韩国等新兴经济体的工业化需求也在持续促进亚太地区工业互联网技术的快速发展。未来，随着全球产业结构的快速变革和高新技术的蓬勃发展，必将吸引越来越多的国家和地区关注并加快工业互联网的战略布局。

（二）国内战略与地方政策

与国际上"工业 4.0"、工业互联网的相关战略举措同步，我国一直在积极布局工业转型发展。党的十六大提出了"以信息化带动工业化，以工业化促进信息化"的观点。此后，党的十七大首次提出了"信息化与工业化融合"

发展即两化融合的思想。在两化融合的方针指引下，我国工业化和信息化融合发展的进程持续推进。时至今日，我国已成为制造业第一大国，互联网技术和产业蓬勃发展。从两化融合到工业互联网，既反映了信息化与工业化同步发展、紧密依存的关系，又体现了国家战略层面上的工业与互联网的优势结合。

1. 国家战略

2017年，《国务院关于深化"互联网＋先进制造业"发展工业互联网的指导意见》发布后，工业互联网正式成为国家战略。该意见规划了我国工业互联网三阶段发展目标。

（1）到2025年，基本形成具备国际竞争力的基础设施和产业体系。覆盖各地区、各行业的工业互联网网络基础设施基本建成。工业互联网标识解析体系不断健全并规模化推广。形成3—5个达到国际水准的工业互联网平台。产业体系较为健全，掌握关键核心技术，供给能力显著增强，形成一批具有国际竞争力的龙头企业。基本建立起较为完备可靠的工业互联网安全保障体系。新技术、新模式、新业态大规模推广应用，推动两化融合迈上新台阶。

（2）到2035年，建成国际领先的工业互联网网络基础设施和平台，形成国际先进的技术与产业体系，工业互联网全面深度应用并在优势行业形成创新引领能力，安全保障能力全面提升，重点领域实现国际领先。

（3）到21世纪中叶，工业互联网网络基础设施全面支撑经济社会发展，工业互联网创新发展能力、技术产业体系以及融合应用等全面达到国际先进水平，综合实力进入世界前列。

面向上述发展目标，该意见明确了我国工业互联网发展的七个方面的主要任务。夯实网络基础：推动网络改造升级提速降费，推进标识解析体系建设。打造平台体系：加快工业互联网平台建设，提升平台运营能力。加强产业支撑：加大关键共性技术攻关力度，构建工业互联网标准体系，提升产品与解决方案供给能力。促进融合应用：提升大型企业工业互联网创新和应用水平，加快中小企业工业互联网应用普及。完善生态体系：构建创新体系，构建应用生态，构建企业协同发展体系，构建区域协同发展体系。强化安全保障：提升安全防护能力，建立数据安全保护体系，推动安全技术手段建设。推动开放合作：提高企业国际化发展能力，加强多边对话与合作。

该意见的发布为我国工业互联网建设指明了方向，勾勒出全面清晰的蓝图。网络基础和平台体系建设是前提，产业支撑（含技术和标准）、应用、生态体系建设是驱动进步的三驾马车，强化安全和开放合作是高质量发展的保障。

之后，国家各部门还陆续出台了一系列政策文件（表2-3），为工业互联网各方面的具体工作提供政策指引和保障。例如：工业和信息化部于2018年6月发布了《工业互联网发展行动计划（2018—2020年）》，于2019年1月发布了《工业互联网网络建设及推广指南》，工业和信息化部和国家标准化管理委员会于2019年3月联合发布了《工业互联网综合标准化体系建设指南》，工业和信息化部、教育部等10部门于2019年8月联合发布了《加强工业互联网安全工作的指导意见》，工业和信息化部于2019年11月发布了《"5G+工业互联网"512工程推进方案》，于2020年发布了《工业互联网创新发展行动计划（2021—2023年）》《工业互联网标识管理办法》，等等。

表2-3 2015—2021年中国工业互联网行业重点政策汇总一览

发布时间	发布部门	政策名称
2020年12月28日	工业和信息化部	《工业互联网标识管理办法》
2020年12月22日	工业和信息化部	《工业互联网创新发展行动计划（2021—2023年）》
2020年3月20日	工业和信息化部	《关于推动工业互联网加快发展的通知》
2020年1月10日	工业和信息化部信息通信管理局	《关于2019年工业互联网试点示范项目名单的公示》
2019年11月15日	国家发展和改革委员会等15部门	《关于推动先进制造业和现代服务业深度融合发展的实施意见》
2019年11月22日	工业和信息化部	《"5G+工业互联网"512工程推进方案》
2019年8月28日	工业和信息化部、教育部等10部门	《加强工业互联网安全工作的指导意见》
2019年6月25日	工业和信息化部	《工业互联网专项工作组2019年工作计划》
2019年6月25日	工业互联网产业联盟	《工业互联网标识解析二级节点建设导则（试行版）》
2019年3月8日	工业和信息化部、国家标准化管理委员会	《工业互联网综合标准化体系建设指南》
2019年1月18日	工业和信息化部	《工业互联网网络建设及推广指南》

发布时间	发布部门	政策名称
2018年7月19日	工业和信息化部	《工业互联网平台建设及推广指南》
2018年7月19日	工业和信息化部	《工业互联网平台评价方法》
2018年6月7日	工业和信息化部	《工业互联网发展行动计划（2018—2020年）》
2018年6月7日	工业和信息化部	《工业互联网专项工作组2018年工作计划》
2018年5月11日	工业和信息化部	《工业互联网APP培育工程实施方案（2018—2020年）》
2018年2月24日	工业和信息化部	《国家制造强国建设领导小组关于设立工业互联网专项工作组的通知》
2017年12月29日	工业和信息化部	《工业控制系统信息安全行动计划（2018—2020年）》
2017年11月27日	国务院	《关于深化"互联网＋先进制造业"发展工业互联网的指导意见》
2017年11月23日	工业和信息化部等16部门	《关于发挥民间投资作用推进实施制造强国战略指导意见》
2016年11月3日	工业和信息化部	《信息化和工业化融合发展规划（2016—2020年）》
2016年5月20日	国务院	《深化制造业与互联网融合发展的指导意见》
2016年3月21日	工业和信息化部	《制造业单项冠军企业培育提升专项行动实施方案》

2. 地方政策

在国家政策的引导下，各地积极响应。结合地方产业现状和资源特点，绝大多数省（自治区、直辖市）都发布了各自的工业互联网发展政策文件（表2-4）。

湖南、广东、浙江、山西、河南、湖南、重庆、江苏、甘肃、湖北、上海等省（直辖市）先后出台了支持企业"上云"的政策，一方面支持面向工业互联网的工业云平台建设，另一方面激励广大企业通过上云实现数字化、网络化、智能化的转型升级。广东省在网络基础设施建设方面加大投入，建设低时延、高可靠、广覆盖的工业互联网网络基础设施；河南省作为重工业强省提出了关键岗位"机器换人"行动和智能工厂建设行动的计划，重点提升工业互联网发展水平；《甘肃省工业互联网发展行动计划（2018—2020年）》在平台建设和应用方面提出明确目标，在上平台、用平台方面力争做到"上云"企业比例达到30%，进入中西部地区前列；贵州省基于本省大数据产业和技术资源集聚的特点，提出推动大数据与工业深度融合发展工业互联网的实施方案；云南、山东等省先后推出了 IPv6 规模部署的实施方案，强化工业互联网的网络基础设施建设；浙江则依托本身的互联网经济基础，提出打造基于互联网的制造业"双创"平台，促进中小企业互联网融合应用，发展以工业互联网为核心的智能制造。

表 2-4　我国工业互联网地方性政策法规一览

省（区、市）	政策名称	省（区、市）	政策名称
安徽	《安徽省人民政府关于深化"互联网＋先进制造业"发展工业互联网的实施意见》	河北	《河北省人民政府关于加快推进工业转型升级建设现代化工业体系的指导意见》
北京	《北京工业互联网发展行动计划（2018—2020 年）》	河北	《河北省人民政府关于加快推进现代服务业创新发展的实施意见》
重庆	《重庆市推进工业互联网发展若干政策》	河南	《河南省智能制造和工业互联网发展三年行动计划（2018—2020 年）》
重庆	《重庆市深化"互联网＋先进制造业"发展工业互联网实施方案》	河南	《河南省支持智能制造和工业互联网发展若干政策》
福建	《福建省人民政府关于深化"互联网＋先进制造业"发展工业互联网的实施意见》	黑龙江	《黑龙江省"互联网＋工业"行动计划》
福建	《关于进一步深化改革扩大开放的若干措施》	湖北	《湖北省进一步扩大和升级信息消费持续释放内需潜力实施方案》
甘肃	《甘肃省工业互联网发展行动计划（2018—2020 年）》	湖北	《湖北省工业互联网发展工作计划（2018—2020 年）》
甘肃	《甘肃省人民政府办公厅关于扩大和升级信息消费的实施意见》	湖南	《湖南省人民政府办公厅关于进一步鼓励移动互联网产业发展的若干意见》
广东	《广东省人民政府关于印发广东省深化"互联网＋先进制造业"发展工业互联网实施方案及配套政策措施的通知》	吉林	《吉林省人民政府关于推动创新创业高质量发展打造"双创"升级版的实施意见》
广西	《广西深化制造业与互联网融合发展实施方案》	吉林	《吉林省培育工业互联网 APP 计划》
贵州	《贵州省推动大数据与工业深度融合发展工业互联网实施方案》	吉林	《吉林省人民政府关于深化工业互联网发展的实施意见》
贵州	《贵州省深化制造业与互联网融合发展实施意见》	江苏	《省政府办公厅关于印发智慧江苏建设三年行动计划（2018—2020 年）的通知》
海南	《海南省人民政府关于深化制造业与互联网融合发展的实施意见》	江苏	《省政府关于进一步扩大和升级信息消费持续释放内需潜力的实施意见》
江苏	《省政府办公厅关于推进制造业与互联网融合发展的实施意见》	山西	《山西省人民政府关于深化"互联网＋先进制造业"发展工业互联网的实施意见》

省（区、市）	政策名称	省（区、市）	政策名称
江西	《江西省传统产业优化升级行动计划（2018—2020年）》	陕西	《陕西省人民政府关于深化制造业与互联网融合发展的实施意见》
江西	《江西省人民政府关于深化"互联网＋先进制造业"发展工业互联网的实施意见》	上海	《上海市工业互联网产业创新工程实施方案》
江西	《江西省省属国有企业高质量发展行动方案（2018—2020年）》	上海	《上海市工业互联网创新发展应用三年行动计划（2017—2019年）》
辽宁	《辽宁省工业八大门类产业科技攻关重点方向》	四川	《进一步扩大和升级信息消费持续释放内需潜力实施方案》
内蒙古	《内蒙古自治区经济和信息化委员会关于制造业"万户企业登云"三年行动计划（2018—2020）》	天津	《天津市人民政府关于深化"互联网＋先进制造业"发展工业互联网的实施意见》
宁夏	《自治区人民政府关于加快"互联网＋先进制造业"发展工业互联网的实施意见》	天津	《天津市加快工业互联网创新应用推动工业企业"上云上平台"行动计划（2018—2020年）》
青海	《青海省人民政府关于深化"互联网＋先进制造业"发展工业互联网（2018—2020年）的实施意见》	天津	《天津市工业互联网发展行动计划（2018—2020年）》
青海	《青海省人民政府关于推动制造业与互联网融合发展的实施意见》	云南	《云南省工业互联网发展三年行动计划（2018—2020年）》
山东	《关于促进全省移动互联网健康有序发展的实施意见》	云南	《关于推进互联网协议第六版（IPv6）规模部署的实施意见》
山东	《山东省推进互联网协议第六版（IPv6）规模部署行动计划的实施方案》	浙江	《浙江省人民政府关于加快发展工业互联网促进制造业高质量发展的实施意见》
山东	《山东省新旧动能转换重大工程实施规划》	浙江	《浙江省全面改造提升传统制造业行动计划（2017—2020年）》
山东	《山东省装备制造业转型升级实施方案》		

（三）国内外战略规划对比

美国、德国、中国等主要工业大国均由政府主导，出台了各自的工业互联网发展战略和具体政策，例如美国的"先进制造伙伴关系"计划、德国的"工业4.0"战略、中国的两化融合，力求抓住新一轮产业革命和科技革新带来的重大机遇，加快本国工业互联网和智能制造的转型升级。但是，不同国家的民族精神、工业化发展程度、信息化水平以及产业优势存在差异，所提战略规划的目标愿景、核心理念、技术路线、发展领域均有所不同，下面将对美国、德国和中国的工业互联网战略规划进行对比。

美国在信息产业和先进制造业方面一直处于霸主地位，其提出的工业互联网战略目标是保持美国在先进制造业的领导地位，进一步提高国际话语权。为了实现其目标愿景，美国利用其在基础学科、信息技术、工业制造以及互联网等领域的综合优势，从大数据、人工智能等"软服务"切入，其核心理念是鼓励技术创新，增加数字制造、信息化等优势领域的研发投入，通过信息技术重塑工业格局，重点发展先进传感、先进控制、虚拟化、信息化、数字制造以及先进材料制造等技术领域，带动工业全流程、全环节竞争力的提升，引领全球制造业走向。

德国在机械装备制造、工业自动化等方面一直处于国际领军地位，它旨在通过"工业4.0"战略保证其在工业领域的领先地位，引领全球制造业的发展。德国工业互联网的发展侧重于全工业体系协同，强化自身的"硬制造"优势，同时扩展"软服务"能力，对制造产品的全生命周期、完整制造流程进行集成和数字化，推出更高层次的制造理念，更加关注信息物理系统、嵌入式系统、自动化工程等技术领域的发展，进而达到新工业革命的生产模式。

与美国、德国不同的是，我国工业发展仍存在自主创新能力不足、关键技术缺乏、产业结构不合理、生产性服务业发展滞后等诸多问题，我国旨在通过工业互联网战略规划从制造大国向制造强国转变，抢占未来制造业竞争的制高点，提高在全球制造业的影响力。为了实现上述目标，我国立足当前，提出信息化和工业化两化深度融合的核心理念，优先发展航空航天、船舶、先进轨道交通、节能和新能源汽车等领域，按照优化制造业结构、提高生产效能以及提升信息化水平的技术路线，引领和指导整个制造业的发展，切实提高我国制造业的竞争力和可持续发展能力。

二、国内外产业联盟与标准制定

近年来，工业互联网产业联盟发展迅速，集成汇聚了政产研学用等多方力量，以推动技术融合创新与渗透延伸。工业互联网联盟机构凝聚产业共识与各方力量，指导技术创新和产业升级，初步形成了系统架构雏形，并组织标准体系建设及标准制定，驱动工业互联网从概念走向落地，加速全球化产业布局和生态建设。本节将分别介绍国际产业联盟与标准制定、国内生态体系与标准制定，并对国内外产业联盟的发展情况进行对比。

（一）国际产业联盟与标准制定

在全球范围内，以美国 IIC、德国"工业 4.0"平台等为代表的工业互联网联盟机构纷纷发布了工业互联网相关技术文件与白皮书、工业互联网参考架构，并制定了相关标准，用于促进制造业的快速变革，推进工业互联网的加速发展。

1. 美国工业互联网联盟

2014 年 3 月，美国 GE 联合 AT&T、思科、IBM、英特尔等数十个国家和地区的企业成立 IIC，系统开展工业互联网的战略设计和商业部署，致力于打破行业、区域、技术壁垒，通过标准制定和试点应用引领技术创新、系统升级和产业变革。

IIC 汇聚融合了全球工业互联网行业生态圈的相关技术举措，重点发展体系架构和测试床建设，通过通用架构、技术革新、开放标准将工业互联网技术标准化并与工业实践进行有机结合，协同推进先进技术应用、互联模式推广和全球产业布局。IIC 重点布局的标准化方向涵盖网络连接、数据管理、产业框架、系统架构等，旨在通过国际通用标准的制定打破技术壁垒，实现顶层设计与技术优势的上升转化，牵引构建技术研发、标准制定、应用示范、规模商用的产业闭环，推动工业生产效率的全面提升。

2015 年 6 月，IIC 发布全球首个具有跨行业适用性的 IIRA（Lee et al., 2018）。该架构重点面向"工业互联网系统"开发，注重跨行业的通用性和互操作性，基于 ISO/IEC/IEEE 42010 系统与软件工程标准的架构方法论，为系统应用开发、架构分解和设计模式提出通用兼容方案和总体模型。2017 年和 2019 年 IIC 分别发布了 IIRA 的改进版本，进一步扩充工业互联网的概念内涵、部署操作、组织模式、实践应用等内容，基于通用框架和概念设计开发可互操作的系统架构，坚持以应用需求为牵引，驱动工业互联网整个生命周期的全方位优化。

近年来，IIC 积极吸纳覆盖工业互联网全生态链的各类企业巨头和顶尖机构加盟，进一步扩大其全球影响力。IIC 主要成员包括美国国家标准与技术研究院、宾夕法尼亚大学、约翰斯·霍普金斯大学等顶尖高校和科研机构以及英特尔、AT&T、施耐德、富士通等全球企业巨头。此外，国内的华为、中国信息通信研究院等多家企业和研究机构也已加入 IIC 联盟。截至 2021 年 5 月，IIC 已遍布全球 30 多个国家，汇聚 240 多家企业、学术机构和产业组织，设立了 19 个工作组，研究领域主要包括数字化转型、联盟、市场营销、安全、技术和测试床等多种类型，涉及能源、健康、制造业、矿业、零售、智能城市和传输等多种行业。

目前，IIC 已发布工业互联网参考架构、工业互联网分析框架等多个重要架构报告，以及数字化转型、数字孪生、边缘计算、可信计算、时间敏感网络等相关领域的白皮书，进一步巩固了其在全球工业互联网的发展引领地位。例如，2020 年发布数字孪生相关的多个白皮书，包括《工业应用中的数字孪生：定义、行业价值、设计、标准及应用案例》(Digital Twins for Industrial Applications：Definition, Business Values, Design Aspects, Standards and Use Cases)、《工业数字化转型白皮书》(Digital Transformation in Industry White Paper) 等，同年 10 月发布分布式边缘计算白皮书《工业物联网分布式计算》(The Industrial Internet of Things Distributed Computing in the Edge)，2021 年 6 月发布工业互联网全球行业标准白皮书《工业物联网全球行业标准白皮书》(Global Industry Standards for Industrial IoT White Paper)。此外，IIC 于 2015 年创办工业互联网的专属期刊 Journal of Innovation，重点介绍工业互联网领域出现的创新理念、方法、产品和服务，先后发表人工智能、数字孪生、智能交通、快速应对新冠病毒的物联网技术等主题刊物。IIC 还致力于举办工业互联网的各种技术论坛和网络研讨会，探讨新兴技术在工业互联网中的应用以及智能解决方案。IIC 还推出了一系列工业互联网挑战赛，旨在解决工业互联网应用验证和产业推广面临的实际问题，例如，2019 年举办了区块链与城市、智能电动车挑战赛，2020 年举办了智能建筑挑战赛，并且正在筹办推出智能物流挑战赛。

IIC 联盟成员共同在多个领域建设了大量测试床，截至 2021 年 6 月已建立车联网、分布式能源、条件监测、智能城市供水、跟踪溯源、时间敏感网络、智能工厂、精确农作物管理等 26 个测试床，并将测试结果以报告和白皮书的形式发布，例如，2019 年发布深度学习设施测试床测试报告、2020 年发布长期演进测试报告。IIC 通过丰富的测试床实验对工业互联网参考架构和关键技术进行验证，并孵化新产品、提供解决方案及相关服务，通过联盟间成员的合作不断探索新场景、新模式、新技术、新服务以及新流程等在工业互联网中的推广应用，对外输出技术成果、标准规范和应用转化，加强自身在全球工业互联网产业发展的领导力和话语权。

此外，IIC 着眼于工业互联网在数字化转型、安全可信等方面的未来规划，旨在利用数字技术削减生产成本和提高工业流程的效率，加快先进与新兴技术的商业应用；并且将提供安全可信的工业互联网作为进一步目标，通过协作开发通用安全框架对工业物联网（IIoT）平台进行评估，结合新兴技术实现全球系统和设备的安全连接与可信控制，以支持数字化转型、智能制造、数字孪生、安全通信和供应链保障等。

2. 德国"工业 4.0"平台

2013 年 4 月，德国汉诺威工业博览会正式提出"工业 4.0"概念，旨在利用资源、信息、物品与人互联的信息物理系统，将集中式控制的生产服务模式向分散式增强型控制转变，借以实现高度灵活的个性化和数字化生产，提高德国工业的核心竞争力，从而在新一轮工业革命中抢占先机。随后，德国机械设备制造业联合会，德国电子电气行业协会，德国联邦信息技术、电信和新媒体协会等联合设立"工业 4.0"平台，其主要面向参考架构、标准规范、创新研究、系统安全以及法律框架等几大主题，制定"工业 4.0"一系列相关措施和标准化路线图，涵盖标准化需求、参考模型、应用案例、工程研发等内容。

2015 年 4 月，《德国工业 4.0 战略》发布 RAMI 4.0，借鉴现有相关标准技术，将以 CPS 为核心的智能生产功能，映射到多资源要素连接的全生命周期价值链和设备、车间、企业互联互通的全层级工业系统中。该架构力图打通工业生产全流程和各业务环节，并将现有标准和拟定标准共同纳入参考体系中，为"工业 4.0"的标准化工作奠定基础，推动工业制造体系和产业生态向集成化、协同化方向演进。

在实施"工业 4.0"取得重要进展的基础上，"工业 4.0"平台于 2019 年 6 月发布了《工业 4.0 愿景 2030》，该愿景从自主性、互通性、可持续性三个方面描述了"工业 4.0"的核心内容。自主性是数字商业模式竞争力的有力保证，该愿景重点讨论了数字基础设施、安全、技术开发三个自主性的基本要素，旨在确保全球"工业 4.0"生态体系中的信息技术安全。互通性是为了打造合作和开放的生态体系，兼顾多元化和灵活性，确保实现跨企业和跨行业的直接运行和流程组网。可持续性的目标是实现现代工业价值创造，这有利于"工业 4.0"的长期发展。该愿景旨在进一步深入挖掘"工业 4.0"的巨大潜力，为各相关方制定下一步计划提供方向，进一步巩固德国在全球"工业 4.0"设备供应商的主导地位。

"工业 4.0"平台旨在为工业互联网标准架构提供统筹规划和方向指引，持续推进标准体系建设，以标准研制和国际化对接为重点，成立"工业 4.0"标准化委员会（SCI4.0）助力国际标准对接与合作。截至 2021 年 6 月，"工业 4.0"平台成立了 6 个标准工作组：标准工作组 1（Working Group 1，WG1）负责参考架构、标准与规范，WG2 负责研究与创新，WG3 负责互联系统安全，WG4 负责法律框架，WG5 负责用工以及工作岗位，WG6 负责分析数字商业模式并提出相应建议，涵盖工业互联网标准制定、应用实施、成果转化的各个方面（Dai et al.，2019）。"工业 4.0"平台重点关注并推广"工厂标准化"而非"产品标准化"，驱动工业生产链各业务环节的协同创新与组织重构，通过全要素互联推动数据深度集成与资源灵活配置，实现在生产效率、资源调配、运营管理等方面的整体优化。

目前，"工业 4.0"平台已发布"工业 4.0"标准化路线图、"工业 4.0"中的层次结构、RAMI4.0 等多个重要架构报告，对人工智能、安全、数字孪生、可持续性、数字化商业模式等相关领域展开深入探索，进一步巩固其在前一个工业革新阶段的发展成果，继续保持德国工业在世界的领先地位。例如，在人工智能领域，"工业 4.0"平台于 2019 年 2 月发布《工业 4.0 安全方面的人工智能》（Artificial Intelligence in Security Aspects of Industrie 4.0），解释了现代人工智能的基本作用机制及其对安全概念的影响，同时还总结了"工业 4.0"的核心安全要求。在安全性领域，中德智能制造 / 工业 4.0 标准化工作组专家围绕信息安全、功能安全、工业网络与边缘计算、预测性维护、数

字孪生 / 管理壳、人工智能应用和应用案例等 7 个领域开展了深入交流，并于 2019 年发布了安全相关白皮书《中德工业 4.0 / 智能制造功能安全白皮书》（Sino-German White Paper on Functional Safety for Industrie 4.0 and Intelligent Manufacturing）。对于工业互联网可持续性方面，"工业 4.0"平台于 2020 年 11 月在德国联邦政府数字峰会上展示了可持续"工业 4.0"的初步实践应用及发展潜力，并确定了资源效率、透明度、网络为通往可持续"工业 4.0"的三条路径。

"工业 4.0"平台在测试床方面也取得了较为突出的成果，将标准成果、创新技术等进行实际生产转化，进一步提高了技术融合和应用创新的市场化效率。截至 2021 年 6 月，"工业 4.0"平台实施了 195 项应用案例，遍布德国 500 多个应用测试研究机构，涉及自动化组件、咨询服务、机电系统、生产服务、制造业、软件解决方案等方面，展示了工业数字化转型的真正进展。与此同时，"工业 4.0"平台还开展了现场测试工作，成功地将管理层及其子模型进行了示范性演示，并在 2018 年和 2019 年的汉诺威工业博览会上进行了展出。

此外，"工业 4.0"平台作为德国推动工业智能化转型的重要抓手，不断促进政治、经济、科技等各领域以及协会、工会之间的信息协调传递和合作对接服务，并加速进入平台落地应用和实践探索阶段，进一步提升本国工业制造的智能化水平。随着"工业 4.0"平台的迅速扩展，其不断吸引企业、协会、联盟、科学和政治等各领域的组织机构积极加入，到目前为止，"工业 4.0"平台汇聚了来自 150 多家企业、协会、工会和研究机构的 350 余个合作伙伴，并与其合作者联合发表了 200 余篇刊物。同时，德国"工业 4.0"平台积极推动和保持与多国的合作关系，其中包括 3 个多国合作（与二十国集团的合作、与法国和意大利的三边合作、与奥地利和瑞士的 DA-CH 合作）和 7 个双边合作（澳大利亚、中国、日本、荷兰、墨西哥、捷克、美国），旨在进一步扩大其全球影响力，奠定德国在制造工业上的国际领军地位。

3. 联盟间深化国际合作

除美国 IIC、德国"工业 4.0"平台外，其他国家也加大了对工业互联网的投入与推进力度。例如，日本工业价值链促进会（Industrial Value Chain

Initiative，IVI）提出工业价值链参考架构（Industrial Value Chain Reference Architecture-Next，IVRA-Next），以日立、东芝、三菱等为代表的日本企业积极部署并推进工业互联网技术创新与应用探索，已取得显著成效。另外，各联盟组织除加强自身国际拓展、提升全球影响力以外，彼此之间也在不断进行深度合作以实现优势互补，协同引导产学研用各界开展工业互联网体系架构设计、标准体系建设以及应用测试与实践，进一步加速全球工业互联网产业生态的发展壮大。

一方面，工业互联网各联盟不断提升自身的国际影响力和知名度，加快各区域战略布局。IIC 目前已在德国、中国、印度等区域成立分部，并与多家机构如 OpenFog 联盟进行合并，旨在通过优势互补与合作共赢，促进多方技术的融合汇聚与应用落地。此外，倍福、博世、德国电信等德国企业联合成立工业互联与自动化 5G 联盟（5G Alliance for Connected Industries and Automation，5G-ACIA），充分发挥德国在信息技术和先进制造技术方面的综合优势，强化德国工业互联网发展的主导权和竞争力。其他国家例如韩国、新加坡等也先后成立了本国工业互联网产业联盟，加大对工业互联网产业的投入力度，初步形成系统化平台体系，积极融入全球工业互联网产业生态。

另一方面，各联盟间不断深化国际合作，统筹规划工业互联网的重点发展领域和未来同步推进方向，形成产业发展共识，促进先进技术成果的转化与分享，共同制定统一通用的产业标准。自 2015 年开始，美国 IIC 与德国"工业 4.0"平台联合开展关于架构对接、互操作性以及体系结构映射等多方面的合作（中国信通院和工业互联网产业联盟，2020），并且共同制定并发布了工业互联网相关的白皮书，旨在探讨数字孪生、人工智能等各种技术在工业互联网中的实际应用，例如于 2020 年 9 月联合发布白皮书《数字孪生和资产管理壳的概念和应用》（Digital Twin and Asset Administration Shell Concepts and Application）。德国"工业 4.0"平台和美国制造业创新网络框架下的清洁能源智能制造创新研究所（ Clean Energy Smart Manufacturing Innovation Institute，CESMII）于 2021 年 4 月宣布建立合作伙伴关系，在技术标准化和劳动力技能两个核心领域展开深度合作，并在 2021 年汉诺威工业博览会上展示首批合作成果。在欧洲，德国、法国及意大利的相关工业组织自 2019 年开始加强三边联盟（TRICOOP）合作，以实现标准化、政治框架和中小企业支持等方面的合作交流，并于 2020 年 2 月提出欧洲工业数字化转型建议。

此外，美国 IIC、德国"工业 4.0"平台和日本 IVI 等组织均与中国工业互联网产业联盟建立合作伙伴关系。其中，中德智能制造 / 工业 4.0 标准化合作机制于 2015 年建立，在五年间中德双方已共同召开 10 次工作组会议，达成 80 余项共识，发布《中德智能制造 / 工业 4.0 中小型企业测试床程序白皮书》《中德智能制造 / 工业 4.0 标准化工作组制造业商业场景样例》等 10 余份合作成果报告。中国电子信息产业发展研究院（China Center for Information Industry Development，CCID）与德国国际合作机构共同成立了中德智能制造 / 工业 4.0 合作对话平台以及中德智能制造合作企业对话工作组（Sino-German Company Industrie 4.0 and Intelligent Manufacturing Working Group，SWGI 4.0），并于 2020 年 8 月联合发布《工业 4.0X 工业互联网：实践与启示》。

全球范围内各组织联盟逐步发展壮大并强强对接合作，有序推进工业互联网产业的生态繁荣、指导技术创新与实践、引领标准体系建设，为工业互联网发展提供了更为清晰广阔的市场前景和应用蓝图，促进技术融合在全球工业互联网的应用与实践，共同助力智能制造业和全球工业的快速稳定发展。

（二）国内生态体系与标准制定

1. 生态体系

工业互联网生态体系建设包括创新体系建设、应用生态建设、企业协同发展体系建设以及区域协同发展体系建设等四个方面。在实际推进过程中，这四个方面虽然侧重点有所不同，但并不是互相隔离的，而是交叉融合且互为基础的。

从传统工业进化到健全的工业互联网生态体系，可以大致归纳为三个发展阶段：独立发展、互联互通、生态系统（图 2-10）。

第一阶段：独立发展。少数具备先发优势的企业，如本章第二节所述的工业企业或者互联网企业，率先建立起自有的独立的工业互联网平台，以该企业自身为核心建立生态体系，并向传统业态下的合作伙伴输出平台价值。例如三一重工股份有限公司依托树根互联股份有限公司研发根云平台系统，最初的动机是实现其传统重型制造业的数字化、网络化。

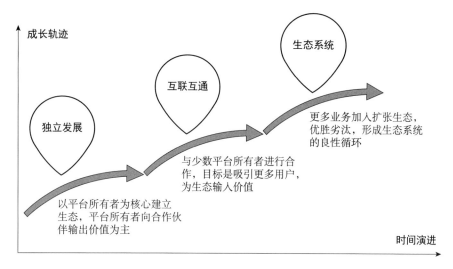

图 2-10　工业互联网生态体系进化

第二阶段：互联互通。已经具备独立平台的少数企业开展合作，互相取长补短，通过连接、组合建立起更加完整的工业互联网平台，从而可以吸引更多行业、处于产业链不同环节的更多用户加入生态，共同为生态输入价值。

第三阶段：生态系统。成熟的生态系统会通过健康的竞争机制实现优胜劣汰，最终胜出的工业互联网平台所有者在竞争的过程中得以不断发展壮大，健全其功能服务构成，扩张平台用户群体，完善其生态结构，形成工业互联网生态体系的良性发展。

当前，我国工业互联网生态体系总体上处于第一阶段。

自 2017 年起，工业互联网平台如雨后春笋般在全国各地各行业内涌现。政府和行业共同推进企业上云的进度，使得企业纷纷推出自建的平台，以期快速打造生态圈，这在树根互联、卡奥斯等平台的发展历程中已经得以体现。

与此同时，值得注意的是由于工业门类的多样性、产品趋向定制化的特性，工业互联网市场总体上呈现碎片化特征。各企业（特别是工业企业）基于自身技术和行业资源建立起的工业互联网平台，往往在此阶段只能满足本行业甚至是本企业的应用需求，平台的价值难以跨行业推广，无法直接传递给更多的工业用户侧。定制化的平台功能服务，要想满足更多工业用户的需求，仍离不开大量的系统集成商的服务，而平台对系统集成商的价值体现并不大。

另一方面，初期建立的平台数量虽多，但往往同质性很高，平台之间竞争的不是未来工业互联网的核心技术或服务模式，而是各平台后面的其他资源优势，如政府补贴、市场项目等。大部分系统集成商是被动接入，不同平台在终端企业用户侧的价值体现总体上不高，亦没有大的区别。

少数企业因其先发优势，较早地进入了第二阶段：互联互通。在这一阶段，已经具备较多平台用户的工业互联网企业，开始寻求横向连接，这使得彼此的合作能够打造出有更多用户端价值的工业互联网平台及服务。目前国内工业互联网大都处于独立发展阶段，缺乏平台之间的横向连接。但是在国际化的合作中，一些头部平台已经展现出与其他平台合作，共同推进工业互联网生态发展的趋势。例如，2018 年 7 月，阿里云与制造巨头西门子达成合作，后者将制造服务平台 MindSphere 部署在阿里云上。这一合作具备两重特点：其一，这是一个互联网企业和一个传统工业企业的合作，二者在各自的传统领域都具备世界范围内的领先地位，是一次强强联手；其二，阿里云和西门子同时瞄准工业互联网方向，但依循了不同的发展模式，在工业互联网的领域里，二者各有所长，又各有所短。阿里云和西门子 MindSphere 的连接，使得西门子面向制造企业提供的服务部署于阿里云上，享有丰富而全面的计算和网络资源；与此同时，阿里云借助西门子的行业资源，可以将互联网的触手实质地、广泛地延伸至传统制造业用户的场景中，实现工业系统和互联网的深度融合。

2. 标准制定

我国工业互联网在框架、标准、测试、安全、国际合作等方面已取得了初步进展，成立了汇聚政产学研的工业互联网产业联盟，并于 2018 年 2 月发布了《工业互联网平台标准体系框架（版本 1.0）》（工业互联网产业联盟，2018a）。

该框架的主体部分包括总体、基础共性、应用三大类标准，如图 2-11 所示。

随后，为落实《国务院关于深化"互联网 + 先进制造业"发展工业互联网的指导意见》的决策部署，指导当前和未来一段时间内工业互联网标准化工作，解决标准缺失、滞后、交叉重复等问题，工业和信息化部、国家标准化管理委员会组织制定了《工业互联网综合标准化体系建设指南》，并进行动态更新完善，加快建立统一、综合、开放的工业互联网标准体系。

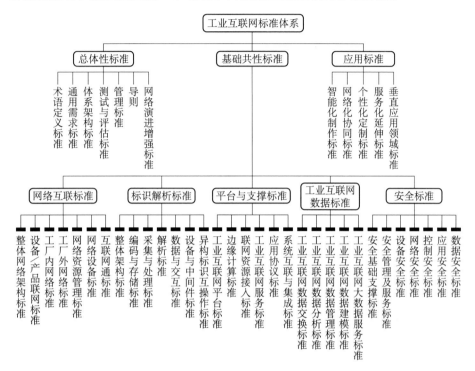

图 2-11 工业互联网标准体系框架（主体部分）

上述建设指南发布了更新的工业互联网标准体系框架（工业和信息化部和国家标准化管理委员会，2021）。该框架的主体部分包括"基础共性"、"总体"和"应用"三个部分，主要反映标准体系各部分的组成关系。"总体"中包括网络与连接、标识解析、边缘计算、平台与数据、工业 APP 和安全共六大类标准，如图 2-12 所示。

截至 2021 年 12 月，根据《工业互联网综合标准化体系建设指南（2021版）》，工业互联网标准体系共包括 417 项标准项目，其中基础共性标准 45 项、网络标准 165 项、边缘计算标准 12 项、平台标准 95 项、安全标准 78 项、应用标准 22 项。已发布国家标准 57 项、行业标准 3 项，制定中的国家标准 23项、行业标准 84 项，待制定标准 250 项。

在工业和信息化部的指导下，2016 年 2 月 1 日由工业、信息通信业、互联网等领域百余家单位共同发起成立工业互联网产业联盟。截至 2021 年 5 月，该联盟成员数量超过1900家，下设总体组、需求组、技术与标准组、网络组、工业互联网平台组等14个工作组，联合众多联盟成员单位，先后从工业互联网顶层设计、技术研发、标准研制、测试床、产业实践、国际合作等多方面开展工作，发布了工业互联网白皮书、工业互联网平台、测试床、优秀应用案例等系列成果，广泛参与国内外大型工业互联网相关活动，为政府决策、产业发展提供智力支持，联盟已经成为我国具有国际影响力的工业互联网产业生态载体。

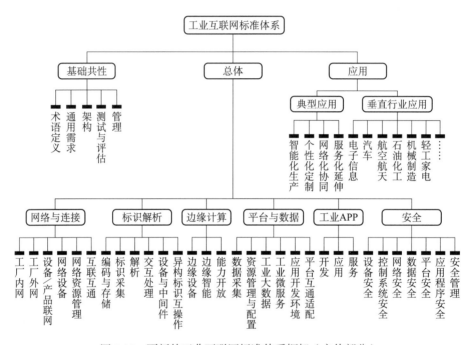

图2-12　更新的工业互联网标准体系框架（主体部分）

（三）工业互联网国内外产业联盟对比

美国、德国和中国的发展条件与目标差异导致各国的工业互联网产业各具特色，在侧重方向、政策推动、平台搭建、标准建设、应用实践等多个方面存在明显差异。

美国的优势在于引领前沿技术，互联网高度发达，核心零部件和精密仪器、设备水平领先，但由于长期离岸外包，其制造业出现"空心化"，劳动密集型产业比重很低、产业链不完整的现象。与此相适应，美国工业互联网侧重新一代信息技术在工业制造业领域的应用，旨在通过信息技术重塑工业格局，激活传统产业。德国的核心优势在于拥有强大的机械和装备制造业，嵌入式系统和自动化工程技术处于世界领先水平，但是其在新一代信息技术和数字经济领域的亮点不突出，因此德国提出的"工业4.0"侧重于通过制造业与嵌入式系统、自动化两方面优势的融合，保证产业链的完整性和优势产业领域的领先地位，进一步巩固和提高德国在工业领域的国际竞争力。我国工业具有门类齐全、配套完善、产业链完整的优势，但也存在着产业结构不合理、自主创新能力低等诸多问题。与此同时我国在数字经济方面具有一定优势，拥有一批世界级的互联网平台企业，并不断衍生出前沿信息化技术，因此我国工业互联网强调新一代信息技术与制造业的深度融合，通过信息技术推动我国制造业的转型升级，深度推进制造业结构调整，从而提高工业的生产与创新能力。

美国工业互联网采用"政府鼓励＋大企业带动"的推动模式。美国工业互联网最早由GE提出，并联合其他一批企业成立工业互联网联盟加以推动。美国政府虽然没有设立专门的工业互联网推进机构，但是启动了"先进制造伙伴关系"计划，发布了《先进制造业美国领导力战略》政策，并资助建立美国制造业创新网络框架下的清洁能源智能制造创新研究所，不断推动和鼓励本国工业互联网的发展。德国采用"政府主导"的推动模式。2013年德国政府推出"工业4.0"计划，德国机械设备制造业联合会、德国电子电气行业协会等联合设立了"工业4.0"平台，其成为国家级项目并被列入德国"2020高技术战略"计划。我国采用"政府引导＋市场主导"的推动模式。我国政府提出并推行两化融合理念，不断发布智能制造和工业互联网等相关政策、智能制造标准体系以及开展工业互联网、智能制造及相关领域的试点示范等，发挥政府在加强规划引导、完善法规标准、保护知识产权、维护市场秩序等方面的作用。此外，我国还充分发挥市场在资源配置中的决定性作用，强化企业市场主体地位，激发企业内生动力，推进技术创新、产业突破、平台构建、生态打造，扩大工业生产范围，提升工业生产层次。

随着美国、德国、中国各国工业互联网产业联盟的不断发展和标准化工作的推进，各国均以参考架构为引领，推动相关标准化工作并不断尝试应用实践。美国IIC发布的IIRA，包含商业、使用、功能和实施四个视角，坚持以应用需求为牵引，驱动工业互联网整个生命周期的全方位优化。德国"工业 4.0"平台发布的 RAMI 4.0，包括功能、全生命周期和工业系统三个视角，其核心是 CPS。中国工业互联网产业联盟提出工业互联网平台架构 1.0 和 2.0，包含网络、平台、安全三大功能体系的构建，基于数据整合与分析实现 IT 和 OT 的深度融合，突出信息技术在工业制造中的重要地位。

在标准建设和应用实践方面，美国 IIC 由企业自主设立应用案例，组织垂直领域应用探索，建立测试床以提供验证支撑条件，并且与多个关联标准化组织建立联系，反馈相关标准化需求，以加快工业互联网标准的研制和全球标准化协作。德国"工业 4.0"平台目前已成立多个标准工作组，从用例、RAMI、系统及其属性、互通性、集成、通信、人员与工作 7 个核心方面持续推进标准体系建设，并将跨领域的标准化需求划分为开源、工业安全、数据保护 / 隐私、增值网络可信度、功能安全等几个方面，还将标准研制和国际化对接作为重点，成立 SCI4.0 助力国际标准对接与合作。与此同时，我国也在积极推进工业互联网标准化工作，正式发布了多项政策文件，如《工业互联网创新发展行动计划（2021—2023 年）》《工业互联网综合标准化体系建设指南》等，将标准化分为基础共性、总体和应用三大类别，重点关注标识解析、工厂内网、网络资源管理、边缘设备、工业大数据等相关标准的制定，并且在部分领域开展应用层面的重点突破，与多家企业合作开展应用实践活动，不断扩大产业联盟的国际影响力。

第四节　本　章　小　结

本章首先回顾了工业互联网的发展历史并总结了其发展规律，即网络互联范围逐渐扩大，最终实现"三层级四环节"的全面、深度、安全互联，然后列举了支撑其发展的关键技术，包括感知、互联、智能、控制、平台、安全等，并从工业企业和互联网企业两个群体梳理了产业发展的情况，最后从战略规划、产业联盟与标准制定方面对比了国内外发展情况与差异。

第三章

工业互联网关键科学问题
和核心技术领域

　　随着互联网、物联网、人工智能、大数据等新一代信息技术与工业的深度融合，新一轮工业革命蓬勃兴起。本章将解析"三层级四环节"的工业互联网逻辑架构，探讨工业互联网发展过程中面临的关键科学问题，梳理其关键技术及难点挑战，为建立工业互联网共性技术体系、突破工业互联网技术瓶颈、探索工业互联网前沿领域提供参考方向。

第一节　工业互联网的逻辑架构

　　近年来，第三次信息化浪潮的深度发展催生出以工业互联网为核心推动力的新一轮工业革命。从科学技术发展的视角来看，新一轮工业革命的成功取决并依赖于工业互联网及其核心技术体系的成熟与完善。随着工业互联网领域相关技术的发展，设备和机器将更加智能和开放，工厂、企业和产业链所有环节将互联互通，并实现降本、增值、提速和节能。从长期来看，工业互联网的发展将颠覆传统物流、能源、建筑、电力等行业的原有生产与经济模式，改变效率与成本，推动形成新的工业生产制造和服务体系，成为工业经济转型升级的关键依托、重要途径、全新生态。为了明晰工业互联网领域的发展思路，确立其发展目标和重要研究方向，需要系统地梳理、厘清并凝练工业互联网发展所涉及的关键科学问题。

本报告第一章给出了工业互联网的定义，其本质是通过信息网络使得原本割裂分散的工业大数据实现按需有序流通，主要涵盖四大环节：工业生产实体智能感知、采集生产相关数据，即"感"环节；将海量异构的工业数据在泛在化网络上进行传输，即"联"环节；对网络化工业大数据进行快速处理和分析，实现生产流程、运维管理、产业链配置优化，即"知"环节；将获得的知识作用于工业生产过程，实现协同化精准控制，即"控"环节。

如图3-1所示，以上四个环节可以从工厂、企业、产业链三个层级进行进一步阐述，构成"三层级四环节"的逻辑架构。该架构将微观与宏观结合、时间与空间结合，形成了工业互联网核心框架，为凝练关键科学问题和核心技术领域提供了架构参考。

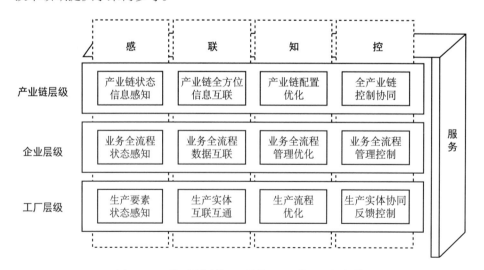

图3-1　工业互联网的"三层级四环节"逻辑架构

1）工厂层级

该层级主要作用范畴为具体的工业生产环境，包括"人、机、料、法、环"各方面，其主要目的是解决生产过程中工业实体与环境之间的协同感知与交互控制问题，实现工业设备、信息系统、业务流程、企业的产品与服务、人员之间的互联，打通企业内部各系统间的"信息孤岛"，促进信息技术与生产技术的深度融合，打造智能工厂。其中"感、联、知、控"四个环节的具体体现为：①感，即智能地识别、感知复杂多样的工业生产要素，并采集生产相关数据；②联，即将工业生产实体通过底层 OT 网络与上层 IT 网络进行互联，使能工业生产数据的传输和汇聚；③知，即对工业大数据进行快速处理和实时分析，优化生产流程；④控，即将数据分析所得的信息形成控制决策，最终反馈至工业生产。

2）企业层级

该层级主要作用范畴为企业业务全流程，包含产品的设计、生产、运输、服务、回收等各个阶段，通过全面集成工业数据，以全生命周期可追溯为基础，在设计环节实现可制造性预测，在使用环节实现健康管理，并通过生产与使用数据的反馈改进产品设计，提升企业对业务全流程的综合管理能力。设计阶段的联网，可以实现用户个性化定制以及设计与制造的协同优化；制造阶段产品物料与生产设备的互联，可以实现定制化生产的规模化；售后阶段的联网，可以实现远程的预测性维护等。其中"感、联、知、控"四个环节的具体体现为：①感，即对用户需求、产品状态、物流状态、服务评价等信息进行感知、采集与表示；②联，即将原材料、产品结构、工艺、生产计划、质量和服务支持等方面的数据通过泛在的网络有机地联系起来；③知，即对企业业务全流程的相关数据进行快速处理与智能分析，优化业务全生命周期管理；④控，即构建覆盖企业业务全流程的工业互联网控制协同系统，利用相应的管理决策信息实现全面的企业业务管理。

3）产业链层级

全产业链中的工业互联网主要作用范畴为各企业、产业和区域之间的价值链、企业链、供需链和空间链，涵盖产品生产或服务提供的全要素、全环节、全过程，完成上下游企业（供应商、经销商、客户、合作伙伴）之间的横向互联，可以实现产业基础能力提升、运行模式优化、产业链控制力增强和治理能力提升。其中"感、联、知、控"四个环节的具体体现为：①感，即对全产业链内各主体（企业、产业）在智能化生产过程中的质量管控、能源消耗、物料状态、生产效率、供需关系、资产组织等方面信息的感知与收集；②联，即实现全产业链跨环节、跨主体、跨区域、跨国界的全方位连接，并基于泛在、异构的实体互联网络（包括企业间因特网、企业内部 IT 网络与车间级的 OT 网络）完成海量异构信息的高效汇聚；③知，即对汇聚的相关数据进行快速处理与智能分析，完成制造认知和经验的凝练，优化产业链配置；④控，即实现产业链上下游企业（供应、制造、销售、金融）之间的网络化协同，并结合智能决策结果实现对全产业链的优化控制。此外，"感、联、知、控"以服务的形式贯穿工厂、企业、产业链三个层级，形成贯穿全产业链的实体联网、数据联网、服务联网的开放平台。

第二节　工业互联网的关键科学问题

　　本节通过深入探究工业互联网运行与发展过程中的核心环节，凝练工业互联网四大关键科学问题，以理解工业互联网内在机理及规律，并将其作为开展相关理论研究与技术研发的重要依据与目标。

一、关键科学问题内涵

　　基于"三层级四环节"的工业互联网逻辑架构，工业互联网在四大环节的内涵与作用范畴更具广度与深度：首先，在"感"环节上，需要通过各类传感技术获取"人、机、料、法、环"等各类生产要素的状态，通过在生产实体、生产环境、生产活动及其关系方面的全面建模，实现从物理世界到数字世界的映射，即全模态信息表征原理；其次，在"联"环节上，需要将工业要素实时可靠地连接在一起，以实现跨域异构工业网络融合联通，达到海量工业实体高效互联组织的目标，即全要素互联组织机理；再次，在"知"

环节上，需要通过研究有效的认知表达范式、认知实现方法与认知决策机制，实现工业互联网与智能认知的充分融合，即全场景智能认知机制；最后，在"控"环节上，通过对工业全流程进行全局优化与控制，提高生产线的柔性反应能力和供应链的敏捷精准反应能力，以实现全流程柔性生产和智能制造，即全流程柔性协同理论。

（一）全模态信息表征原理

全模态信息表征原理关注如何将复杂的工业要素表示为计算机可以理解的数字信息。为了实现信息技术与工业系统的深度融合，工业互联网需要感知复杂的工业实体与环境，使"人、机、料、法、环"等各类工业要素数字化，完成工业物理世界在数字世界中的映射。由于工业生产要素异质、活动多样、关系复杂，工业互联网的信息表征涉及对生产实体、生产环境、生产活动的全方位建模，以表征工业环境中各类要素的状态，准确刻画生产实体间的复杂关联。

全模态信息表征原理的内涵包括三个方面：①复杂工业场景的多元联合感知。工业场景不仅包含异构工业实体，还包括生产、仓储等多种环境，需要研究大规模分布式异构传感设备的协作机理，对复杂工况和环境进行感知。在此基础上，基于不同传感设备获取的多模态感知数据，研究对工业场景进行全方位建模的理论与方法，为工业知识挖掘和决策控制提供信息基础。②工业实体的细粒度准确表征。工业生产涉及人、机、物等实体，类型众多、规模巨大、关系复杂，需要细粒度建模实体属性及实体间的关联关系。与此同时，工业控制对感知精度有着较高要求，而感知数据包含大量混杂的噪声，此时保证细粒度信息表征的精准性是一个难点问题。③"物理-信息"世界的实时映射。工业高精度控制对时延相当敏感，这对工业互联网信息表征的实时性提出了更高要求。另外，工业生产活动通常具有较强的时空动态性，且活动之间存在相互关联，所以需要考虑如何在不同使用模式、不同场景下，实现工业生产活动时间周期的实时同步、语义关系的动态对齐，将物理世界实时映射为数字世界。

工业互联网全模态信息表征的作用范畴不仅仅是要实现工厂层级工业生产设备的数字化、虚拟化，而且要深度延伸到整个产品生命周期以及全产业链。借助于规范化的数字模型和表示方式，上下游多家企业之间的信息方能无缝衔接，使企业得以将从初期的产品设计和原料采购，到生产制造，再到物流配送，以及最后的批发与零售的整个产品生命周期相整合，构建数字化全产业链，为实时准确高效的工业数据分析和决策控制提供先决条件。

（二）全要素互联组织机理

全要素互联组织机理关注如何将工业要素实时可靠地连接在一起，以实现跨域异构工业网络融合联通，设计海量工业实体高效互联组织架构。作为推动工业数字化、网络化、智能化发展的关键基础设施，工业互联网通过对工厂、企业、产业链的全面互联，实现对各类数据进行采集、传输、存储和分析。实现工业互联网中工业要素实时可靠连接、跨域工业网络融合联通和海量工业实体高效互联组织，是形成工业互联网全要素互联组织的关键。

全要素互联组织机理的内涵包括三个方面：①工业要素实时可靠连接模型。工业要素泛在互联要求大量工业要素实时可靠地接入网络，因此首先必须要发掘连接规律、建立规律模型，从规律出发构建实时可靠的连接。要厘清低时延高可靠泛在连接模型可以从两方面入手，即发掘工业要素接入规律和构建工业要素自组织互联模型。②跨域工业网络融合联通机理。跨域异构的工业网络实体之间广泛存在两种通信问题，即物理层通信协议异构问题和数据链路层通信协议不兼容问题。因此，一方面需要在现有通信链路基础上，设计可靠的跨域工业网络通信模型，另一方面需要基于异构物理协议设备探究跨域工业网络的高效融合联通机理。③海量工业实体高效互联组织架构。建立统一通用的工业要素互联组织网络架构，集成海量、跨域、异质、离散的工业要素，将海量工业实体高效地组织在一起，实现工业数据高质量传输、汇聚以及多源信息自适应融合。

工业全要素互联组织的作用范畴在于建模连接规律、发掘联通机理、实现组织架构三个方面，其关键特征包括低时延、高可靠、高效率等。在建模连接规律方面，实现工厂、企业、供应链等多个层级的工业要素实时可靠连接。在发掘联通机理方面，满足全产业链上数据链路互联互通的要求。在实现组织架构方面，综合全产业链信息，实现海量工业实体高效互联组织。

（三）全场景智能认知机制

全场景智能认知机制主要关注如何将智能认知理论融入工业互联网及工业应用，以实现工业全场景的认知表达，促进工业智能模型的演化和全产业链知识的积累，并提升工业智能认知决策的精度与速度。实现面向工业互联网的全场景智能认知仍存在以下挑战：首先，难以刻画全场景、多行业、跨媒体的工业认知表达范式；其次，无法形成自学习、可解释、自演化的工业智能认知学习能力；最后，难以在工业互联网环境下构建自适应、高精准、强实时的认知决策计算方法。为此，需要通过发展数据与知识融合驱动的工业智能认知机制，最终使工业互联网具备机器认知表达、自主学习、智能决策的能力。

全场景智能认知的内涵包括三个方面：①工业认知表达范式理论。工业互联网的认知区别于以单场景的专家系统为代表的传统认知，为此需要研究不同单一场景（工厂）中知识与认知的内涵与外延，并据此研究多场景、跨场景（企业），甚至是全场景（产业链）下认知的共性范式，通过理解、分析等认知阶段，实现工业全场景下的认知表达。②工业智能认知学习机理。工业互联网应用场景多样且对智能模型精度、计算实时性和能耗等要求高，需要研究构造具有学习、记忆、自适应等认知能力且功耗更低的大规模深度神经网络。面对碎片化、复杂多变且难以为深度学习模型提供足够标注样本量的工业互联网场景，需要突破小样本学习、自学习等智能认知新理论与新方法；工业互联网系统及应用对安全性要求高，且对深度学习模型结果的可靠性也有较高要求，需要形成工业智能认知可解释性理论；在工业场景中，需要对工业互联网各个环节的数据进行表达并形成知识，需要研究大规模工业知识表示、获取和推理的基础理论，开展常识学习、直觉推理、自主演化、因果分析等理论和方法研究，发展复杂网络学习泛化性理论。③工业认知计算优化方法。需要突破在工厂、企业、产业链等不同层级下环境自适应计算的高效计算模型和方法，形成能适应多种智能形态的认知计算框架；需要充分利用海量异构工业智能终端、边缘和云的"云—边—端"层次化架构特征，并考虑工业环境中的设备异构性和环境动态性，开展云、边、端协同推理优化，实现自适应、高精准、强实时的认知计算。

工业互联网全场景智能认知的作用范畴贯穿于工厂、企业及产业链等不同层级的设计、生产、管理、服务等工业领域各环节，通过通用人工智能技术与工业场景、机理、知识的结合，实现设计模式创新、生产智能决策、资源优化配置等创新应用，以适应动态变化的工业环境，并完成多样化的工业任务，最终达到提高生产效率或优化产品性能等目的。

（四）全流程柔性协同理论

工业过程的柔性是指通过集成计算机、通信、自动化技术于一体，转换以往刚性生产的模式，提高企业灵活调整生产规划以及快速适应市场多样化需求和环境不确定性的能力。在工业生产过程中各要素、实体之间的柔性协同是实现高效、敏捷、智能制造过程的核心。

全流程柔性协同理论的内涵主要包括三个方面。①工业柔性表征与评估模型。需要提出针对工业场景柔性要求的建模方法以及针对工业过程柔性的测度方法，以实现工业过程的柔性效能分析。使用不同的建模方法分析单场景、跨场景工业过程的柔性能力，建立描述柔性能力的模型。评估工业系统柔性对生产要素、生产过程的影响，优化柔性测度效果，实现对工业环境柔性需求的表征和评估。②工业全要素协同与决策方法。需要精准刻画和构建人、机、物全要素的结构关系与协作关系，实现对于全要素的柔性管理与协同决策。基于跨场景的实体间、人员间的关系表征，评估工业要素协作能力，构建工业环境动态变化情况下的协同机理。通过提取离散事件动态系统的状态空间，获取时空关系演变规律，设计多智能体协同策略，实现多元异构设备的协同决策。③工业全流程柔性控制协同与响应机制。通过人、机、物和网络化的柔性协同，实现面向"工厂—企业—产业链"的层级控制协同与响应技术。构建虚实结合的仿真生产环境，通过设计软件定义工业互联网平台，实现全流程网络化的高效柔性协同，达到高效精准控制协同与反馈响应。通过刻画全产业链、全价值链耦合与复杂调控关系，探究产业链与价值链的网络化调控原理等基础理论与方法，来提高全产业链、全价值链的协同工作效率。

工业全流程柔性协同是基于信息技术在工业场景实现高效率、高灵活、低时延的协同，对工业全流程进行全局的优化与协同，以提高企业和供应链的柔性和敏捷精准的反应能力，实现全流程柔性生产和智能制造。借助泛在连接的海量异构设备和人、机、物全要素协同机理，在工厂、企业、产业链间进行全流程的网络化协同，多方面提升工业生产效率、市场适应能力和企业竞争力。

二、关键科学问题逻辑关系

为了更好地理解四个科学问题的本质与外延，本节将从科学问题的内涵映射及内在联系出发重点阐述。

（一）科学问题的内涵映射

工业互联网的四大科学问题从内涵层面上可以映射为"感、联、知、控"四个环节，具体表述如下。

科学问题一（全模态信息表征原理）主要关注工业数据的感知与表示，通过在生产实体、生产环境、生产活动及其关系方面的建模，实现从物理世界到数字世界的映射，即"感"环节。

科学问题二（全要素互联组织机理）主要关注掌握工业要素实时可靠连接规律、探索跨域异构工业网络融合联通机理、设计海量工业实体高效互联组织架构方面，即"联"环节。

科学问题三（全场景智能认知机制）主要关注工业互联网场景下的认知表达、自主学习、智能决策，通过研究有效的认知表达范式、认知学习方法与认知决策机制，实现工业互联网与智能认知的充分融合，即"知"环节。

科学问题四（全流程柔性协同理论）主要关注工业互联网场景下的生产过程柔性建模与柔性协同机制，通过对工业全流程进行全局优化，提高生产线的柔性反应能力和供应链的敏捷精准反应能力，实现全流程柔性生产和智能制造，即"控"环节。

"感、联、知、控"四个环节不仅贯穿于工业互联网的生命周期，同样也存在于产品生命周期与产业链等不同维度之上，是物理世界同数字世界深度融合的核心内容。

（二）科学问题间的内在联系

更进一步，工业互联网的四大关键科学问题不是独立存在的，而是相互之间有着深层次的内在联系，彼此作用，相互影响。

首先，"感、联、知、控"具体工作流程可以描述为：通过各类感知手段采集物理环境的状态信息（感），基于互联协议完成信息的收集、传输与汇聚（联），利用算法和算力对相关数据进行分析实现智能认知（知），最后通过控制系统实现对应用的柔性控制（控）。由于"感、联、知、控"是实现工业场景中数字世界与物理世界的深度融合和实时交互的客观流程，因此相应关键科学问题之间呈现顺序递进关系。其次，除了顺序流程外，每一环节都对前一环节进行着逆向反馈："联"环节的状态和性能影响着"感"环节的采集机制，"知"环节的处理性能影响着"联"环节的服务质量需求，"控"环节的决策影响着"知"环节的响应时间，等等。另外，为了实时响应物理世界的动态变化，以上过程还将构成一个多层级闭环，通过"控"环节完成对"感、联、知"过程的协同与调整。因此，工业互联网四个科学问题之间本质上是层层递进、闭环反馈、螺旋上升的关系。

第三节　工业互联网的核心技术领域

围绕"感、联、知、控"四个环节及其关键科学问题，工业互联网的核心技术领域可归纳为以下六个部分：①工业智能感知，针对强干扰、大范围、多目标的复杂工业环境，实现全方位感知；②工业互联与信息集成，针对工业互联网异质工业实体与异构互联网络，设计面向大规模异质实体的高效自适应互联技术，实现泛在工业互联网络数据实时传输和信息高度共享；③工业大数据与工业智能，针对多源异构工业数据，结合人工智能技术及工业领域知识，实现智能分析和决策；④工业互联网控制协同，针对工业控制协同问题，基于虚拟仿真、数据分析、认知决策等多个领域的关键技术，构建全流程控制协同的方法与机制；⑤工业互联网平台软件，面向由工厂到产业链的不同层级对资源管理和应用开发的不同需求，提供工业资源的有效管理，并支撑高效的工业场景应用开发；⑥工业互联网安全，构建涵盖设备层、网络层、数据层、应用层、控制层的工业互联网安全防护体系。关键科学问题和核心技术领域的对应关系如图 3-2 所示，其中工业智能感知、工业互联与信息集成、工业大数据与工业智能、工业互联网控制协同分别对应四大关键科学问题，工业互联网平台软件和工业互联网安全贯穿"感、联、知、控"四个环节，构成"四横两纵"的结构。

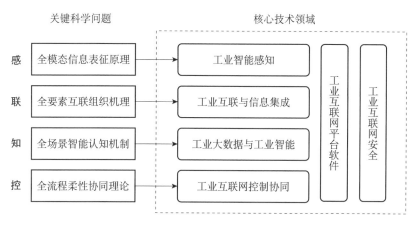

图 3-2　关键科学问题与核心技术领域的对应关系

一、工业智能感知

感知识别技术融合物理世界与数字世界，是万物互联的重要基础。工业互联网的"触手"是位于感知识别层的大量感知数据生成设备，既包括传统的传感器，也包括最近几年蓬勃发展的新型智能感知手段。

（一）技术简介及其特点

工业感知技术种类丰富，使用广泛。如表 3-1 所示，其中传统工业感知技术主要用来感知重量、压力、温度、湿度、密度、位移、化学成分等参数，其经历了长时间的发展已经十分成熟，目前正朝着小型化、高精度和低功耗的方向发展。从企业来看，美国企业的产品类型主要集中在加速度、温度和超声波传感器。日韩企业主要集中在图像和距离传感器。欧洲企业主要集中在流量、距离和超声波传感器。中国企业主要集中在压力、温度以及加速度传感器。随着信息技术的发展，工业感知智能化的趋势愈加显著，不同国家和企业正在积极将RFID、视觉感知与激光雷达等感知技术应用于工业领域，充分发挥新技术的重要作用，不断提升工业感知的水平。

表 3-1　智能感知关键技术

技术类型	感知方式	描述
传统工业感知技术	压力、液位、温度、光电、编码器等	使用传感器直接测量生产过程中涉及的物理或者化学特性
新型工业感知技术（部分）	RFID	射频标签的精准识别、低功耗通信、基于射频信号的精准定位与姿态识别
	视觉感知	图像还原与场景重建、图像检测与语义理解、同步定位与建图
	激光雷达	3D实时建模、3D目标识别、点云融合与分割、点云语义理解、点云压缩与高效传输

本小节将概述工业智能感知技术特点，首先介绍工业智能感知系统的组成要素，包括感知对象、感知目的、感知方法，随后讨论面向工业场景和需求的智能感知技术的特点。

1. 感知对象

工业智能感知主要涉及四类对象——人、机、物、环境，分述如下。

第一类感知对象是人。着眼于工业互联网广泛的互联互通需求，这里作为感知对象的人，应包含全生产系统、全产业链、全生命周期中的所有人，如生产者、消费者等。

第二类感知对象是机，即各类与工业生产有关的设备，从产业链流程上来看包括生产设备、仓储设备、运输设备等，从设备种类上来看包括传感器、仪器仪表、工控系统等。

第三类感知对象是物。对物的感知涵盖范围特别广泛，包括供应链最关心的生产原料，以及作为工业互联网信息重要组成部分的产品和生产废料等。

第四类感知对象是环境。感知技术最早的感知对象之一就是环境。在工业互联网中，生产环境、仓储环境、生存与生活环境以及环境污染与排放等，都是环境感知的重要任务。

2. 感知目的

工业智能感知的目的是通过感知技术获取工业系统运转所需的各类数据和信息。当感知技术面向不同对象和场景时，与此对应的感知目的将非常丰富和多样化。本节以感知对象为线索，列举有代表性的感知目的，相应地也对工业智能感知使能的工业互联网应用作简要的陈述。

以生产者为感知对象时，感知目的包括监测生产者生产状态、生命体征、行为动作、位置轨迹等，相应地使工业系统支持个性化、人性化工作环境配置，生产者安全保障，生产过程中的人机交互，生产者管理与调度，等等。

以消费者为感知对象时，感知目的包括感知消费者的行为动作、心理状态或情绪、生命体征、位置轨迹等，相应地使工业系统支持产品的个性化功能定制、用户满意度反馈、用户安全保障、用户与产品的智能交互、用户画像生成等。

以各类设备为感知对象时，感知目的包括监测设备运转状态（例如运转是否正常、采集运行指标）、监测设备能效、评估设备健康度等。通过上述感知，使工业系统支持提高生产自动化水平、设备预测性维修保养、故障诊断、产线状态监控、生产计划制订和优化（智能排产）、节能方案制订等。

以生产原料为感知对象时，感知目的包括检测生产原料的性状，监测库存、运输、供应状态，相应地使工业系统支持生产原料质量监测、供应链管理等。

以产品为感知对象时，感知目的包括产品物流状态跟踪、产品使用状态跟踪，感知范围从生产环节延伸覆盖到产品的全生命周期，因此全面感知是工业智能感知的重要任务，是构建产品"数字孪生"的必要途径，也是产品售后持续服务的基础。

以生产废料为感知对象时，感知目的包括感知废料的储存状态、监控转运过程、监测其处理流程，为废物回收利用和污染管控提供信息依据。

以环境为感知对象时，主要的感知目的包括生产安全保障、节能减排方案制订和过程监督、产品使用环境评估、仓储库存环境监测等。

3. 感知方法

工业智能感知的方法比较多，目前仍然以嵌入式传感器等传统感知技术为主,而在工业互联网中,RFID、视觉感知、激光雷达等新型感知技术的使用会越来越多,占据更加重要的位置。下面对上述几种新型感知技术作定义性的描述,后续章节会有针对性地做进一步的介绍。

RFID 通过无线射频方式进行非接触双向数据通信,从而达到识别目标和数据交换的目的。

视觉感知是通过以摄像头为代表的视觉传感器,采集图像或视频等数据并加以分析处理,面向特定应用需求提取有关数据和信息的感知方法。

激光雷达是一种工作在红外到紫外光谱段的雷达系统,其原理和构造与激光测距仪相似。其作用是能精确测量目标的位置(距离和角度)、运动状态(速度、振动和姿态)和形状,探测、识别、分辨和跟踪目标。

4. 技术特点

工业智能感知技术主要有以下几方面特点。

感知系统要求高可靠性。工业智能感知任务往往和自动化控制、安全保障、设备监测等密切相关,感知数据的丢失、错误,可能会产生非常严重的后果,意味着巨大的损失。因此,感知系统要求具备高可靠性,在各种复杂工况和环境下都能够稳定输出感知结果。

感知结果要求高精度、高准确性。工业生产,特别是控制环节,对精度和准确度的要求非常高。举例来说,人员感知通常要求达到米甚至分米级的精度,而工业级振动幅度监测的感知精度通常要求达到微米级。

感知系统的部署和使用成本要比较低。由于工业系统本身的复杂性,工业智能感知系统往往需要覆盖很大的范围、众多的感知对象、7×24 全天候运行,考虑到感知设备的器件成本、部署复杂度、系统运行成本和维护成本如果过高或者过于复杂都会影响感知系统的部署和普及,这就意味着感知系统的部署和使用成本要比较低。

(二)核心关键技术

1. 射频识别

射频识别(RFID)是一种无线通信技术,可以通过无线电信号识别特定目标并读写相关数据,而无须识别系统与特定目标之间建立的机械或者光学接触。RFID 源于雷达技术，所以其工作原理和雷达极为相似。如图 3-3 所示，首先阅读器通过天线发出电磁波；标签接收到信号后发射内部存储的标识信息；阅读器再通过天线接收并识别标签发回的信息；最后，阅读器将识别结果发送给主机。

图 3-3　RFID 组成

1）阅读器

阅读器（Reader）是 RFID 系统最重要也是最复杂的一个组件。其工作模式一般是主动向标签询问标识信息，所以有时又被称为询问器（Interrogator）。阅读器一方面通过标准网口、RS232 串口或通用串行总线（Universal Serial Bus，USB）接口同主机相连，另一方面通过天线同 RFID 标签通信。有时为了方便，阅读器和天线以及智能终端设备会集成在一起，形成可移动的手持式阅读器。

2）天线

天线同阅读器相连，用于在标签和阅读器之间传递射频信号。其按照极化方式分为圆极化天线和线极化天线。圆极化天线发出的电场类似一个圆，无论收信天线的极化方向如何，都能感应出信号。线极化天线发出的电场是一条直线，一般与天线的走向一致，收信天线的极化方向与线极化天线方向偏离越多，感应到的信号就越小。因此，线极化天线对天线的方向要求较高，优点则是传播能量更大、距离更远。

3）标签

RFID 标签（Tag）由耦合元件、芯片及微型天线组成。每个标签内部都存有唯一的电子编码，附着在物体上，用来标识目标对象。标签进入 RFID 阅读器扫描场后，接收到阅读器发出的射频信号，再凭借感应电流获得的能量发送出存储在芯片中的电子编码（被动式标签），或者主动发送某一频率的信号（主动式标签）。

4）通信频率

RFID 频率是一个很重要的参数指标，它决定了工作原理、通信距离、设备成本、天线形状和应用领域等各种因素。RFID 典型的工作频率有 125 千赫、133 千赫、13.56 兆赫、27.12 兆赫、433 兆赫、860 ～ 960 兆赫、2.45 吉赫、5.8 吉赫等。按照工作频率的不同，RFID 系统集中在低频、高频和特高频三个区域，如图 3-4 所示。

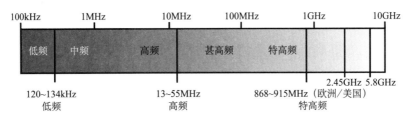

图 3-4　RFID 频率分布图

5）数据存储和消息传输

不同频段、不同协议的标签存储数据的方式会有所不同。以符合 UHF（Ultra High Frequency）第二代空中接口协议的高频（860 ～ 960 兆赫）RFID 标签为例，标签的数据存储从逻辑上分为四个不同的存储区：保留区（Reserved Memory）、产品电子代码（Electronic Product Code，EPC）区、标签识别号（Tag Identifier，TID）区和用户区（User Memory），如图 3-5 所示。

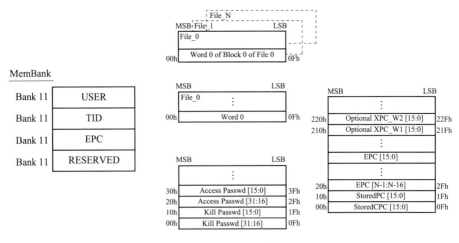

图 3-5　标签数据存储

阅读器和标签通信的常见指令包括选择（Select）、查询（Query）、重复查询（QueryRep）、调节查询（QueryAdjust）等。以最常见的 Query 指令为例，其消息格式如图 3-6 所示。

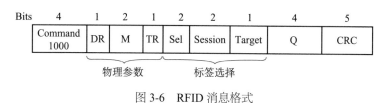

图 3-6　RFID 消息格式

6）RFID 的应用

RFID 对物体的唯一识别特性可以广泛地应用在工业生产中对"人"、"机"和"物"的识别、定位和管理中，且其在物流、安防、仓储、生产和销售等各个环节的应用也不断增加。在"人"方面，通过给生产人员分发 RFID 电子标签，电子标签携带员工的身份标识号（Identity Document，ID）和相关信息，可以对员工进行考勤管理、作业点轨迹跟踪和生产安全管控等。在"机"上，通过对生产工具安装 RFID 电子标签，可以实现工具管理的智能化，减少管理人员的工作强度，大幅度提高工具的使用率，减少物品的遗失状况，从而提升公司经营成本。在"料"上，通过对生产物料、半成品和产品安装 RFID 电子标签，可以实现物料管理的智能化，极大降低物料管理的难度，提升物料规划效率，减少库存成本，提升生产效能。

随着 RFID 技术的日渐发展，很多应用已经不满足于单纯对标记的物体进行识别。基于 RFID 的无线定位和感知得到了国内外很多科研工作者的广泛关注和全面研究。作为国际上最早提出的非测距无线定位技术，有源射频识别校验的动态定位（LANDMARC）方法通过发掘 RFID 网络信号强度分布与环境相关性的规律，创新性地提出在线定位模式，保证了任意时刻动态环境下的定位精度。国际计算机学会院士（ACM Fellow）、斯坦福大学无线传感网资深专家列奥尼达斯·吉巴斯（Leonidas Guibas）教授评价其为"普适计算环境下定位的开创性工作之一"。在此之后，大量基于 RFID 的室内定位和感知工作纷纷涌现。RFID 的定位与感知能力可以增强工业生产过程中对生产要素的感知和管理水平，并与其他先进的生产制造技术一起，推进工业生产过程的智能化发展。

2. 视觉感知

在智能工厂中，生产线的智能化升级一直是最为重要的部分之一。在批量化的生产作业过程中，引入视觉技术，可以对生产线上的产品、配件、半成品等进行检测，以保证在每一个流程中的作业质量，提升生产线的作业效率，保障进入下一个环节的产品的良品率。

随着计算机视觉算法技术和高清工业摄像头制造技术的快速发展，计算机视觉检测在工业制造上的应用也在快速发展和普及，如图3-7所示，目前流水线检测相关的应用系统主要有四大类：①检测物品数或遗漏的物品，比如计算纸箱里的瓶子的数量是否达标；②检测异物、瑕疵及缺陷，比如检测片材上的针孔及异物；③尺寸测量，比如检测连接器针脚的共面性；④定位，比如检测液晶显示器（Liquid Crystal Display，LCD）玻璃基板的位置。

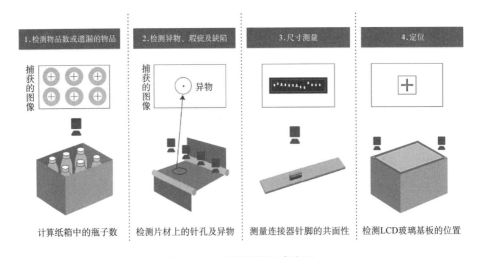

图 3-7　视觉检测的四类应用

视觉检测的核心是图像处理，如图3-8所示，经典的图像处理流程主要包括以下四个步骤。

（1）捕获图像：在合适的反射光条件下按下工业摄像机快门捕获图像。工业摄像机是工业视觉系统中的一个关键组件，主要应用电荷耦合器件（Charge Couple Device，CCD）或互补金属氧化物半导体（Complementary Metal Oxide Semiconductor，CMOS）等技术捕获运动物体的图像。

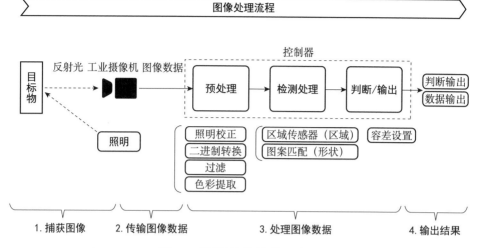

图 3-8　视觉检测图像处理流程

（2）传输图像数据：从工业摄像机将图像数据传输到控制器。

（3）处理图像数据：原始的图像数据会经过预处理以增强数据特征，紧接着通过检测处理来完成测量任务（比如测量瑕疵或者尺寸），并给出对应的测量结果。

（4）输出结果：测量结果会进一步输出到下一级处理单元进行分析或者连接到相关的控制系统上。

人工智能的高速发展正在不断渗透进传统的工业视觉领域。目前人工智能在制造业的主要应用领域有三个：视觉检测、视觉分拣和故障预测。深度神经网络的突破所带来的视觉识别能力的提升，使得流水线可以依赖视觉进行更加智能和快速的分析工作。

随着视觉检测能力的提升，人工智能在缺陷检测方面的能力也大幅提升，可以检测的缺陷粒度不断细化，种类不断拓展，并且具备了自主学习的能力。以屏幕模组的生产为例，大多数采用柔性生产的工厂需要为不同的生产商服务，需要生产非常多不同型号的屏幕，而生产设备的换型时间只有半个小时，这对缺陷检测设备提出了更高的要求，否则就会影响生产效率。随着视觉检测能力的提升，目前很多厂家已经可以提供几十大类、几百种屏幕缺陷检测服务，这极大地提升了生产效率和质量。

同时也出现了很多基于深度神经网络技术提供机器人视觉分拣服务的企

业，如埃尔森（https://www.alsontech.com/）、梅卡曼德（https://www.mech-mind.com.cn/）等，这些企业开发的技术先通过计算机视觉识别出物体及其3D空间位置，然后指导机械臂进行正确的抓取。埃尔森提供的服务通过3D快速成像技术，对物体表面轮廓进行扫描，对扫描得到的点云数据进行实时分析处理，并通过人工智能分析、路径自动规划、智能防碰撞技术，计算出待抓取目标的实时3D坐标，然后发送指令给机器人自动完成抓取动作。梅卡曼德以高性能3D相机、视觉智能分析软件、机器人运动算法为核心产品，其解决方案可使机器人厂家和集成商迅速提升人工智能应用能力，完成无序物体抓取、视觉引导拆垛、混合码垛、精确定位装配等应用。

此外，利用计算机视觉分析以及在工厂各个设备上添加的传感器，可以对生产设备的运行状态进行监测，并利用神经网络建立设备故障的模型，这样可以在故障发生前，对故障进行预测，将可能发生故障的工件替换，从而保障设备的持续无故障运行。目前故障检测仍在不断的发展过程中，让企业管理者随时随地了解设备的实时运行情况和生产数据，同时预测设备未来的生产数据和可能出现的产线故障，提前制定计划和对策，对于公司的成本控制、产品质量以及对于用户的服务质量来说，意义都十分重大。国际上已经出现了一些较为领先的工业人工智能故障预测平台，比如Uptake的估值已经达数十亿美元，国内的相关创业公司虽然处于更为早期的发展阶段，但是发展速度也十分迅速。然而，故障预测目前还缺乏比较成熟的应用落地，一方面大部分传统制造企业的设备并没有足够的传感器收集相关数据或者没有开放的数据接口，另一方面工业设备对可靠性的要求极高，而故障预测的准确性还有待提升，失败的预测可能会给生产效率的提升带来负面影响。因此，故障预测是一个十分有潜力的发展领域。

3. 激光雷达

激光雷达通过用激光照射目标并用传感器测量反射率来测量距离，并使用激光返回时间和波长的差异来制作目标的数字3D模型。激光雷达使用紫外线、可见光或近红外光对物体成像。它可以成像的材料比较广泛，包括非金属物体、岩石、雨水、化合物、气溶胶、云，甚至单个分子。窄激光束可以以非常高的分辨率绘制物体的物理特征。例如，一架携带激光雷达的飞机可以30厘米或更高的分辨率绘制地形。激光雷达通常用于制作高分辨率地图，其应用范围包括测地学、测绘学、地理学、地质学、地貌学、林业、大气物理学、激光制导、机载激光扫描测绘和激光测高等。该技术还可以用于一些自动驾驶汽车的控制和导航。

激光雷达通常采用两种探测策略，即非相干探测和相干探测。非相干探测，主要测量反射光的能量变化。相干探测主要测量多普勒频移或反射光的相位变化等。相比之下，相干探测更为灵敏，但需要依赖更复杂的收发器。

1）激光雷达系统的组成

激光雷达系统主要由以下几个部件组成：激光收发和扫描部件、定时器件、定位系统、惯性测量单元（Inertial Measurement Unit，IMU）、计算机。

（1）激光收发和扫描部件：激光源用于产生脉冲能量。近红外波长的激光通常被用于大多数地面激光雷达应用。由于蓝绿色波长的激光在水中的衰减较小，通常用于水深地图绘制。激光雷达系统中使用的激光能量低，对人眼而言较为安全。激光接收器检测从目标物体反射回来的激光脉冲，并借助旋转的反射镜面实现对环境的扫描。

（2）定时器件：计时电子设备用于记录激光脉冲离开和返回扫描仪的确切时间。发出的每个脉冲在多个物体表面发生反射，可以产生多个反射信号。由于精准的计时才能保证精准的测量结果，所以每个返回的信号都必须被精确计时，以确保对每个反射点的准确测量。

（3）定位系统：定位系统用于记录扫描仪的精确坐标位置。为了提高精度，大多数激光雷达系统使用固定的地面坐标参考系。来自地面坐标参考系的数据可以用于校正传感器收集的数据。

（4）IMU：IMU 包含加速度计、陀螺仪和磁力计传感器，用于测量速度、方向和重力。以机载激光雷达内的 IMU 为例，其不断记录飞机俯仰角度、倾斜角度和侧滑角度等数据，用于确定激光雷达系统的精确角度和位置，以确保正确计算机载雷达到地面的距离。

（5）计算机：计算机用于确保系统的所有单个组件均正常工作。计算机将来自激光系统、定位系统和IMU的数据进行整合，以产生激光雷达点数据。

2）激光雷达技术应用

激光雷达技术经过几十年的发展已经比较成熟，在各行各业中都有着广泛的应用。近年来，激光雷达在工业领域的发展十分迅速，一方面应用于生产过程中的机械臂和自动导引车（Automated Guided Vehicle，AGV）等机器人中，另一方面又被集成进智能汽车等先进工业制成品中。激光雷达技术的典型应用有如下几种。

（1）在自动驾驶方面，车辆可以使用激光雷达进行全自动的障碍物检测和回避，以进行安全的自动驾驶。激光雷达是自动驾驶的关键技术，其生成的点云数据为自动驾驶算法提供了必要的数据支持。图 3-9 展示了自动驾驶应用中的激光雷达，以及其制作出的环境点云图像。

图 3-9　自动驾驶应用中的激光雷达以及其制作出的环境点云图像

（2）在智能制造方面，机械臂等智能制造设备可以使用激光雷达对流水线和半成品进行细粒度的感知，以完成自动化生产、检测、分拣和装配等任务。通过对点云数据的分析，机械臂可以完成精确的定位、抓取和检测工作，是智能化流水线的关键支撑。

（3）在农业方面，激光雷达可以创建田野的地形图，并显示农田的坡度等；还可用于监控野外的昆虫，其精度可支持检测单个飞行昆虫的运动和行为。激光雷达还可用于冠层高度测量、生物量测量和叶面积测量等。图 3-10展示了激光雷达观测到的树木生长情况。

（4）在地质灾害预测方面，激光雷达能够检测细微的地形特征变化，从而快速有效地获取不良地质体的 3D 信息，以准确地确定地质灾害的规模、空间位置和分布范围等。

（5）在天文学方面，可使用激光雷达来测量距离，例如测量地球到月球的距离等。

（6）在大气物理学方面，激光雷达可用作遥测仪器，用于测量中层和高层大气中某些成分的密度等。

（7）在考古学方面，激光雷达可以帮助创建高分辨率数字模型，这些模型可以用来保存结构信息和进行虚拟展示等。

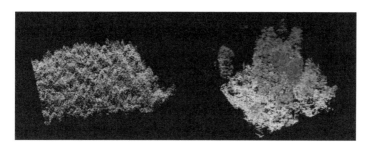

图 3-10　激光雷达观测到的树木生长情况

（三）技术难点与挑战

近年来，作为工业互联网"触手"的各种感知技术的层出不穷并不断发展，为感知识别层提供了越来越广泛和深入的感知信息。然而，目前感知技术的应用总体上还存在使用成本高、分析效率低和实时性难度大三方面的难点与挑战。①在使用成本高方面，将先进的感知技术应用于工业生产，将增加企业多方面的成本，不仅包括感知设备购买与安装，还有数据分析系统与设备以及产线配套的升级和操作培训等。这些新增的成本需要企业预先投入，对于重资产集中的制造业来说会造成巨大的资金压力，而产线升级的收益往往需要数年，这无疑增加了企业的风险。②在分析效率低方面，新型感知技术相比于传统感知技术，单位时间内产生的数据量不断增加，这对数据的及时处理构成了巨大的挑战。以自动驾驶为例，蔚来汽车提出的超感系统配备了大量高性能感知硬件，包括 1 个超远距高精度激光雷达、7 颗 800 万像素高清摄像头、4 颗 300 万像素高感光环视专用摄像头、1 个增强主驾感知、5 个毫米波（Millimeter Wave，mmWave）雷达、12 个超声波传感器、2 个高精度定位单元和 V2X 车路协同，这些传感器每秒将产生 8 吉字节的数据量。这些不断产生的数据如果无法得到实时处理，将会在数据源处不断累积，并很快耗尽有限的存储资源，因此对系统的处理效率提出了新的挑战。③在实时性难度大方面，工业控制场景对控制的精度要求高，比如自动驾驶汽车的刹车系统，1 毫秒的延迟就可能引发巨大的交通事故，而机械手臂在进行高精度的协同制造时，也需要将时间误差控制在 1 毫秒以内。新型感知技术的应用一方面提升了工业生产生活的智能化水平，另一方面相比于传统感知技术往往消耗更多的时间，因此缩短感知时间，确保控制系统的实时性也是一大挑战。

二、工业互联与信息集成

（一）技术简介及其特点

工业互联网是新一代信息通信技术与工业经济深度融合的新型基础设施和应用模式，旨在全面连接工业经济中的各个生产要素，实现要素的优化配置，推动工业经济向前发展。为了实现要素的优化配置，必须要统筹工业互联中的各类要素信息，辅助进行科学决策，因而工业互联中的信息集成成为亟待解决的重要问题。信息集成的目标是使相关的多元信息有机融合并优化使用。在整个工业互联网"三层级四环节"的逻辑架构中，信息集成处于非常重要的地位。不论是工厂内部、企业内部又或者是整个产业链层面，不同粒度的信息处理模式对信息集成提出了不同的要求，比如工厂层面的实时性需求、企业层面的可靠性需求以及全产业链层面的异构融合需求。同时，在同一层次结构中，不论是信息表征、互联组织、智能认知还是柔性协同，这些不同闭环上的共性技术对信息集成均提出了更高的要求。随着万物互联时代的到来，工业信息收集、处理、传输、交流的粒度越来越细、频度越来越高、范围越来越广，亟须研究新型工业互联与信息集成技术，以满足日益增长的需求。表3-2 展示了"三层级四环节"中工业互联和信息集成的关键技术。

表3-2　工业互联和信息集成关键技术

三层级 \ 四环节			信息表征	互联组织	智能认知	柔性协同	关键技术	解决方案
产业链	企业	工厂	实时性保障				工业互联实时性保障技术	冗余时钟机制、时间感知整形器、帧抢占机制、超高载波间隔、迷你时隙、快速上行接入
			可靠性保障				工业互联可靠性保障技术	冗余备份传输、低码率传输、数据包重传
							工业互联确定性保障技术	过程现场网络、以太网控制自动化技术、时间触发以太网、硬实时交换体系结构
			异构网络融合			异构网络融合	异构信息集成融合技术	全球分布式管理系统Handle、OID技术、全球统一编码标识系统（Globe Standard 1，GS1）

　　工业互联中的信息集成是基于适合于工业系统发展的层次结构实现的，如图 3-11 所示，该结构应该具备实时性保障、可靠性保障、确定性保障以及异构信息集成融合等特点，能够打造高效的信息流通链路，为工业互联网的发展奠定坚实基础。同时，IPv6 时代的来临为工业互联网外延的拓展提供了技术支持。但是，伴随着 IPv6 网络而来的超大规模异构网络体系也给信息集成工作带来了新的挑战。为了进一步支撑工业互联中信息集成的相关需求，需要设计如图 3-11 所示的层次结构。其中，工业互联实时性保障技术和可靠性保障技术作为整个体系的基石，为上层的软硬件提供了时间敏感、高可靠的底层服务；在此之上的确定性保障技术增加了网络的可靠程度；同时，异构信息集成融合技术使得各种形态的网络以及终端设备能够高效地连接起来，为网络的延伸和拓展提供了技术支持，使得整个工业互联更加柔性灵活。这四项技术自下到上支撑起整个信息集成的框架体系。下一节将从这四个方面分别阐述工业互联中的信息集成所用到的关键技术。

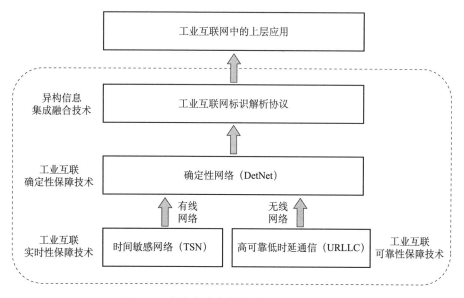

图 3-11　信息集成中的关键技术层次结构图

（二）核心关键技术

1. 工业互联中的实时性保障技术

　　在工业互联网中，随着业务流程对操作精细程度要求的不断提高，反馈控制越发频繁，因而如何保障海量信息交互的效率以充分发挥工业互联网的整体性能，从而提高工业互联中的实时性保障成为一个重要课题。在保障整体效能的多种技术中，TSN 是一项具有发展潜力的重要技术。下面将以 TSN 为基础，介绍工业互联中的实时性保障技术。

1）技术简介

2012 年，IEEE 802.1 工作组将以太网音视频桥接技术（Ethernet Audio Video Bridging，AVB）音视频桥接任务组扩展到了视频之外的更多领域，并成立了工业互联网的实时性工作组，称为 IEEE 802.1 TSN 工作组，TSN 由此正式登上了工业互联网的舞台。TSN 是一项目前国际产业界正在积极推动的前沿工业通信技术。随着工业应用对于工业网络承载需求的进一步增加，基于现场总线的工业网络弊端日益凸显，而具有更高传输速率和更大带宽的、基于以太网的工业网络应运而生。但工业数据类型复杂多样，传统以太网无法对视频数据、运维数据以及控制数据等多种业务数据流进行混合承载。当网络流量较大时，传统以太网拥塞和丢包情况难以避免，排队等待时间也无法预测，从而难以保证实时性关键数据流的确定性，而 TSN 允许周期性数据和非周期性数据在同一网络中传输，对实时性关键数据流和普通数据流具有良好的兼容性。

TSN 的前身是 AVB，其用于解决数据在以太网中的实时性、低时延以及流量整形的标准问题，同时又确保与以太网的兼容性。在此基础上，IEEE 802.1 TSN 工作组开发了时钟同步、流量调度以及网络配置等系列标准集。

2）特点优势

第一，高精度时钟同步。对于工业控制等领域而言，所有的任务都是基于时间基准的，媒体的同步播放、传感器的数据融合以及精准控制指令的发布等都需要时钟同步来保证。要进行时间敏感流的传输，首先需要做到的是全网纳秒级的时钟同步。

在 AVB 规范中，IEEE 802.1AS 用于实现高精度的时钟同步，TSN 在原有的基础上进一步扩充了冗余机制。如图 3-12 所示，当前主时钟（左上）和备份主时钟（右下）实时同步运行，且每个主时钟维护两条时钟通路。冗余机制极大地提高了系统的可靠性和网络的响应能力，从而能更好地适应复杂多变的工业网络环境。

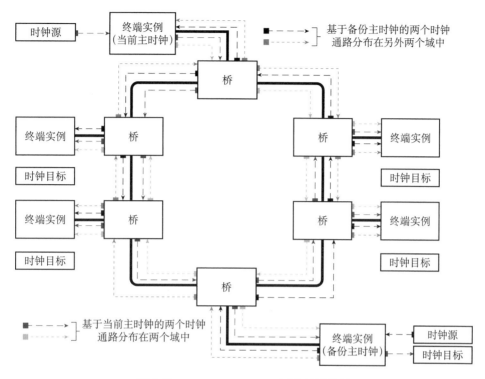

图 3-12　IEEE 802.1AS-Rev 冗余时钟机制

第二，低时延和确定性。时间感知整形器（Time Awareness Shaper，TAS）的主要功能是为时间敏感数据提供超低的时延及抖动的保证，由多个不同优先级的传输队列、优先级队列的门控开关和门控列表（Gate Control List）组成。TAS 使 TSN 交换机能够控制队列流量，以太网帧被标识并指派给基于优先级的虚拟局域网（Virtual Local Area Network，VLAN）标签，而不同的数据会根据 VLAN 标签中的优先级在不同的队列中排队等待。并且在优先级队列后加上门控开关，利用门控列表周期性地控制门的开关。只有当对应队列的门控开关为开时才能进行数据传输，否则只能等待，故随着门控列表的周期性变化，可以阻断普通数据流的持续转发，而让时间敏感数据流得到稳定间隔的转发。

同时，帧抢占机制也保障了传输时延。高优先级帧可以打断正在发送的低优先级帧，从而减少高优先级帧的等待时间。因此可以针对工业互联网不同优先级的业务数据进行队列调度，从而实现质量差异化保证。

第三，高容错和鲁棒性。IEEE 802.1CB 标准主要负责数据的冗余备份传输，通过在发送端复制多个不相交路径中的分组来提高网络的可靠性。在发送时，特定数据会打上标签和序列编号，并且在不同通路上复制传输。在链路汇聚点处，复制信息会被识别并消除，从而防止接收节点的上层应用处理多个重复数据。

3）应用情况

第一，在工业制造领域，实时性保障技术能实现控制类和实时运维类等时间敏感数据的优先传输，同时极大提升工业网络的组网能力以满足大量数据共网传输的需求；第二，在汽车控制领域，实时性保障技术可以实现汽车的精准高效控制，同时基于其兼容性和低时延等特点来进行统一管理，可以降低给汽车增加网络功能的成本和复杂性；第三，在未来工业互联网中，所有需要实时通信和精准控制的工业领域都离不开实时性保障技术，如工业机器人的姿态控制和无人搬运车的定位避障等。

4）面临的挑战

第一，TSN 的部署问题。经过多年的发展，TSN 的基础技术体系和相关标准基本完备。但是基础技术体系的成型只是第一步，实际转化为产业力量仍然需要很长时间。因此，要推进 TSN 的大规模产业化应用，必须将研发重点更多地聚焦到垂直行业上，针对具体应用场景完善技术体系，尽快形成可实际部署推广的产品。

第二，普通数据流的实时性问题。TSN 通过调度队列和抢占等方式保证了关键数据流的实时性，但本质上还是基于有限的网络传输能力而牺牲了普通数据流的传输。在极端条件下低优先级普通数据流的传输将会受到多次打断。普通数据流虽然不如高优先时间敏感数据流重要，但考虑到用户体验和极端情况，仍然需要开发新的机制来保证在现有的网络条件下普通数据流的最坏时延能够得到控制。

第三，多业务海量数据的共网传输。随着工业互联网的发展，其业务流类型越来越多，如音视频、实时控制、事件和诊断信息等。高可靠低时延通信（Ultra-Reliable and Low Latency Communications，URLLC）技术通过物理层的改进从根本上提高了网络的传输承载能力，但未考虑各种流量模型下的高质量承载。各种业务流对时延的需求不尽相同，笼统地对各种流量一视同仁的话，就无法实现工业互联网多业务海量数据的高质量共网传输。

第四，有线束缚下的领域延伸。TSN 具有良好的互通性、实时性，因此成为未来构建制造业工厂内部网络的首要技术。在未来工业互联网中，设备分布范围更加广泛，不再局限在一定范围的物理区域内。但 TSN 受电缆安装限制，只能局限在有限的工厂内部网络，无法保证更大范围下各种工业设备的灵活接入，从而不能适应未来工业互联网柔性制造的需求。

2. 工业互联中的可靠性保障技术

随着工业互联逐渐迈向更为高、精、尖的领域，工业互联中的可靠性保障技术将发挥更加重要的作用，甚至关系到国家安全问题，因而将成为信息集成的重要支撑。如果缺少了可靠性，未来的工业互联技术将难以进一步拓展和延伸。为了保障工业互联的可靠性，可以采用 URLLC 技术。

1）技术介绍

URLLC 规定了未来无线通信技术的部分规范，使得无线通信在时延和可靠性方面有了极大的提升，例如 10^{-5} 或 10^{-6} 量级的块差错率（Block Error Rate，BLER）性能以及 0.5 毫秒或 1 毫秒的空口传输时延。

在日常生活中，几十毫秒的时延已经可以满足音视频传输和游戏等领域的需求。但在车联网和工业互联网等领域，几十毫秒的时延却是无法接受的，这些领域的蓬勃发展使得对无线通信超低时延和极高可靠性的需求与日俱增。无线通信作为整个社会经济数字化转型的利器，应提供更低的时延和更高的可靠性才能满足工业互联网的需要。URLLC 是移动通信行业切入垂直行业的一个重要突破口，能够让工业互联网变得更高效、更便捷、更安全、更智能。

2）特点优势

在低时延方面，一是灵活的帧结构，不仅支持 4G 的 LTE 系统 15 千赫的载波间隔，还支持从 30 千赫到 240 千赫等多种间隔方案，越高的载波间隔带来越低的传输时延。二是迷你时隙技术（Mini-slot Technology），时隙是网络标准的最小调度单位，正常时隙由 14 个符号组成，但迷你时隙可以支持 2 符号、3 符号等长度。通过引入更小的时间资源单位，迷你时隙有利于低时延的数据通信，且最大限度地减少对其他射频链路的干扰。三是快速上行接入，基站会预先配置周期性资源，当有上行资源时，接入采用免调度许可的机制，终端可以直接接入信道使用这些资源进行传输，省去了向基站发送调度请求、申请资源以及接受基站反馈的时间。

在高可靠方面，一是物理层的设计，当增加两个更低的码率时，相对应的基站也会增加两个低频选项，通过选择更低的码率来降低错误率，从而保障可靠性。二是冗余传输，复制上行数据包后通过两条冗余的链路进行传输，或者在迷你时隙层次上重复传输，重传次数最大可达到 16 次。三是数据包重传 [基于混合自动重传请求（Hybrid Automatic Repeat Request，HARQ）]，4G 的 LTE 系统提出了在媒体接入控制层（Media Access Control layer，MAC layer）和无线链路控制（Radio Link Control，RLC）协议层的 HARQ 重传机制，但是这种可靠性都是以牺牲时延为代价的。通过在分组数据汇聚协议（Packet Data Convergence Protocol，PDCP）层复制数据，在不同的 PDCP 信道上传输同样的数据可提升可靠性。

3）应用情况

第一，在工业制造领域，尤其是高端制造业对设备的可靠性要求极高，采集的生产数据必须精确无误，通过可靠的数据实时分析生产状况，可实现生产线的无人化精准控制；第二，在车联网中，基于车路协同技术和可靠性保障技术，通过智能采集设备信息和车载电脑交互精确信息，可以大幅提高车辆对周围环境的感知能力和驾驶安全性；第三，在电力自动化中，电力入网需要精准的相位对齐，可靠性保障技术使得工业网络能够保证测量反馈的高精度，有利于实现低成本且高可用性的电力自动化部署。

4）面临的挑战

第一，运营商业务部署的复杂性。工业互联网应用场景广泛多变，不同场景下的巨大差异使得网络运维变得复杂，所以运营商需要考虑使用专用的频段和物理网络来进行部署。同时由于各行各业对可靠性的需求不尽相同，频谱策略和网络部署变得复杂和难以平衡。服务提供商需要根据行业特点进行精细化定制以及设定灵活的接口和策略，业务部署和商业模式充满未知挑战。

第二，更高的资源利用率。冗余传输和重传机制能提高可靠性，但同时也会不可避免地带来资源浪费问题。在不同的场景下，需要根据信道条件和业务的服务质量（Quality of Service，QoS）要求动态地调整重传次数和冗余链路数量。虽然新一代无线传输的带宽得到了极大提高，但是未来需要传输的业务数据量也是与日俱增的，因此需要在满足需求的前提下尽可能地提高资源利用率，而这种自适应调整策略的研究存在挑战。

第三，尽力而为的"可靠性"。虽然 URLLC 技术使用更低的码率能降低错误率，但其本质上还是一个"尽力而为"的无线网络。无线网络存在复杂的干扰问题，如电磁环境干扰、不同基站终端的干扰及系统之间的干扰等，同时还存在从基站到终端的信号衰弱问题。无线网络不稳定的特点就决定了其天生不可靠的特点，对可靠性的保证还需要上层协议技术的支持。

3. 工业互联中的确定性保障技术

在诸多可靠性保障的基础之上，工业互联更进一步地提出了确定性的要求。这种进一步的要求需要互联和信息集成能够满足更为严苛的条件，从而为一些特殊的服务或者特殊的场景提供有效保障，使得工业互联的发展深入生活的方方面面。在这一方面，确定性网络（Deterministic Networking，DetNet）技术将会发挥重要的作用。

1）技术简介

DetNet 是因特网工程任务组（Internet Engineering Task Force，IETF）正在制定中的网络层标准，其通过提供有确定范围的时延、丢包和时延抖动参数的数据路径，为应用提供一个可靠的网络环境。

虽然在工业领域，扩展以太网提供了初步的确定性解决方案，例如过程现场网络（Process Field Net，PROFINET）、以太网控制自动化技术（Ethernet for Control Automation Technology，EtherCAT）、时间触发以太网（Time-Triggered Ethernet，TTEthernet）技术、硬实时交换体系结构（the Hard Real-Time Switch Architecture，HaRTES），但它们或者不能相互兼容，或者不能与标准以太网设备集成，很难满足工业控制系统的实时确定性要求。深入分析发现，以太网缺乏时钟同步、带宽预留等管理机制以及数据分组优先级等过滤机制，因而无法为应用提供时延和抖动的服务质量保障。

针对以太网分组丢失和不确定的时延问题，DetNet 主要采用了资源预留、确定路径技术；而针对标准以太网通过生成树协议提供的冗余能力，在发生故障时的收敛时间太长的问题，DetNet 采用了无缝冗余技术实现向用户提供拥塞控制、确定路径、确定性的时延和抖动、多路径传输、分组编码保护等主要服务。DetNet 为 DetNet 流在路由路径的每个节点上预留足够的缓存和带宽资源,以保证 DetNet 流不会因为缓存不够而出现丢包。DetNet 对 DetNet 流的传输路径计算采用相对固定的路由选择技术,一方面为资源预留技术提供了基础的保障,同时路径的固定也为时延的精确计算提供了可能,是保证确定性时延和抖动的基础。同时,DetNet 通过无缝冗余技术,即多路径传输的方式,保证了在工作路径发生故障时,依然有备份的数据流通过其他路径将数据正确、实时地传输到目标节点。

此外,DetNet 系列技术还包括排队整形技术和流标识技术。排队整形技术用于解决排队带来的时延问题,通过排队和传输选择算法,由中央控制器计算每个节点的时延,并计算它们对每个新增 DetNet 流提供的缓存容量,从而更好地调度和控制节点和终端系统。流标识技术用来区分网络中的确定性流和非确定性流,以及带有不同 QoS 标准的确定性流。

2)特点优势

DetNet 具备时钟同步、零拥塞丢失、超可靠的数据包交付以及与"尽力而为"的服务共存等特点,并具备如下优势(工业互联网产业联盟,2018b)。

(1)DetNet 可以在网络层保证业务的确定传递。DetNet 重点针对多子网的网络层实时互联,它在 TSN 现有机制,如资源预留、冗余路径、队列整形等的基础上,针对网络层设备如路由器、防火墙、服务器等进行接口调度融合或机制与算法的网络层上移植,以保障严格的跨域子网之间的 DetNet 服务。

(2)DetNet 可以很好地解决跨域问题。随着智能工厂的发展,远程控制的需求将逐渐显现,而目前的工业控制网络主要局限在局域网的范围,不能满足跨局域网的确定性业务传输需求。DetNet 建立在 IP 网络之上,并且对于时延和丢包率有着确定性要求,与此同时,它还具有高可靠性和时间同步的特点。该技术可以应用在如工厂设备联网、厂房小公楼的建筑自动控制等较大范围内、多个实时边缘网络互联的场景。

3)应用情况

DetNet 技术在厂房自动控制中的应用将有效提升厂房自动控制系统的效率。厂房自动控制系统通过对整个厂房内的各种设备以及传感器的管理来改善建筑内的环境条件。同时，该系统还能降低能量消耗、及时发现设备故障并处理紧急情况。例如，系统可以对一个车间的温湿度、空气质量、安防、门禁等设备进行控制。这种控制通常由两层网络构成，即上层管理网络和下层现场网络。目前，在管理网络中，通常使用基于 IP 的通信协议，但是在现场网络中，通信技术种类繁多（甚至存在企业的私有网络），导致了互通难、集成难的问题。使用 DetNet 技术，可以有效支持采用不同技术的现场网络与管理网络实时互联。

4）面临的挑战

第一，研究跨广域网的确定性业务。DetNet 目前的进展还处于场景、需求、架构的前期阶段，与提供网络层和数据链路层融合的确定性服务的标准和方案还有一定距离。在跨域场景下，若存在多条确定性业务流，那么每条流的特性配置需包括带宽、时延、分组长度，以及每个节点间的出、入时间窗口的匹配等；在节点内部针对确定性业务流的资源分配包括时隙分配、循环间隔、带宽预留等。这些增加的技术复杂度是否导致应用的局限性，比如局限在一定范围的局域网内，还有待进一步研究分析。

第二，处理好革新式架构和演进式部署的关系。目前 DetNet 的部署采取的是平滑演进的方式，基于传统以太网部署，在新加入的流标识和流机制中都兼容了传统机制，虽然浪费了部分网络资源，但是降低了部署以太网的成本，大大加快了 DetNet 的部署和研究。随着 DetNet 部署程度的增加，如何减少为兼容传统网络造成的开销也是一个值得考虑的方向。

第三，DetNet 应设计故障和容错等安全机制。由于 DetNet 融合了 IT 和 OT 领域，因此安全性是 DetNet 架构和协议的一个重要方面。先前的 OT 网络拓扑结构和设计具有"空中缺口"，即与外部世界完全隔离的 OT 网络，因此 IT 和 OT 的融合也将重点放在安全协议上。此外，随着新兴的雾计算（Fog Computing）平台的发展，任何入侵都可能导致灾难性的情况。尽管已经发布了许多针对 DetNet 的标准和推荐实践，但仍需要进行更多的基准测试，以便为行业和消费者市场提供保证。

第四，DetNet 应确保各层技术间的融合。在 IP 网中划分出时隙以提供硬管道是确保低时延的关键，不同网络层次上有不同的解决方案。将各层间的技术有效融合，尝试结合机器学习研究检查网桥中资源预留要求的预测模型，从而有效地管理队列和调度、利用网络资源，降低技术复杂度和实现成本，需要产业界和学术界的更多探讨。

4. 异构信息集成融合技术

如今，伴随着互联网、物联网、大数据、人工智能等新一代信息技术的应用和发展，数字化、网络化、智能化成为社会发展的风向标，进入万物互联时代，人、机、物都可以通过互联网连接起来。由于工业互联规模的不断扩大和工业互联终端的不断细化，随之而来的异构性挑战也越来越严峻。这种异构性挑战存在于两个方面：一是既有网络与新生网络的并驾齐驱（比如有线网络与5G网络）；二是不同场景的特性催生的专门性网络（比如卫星网络）。这些异构性挑战对信息在不同网络间的流转提出了更高的要求。在这样的背景下，以工业互联网标识解析协议为代表的异构信息集成融合技术成为解决问题的钥匙。

1）技术简介

工业互联网标识解析体系是工业互联网网络体系的重要组成部分，是支撑工业互联网互联互通的神经中枢，其作用类似于互联网领域的域名系统（Domain Name System，DNS），对设备进行唯一性的标识和信息查询，是全球工业互联网有序运行的核心基础设施，是支撑工业互联网互联互通的重要枢纽，是"数字世界的身份证"。

标识的本质是用于识别对象的技术（包含实体对象、虚拟数字对象等），以便各类信息处理系统、资源管理系统、网络管理系统对目标对象进行相关管理和控制。工业互联网标识解析体系是实现工业全要素、各环节信息互通的关键枢纽，其核心包括标识编码、标识解析系统、标识数据服务等三个部分。工业互联网标识编码是指能够唯一识别机器、产品等物理资源以及算法、工序等虚拟资源的身份符号；工业互联网标识解析是指能够根据标识编码查询目标对象的网络位置或者相关信息的系统装置，对机器和物品进行唯一性的定位和信息查询，是实现全球供应链系统和企业生产系统的精准对接、产品全生命周期管理和智能化服务的前提和基础。工业互联网标识解析的基本流程如图3-13所示，它通过给每一个对象赋予标识，并借助工业互联网标识解析体系，实现跨地域、跨行业、跨企业的信息查询和共享。

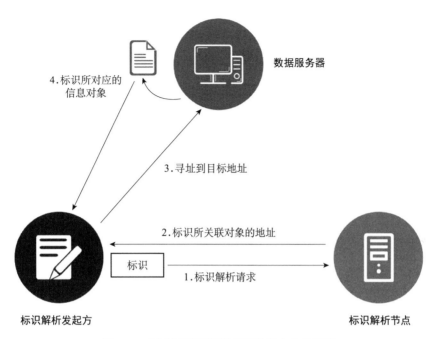

图 3-13　工业互联网标识解析的基本业务流程

2）特点优势

第一，标识兼容。传统的 DNS 服务单一，对资源的描述能力不强，且解析结果僵化，只能是 IP 地址，无法满足工业互联网的多样化、差异化需求。在工业互联网标识解析协议中，包括域名、Handle、OID、GS1 等标识编码，其通过建立身份标识，来识别物理对象或虚拟对象。除此之外，还包括内容标识、空间标识，甚至通信网络中的电路标识和互联网中的 IP 地址等，这些标识最终都将通过统一管理、异构兼容、安全可控的标识解析节点服务网络建立互联和互通。

第二，标识有效。未来工业标识数据量将大大超过现有互联网，然而，现有 DNS 采用中心化、层级树状结构，面对海量数据时存在单点负载过重、服务拥塞的问题，难以满足工业互联网的海量数据超低时延解析要求，因此无法保证标识有效。工业互联网标识解析服务将标识有效性考虑在内，保证了标识与解析服务在多协议、高并发、差异化需求场景下的有效性。

第三，标识安全。现有 DNS 在设计之初并未考虑太多的安全因素，协议本身存在的脆弱性使 DNS 面临各种威胁。并且工业互联网通信主体多样，许多传统 DNS 防护机制均采用基于 IP 地址的访问控制，无法满足工业对隐私保护与安全的需求。工业互联网标识解析协议则在设计时就把一些安全因素考虑进去，并且保障了服务提供者与用户的安全，包括身份认证、鉴权、隐私保护等，保证身份可信、操作可信、解析过程中商业信息不被暴露。

3）应用情况

目前，国内外已经出现了许多标识解析体系，比如：DONA 基金会维护的 Handle 标识解析技术、国际标准化组织（ISO）/国际电工委员会（International Electrotechnical Commission，IEC）和国际电信联盟电信标准分局（ITU-T）联合发布的 OID 技术、美国麻省理工学院提出的 EPC 技术、日本东京大学提出的泛在识别（Ubiquitous ID，UID）技术、我国自主研发的物联网统一标识（Entity Code，Ecode）技术等。

近年来，我国工业互联网标识解析协议架构取得了相当大的进展，已经在北京、上海、广州、武汉、重庆建成了五大国家顶级节点，南京、贵阳两个灾备节点也在紧锣密鼓的建设当中，对国内形成了最大范围的覆盖，并与 Handle、OID 体系实现对接，面向全球范围提供解析服务。截至 2021 年 11月，上线二级节点数 165 个，覆盖 25 个省（自治区、直辖市）的机械、材料、食品等 32 个行业，标识注册量超过 690 亿个，连接企业超过 45 000 家（工业互联网产业联盟，2021）。标识应用不断深化，形成了智能化生产管控、网络化生产协同、全生命周期管理、数字化产品交付、自动化设备管理等典型应用模式，成功打通了物联网设备、支付终端和标识读写设备等终端，公共应用服务能力不断提升。

4）面临的挑战

工业互联网标识解析作为工业信息交换的基础，在服务需求、信息交换和管理、多体系兼容、访问控制、系统扩展性等多方面具备其独有的需求特征，带来了不同的安全需求，而标识解析所特有的业务流程和实现架构也为安全需求的实现提出了新的挑战。目前，工业互联网标识解析体系的发展主要在以下方面面临挑战：标识数据管理、多主体身份与权限管理、安全策略适配及性能等。

在标识数据管理方面，工业互联网的核心是数据，因此标识解析服务需要为如何查询和管理数据信息而设计。一是工业数据归属于不同主体，各个主体对工业数据的管理权限和分享策略不同，工业互联网标识解析体系需要为此设计灵活的权限机制；二是工业数据存储于不同的位置，在产品生命周期的每个环节都可能产生并独立保存关于同一产品的不同数据，工业互联网标识解析体系需要为此设计分布式的数据查询关联机制；三是工业数据具有不同的结构，不同行业、不同企业都定义了大量的工业数据结构，工业互联网标识解析体系需要为产品信息设计统一的、可扩展的语义描述机制。

在多主体身份与权限管理方面，首先，工业互联网的通信主体来自不同的国家和企业，数据的所有者错综复杂且实时变化，同时数据涵盖范围更广，具有更高的复杂性和多元异构性；其次，目前工厂内多标准、多协议、多命名格式共存，给对象的检索与理解带来巨大的挑战。所以，工业互联网标识解析体系未来的发展应能支持多类型的主体命名，兼容工厂内外现存的异构命名方式与解析方式，保证多种命名格式与检索协议能够无缝加入该体系。同时，互联网标识解析服务中服务节点的权限不对等也可能会使解析服务被非法控制，进而导致服务无法提供。

在安全策略适配及性能方面，工业互联网标识解析体系涉及包括制造业在内的很多关键领域，所以要加强标识解析体系的自身安全，如隐私保护、抗攻击能力等。首先是隐私保护，对于查询者而言可因标识解析泄露用户隐私，对于服务者而言可因标识数据泄露商业机密；其次是抗攻击能力，因为工业互联网标识解析与生产控制等重大设施相连通，更容易遭到黑客、竞争对手的攻击，所以其需要具备消除单点故障风险、抵抗外来分布式拒绝攻击的能力。同时工业互联网对网络服务性能要求较高，特别是工厂内网需要低时延、高可靠的网络服务，因此提高互联网标识解析服务的性能也极具挑战。

（三）技术难点与挑战

首先，随着工业互联网的规模越来越大、参与节点越来越多、涉及的方面越来越细，其对技术的要求会越来越多、越来越高，从边缘节点的覆盖由易向难发展，如何实现网络触角的全面覆盖是第一个挑战；其次，随着工业互联网涉及方位越来越多，不同企业、不同地区、不同国家甚至不同空间中的网络各不相同，如何在覆盖面细的前提下实现覆盖面广，同时借助现有的网络基础设施,实现渐进式发展是第二个挑战;最后,随着工业互联网覆盖的范围越来越广、覆盖的粒度越来越细,其所需的信息处理能力越来越高,很多边缘节点的实时性需求也越来越迫切,如何衡量信息处理的侧重方面,实现不同信息的分类协同处理成为第三个挑战。

三、工业大数据与工业智能

(一)技术简介及其特点

作为工业互联网"三层级四环节"架构中的重要环节之一,"知"需要由具体的工业大数据和工业智能技术作为支撑,和其他环节一起为工厂、企业、产业链的应用提供服务。为了对汇聚的工业数据进行快速处理与智能分析,完成制造认知和经验的凝练,需要以下两个方面的技术支持。

第一,在工业大数据方面,在工业生产过程中时刻都在产生数据,例如,工厂内生产机床的转速、能耗,企业内人员的管理过程,产业链上下游企业的需求与供应,等等,工业领域中的大数据环境已经形成。同时,随着新一轮人工智能技术的快速发展,传统的工业需要实现数字化转型,逐步实现工业智能。

工业大数据涵盖工业活动各个流程产生的数据。因而,在此将工业大数据定义为工业活动中产生的数据,包括工厂内部的加工件、工业设备、生产环境相关数据,企业内部的人员管理、产品运维、售后服务等数据,产业链上的产品供应、发货交付等数据。

除了一般大数据的特点,工业大数据还具有以下特点。①噪声大:工业制造生产环境复杂,由于传感器精度限制、工人操作的不确定性、加工系统误差等原因,工业数据普遍噪声偏大。②时序强:工业生产过程中,各类工业设备与传感器连续运行,数据采集过程一般是连续采样,因此数据大多为时序数据。由于工业数据噪声大、难表征、时序强,需要对工业数据进行相应的处理。一方面,需要通过数据预处理技术对工业数据中的噪声数据、缺失数据以及异常数据进行处理;另一方面,需要解决工业时序数据中的存储组织、快速读写、内容抽取问题。

第二，在工业智能方面，将现有的人工智能技术与工业场景和应用相结合，是提升工业智能的重要手段。首先，通过工业知识抽取与表达技术挖掘企业内部层面、产品生命周期层面和全产业链层面数据的内在关联，形成工业知识网络。然后，将人工智能技术应用至工业领域，以提升机床、运输车、工业机器人等工业主体的智能，实现工业主体赋能。

本章将工业智能定义为人工智能技术应用于工业领域所产生的特定智能，其能够使工业任务的执行者具备自感知、自学习、自执行、自决策、自适应的能力，以便最终实现工厂、企业、产业链上的工业智能设计、工业智能生产、工业智能管理、工业智能服务。

除了一般人工智能的特点，工业智能还具有如下特点。①领域性：工业智能需要将人工智能的相关技术和工业领域特点进行有效的结合，这样才能真正解决工业场景的实际问题。②集成性：工业智能是多种技术的交叉集成，包含工业物联网、大数据分析、云计算、信息物理系统等，它将使工业更加高效和智能化。

工业智能与工业大数据二者呈现紧密的关联，数据为基、智能为用。工业大数据为工业智能提供数据基础，通过对工业生产、制造过程中产生的海量数据进行处理和分析，工业智能能够为工业活动提供更加科学、有用的决策及判断，从而实现工业智能设计、工业智能生产、工业智能管理、工业智能服务等应用。

接下来，本节将详细介绍工业数据处理方面的数据预处理技术和时序数据存储与读写技术，以及工业智能方面的工业知识抽取与表达技术和工业机器学习与智能认知技术，如表 3-3 所示。

表 3-3　工业大数据与工业智能技术体系

技术类型	关键技术	描述
工业大数据	数据预处理	包括工业数据降噪处理、补全处理、纠错处理，以及针对其时序特性的处理等相关技术
	时序数据存储与读写	包括面向工业时序数据的存储组织、快速读写
工业智能	工业知识抽取与表达	包括工业知识抽取（实体、关系、属性抽取）、融合（实体消歧、匹配）、补齐相关技术
	工业机器学习与智能认知	包括工业认知方面的各种技术，如深度学习、迁移学习（Transfer Learning）等

（二）核心关键技术

1. 数据预处理

工业大数据噪声大的特点使其呈现出"低质"和"高频"现象，即包含大量噪声数据、缺失数据以及异常数据等，因此必须对其进行有效预处理，即降噪、补全、纠错等（王建民，2017）。目前主流的数据预处理方法包括如下几类。

（1）工业数据降噪处理：由于工业生产环境复杂，工业数据在采集过程中容易混入各种各样的噪声数据，如工厂背景噪声、工业园区环境干扰等，处理工业大数据中的噪声数据多采用两类方式。一类是基于规则的方式，如规则分箱、小波分析、匹配跟踪；另一类是数据驱动方式，如分类过滤、回归分析等。

（2）工业数据补全处理：工业生产环境的复杂性除了导致工业数据在采集过程中混入噪声，也会导致采集过程中的数据缺失。对于数据缺失的处理，通常使用的方法有下面几种：删除缺失值、均值填补法、热卡填补法。具体处理时需要根据实际情况进行选择。

（3）工业数据纠错处理：同样，由于工业环境的复杂性，收集到的工业数据中通常包含异常数据，即离群值数据，这些数据的产生通常是由设备故障或不稳定等原因造成的。异常数据的特点是其与真实数据相比相对误差很大。对于工业异常数据的处理，通常使用的方法有下面几种：简单的统计分析、箱形图判断异常值等。

除了上述一般预处理方法，还需要考虑采用专门针对时序数据的预处理方案。目前主流时序大数据预处理方法主要分为基于统计的预处理、基于约束的预处理和基于机器学习的预处理。①基于统计的预处理：基于统计的预处理相对较为传统，通过对采集到的工业时间序列求取统计量、拟合模型参数或转换数据形态来达到提取工业时间序列趋势，检测、清洗低质量工业数据点的目的。常见方法包括使用有效分数向量和小波分析统计量、基于滑动窗口的异常检测方法、带有辅助信息的非负矩阵分解等。②基于约束的预处理：基于约束的预处理是近年来逐渐兴起的方法，该方法利用相邻序列的相关性或统计量来确定工业序列的值是否发生了异常。常用的约束包括：速度约束（相邻时间戳的数据值速度变化）、顺序约束（假设连续相邻时间点的工业数据值的变化幅度在一定范围内）、方差约束（根据区间内工业数据方差与阈值的关系来判断是否存在异常）。③基于机器学习的预处理：基于机器学习的清洗方法将传统的分类、聚类、异常检测和深度学习等思想应用在工业时间序列数据上。由于工业时间序列模型相比于向量空间模型更复杂，目前这一类方法在工业时间序列数据的处理上仍处于起步状态。例如，基于懒惰学习的思想，将距离度量和具有遗忘因子的最小二乘法结合，以解决距离度量对于历史工业信息模式的缺失问题。

随着深度学习的兴起，基于变分自编码器、长短期记忆（Long Short-Term Memory，LSTM）网络、生成式对抗网络等的深度学习方法也逐渐应用于工业时间序列数据的异常检测。这类方法性能优越，但是其需要大量有标签的训练数据以及较长的训练时间，无法满足工业场景的实时性需求。因此，如何对基于深度学习的预处理技术进行优化与升级，使其能够应用于实际工业场景，是数据预处理领域研究的重要挑战。

2. 时序数据存储与读写

绝大多数工业场景中产生的数据均具有时序性，即带有时间戳并按顺序产生，这些来源于传感器或监控系统的工业数据被实时地采集并反馈系统或作业的状态。在工业中，通常会使用时序/历史数据库作为核心枢纽，对这些工业时序数据进行采集、存储以及查询分析。因此，时序数据处理是工业大数据中的关键技术，包括工业时序数据存储组织和快速读写。

在工业时序数据存储组织方面，一般情况下，每个工业时序数据采样点均包含数据内容和采样时间，其中数据内容记录该采样的采样信息，包括工艺参数、传感器参数、测量值和测量结果的可信度等，采样时间记录采集数据的时刻。工业时序数据可被看作一种带有时间戳属性的垂直型数据，其组织形式多样。其中一种为基于日志结构合并树（Log-Structure Merge Tree，LSM Tree）（Matsunobu et al.，2020）的存储组织方法。这种树形结构可以以追加的方式顺序组织数据，并且不断地将较小的数据块合并成更大的数据块，最终将数据批量地刷写到磁盘上。

相比于传统数据组织方式仅仅记录了数据的当前值，时序数据组织方式则记录了所有的历史数据。同时，时序数据组织方式在处理数据时通常将时间作为其重要特征，能够根据时间特征对数据实现分类，减少冗余存储，提高数据压缩率，是面向工业时序数据的主要数据组织方案。随着工业场景越来越复杂，其他数据组织方式在某些工业场景也扮演着重要的角色。例如，基于表结构的关系型数据组织方式，基于键－值结构、图结构、文档等的非关系型数据组织方式。其中，关系型数据组织方式具有高效的查询存储性能，比如在制造业中，同一零件制造机器产生的记录数据往往是结构化的，当搜索某一零件产生的数据记录时，关系型数据组织方式具有较强的性能优势；图结构数据组织方式能够很好地处理强关联数据，比如在工业生产中，各个环节产生的记录数据具有很强的前后关联，并且不同环节产生的数据结构存在差异，图结构数据组织方式更适用于此类场景；基于文档的非关系型数据组织方式能够处理大量的非结构化数据，比如不同传感器产生的异构数据，可以以文档的形式组织与存储。

在复杂的工业场景中，一个场景可能同时存在时序数据、关系数据、异构数据、关联数据，单一数据组织方式已经不能满足工业的需要。随着各类数据组织方式的蓬勃发展，未来工业数据组织方式将呈现以时序数据组织方式为主，其他各种数据组织方式并存的发展趋势。同时，时序数据组织方式和其他各种数据组织方式如何有效结合成为工业数据组织相关研究的主要挑战。

在工业时序数据快速读写方面，面对海量工业时序数据，要求数据处理具有高速读写的能力，目前工业上从架构和数据库技术两方面实现了海量数据的快速读写。

架构方面，可采用 Hadoop 分布式文件系统（Hadoop Distributed File System，HDFS）等方案。HDFS 作为面向数据追加和读取优化的开源分布式文件系统，具备可移植、高容错和可大规模水平扩展的特性，是当前工业界常用的提高数据读写速度的架构。HDFS 将所存储和管理的文件划分为较大的数据块，并将这些数据块分布式地存储于集群中的各个节点上。单个 HDFS 集群可以扩展至几千甚至上万个节点，能够实现工业大数据的高吞吐读取、低延迟读取、批量写入和实时更新。

数据库技术方面，读写分离技术和高速缓存技术是两项提高数据读写性能的关键技术。①读写分离技术：所谓读写分离，即把对工业时序数据的读取和写入操作分开到不同的数据服务器上，以提高时序数据管理的操作效率和高并发性能。目前，Mycat、Cobar、Oneproxy等读写分离中间件已经在工业数据管理中得到了广泛的应用。②高速缓存技术：智能工业系统对数据管理的快速读写需求催生了高速缓存技术。例如，远程字典服务（Remote Dictionary Server，Redis）是一种基于内存的高性能高速缓存技术，为了保证效率，数据在内存中进行缓存，并被周期性地写入磁盘。以这些技术为代表的高速缓存技术被广泛地应用到工业时序数据处理的各个场景，是海量工业时序数据实时读写的技术保证。

3. 工业知识抽取与表达

工业大数据涵盖了大量产品研发数据、生产性数据、经营性数据、客户信息数据、物流供应数据及设备运行状态数据。这些数据存在复杂的内在关联，有必要对其进行抽取、融合和补齐，形成工业知识网络。

在知识抽取方面，工业大数据的知识抽取的方法包含实体抽取、关系抽取、属性抽取。①实体抽取，也称为命名实体识别，是指从文本数据集中识别出工业命名实体的过程。实体抽取关注的是如何识别出文本中的设备名、材料名等专有名词和有意义的时间等实体信息。实体抽取的方法（Ling and Weld，2012）有如下几种：基于规则的方法，使用模板库对输入文本的两个给定实体进行上下文匹配，该方法需要语言学专家和计算机专家合作设计模板库，且很难构造出面面俱到的规则，并不适合复杂多变的工业场景；基于统计机器学习和深度学习的方法，从海量工业大数据中学习到实体的特定范式，再应用于实际场景中完成实体抽取，能够适用于工业场景；基于大规模预训练模型的方法，通过大量训练资源捕捉海量文本中的隐藏范式，指导其他训练资源和数据不足的企业继续训练自己的模型，该方法能帮助工业界中训练资源不足的一方，具有较大的实际意义。②关系抽取，是指从文本数据集中识别出工业命名实体之间的逻辑关系。关系抽取主要有如下几种方法（Mintz et al.，2009；Xu et al.，2015）：基于语法规则的方法，通过模式匹配的方法来提取关系，工作烦琐且不可扩展，该方法依赖设计好的规则，不可持续，具有较大的限制；基于联合学习的方法，利用实体和关系间紧密的交互信息，学习联合模型，直接得到存在关系的实体三元组，该方法在工业背景下有较好的表现，对实体抽取和关系抽取都有较大的帮助；基于无监督学习的方法适用于大量无标签数据场景，这种方法比较适合于工业场景，因为大部分工业数据都是无标签的。③属性抽取，是指从文本数据集中识别出工业命名实体的属性值。在实际工业背景下，实现属性抽取一般有两种途径：将问题转化为关系抽取，直接使用上述关系抽取的方法实现，该方法能直接利用关系抽取中成熟的技术，缺点是准确率有待提高；基于数据挖掘的方法，采用数据挖掘的方法直接从文本中挖掘实体属性与属性值之间的关系模式，据此实现对属性名和属性值在文本中的定位，该方法应用广泛，真正挖掘了工业大数据的内在价值。

在知识融合方面，由于工业大数据来源广泛，数据之间存在着歧义、冗余以及错误等情况，缺乏层次性和逻辑性。因此，通过信息抽取构建初步的工业知识网络后，还需要对所抽取的信息进行清理与整合，以实现知识融合。知识融合主要包括三个方面：实体消歧、实体匹配和知识补齐。①实体消歧：用于解决同名实体之间产生歧义的问题。在工业数据中，经常会遇到某个实体指称项对应于多个命名实体对象的问题，例如"车市大萧条，北京各新生市场苦熬淡季"中的"新生市场"这个名词，可以对应于"新学生的市场"，也可以对应"新兴市场、新产生的市场"。通过实体消歧，就能根据当前语境，准确建立实体链接。在工业大数据背景下，常用的方法有词袋模型、语义模型、网络模型、知识库模型等。②实体匹配：用于解决工业数据中夺冠指称项对应于同一实体对象的问题。例如在一篇航空新闻中，"胖五""长征五号B型遥2火箭"指向的是同一实体对象，其中很多代词如"该火箭""火箭"也指向这一实体对象。利用共指消解技术，可以将这些指称项关联到正确的实体对象。实体匹配的常用方法有基于决策树的方法、基于聚类的方法、基于分布式相似模型的方法等。③知识补齐：考虑到工业大数据来源广泛，不同信息源的数据包含着相关信息，经过信息抽取、知识融合步骤得到初步知识库后，还需要通过计算机推理建立实体之间的新关联，从而扩展和丰富知识库，实现知识补齐、扩充的过程。知识补齐可以分为基于规则的方法和基于图的方法，以及两者混合的方法。基于全局结构的规则补齐：该方法在知识图谱上进行路径挖掘，实体间的路径进一步作为判断实体间是否存在指定关系的特征训练学习模型。基于图的补齐方法：该方法能够基于神经网络模型或路径排序算法，有效结合已有工业知识库中节点的位置信息，因此成为主流方法。混合方法：基于规则的方法准确率高，基于图的方法构建简单，将这两种方法混合的知识补齐，通过在更深层次混合不同方法，优势互补，能提升知识补齐性能。如何同时融合多源信息与多种方法，进一步提升知识补齐性能，也将成为未来的一大研究方向。

4. 工业机器学习与智能认知

工业机器学习与智能认知指将现有的机器学习等人工智能技术应用在工业场景中，使工业主体具备一定的认知能力。对工业环境当中的制造主体实现智能化，是提升工业认知能力的重要手段。接下来将介绍工业机器学习与智能认知相关技术及其在工业中的应用。

一方面，在工业场景中，针对不同的工业数据形式和具体需求场景，通常会采用不同技术来实现工业机器学习与智能认知学习，例如，使用深度学习技术中的卷积神经网络（Convolutional Neural Networks，CNN）处理用于工业产品瑕疵检测的工件图像数据（He et al.，2020；Ren et al.，2018）。具体来说，首先使用高精度工业相机对待检测产品进行拍照，然后使用卷积神经网络对得到的产品照片进行处理和分析，以判断产品表面是否有瑕疵。又如，使用深度学习技术中的循环神经网络（Recurrent Neural Network，RNN）处理工业声音数据，其也在工业环境现场监听中得到应用。具体来说，首先在工业环境中部署高精度声音收集设备，然后使用循环神经网络对声音序列进行处理，通过 LSTM 网络将短期记忆和长期记忆结合起来，利用更加优秀的长期记忆能力分析是否产生了危险事件并及时进行干预。

另一方面，工业环境复杂多变，工业主体已习得的智能可能由于环境改变而不再适用，此时，需要利用迁移技术将原环境中的知识迁移到新环境中，以实现跨领域智能认知，并在例如跨域的故障诊断（Li et al.，2019）等工业应用中发挥作用。迁移学习是一种机器学习方法，其作用是把一个领域（即源领域）的知识，迁移到另外一个领域（即目标领域），使得目标领域能够取得更好的学习效果。

综上所述，在生产环境中，机床、运输车、工业机器人等工业主体需要了解自己的运行状态，并对周围环境数据进行认知和决策。得益于机器学习等人工智能技术强大的数据处理能力，经过赋能的工业主体可以处理由广泛部署的工业传感器产生的海量数据，并根据这些数据对当前制造设备的状态、环境进行智能认知，以指导制造设备的运行。特别是深度学习模型的出现和应用，可以对工业数据做出准确的认知，依据深度学习模型的认知结果，制造主体可以做出更加合理的决策，这极大地提升了生产效率和生产质量。

（三）技术难点与挑战

上述技术为工业大数据和工业智能的发展提供了有力支撑，但同时也存在着难点和挑战。

目前已有的数据组织技术可以有效解决工业大数据时序强的特点带来的难题。但是，工业大数据非结构化数据多，且不同数据之间关联性强，例如，企业内部层面、产品生命周期层面和全产业链层面中的工况、设备状态、人员调配、生产进度安排、供需等数据多源异构且相互关联。现有技术无法有效地对这些数据进行组织和存储。因此，未来需要考虑发展能够存储链接数据、挖掘数据关联，并且能够高效查询关联数据的数据组织和存储技术，如图数据存储技术。

针对前文提到的工业大数据的时序特性，目前已经建立起了相对成熟的工业时序数据组织技术。然而，对于工业时序数据管理方面的技术研究尚有欠缺。当前主流的管理技术在索引和读写方法上均不支持以时间作为关键值，在处理工业时序数据时表现欠佳。因此，以使用工业时序数据管理技术为核心，对工业时序数据进行管理，得到了越来越多企业的重视，逐渐成为数据管理方向未来的重点研究领域之一。

前文介绍的工业知识抽取与表达相关技术主要的关注点是如何建立包含工厂、企业、产业链全层级数据的知识网络。然而，建立知识网络的最终目的是更好地组织、管理和理解工业体系的内部联系，提升工业主体认知能力。因此，在所构建的工业知识网络上，研究时序、低噪知识图谱是工业知识图谱方向的优先发展内容。

目前，通过工业主体赋能技术已经能够有效提升机床、运输车、工业机器人等工业主体的智能。然而，受工业设备硬件架构、设备尺寸、内存大小等物理方面的约束与续航时间、供电方式等能耗方面的约束，通常无法直接为工业主体部署深度模型。因此需要研究如何在尽量保证精度的同时降低深度学习算法的资源消耗，并且通过动态自适应技术使得深度学习模型能够更好地适应资源与环境的变化。

此外，工业群体协作技术也需要进一步研究。目前的相关协作技术多采用集中式控制方法，具有抗毁性差、适应性差等问题。从传统的集中式工业群体协作向分布式工业智能过渡是必然趋势。因此，接下来需要优先研究如何分布式调度工业设备并建立起高效的通信，使得系统整体效率最优，其中主要涉及任务分配、协作通信和路径选择三大部分。

四、工业互联网控制协同

（一）技术简介及其特点

工业互联网控制协同涉及工厂层、企业层和产业链层的协同机理和柔性控制方法，旨在实现工业全流程的全局优化与协同，提高生产线的柔性反应能力和供应链的敏捷精准反应能力。工业互联网控制协同关键技术与全流程柔性协同理论的对应关系如图 3-14 所示，其中，"控制"体现在物理空间控制和信息空间控制；"协同"体现在信息和物理系统内部与相互之间的控制协同。

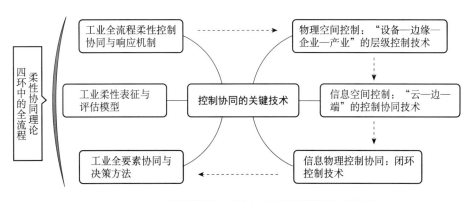

图 3-14　全流程柔性协同理论与控制协同关键技术关系

工业互联网控制协同技术是控制论在工业互联网领域的协同化技术实现，其通过工业互联网多层次控制系统，协同完成高效生产目标。常用的控制协同技术有：无线控制技术、模糊控制技术、神经网络控制技术、学习控制技术、可编程控制技术、液压传动控制技术等。不过，这些控制协同技术面临如下挑战：①缺乏整体、系统性集成技术以实现柔性自动化生产；②工业互联网下的装备和产线自动化控制软件薄弱，升级维护困难；③生产系统的数据采集困难，缺少完整的数据集成应用架构用以实现控制协同。为应对这些挑战，基于信息物理技术体系，面向工业互联网技术的三个层级（工厂层、企业层和产业链层），本报告给出了控制协同的核心关键技术，如表3-4所示，包括物理空间控制、信息空间控制及信息物理系统控制协同三个方面。其中，物理空间控制对应工业互联网技术的三个层级，设备级生产控制技术和边缘级控制协同技术对应工厂层级；企业级要素管控技术对应企业层级；产业链级协同调控技术对应产业链层级。

表 3-4　工业互联网控制协同体系

技术分类	关键技术	相关工作
物理空间控制	设备级生产控制技术	控制设备包括传感器、执行器、可编程逻辑控制器（Programmable Logic Controller，PLC）、远程终端单元（Remote Terminal Unit，RTU）、工控机（Industrial Personal Computer，IPC）、个人计算机（Personal Computer，PC）等；相应智能控制技术有模糊逻辑控制、自适应模糊控制、自适应神经网络控制等
	边缘级控制协同技术	SCADA、分散控制系统（Distributed Control System，DCS）、MES 等
	企业级要素管控技术	ERP系统、产品生命周期管理（Product Lifecycle Management，PLM）等
	产业链级协同调控技术	供应链管理（Supply Chain Management，SCM）控制等
信息空间控制	工业云—边—端控制架构	智能制造边缘计算架构、虚拟现实平台（Virtual Reality Platform，VRP）控制等
	工业边云控制协同技术	控制应用协同、控制服务协同、控制资源协同等
	控制设备数字化技术	虚拟PLC、软件定义PLC技术
信息物理系统控制协同	信息物理系统虚实融合控制技术	多层"感知—分析—决策—执行"循环
	信息物理系统闭环控制协同技术	信息流与决策流双向控制
	数字主线融合控制技术	全过程数据流转、追溯控制

（二）核心关键技术

1. 物理空间控制技术

当前工业互联网控制协同体系以传统制造体系的层级划分为基础，考虑未来基于产业的协同组织以及基于信息物理技术体系，在物理实体空间按"设备、边缘、企业、产业"四个层级（其中设备、边缘对应"三层级四环节"中的工厂层）开展控制协同系统建设，指导企业整体部署。设备级对应工业设备、产品的控制功能，关注设备的监控优化、故障诊断等工业控制技术；边缘级对应车间或产线控制功能，关注工厂内部工艺配置、物料调度、能效管理、质量管控等控制技术；企业级对应企业平台、网络等关键能力，关注企业内部的订单计划、绩效优化等管控技术；产业级对应跨企业平台、网络和安全系统，关注产业链的供应链协同、资源配置等调控技术。

如前所述，工业互联网网络建设目标是构建全要素、全系统、全产业链互联互通的新型基础设施。从控制网络视角来看，在设备级和边缘级部署生产控制网络，在企业级部署企业管控网络，在产业级部署国家骨干网络，以形成产业链的全网协同调控体系，如图 3-15 所示。

1）设备级生产控制技术

目前，设备级的工业控制技术基于 OT 网络，其核心目标是在设备级和边缘级建设高可靠、高安全、高融合的网络，以支撑生产域的"人、机、料、法、环"全面数据的采集、控制、监测、管理、分析等。生产控制网络主要部署的设备包括用于智能机器、仪器仪表、专用设备等边缘设备接入的工业总线模块、工业以太网模块、TSN 模块、无线网络 [WiFi 6、工业无线网络（Wireless Networks for Industrial Automation，WIA）技术等] 模块；用于边缘网络多协议转换的边缘网关；用于生产控制网络汇聚的工业以太网交换机、TSN 交换机；用于生产控制网络数据汇聚的 RTU 设备；用于生产控制网络灵活管理配置的网络控制器等。

当前，生产控制网络技术的难点在于工业设备级的网络接口和标准支持，需要结合设备实际情况，制定具有针对性的控制实现模式。

叠加模式：在已有控制网络难以满足新业务需求时，叠加新建的支撑新业务流程的网络以及相关设备，构建原有控制网络之外的另一张网络。例如，

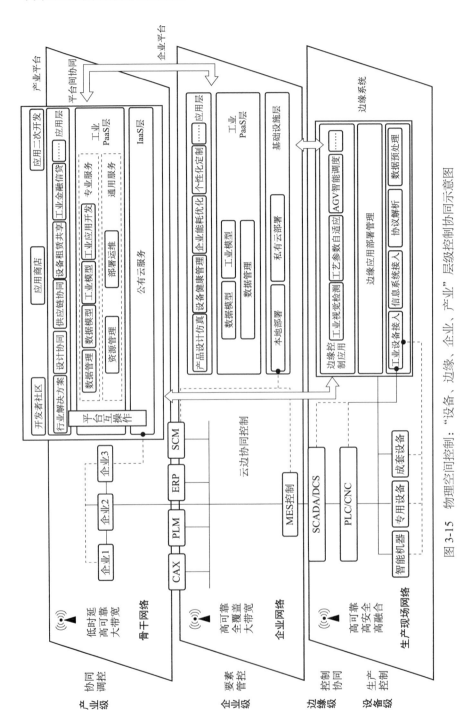

图 3-15 物理空间控制: "设备、边缘、企业、产业"层级控制协同示意图
（工业互联网产业联盟，2020）

在已有的自动控制网络的基础上，部署新的监测设备、传感设备、执行设备等，实现安全监控，生产现场数据采集、分析和优化。

升级模式：对已有工业设备和网络设备进行升级，以实现网络技术和能力升级。例如，在流程制造现场，可用支持 4G/5G 的智能仪表更新替换原有的模拟式仪表，实现现场数据智能采集汇聚和危险现场的无人化。

此外，工业控制技术需要妥善处理设备升级和控制网络升级二者间的关系。对于现有工业装备或装置，如机床、产线等，当前网络连接技术能够满足基本生产控制需求，主要需要解决的是打破数据孤岛问题，因此可以采用部署网关的方式，将传统的工业总线和工业以太网技术转换为统一标准化的网络连接技术。如果当前的控制网络已不能满足业务需求，则需要对设备的通信接口进行改造升级。

2）边缘级控制协同技术

如前所述，边缘级基于生产控制网络，提供海量工业数据接入、转换、数据预处理，以及边缘智能控制等功能。生产现场智能控制技术包括：①工业数据接入技术，此技术通过提供机器人、机床、高炉等工业设备数据接入能力，以及 SCADA、DCS、MES 等信息系统数据接入能力，实现对各类工业数据的大范围、深层次采集和连接；②协议解析与数据预处理技术，将采集的各类多源异构数据进行格式统一和语义解析，并在进行了数据剔除、压缩、缓存等操作后传输至云端；③边缘智能控制技术，重点是面向高实时应用场景，在边缘侧开展实时分析与反馈控制，以提供边缘智能控制的资源调度、运行维护、开发调试等各类功能。

生产现场智能控制的目的在于满足生产现场的实时优化和反馈控制应用需求，其试图解决以下问题：①如何在边缘级实现具有高实时性要求的控制系统；②如何通过数据分析，实现对现场生产进行高效精准的优化决策控制。可见，生产现场智能控制的核心问题是如何实现边缘智能。为此，面向视觉检测、参数自适应、移动机器人智能调度等高实时性场景，需要在边缘级部署智能控制应用，开展实时数据分析，并将决策优化指令实时反馈至生产过程中，实现优化提升。同时，为加强边缘智能化程度，可进行云边控制协同，在平台端同步开展模型算法迭代更新，并将更新后的模型算法反馈至边缘，以进一步提升优化效果。

面向边缘级的生产现场智能控制的部署方式如下：①嵌入式控制软件，以软件代码方式直接集成到车间或生产系统之中，依托被嵌入对象的硬件资源支持完成智能控制；②智能控制网关，边缘智能控制部署和运行在独立的智能网关之中，基于网关提供的硬件资源和操作系统进行工业数据的深度挖掘和分析，实现生产现场的智能控制。

3）企业级要素管控技术

企业级的生产要素管控与前述的边缘级智能控制共同构成控制协同体系，包括 ERP 系统、PLM 系统等。边缘级对应操作单元和生产装置的运行管理功能，具备生产现场的整合、部署及控制能力。在企业级，面向"人、机、料、法、环"等生产要素，构建企业级的工业互联网管控系统，基于该系统开展数据驱动的生产要素管控，驱动企业智能化生产。

企业级的工业互联网管控系统设计需考虑如下因素：①面对企业内部海量工业数据的存储、计算需求，构建支持生成要素管控的基础设施；②对企业管控系统进行功能划分，以实现数据驱动的智能控制；③针对当前企业现有各类信息系统，梳理新的管控系统和存量系统的关系。

由于能源行业和制造行业多样化的企业需求，其企业级要素管控系统常聚焦内部特定场景下的管控服务，注重定制化管控方案的供给能力。为此，该管控系统技术包括：①聚焦数据管理与建模分析能力，开展工业管控系统的平台即服务（Platform as a Service，PaaS）建设，其中数据管理提供各类信息建模、数据清洗、数据治理和可视化工具，建模分析综合运用大数据、人工智能技术和工业控制经验知识，提供各类控制数据模型和机理模型，通过两者融合构建企业智能管控中枢；②结合企业业务需求进行定制化工业管控软件开发，面向产品设计仿真、设备健康管理、能耗管理优化等应用场景，打造工业管控技术的解决方案，驱动企业实现智能化生产运营。

目前，企业级的要素管控系统部署可采用管控服务器、私有云和混合云等技术。①管控服务器：对于要求聚焦、资源容量不大的管控需求，可以将企业管控系统安装部署在特定服务器之中进行操作访问，以降低企业部署成本。②私有云部署：企业借助虚拟化、资源池化等技术的支持，提供可灵活调度、弹性伸缩的存储和计算资源，支撑工业控制数据的管理和使用，以确保核心数据停留在企业内部，避免敏感信息的泄露。③混合云部署：企业在用私有云进行关键核心数据存储管理的同时，也使用公有云作为海量 IT 资源的支撑，进行更为高效的管控，从而实现有效降低综合部署成本。

4）产业链级协同调控技术

通过前述的企业层级要素管控系统互联协同，开展供应链管理控制，形成工业互联网调控平台，以支撑产业链层级的资源配置和协同调控。

产业链级的协同调控技术包括：①基础 IT 资源的支撑技术，可实现平台资源的调控管理和应用部署运维，同时集成基础技术框架，为上层业务的构建提供技术使能；②调控数据管理和建模分析技术，除了提供各类调控算法模型进行智能分析之外，产业平台还需要及时响应不同用户的差异化调控需求，支持实现高效灵活的调控机制；③聚焦行业共性问题的资源优化配置技术，例如设计协同、供应链协同、产业金融等技术，这些技术在带动产业整体发展水平提升的同时，加速推动产业形态和商业模式的创新。

在技术部署上，产业链协同调控主要基于公有云技术，通过自建公有云平台或与已有公有云平台合作，为不同行业、不同地区用户提供低成本、高可靠的数据存储计算服务，并能够实现按需调度和弹性拓展。依托公有云的基础资源支持，运用 Cloud Foundry、OpenShift、Kubernetes 等技术手段构建通用 PaaS 的调控平台，基于大数据、人工智能、数字孪生等技术提供工业数据、模型的管理分析服务。最终，综合运用各类调控手段和工具，实现各类产业资源调控方案应用落地，驱动以产业调控平台为枢纽的创新生态的构建。

2. 信息空间控制技术

前述从"设备、边缘、企业、产业"四个层级构建物理空间控制技术，侧重工业互联网的物理实体，本节将从信息空间角度，给出基于工业"云—边—端"的控制协同技术。工业互联网的"中心—边缘—端"形态，早期由程控交换中心、程控交换机、电话构成；随后在 4G 移动互联网时代，数据中心、内容分发网络（Content Delivery Network，CDN）、移动电话 /PC 延续了这种形态；在当前 5G 工业互联网时代，云计算中心、边缘数据中心 / 网关、传感器等构成了新的"云—边—端"形态。

下文将从基于"云—边—端"的工业控制协同架构、工业边云控制协同技术、控制设备端数字化技术三个方面阐述信息空间控制技术。

1）工业"云—边—端"控制协同架构

面向工业互联网的工业"云—边—端"控制协同架构如图3-16所示，其核心内容为边缘控制节点，涉及边缘基础设施即服务（Infrastructure as a Service，IaaS）、边缘PaaS、边缘软件即服务（Software as a Service，SaaS）的端到端开放平台。典型的边缘控制节点一般涉及网络、虚拟化资源、实时操作系统（Real Time Operating System，RTOS）、数据面、控制面、管理面、行业应用等，其中网络、虚拟化资源、RTOS等属于边缘IaaS能力，数据面、控制面、管理面等属于边缘PaaS能力，行业应用属于边缘SaaS范畴。

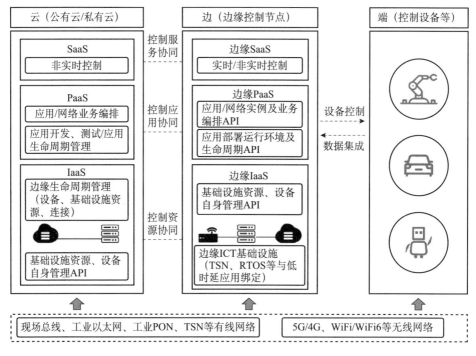

图3-16 工业"云—边—端"控制协同架构示意图

工业控制协同关注控制时延敏感及确定性、数据隐私性和柔性控制等，通过"云—边—端"控制协同架构，可应对柔性生产中控制单元的复杂逻辑控制、运动控制、视觉控制等场景。同时，随着各行业的产业价值分布从产品走向产品+服务，对边缘控制节点能力的要求也从单一的控制能力走向控制+增值服务能力。通过控制系统软硬件解耦的方式，可提供强大的、柔性的工业控制协同能力。目前，产业界已经出现了如虚拟PLC、软件定义PLC、虚拟云工厂等工业控制协同技术。

2）工业云边控制协同技术

工业网络下云边控制协同涉及 IaaS、PaaS、SaaS 多服务控制协同技术。边缘 IaaS 与云端 IaaS 可实现对网络、虚拟化资源、安全等的控制资源协同；边缘 PaaS 与云端 PaaS 可实现控制应用协同；边缘 SaaS 与云端 SaaS 可实现控制服务协同。上述控制协同技术说明如下。

控制资源协同，从单节点的角度来看，资源协同提供了底层硬件的抽象，降低了上层应用的开发难度。从全局的角度来看，资源协同还提供了全局视角的资源调度和全域的覆盖（Overlay）网络的动态加速能力，以保障边缘控制资源高效使用，支撑边缘与边缘、边缘与云中心的高效实时控制。

控制应用协同，可实现边缘应用的统一注册接入、体验一致的分布式部署、集中化的全生命周期管理。对于边缘计算的落地实践来说，应用协同是整个控制系统的核心，涉及云、边、端各个方面。从工业控制角度来看，边缘控制节点提供计算、存储、网络、虚拟化等基础设施资源，其中网络资源对实时性、确定性要求高。同时，虚拟化技术的选择也需要考虑实时性、确定性需求，以更好地提升性能。云端提供资源调度管理策略，包括边缘节点的设备管理、资源管理以及网络连接管理。

控制服务协同，为边缘应用的构建提供了所需的关键能力组件以及快速灵活的对接机制，从而有效提升边缘控制应用的构建速度。控制服务协同包括平台控制服务协同，以及跨越边和云的控制服务发现和协同机制，使得位置感知的数据传输转变为位置透明的、基于服务化的控制协同。从工业控制角度来看，边缘节点提供边缘控制软件部署与运行环境及生命周期管理应用程序接口（Application Programming Interface，API），其中低时延类业务可绑定专用基础设施资源，非低时延类业务可共享基础设施资源。云端实现对边缘控制应用的全生命周期管理，包括控制应用的推送、安装、卸载、更新、监控及日志等，同时云端还可以提供边缘控制节点应用开发、模拟测试能力，以促进生态能力构建。此外，边缘节点还提供模块化、微服务化的控制应用/网络等实例；云端可提供业务编排能力，按需对控制应用及网络实例进行业务编排。

3）控制设备数字化技术

工业控制设备通过数据集成实现物理资源的数字化，形成工业设备端的数字化构建技术，具体包括：①面向复杂工业场景下不同的被标识对象和种类繁多的标识载体技术，实现对工业互联网标识的有效适配；②面向多样化标识载体的实时采集技术。实时采集技术兼容面向条形码、二维码、近场通信（Near Field Communication，NFC）等被动标识载体和通用集成电路卡（Universal Integrated Circuit Card，UICC）、模组、芯片等主动标识载体数据的采集方式，借助标识载体和数据采集设备，唯一地识别物理实体。

在部署上，标识载体和标识数据采集位于设备端，实现技术有：①升级改造目前的标识载体，明确标识在不同载体中的存储位置和存储方式，通过标识生成软件直接集成到设备赋码系统中，支持标识在不同载体中的自动生成；②推动部署标识数据采集设备，该设备具备身份认证功能，支持对不同标识解析体系的识别和数据采集。

通过工业控制设备端的数字化，为工业互联网平台提供底层的数据基础支撑，需要应对当前工业生产现场设备种类繁多、通信协议"七国八制"的挑战。为此，基于"云—边—端"的工业控制协同架构，形成工业控制设备端的数字化构建技术，以实现工业控制设备端的数字化海量工业数据的精准、实时采集和集成，这些技术包括：①针对性工业数据接入技术，该技术兼容智能机器、专用设备、计算机数字控制机床（Computerised Numerical Control Machine，CNC）、SCADA等生产现场不同软硬件系统，可实现实时状态、控制参数、运营管理等各类数据的全面采集；②协议解析和数据预处理技术，该技术将来自不同系统、采用不同通信方式的多源异构数据转化为统一格式，并经过错误剔除、缓存压缩等基本处理后，上传至云平台中。

构建工业控制设备端数字化的实现方式包括：①对存量设备的叠加改造方式，通过开放设备已有控制系统或者是额外添加传感器的方式，对工业控制设备进行数字化改造，完成工业数据采集集成；②开发新型数字化装备，在新的产线、车间建设过程中，直接规划和选用具备数据开放能力的数字化设备，快速便捷地实现工业数据采集集成。

3. 信息物理系统控制协同技术

当前，CPS的方法论、机理、模型正逐步融入工业互联网的建设中。CPS将物理空间"研发设计—生产制造—运营管理—产品服务"等各业务环节以及设备、产线、产品和人等物理实体，在信息空间相对应地构建起数字孪生设计、数字孪生工艺、数字孪生流程、数字孪生产线、数字孪生产品等，以实现产品全生命周期流程在信息空间的数字孪生重构，并通过数字主线实现各数字孪生体之间的数据贯通。通过"数据＋模型"即数据到信息到知识再到策略的转化，创造并执行新的服务模式，由此构建数据价值提升与业务流程再造的规则体系，如图3-17所示。

可见，CPS的本质就是构建一套信息空间与物理空间之间基于数据有序流动的状态感知、实时分析、科学决策、精准执行的闭环控制体系，以解决工业生产、应用、服务过程中的复杂性和不确定性问题，提高资源配置效率，实现资源优化。以下根据图3-17，从信息物理的虚实融合控制技术、信息空间数字模型驱动的闭环控制协同技术、数字孪生体融合控制的数字主线融合控制技术展开阐述。

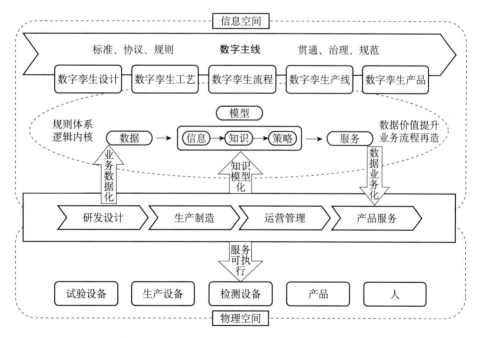

图 3-17　CPS 控制协同技术示意图（中国电子技术标准化研究院和中国信息物理系统发展论坛，2020）

1）CPS 虚实融合控制技术

如图 3-17 所示，工业互联网下的 CPS 通过信息空间与物理空间数据交互的闭环控制通道，实现 CPS 虚（信息）实（物理）融合控制技术。以物理实体建模产生的静态模型为基础，通过实时数据采集、数据集成和监控，动态跟踪物理实体的工作状态和工作进展（如采集测量结果、追溯信息等），将物理空间中的物理实体在信息空间进行全要素重建，形成具有感知、分析、决策、执行能力的数字孪生。同时借助信息空间对数据综合分析处理的能力，形成应对外部复杂环境变化的有效决策，并通过以虚控实的方式作用到物理实体。在这一过程中，物理实体与信息虚体之间交互联动，虚实映射，共同作用，实现提升资源优化配置效率。

CPS 虚实融合控制是多层"感知—分析—决策—执行"的循环，建立在状态感知的基础上，感知往往是实时进行的，向更高层次同步或即时反馈。CPS 虚实融合控制包括嵌入控制、虚体控制、集成控制、目标控制。①嵌入控制。嵌入控制主要针对物理实体进行控制。通过嵌入式软件，从传感器、仪器、仪表或在线测量设备采集被控对象和环境的参数信息而实现"感知"，通过数据处理而"分析"被控对象和环境的状况，通过控制目标、控制规则或模型计算而"决策"，通过向执行器发出控制指令而"执行"。不停地进行"感知—分析—决策—执行"的循环，直至达成控制目标。②虚体控制。虚体控制是指在信息空间进行的控制计算，主要针对信息虚体进行控制。虚体控制不是必需的，但往往是非常重要的，一是在嵌入式软硬件实现复杂计算不如在"大"计算环境（如云计算）下成本低、效率高，二是需要同步跟踪物理实体的状态（感知信息），通过控制目标、控制逻辑或模型计算而向嵌入控制层发出控制指令。③集成控制。在物理空间，一个生产系统，往往由多个物理实体构成，比如一条生产线会有多个物理实体，并通过物流或能流连接在一起。在信息空间内，主要通过 CPS 总线的方式进行信息虚体的集成和控制。④目标控制。对于生产而言，产品数字孪生的工程数据可提供实体的控制参数、控制文件或控制指示，是"目标"级的控制。目标控制通过对实际生产过程中的测量结果和收集到的产品数据进行即时比对，以判断生产是否达成目标。

2）CPS 闭环控制协同技术

如图 3-17 所示的信息空间中，"数据＋模型"形成数字模型，其强化数据、知识、资产等的虚拟映射与管理组织，以提供支撑工业数字化应用的基础资源与关键工具，其内涵包含：①数据集成与管理将原来分散、杂乱的海量多源异构数据整合成统一、有序的新数据源，为工业互联网下的后续分析优化提供高质量数据资源，涉及数据库、数据湖、数据清洗、元数据等技术产品的应用；②数据模型和工业模型的构建是综合利用大数据、人工智能等方法和物理、化学、材料等各类工业的经验知识，对资产行为特征和因果关系进行抽象化描述，以形成各类模型库和算法库；③信息交互是通过不同资产之间数据的互联互通和模型的交互协同，构建出覆盖范围更广、智能化程度更高的"系统之系统"。

通过数字模型，开展工业互联网下的数据挖掘分析与价值转化，形成决策闭环控制协同技术体系，该技术体系包括数据分析技术、描述技术、诊断技术、预测技术、指导技术。①数据分析技术借助各类模型和算法的支持将数据背后隐藏的规律显性化，为诊断、预测和优化功能的实现提供支撑，常用的数据分析方法包括统计数学、大数据、人工智能等；②描述技术通过数据分析和对比形成对当前现状、存在问题等状态的基本展示，例如在数据异常的情况下向现场工作人员传递信息，帮助工作人员迅速了解问题类型和内容；③诊断技术主要是基于数据的分析对资产的当前状态进行评估，及时发现问题并提供解决建议，例如能够在数控机床发生故障的第一时间就进行报警，并提示运维人员进行维修；④预测技术是在数据分析的基础上预测资产未来的状态，在问题还未发生的时候就提前介入，例如预测风机核心零部件的寿命，避免因为零部件老化导致的停机故障；⑤指导技术则是利用数据分析来发现并帮助改进资产运行中存在的不合理、低效率问题，例如分析高功耗设备运行数据，合理设置启停时间，降低能源消耗。

综上，通过自下而上的信息流和自上而下的决策流，形成了信息空间数字模型驱动的决策闭环控制技术。其中，信息流从数据感知出发，通过数据的集成和建模分析，将物理空间中的资产信息和状态向上传递到虚拟空间，为决策提供依据。决策流则是将虚拟空间中决策后所形成的指令信息向下反馈到控制与执行环节，用于改进和提升物理空间中资产的功能和性能。闭环就是在信息流与决策流的双向作用下，连接底层资产与上层业务，以数据分析决策为核心，形成面向不同工业场景的信息物理闭环控制解决方案。

3）数字主线融合控制技术

如图 3-17 所示，数字主线（Digital Thread）通过本体技术、语义映射等技术，以主题仓库为服务载体，实现产品全生命周期跨时空、多尺度数据资源的关联融合控制。数字主线的目标是在正确的时间、以正确的方式、向正确的人提供正确的信息。通过数字主线，可以快速往前或往后追溯产品各阶段的数据。产品工程师可以实时在线获取产品运行状态及故障数据，从而在设计环境中进行仿真分析，实现产品快速迭代和质量问题闭环；服务工程师可在服务现场快速追溯产品结构、设计模型、生产记录以及供应商信息等。

区别于传统的企业服务总线（Enterprise Services Bus，ESB），数字主线面向企业业务应用，解决的是"在正确的时间，将正确的信息传递给正确的人或系统"，具体体现在：①数物融合控制，汇聚来自物理世界中的产品、设备和人等信息及数字世界中的各种产品数据，并通过信息模型实现数物融合控制；②业务融合，面向前端业务应用，重新编排业务流程，快速构建跨部门、跨系统的端到端业务应用。可见，数字主线的建立使产品的加工及装配状态和运行状态能够实时、精确地反映在虚拟空间中，同时基于数字化方式形成优化决策信息，通过数字主线技术传递到产品生产现场，实现了信息的双向流动，可利用信息的反馈机制对工业生产进行精确控制。

数字主线贯穿了整个产品生命周期，实现了从市场营销到产品设计、生产和运维的无缝集成，解决了全过程数据流转和追溯问题，是数据驱动业务控制的基础（CorporateLeaders and PTC，2018）。利用数字主线解决全生命周期、跨系统的数据聚合，企业就可以通过构建面向不同应用的数字映射，以全新的方式 [包括增强现实 / 虚拟现实（Augmented Reality/Virtual Reality，AR/VR）、工业 APP 等] 来消费数据，以数据驱动业务创新，实现业务洞察和全过程透明化。这些应用将基于角色，具有敏捷易用的特点。

（三）技术难点与挑战

工业互联网控制协同技术，围绕"三层级四环节"架构的核心关键技术有：①物理空间控制，即面向"设备—边缘—企业—产业"的层级控制协同技术；②信息空间控制，即基于工业"云—边—端"的控制协同技术；③信息物理控制协同技术。下文将从核心关键技术的技术难点，阐明其发展和挑战。

对于物理空间中面向"设备—边缘—企业—产业"的层级控制协同技术，在其面向产业链层级的资源配置和协同调控技术中，面临的技术难点为跨行业跨领域覆盖所带来的业务复杂性，具体包括：①面对高速增长的数据存储和跨地域分布式控制需求，如何实现计算资源存储的弹性拓展和访问控制；②针对产业平台层级中海量复杂业务的运营调控，如何开展调控平台使能技术的选型设计；③围绕产业链层级资源配置优化目标，如何实现产业调控平台产业级的核心功能设计协同调控。面对以上挑战，其技术的未来发展还将考虑企业产品链、资产链、价值链（产品研发—供应—生产制造—销售—服务）的协同调控技术，形成工业网络下企业"产品链－价值链－资产链"的协同调控技术。

对于信息空间中工业"云—边—端"的控制协同技术，以能源行业为例，正在建设基于"云—管—边—端"四层架构的配电物联网，以达到"设备广泛互联、状态全面感知、应用灵活迭代、资源高效利用、决策快速智能"的目标，其技术难点为如何实现配网运行、设备状态及管理全过程的全景感知、互联互通、智能应用，以支撑配电网的精益化运维、智能化管控。为解决以上挑战，可发展新一代信息技术与工业技术的融合性控制技术。

对于信息物理的闭环控制协同技术，其技术难点在于 CPS 建设面临的产品复杂度、应用复杂度以及业务复杂度。产品复杂度既包括产品本身的复杂性，也包括对产品运营维护的复杂性。应用复杂度在制造业现场体现为系统异构性、协议多样性、网络复杂性和数据海量性等特点。业务复杂度体现在工业知识产生与演进规律不明、分析挖掘困难、决策优化机制欠缺、知识管理和认知能力弱等问题上。为应对以上挑战，可发展 CPS 下"机理－数据－知识"的多模态控制协同技术。

五、工业互联网平台软件

（一）技术简介及其特点

类似互联网将计算设备连接之后需要操作系统、中间件等系统软件来管理网络化计算资源并支撑上层应用和服务的开发，当工业要素和资源通过"感、联、知、控"四环节对应的技术接入工业互联网之后，同样需要系统软

件来管理各类工业和制造资源，并提供场景化工业应用的开发能力。本报告
以工业互联网平台软件来特指满足工业互联网资源管理和应用支撑需求的系
统软件，其可提供工业资源的泛在连接、弹性供给、高效配置，支撑面向工
业场景的应用开发和运行。本节从工业互联网的工厂、企业、产业链三个层
级来介绍工业互联网平台软件的关键技术，如表 3-5 所示。

表 3-5　工业互联网平台软件关键技术

工业互联网层级	关键技术	资源管理	应用支撑
工厂层	工业操作系统	微内核、故障隔离、自适应分区	—
	边缘计算中间件	计算迁移、网络虚拟化	订阅发布模型、协议解析互认、语义模型、边缘缓存、网络分片
企业层	工业信息系统互操作	面向服务的体系结构、数字对象体系结构	用于过程控制的对象链接与嵌入统一架构（OLE for Process Control Unified Architecture，OPC UA）、自动化标记语言、ISA-95、本体
产业链层	工业云计算	容器、微服务、无服务器计算、多云/跨云	开发运维一体化、低代码开发
	工业区块链	高性能分布式账本、高可扩展共识算法	分散式工业应用开发框架、机密计算

在工厂层，工业互联网平台软件需要面对工业生产环境中异构的设备、
环境、人员等感知对象，通过邻近网络从边缘节点或终端节点采集数据，进
行全场景、富媒体、精确、高效的数据感知与采集，然后进行数据的初步计
算、分析与汇聚。工厂层工业互联网平台软件主要涵盖工业操作系统、边缘
计算中间件等关键技术。工业操作系统是推动工业互联网在工厂层进行数字
化转型和智能制造变革的基础，是连接工业互联网上下层数据和系统的纽带；
边缘计算中间件基于传统工业通信协议实时获取各类工业设备的生产及运行
状态的数据，对工业设备数据和系统数据进行转换，并对海量的工业数据进
行简单处理，提前去除无效数据、合并重复数据，从而降低带宽传输压力，
采用统一格式向云端传输。

在企业层，工业互联网平台软件作为生产和供应链的枢纽，负责管理企
业内部资源，并为上层决策提供支撑，涵盖企业生产销售、人力资源、客户

关系、财务管理、物流管理等业务流程，其目的是在工业互联网场景下为企业的资源配置优化、智能排产、风险管控和运营预测等智能化生产需求提供数字化服务。然而在传统工业企业发展过程中，企业管理的数字化转型还存在一些限制效率提升的技术挑战，主要体现在两个方面：一是企业内部信息系统没有做到互联与协同，阻碍了信息的流动性；二是随着生产流程和业务场景的不断变化，多源异构数据不断增加，传统服务计算在缺乏顶层设计和底层演化的情况下会随着生产的扩大而愈加混乱，从而增加企业的管理难度和运营成本。针对这两个问题，平台软件一方面需要通过互操作技术打通各系统之间的边界，另一方面需要对复杂业务场景进行建模，根据需要对各类资源进行弹性管理。

在产业链层，工业互联网平台软件主要需解决跨主体、跨层级间大规模资源协同的问题。在工业的信息化进程中，信息系统首先出现在企业的销售、采购等业务环节；随着物联网的出现和兴起，信息系统逐渐向工厂及产线进行渗透，但在产业级跨企业域的协同度仍然较低。随着制造业、运输业等工业及其相关产业的转型升级，企业管理的资源和提供的产品日趋复杂，使得产业链分工进一步细化，产业链显著拉长，高效的全产业协同成为重要需求。产业级跨企业域大规模协同的基础是企业的高度信息化。当前，尽管一部分大型企业已基本完成信息化改造，但其上下游为数众多的中小企业因技术和资金导致信息化程度仍然不高。另外，进一步扩大企业间协同范围需要建立企业间安全、高效的可信协同机制。针对这些需求，当前主要手段是采用工业云计算技术，通过产业联盟或可信第三方机构搭建资源共享平台，各方在平台上采用统一标准或规范实现资源协同。此外，工业区块链的兴起也为解决工业互联网产业链多主体间高效合作问题提供了新的技术手段。

（二）核心关键技术

1. 工业操作系统

工业互联网中的终端设备通常有一定的计算、存储以及网络通信能力，同时具备图形化界面操作、功能构件扩展、多种外设适配等特性，然而不同设备在产品型号标识、数据交互格式、网络通信协议等方面存在着较大差异。与此同时，随着嵌入式系统和工厂层设备直接接入互联网，底层操作系统及其上层软件应用需要内置安全策略，以提升整个工业互联网系统的风险防范能力。工业操作系统成为支撑工业互联网在工厂层面实现上述能力的关键。

工业操作系统向下连接工业互联网底层的硬件和海量设备，向上支撑工业软件的应用，并对终端设备系统中的软硬件资源进行调度和控制，从而满足工业互联网智能化软件和平台快速开发和部署的需求，为工厂层面各系统的高效运行提供基础性核心支撑。工业操作系统在工业互联网中的主要作用是屏蔽硬件细节和差异，实现不同设备之间的网络互联，为上层工业应用软件提供快速、稳定的开发运行环境；进而通过工业软件的整合与汇聚，实现工业知识的有效沉淀、共享和复用，是数字驱动工业转型升级、管理模式变革以及商业模式创新的基础。目前使用较为广泛的工业操作系统有威克沃（VxWorks）（Barbalace et al.，2008）、Quick UNIX（QNX）（Nguyen and Huynh，2016），国外大型制造企业自研的工业操作系统，如西门子的 SIMATIC Industrial OS（Berger，2012）、倍福的 TwinCAT/BSD、加速技术公司（Accelerated Technology Industry，ATI）的 Nucleus PLUS，以及国产工业操作系统 supOS、AliOS Things、矽璓（XiUOS）等。

工业操作系统应满足如下主要设计原则：兼容各类主流工业协议，实现工业数据的全集成与标准化管理，有效地融合工厂的生产、管理和运营数据，保障各基础系统之间的互联互通与集成融合，真正发挥企业在工厂层面所建系统的协同、优化及放大作用；提供安全可控的分层多点信息安全防护机制，包括网络安全、系统安全、数据安全和无线安全等多个方面，将安全防护能力分布在操作系统中的各层架构，以实现访问控制、数据分区隔离、通信安全加密、入侵检测等信息安全防护功能；长期运行和稳定运行是工业互联网操作系统相比传统操作系统要求更高的一个点，容错和容灾也是工业场景中需要额外考虑的设计因素；提供组态式的工业 APP 开发环境，包括开发工具集、开发包、接口及认证发布服务，具备完整全面的工业 APP 商店和开发者中心，支持用户对工业 APP 的快速设计和开发。

和传统互联网环境下的操作系统相比，工业操作系统的硬件配置和运行环境的要求更加严格。首先，由于终端节点的存储空间、发热功耗、物理位置等条件限制，工业操作系统需要具有实时性、可裁剪性、多任务抢占性等特点，因此轻量化是工业操作系统的显著特征之一，一种实现轻量化的可行方式是采用微内核技术来实现操作系统的定制化和可扩展。其次，工业操作系统应具有较高的稳定性、鲁棒性以及容错性，通常采用分层机制和自适应分区技术，将关键安全流程（任务）与非安全流程隔离开来，以确保优先级最高的应用程序首先运行，并在其他程序出现故障时关键任务仍能正常运行。最后，工业数据对敏感性和隐私性要求很高，一旦出现数据泄露或安全漏洞会造成巨大的损失和影响，因此工业操作系统都会结合身份认证、安全加密、内存保护等技术防止恶意软件以及网络安全漏洞。

2. 边缘计算中间件

工业互联网平台软件在工厂层要面对海量设备接入和多源数据采集，这些设备资源包括不同类型的传感器、执行器、网关设备和智能设备等，与传统互联网行业相比，工业互联网场景中的异构设备数量巨大、消息交换格式繁多，海量数据的传输会导致网络传输带宽的负载急剧增加，造成较长的网络时延，以云计算模型为核心的集中式数据处理无法实时高效地处理工业环境中边缘设备所产生的数据；工业互联网在接口标准、通信标准和应用标准等领域缺乏统一的规范和协作平台，导致同一产业链的企业工厂拥有众多不能相互适配和连通的系统，形成典型的"信息孤岛"。因此，如何针对工业生产场景下大规模、高异构、强动态的资源进行有效管理，并实现其数据的统一规范接入是工业互联网平台软件在工厂层面临的重要问题。

边缘计算中间件部署在资源受限的工业互联网边缘硬件上，是连接云端数据中心和本地设备之间的桥梁，作为工业互联网边缘计算节点上运行的消息代理，其可以在边缘节点上使用业务规则引擎将大部分数据进行本地处理，并能够实时地响应终端设备的请求。它允许经过授权的设备通过适配器接入，以接收适配器采集的数据，给适配器下发指令，同时对接入的设备进行管理。边缘计算中间件对接收到的数据进行数据结构解析、数据安全认证，并对解析后的数据进行过滤和存储，按照一定标准对接收到的各种多源异构数据建立统一的信息模型，从而使上层应用系统可以快速高效地调用和处理底层采集到的数据；同时利用边缘节点直接对数据源进行处理，以实现敏感数据的保护与隔离，将云服务器上的计算、存储等资源下沉到工业网络边缘，并将特定计算任务迁移到边缘节点，从而达到降低整体能耗的目的。

通过协议解析互认（Cruz et al.，2019）、语义模型（Compton et al.，2012）等技术，边缘计算中间件为网络中各个节点进行数据发布、传递和接收的接口及行为提供统一的标准，以规范端边和云之间通信的数据格式，保障了整个工厂层面的数据安全。同时可以将感知互联环节与智能控制环节解耦，减少上层相关系统为兼容下层不同型号设备及系统所消耗的计算存储资源，进而提升企业业务应用系统的可用性、稳定性、扩展性。

通过边缘缓存（Ioannou and Weber，2016）技术，边缘计算中间件可以基于网络状态、无线信道负载动态地优化内容交付服务，从而实现一跳式就近内容服务，显著降低端到端时延，提高网络传输效率和系统整体容量。

计算迁移（Mach and Becvar，2017）是边缘计算中间件的核心能力之一，其一方面是将云计算中心的部分或全部任务迁移到边缘服务器执行，另一方面是将终端设备本地的部分或全部任务迁移到边缘服务器执行。二者均是通过边缘计算节点代替终端设备或云计算中心执行计算任务，并将计算结果返回给终端设备的。这样不仅可以有效解决终端设备计算能力不足、资源受限等问题，达到缩短服务时延、节省终端设备能耗的目的，同时也可以降低云计算中心的计算负载，最大限度地减少网络带宽需求。

网络虚拟化技术（Han et al.，2015）的核心理念是通过软件定义将网络管理功能软件化，以弥补传统固定软硬件搭配的缺陷。边缘计算节点在缩短了计算单元与数据源距离的同时，也失去了资源集中化管理的便捷性，分布式的边缘服务节点与工业网络中繁杂的设备一样存在监控、管理、编排问题，网络虚拟化技术可以屏蔽底层不同系统平台和网络协议的实现细节，方便工业互联网中新设备资源节点的加入和退出，大大提高了整个系统的部署灵活性。

3. 工业信息系统互操作

互操作性反映了各种相互通信的信息系统之间执行程序或传输数据的能力，因此这些系统可以协作以产生比单个系统所提供的更多的增值应用程序或服务。工业信息系统的互操作主要是为了实现不同管理系统之间的信息联通和数据传递，这种互操作性也可以从企业的管理系统延展到设备上的信息系统。

根据互操作的资源类型，工业信息系统互操作通常可以分为两类：功能互操作（Unver，2013）与数据互操作（Hua and Hein，2019；Usman et al.，2011）。具体来说，功能互操作关注用于执行程序的函数调用和消息 / 参数传递的过程，一般通过远程过程调用（Remote Procedure Call，RPC）的方式来实现；而数据互操作则侧重于通过某些特定的数据格式、类型和协议进行数据访问、传输和交换的过程。

经典的数据互操作技术以 RESTful 为代表，通过一组架构约束条件和原则，实现网络资源的共享和传输。数字对象体系架构（Data Oriented Architecture，DOA）是一种以数据为中心的架构，在工业中可以作为标识解析体系的一种技术框架，同时也可以作为设备之间实现互操作性的一种共享协议，因此其作为工业信息平台基础设施的可能性也逐渐开始被人们所讨论（Gorraiz et al.，2016）。

如图 3-18 所示，DOA 是因特网体系结构的一个逻辑扩展，它支持不同系统之间的信息管理需求，而不仅仅是将数字形式的信息从因特网的一个位置传送到另一个位置，使得无论是因特网还是非因特网中的信息系统之间可以进行互操作。DOA 的整体架构可以概括为一个基本元素、两个标准协议和三个构件。一个基本元素是指数字对象（Digital Object，DO）。数字对象是 DOA 中的唯一资源，DOA 以数字对象的形式对系统中的数据进行抽象，使得因特网中异构的数据资源可以以统一的形式描述。从技术角度上看，数字对象是一个比特序列或者是一系列比特序列的集合，其中包含了一些对于某个人或组织有价值的信息，并且每个数字对象都必须被分配一个全局唯一的标识。标识作为数字对象的核心属性，不以数字对象的所有者、存储位置、访问方式的改变而改变。两个标准协议是指：标识 / 解析协议（Identifier/Resolution Protocol，IRP）和数字对象接口协议（Digital Object Interface Protocol，DOIP）。三个构件分别是：标识 / 解析系统（Identifier/Resolution System），其负责数字对象的标识和解析；仓库系统（Repository System），其负责数字对象的存储和访问；注册表系统（Registry System），其负责数字对象元信息的注册。

在 DOA 视角下，工业互联网中的每一个设备、每一份数据都是一个数据对象，并且都有自己的独特标识。DOIP 通过对数字对象的类型、格式以及交互等方面做出具体规定，以实现设备和设备、设备和系统、系统和系统的互操作性。

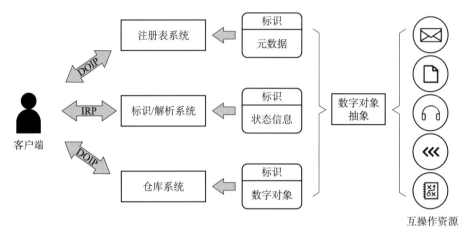

图 3-18　数字对象体系结构

功能互操作则以面向服务的架构（Service-Oriented Architecture，SOA）为代表，SOA 以服务作为互操作的基本单位，而应用程序则被看作是不同服务的组合（De Alwis et al.，2018）。以服务作为对象使得系统之间互操作行为更灵活的同时，也更容易扩展。具体来讲，当应用功能模块发生更新时只需要更新相关服务并且调整关联服务的访问接口而不需要更新整个应用。此外，当有新的功能性需求的时候，可以极大程度地复用遗留系统中已有的服务，通过对现存服务的组装和互操作满足新的功能性需求。

工业领域有很多基于 SOA 的拓展。OPC UA 是由 OPC 基金会（OPC Foundation）管理的一种独立于平台的基于 SOA 的工业系统标准，其规范被组织成若干与概念、安全模型、地址空间模型等相关的文档，为扩展工业系统的互操作性提供了支持（Mahnke et al.，2009）。为了交换数据，OPC UA 结合两种机制来实现各种场景。第一种是客户端－服务器模式，是 OPC UA 客户端访问 OPC UA 服务器的专用服务。这种对等方式提供了信息安全和确定的信息交换，但对连接数量有限制。第二种是发布者－订阅者模式，其中 OPC UA 服务器通过配置信息子集可供任意数量的订阅者使用。这种广播机制提供了一个无须信息确认的"即发即弃"的信息交换方式。OPC UA 独立于实际通信协议，TCP 和超文本传输安全协议（Hypertext Transfer

Protocol Over Secure，HTTPS）可用于客户端－服务器模式，而用户数据报协议（User Datagram Protocol，UDP）、高级消息队列协议（Advanced Message Queuing Protocol，AMQP）和消息队列遥测传输（Message Queuing Telemetry Transport，MQTT）可用于发布者－订阅者模式。因此设备可以通过 MQTT 或 AMQP 以"OPC UA 兼容"的方式提供数据，从而使其更轻松地集成到另一端。

4. 工业云计算

根据美国国家标准与技术研究院的定义，云计算是一种支持普适、便捷、按需通过网络访问一个共享的可配置计算资源池的模式，其应当仅需极低的管理成本和极少的与服务提供者间的交互就能够快速分配和释放资源。云计算已在电子商务、网络视频等传统互联网业态中得到了广泛的应用，有效降低了应用开发和运行的成本，缩短了商业模式和业务功能的迭代周期。在工业互联网的场景下，任何生产设备如传感器、机床、网关等具有计算存储能力的组件都可以看作云服务的载体。为了充分利用云计算在弹性管理上的特性，云端的软件通常是以微服务的形式部署的，在需要时可以在短时间内进行配置和启动，在服务需求下降时也可以快速关闭。

工业云计算为各类企业融入工业互联网提供了关键基础设施。对于多数中小企业，因其受限于技术和资金，从而不具备自建信息技术基础设施以及部署企业层和一些工厂层平台软件的条件。工业云计算平台具有成熟可靠的技术和显著的规模经济效应，适合用于为中小企业补足信息化短板，使得其与其他企业互联互通成为可能。对于大型企业，工业云计算提供了比企业私有云更丰富的计算和存储技术，能够帮助企业进一步优化经营环节、创新经营模式。

无服务器计算是云计算演进的下一阶段。虽然无服务器计算的底层技术仍然是虚拟机、容器等技术，但其与无法自动扩展、按机器规格计费的虚拟机模式的传统云计算存在不同之处，即无服务器计算无须分配资源即可自动扩展，并按照使用量进行计费。典型的无服务器计算包括 AWS Lambda、Azure Functions、Google Cloud Functions 等。工业领域特别是工业物联网已经成为无服务器计算的最重要的应用场景之一。西门子的开放式物联网操作系统 MindSphere 将 AWS Lambda 作为其最重要的依赖，用于调度关键的制造环节。一方面，当工业系统的吞吐量陡然增加时，无服务器计算可以自动地快速扩容以应对变化，从而保证极高的可用性；另一方面，无服务器计算按使用量计费的模式，能够有效降低因生产周期变化而造成的不必要的开销。无服务器计算在更广泛的工业场景上的应用仍需要进一步优化。一方面，很多工业应用对时延的敏感性高，因此必须要尽可能减少额外的资源开销；另一方面，工业应用中往往运行着敏感度较高的数据和处理逻辑，如何防范来自其他租户的攻击是必须要考虑的问题。AWS Lambda 团队的 Agache 等（2020）设计和实现了一种用于无服务器计算的虚拟机技术 Firecracker，其在达到了虚拟机的隔离等级的同时，仅产生极低的额外开销。

多云技术是工业云平台互联互通的重要技术。多云技术允许企业使用来自多个云服务提供商的计算和存储服务。运用多云技术对于工业企业的价值主要有两点：一是目前各类工业互联网平台已达数百个之多，其采用的底层工业云计算平台各不相同，运用多云技术使得不同平台的计算和存储资源可以进行协同；二是将工业应用部署于多个工业云计算平台，有利于进一步提高工业应用的可用性，避免因个别云服务提供商运维故障导致的不可用。典型的多云技术如美国的 Snowflake 云数据仓库，其将存储和计算解耦，数据可以存储在多个云计算平台上。

工业微服务从传统的管理系统延伸到控制系统，以满足定制化生产和低时延响应等企业需求。与传统微服务相比，工业微服务的操作对象主要是电子元器件，更多地强调针对电子与机械设备的接口（Butzin et al.，2016）。工业微服务主要组成部分包括数据获取设备微服务、机器通信微服务、可编程逻辑控制单元微服务、网关微服务和控制微服务（Thramboulidis et al.，2017）。数据获取设备微服务用于收集设备产生的数据，并更新输出数据，任何使用该微服务的应用都无须关心因为设备型号造成的输入/输出（Input/Output，I/O）差异。机器通信微服务与数据获取设备微服务类似，不过其更关心设备之间的通信协议，解析来自不同网络的数据并提供给其他服务。可编程逻辑控制单元微服务将可编程控制模块功能融入系统，并允许 PLC 程序运行在微服务体系内，同时监控 I/O 数据。网关微服务负责建立服务和外部应用的标准接口，同时负责系统内各微服务之间的数据通信，如果微服务运行在不同节点，需要对其做负载均衡处理。控制微服务对整体流程进行控制，在这个过程中会对其他微服务模块进行调用。

开发运维一体化（Development & Operations，DevOps）是微服务开发的典型流程，它其实是一组过程、方法与系统的统称，用于促进开发、技术运营和质量保障部门之间的沟通、协作与整合。其目的是让开发人员和运维人员更好地沟通合作，通过自动化流程来使得软件整体过程更加快捷可靠。在工业互联网领域，软件的载体从服务器延伸到传感器和机床，终端的部署数量也提升了几个数量级，而且大多数都在恶劣环境下运转。这就对程序的稳定性、安全性和实时反馈性提出了更高的要求，所以现在越来越多的研究人员对运行在工业设备上的软件的开发运维一体化进行了探索，关注的问题主要集中在如何通过嵌入式软件管理设备、如何通过自动部署启用软件扩展、如何同步固件和软件更新、如何实时存储所有设备收集的数据（Pereira et al.，2021）。相对于常规领域的应用，面向工业互联网应用的开发运维一体化技术更关注软硬件的实时监控和反馈，找到异常和错误，并在影响用户之前进行及时调整。因此，如何对现有开发、测试、部署和迭代的流程进行改进并形成规范是需要探讨的重要问题（López-Peña et al.，2020）。

低代码开发是无须代码或仅需少量代码就可以生成应用的开发技术。在工业领域，企业所处行业、运作方式和规模各不相同，其软件开发具有较多的定制化需求。同时，工业企业的人员组成仍然以业务人员和工业技术专家为主，软件开发人员所占比例不高。低代码开发使得企业无须建立庞大的开发团队就可以快速地响应信息化需求。Mendix 是西门子旗下的低代码开发平台（https://www.mendix.com/）。用户可以通过低代码开发软件 Mendix 中的可视化模型开发万维网（World Wide Web，Web）、Windows、Linux、安卓（Android）、iOS 等多种类型的应用，并对其完成一键部署和全生命周期的管理。

5. 工业区块链

随着柔性制造等新型应用场景的出现，工业领域对全产业链协同提出了更高的要求。工业互联网的目标之一，是打破企业信息系统之间的壁垒，使得产业链上的所有企业均可以对等地参与到生产、运输、销售等环节中，供最终用户组合使用。如何在多个参与主体间建立可信的协同机制是其中的关键问题。区块链技术为解决这一问题提供了新的方案。区块链技术起源于2008年化名为"中本聪"（Satoshi Nakamoto）的学者所提出和研发的比特币。目前学术界和产业界并未对区块链的定义形成普遍的共识。广义而言，区块链是一种将数据打包成区块以组合成特定数据结构，并以密码学方式达到难以篡改和伪造的去中心化共享账本。目前主流的区块链包括比特币、以太坊、超级账本基金会的Fabric等。区块链的多方共治、数据难篡改等特性有助于重构企业协同流程，达到透明可信、降本增效的目标。

高性能分布式账本是工业区块链需要突破的关键技术。目前主流的区块链技术中，比特币每秒可处理约7笔交易且需要60分钟左右的时间来确认交易，以太坊每秒可处理约30笔交易且需要5分钟左右的时间来确认交易，Fabric等联盟链最高每秒可处理约20 000笔交易但在节点数增加时性能会急剧下降。面对工业互联网海量读写、海量节点、时延敏感的特性，突破区块链"三元悖论"，实现高通量、高可扩展、快速确认交易的高性能分布式账本是当前的研究热点。

在工业互联网环境下，节点分布在广泛的空间中，且具有较高的动态性，因此需要一种安全高效的共识机制以降低高昂的通信代价。麻省理工学院团队提出并研发的一种公有区块链Algorand（Gilad et al.，2017）使用了一种新的拜占庭协议以在参与者中达成共识。在一次共识中，Algorand通过可验证随机函数（Verifiable Random Function，VRF）来选取参与共识的节点，从而降低全网共识带来的巨大开销。

随着各类工业设备的网络化，对工业系统数据吞吐量的要求与日俱增。传统的区块链通过链表的结构将区块相连，限制了区块的生成速度，有向无环图（Directed Acyclic Graph，DAG）账本结构逐渐成为解决这一问题的方案。清华大学团队提出并研发的Conflux（Li et al.，2020）基于图式结构，实现了一种不将区块作为分叉进行废弃的新型公有区块链。在联盟链领域，北京大学系统软件团队基于图式账本实现的北大数瑞分布式账本系统，在10个城市、100个2核4G内存节点、20兆比特每秒带宽下实测存证性能超每秒16万笔交易，并已在工业环境中初步进行了验证。

对分布式系统进行分片，是提升整体吞吐量的一种常用技术。尽管分片技术存在着不同分片之间交互成本较高的不足，但工业互联网上也存在众多相对独立的产业链，该技术能够在保持底层技术不变的情况下有效提升工业区块链的可扩展性。中国科学院计算技术研究所提出的 Monoxide（Wang J and Wang H，2019）使用多条独立进行共识的区块链，并支持在多个区块链间进行最终原子性操作，极大地提高了多条区块链作为一个系统的整体吞吐量。

分散式应用（Decentralized Application，DApp）是指运行在分布式系统上的计算机应用程序。随着区块链技术的发展，分散式应用也逐渐被用来指代运行于区块链上的智能合约。智能合约在最初被设计时，并不是面向复杂的业务场景，而是仅仅用于电子支付。智能合约语言有别于传统的编程语言，每个智能合约仅可处理有限的逻辑，这间接降低了程序漏洞出现的可能。并且智能合约的部署有别于传统应用，其分散于多主体的特性使得其无法像传统应用一样快速迭代和升级，因此智能合约在部署前需要进行更加完整全面的测试。

然而工业领域存在大量的复杂场景，例如跨境供应链领域在整个流程中涉及生产商、出口商、海关、海运公司等超过十个主体以及多达数十个环节。开发者直接开发面向工业场景的智能合约难度极高，且业务规则的复杂性使得其可能引发漏洞。因此工业区块链在传统区块链的基础上还需要面向各个工业场景的应用开发框架。超级账本基金会的 Grid 项目是一个为供应链解决方案设计的分散式应用框架（https://www.hyperledger.org/use/grid）。Grid 提供了供应链所需的数据类型、数据模型和部分智能合约的参考实现，其提供的数据类型和模型兼容 GTINs、GLNs 等国际标准。Grid 基于 Sawtooth Sabre 智能引擎提供了位置数据、产品、权限等功能的开发框架，极大地降低了用户开发供应链相关应用的门槛。

（三）技术难点与挑战

1. 海量、多类、异构、跨域资源管理

在管理工业互联网连接的基础资源方面，工业互联网平台软件负责接入工业全场景、各环节涉及的人、机、物，包括海量的传感器、制造设备、可穿戴设备、虚拟设备等，将这些设备作为工业互联网的基础资源，提供资源

的泛在连接、弹性供给、高效配置，以支撑面向工业场景的应用系统开发。海量、多类、异构、跨域的资源特征将给工业互联网平台软件带来巨大挑战。

首先，随着工业互联网核心技术的发展以及其在工业场景中的不断应用和推广，越来越多的设备和系统资源将接入工业互联网，各类设备和资源规模可达万亿级，其体量远远大于传统互联网接入设备数量，现有面向互联网的资源管理策略难以直接应用于工业互联网平台软件。如何接入和管理海量设备资源将是工业互联网平台软件面临的首要挑战。

其次，复杂的生产环境、多变的生产需求导致了生产设备的多样性，一类产品的生产往往需要多条生产线、多类生产设备、多种生产原料的密切配合。工业设备以及工业资源的类别数量也远超传统互联网，而这些设备和资源均需要由平台软件管理调度以支撑上层工业应用的开发。如何调度多类设备和资源以满足复杂多变的生产需求是工业互联网平台软件需要解决的另一个重要问题。

再次，工业设备不仅种类繁多，其结构差异也十分明显。不同厂家生产标准的不同导致具有相同功能的同一类工业设备的设备构造也存在不同，甚至同一厂家、同一类型设备的更新换代也会导致设备的结构产生变化。如何适配异构的工业设备资源，并以统一的模型抽象表达异构资源是工业互联网平台软件需要解决的重要问题。

最后，随着生产工艺的复杂化、生产流程的全球化，工业生产将必然是跨地区、跨产业、跨主体的共同生产，跨域设备和资源的协同也将给工业互联网平台软件带来重大挑战。

2. 需求多变、形态多样、环境不确定的工业应用开发

在支撑上层工业互联网应用开发方面，工业互联网平台软件需要面向需求多变、形态多样、环境不确定的复杂场景，为 DCS/FCS、SCADA、MES 等传统工业软件以及各类新型工业 APP 的开发或改造提供关键支撑。

首先，工业互联网应用涉及多种计算现象，主要包括系统离散、连续行为交织等，系统外部运行环境、内部协作关系随时间、任务的变化演变，是一个复杂的异构系统，具有高度随机性和不确定性，其规约建模与分析验证需要新型理论和工具的支持。

其次，工业互联网的应用场景数量繁多，然而由于每种场景都存在其个性化需求和特点，针对场景所开发的应用难以复用，这会导致边际成本显著提高，进而制约产业的发展。为此，工业互联网平台软件应当具备灵活适应场景的能力，能够适应各种交互和运行环境的变化，在其生命周期内能够持续演化来应对环境和用户需求的变化。

最后，工业互联网平台软件所支撑的应用大多是安全攸关的，一旦遭受攻击，所带来的不仅仅是数据错误，还有可能导致严重的财产损失甚至是生命危险。由于工业互联网使得大量工业应用和终端设备直接或间接地暴露在互联网上，在客观上导致了攻击面扩大，因此工业互联网平台软件需要为其支撑的应用提供更加严格和高效的安全保障。

六、工业互联网安全

（一）技术简介及其特点

安全是工业互联网健康有序发展的重要保证与前提，因此工业互联网安全也是一大关键技术问题。本节首先将从工业互联网"三层级四环节"的架构出发，分析工业互联网与传统工控系统、互联网的区别，总结工业互联网安全的特点与需求。

1. 与互联网安全的区别

工业互联网与互联网存在区别，从业务需求上工业互联网可以分为工业和互联，通过采用信息技术，实现机器之间、机器与系统之间、企业上下游之间的实时连接和智能交互。因此，对比互联网，关注工厂层级中具体工业设备的安全是工业互联网的一大特点。互联网关注与计算相关的系统平台、软件代码和硬件设备及计算设备间的通信，而工业互联网将互联网场景具体于工业领域，关注该场景下物理设备的信息联通和监测控制。

工业互联网的安全需求比互联网更加全面和复杂，从工业角度需要保障智能化生产的连续可靠，从互联网角度需要保障各类应用的安全持续服务能力和重点数据的安全隐私。

从保护对象来看，互联网安全需要保护操作系统等软件、计算机实体、信息服务实体等，而工业互联网除了保护上述用于计算的设备、软件和平台之外，还要保护大量工业生产设备、感知控制终端、工业控制系统、工业控制协议等，此类软硬件与物理世界的设备操作运行直接相关，一旦遭到攻击将影响正常工业生产并可能产生灾难性的破坏，因此是工业互联网安全的重点保护对象。

从攻击结果来看，互联网安全被破坏造成的结果一般为敏感信息泄露或篡改、网页挂马、服务器中断等，主要影响数据安全、破坏信息系统的正常运行，影响生活、工作和社会活动，而工业互联网本身就涉及大量重要行业，例如能源、化工、航空航天等，在国家战略层面占据重要地位，且由于其连接网络空间与物理空间，对其发动攻击将直接造成实际破坏，导致严重的安全事故，引发人身伤亡，甚至影响国家战略布局。

因此保障工业互联网的安全不仅仅是关注网络设施、信息系统软硬件、应用数据等传统信息安全，更重要的是关注设备与系统的功能安全，关注工业设备是否能按照规定的安全稳定方式进行持续性的生产。

2. 与传统工控安全的区别

工业互联网与传统工控系统存在区别，工业互联网将互联网、人工智能、大数据等技术与工业深度融合，全球范围内广泛连接工业生产涉及的人、机、物等各类生产要素，在人、数据、机器之间形成强交互关系，形成贯穿全产业链的实体联网、数据联网、服务联网，使得工业生产流程数字化、网络化、智能化，实现生产效率提升、成本降低。传统工控系统在工厂外使用公共互联网，不同产业或工厂间网络互联但信息不互通。在工业互联网"感、联、知、控"的特点下，企业、产业及区域间都实现了大数据的集中分析和信息互联，产业链内各个企业在云平台上实现能源互联、业务协同和服务定制。传统工控系统和工业互联网在企业内的部分都可以分为企业级、车间级和现场级，企业内外和各级间的网络连接与隔离防护措施类似。

工业互联网在传统工控系统之上进行了元素和功能的拓展，如图 3-19 所示。例如，工控系统在企业级使用工业云平台进行数据处理与储存，工业互联网中倾向于使用企业云平台，进行企业内部管理，在 SCM、ERP、MES 等系统的基础上还添加了商务智能（Business Intelligence，BI）、PLM、计算机辅助设计软件（Computer Aided X，CAX）等系统，并增强管理人员对云平台的交互和管理。在车间级工业互联网中增强了控制人员对 SCADA、现场总线控制系统（Fieldbus Control System，FCS）、DCS 等各类系统的运行调节，并增强了人机交互。在现场级工业互联网中加入了大量涵盖感知、控制、执行功能的联网智能终端，包括工业机器人、智能机器、智能仪表等，另外人机交互和各类移动手持类终端的增加加强了操作人员对系统运行的影响。

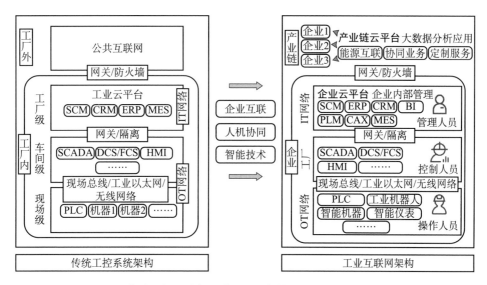

图 3-19　传统工控系统与工业互联网架构对比（余晓晖等，2019）

对比图中的传统工控系统和工业互联网，可以发现工业互联网具有业务数据互联、智能设备广泛、人机协同增强的特点，此类特点对工业互联网的上述六大安全技术提出了更高的要求。

从安全设计目标上来看，工控系统需要确保生产的持续性，而工业互联网除了要保障物理设备稳定运行之外还需要保障数据、网络的安全，恶意控制信息的注入会直接影响物理设备的运行，敏感信息的泄露会增强攻击者的攻击能力。

从安全的实现环境上来看，传统工控系统的生产环境封闭独立。在网络环境方面，在工厂内部普遍使用专用网络，通过防火墙和软硬件隔离等手段与公共互联网分隔；在物理环境方面，工业设备集中运行和管理，其面临的物理信号攻击和物理破坏较少，总的来说生产环境可信，面临的安全威胁较少。工业互联网使用的通信方式多样、网络环境复杂，由于用户侧业务的增加和更多智能设备的引入，工厂内外的物理和网络边界模糊，开放的环境带来巨大的安全风险。

从安全方案设计角度来看，传统的工控系统一般只考虑设备和系统的业务功能是否正确且安全地执行，但在工业互联网中除了关注业务运行外，另一大核心安全问题是信息安全，安全方案需要综合考察业务功能的完整性和信息的安全性。因此工业互联网的安全防护思路在传统工控系统两层三级、分层分域隔离的基础上，将静态独立的防护转换为动态协同的防护。

3. 工业互联网安全特点

工业互联网的安全涉及工业流程的方方面面，如保证产品生产的安全可控、保证生产数据的安全传输以及保证应用软件的安全运行等，因此工业互联网安全技术也能够根据其效能目标的不同形成一套安全体系，如保障工厂中设备可靠运行的安全技术、保证网络可靠传输的安全技术。本报告认为工业互联网安全能够对应工业互联网架构，分为应用安全、网络安全、设备安全、数据安全、管理安全、控制安全六大维度，覆盖工业互联网中的各个元素，如图 3-20 所示。

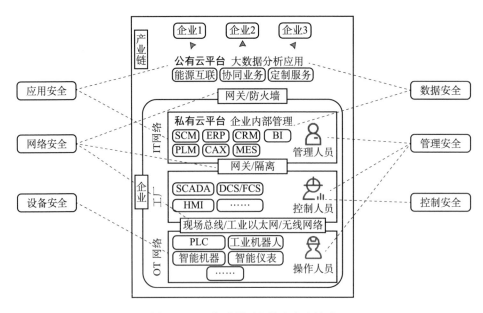

图 3-20　工业互联网六维度安全技术

结合在第三章第一节描述的工业互联网"工厂—企业—产业链"三层级架构，也能够将应用、网络、设备、数据、管理、控制六大维度的安全技术与三层级架构对应。例如，设备安全是指工业互联网中工厂内部的工业智能设备和智能产品安全，包括操作系统及相关的软件、硬件安全等，这部分主要对应工厂层级；控制安全包括控制协议安全和控制软件安全等，如工业生产中的各种工控协议安全、SCADA 和 DCS 等控制系统安全，控制安全也主要集中于工厂层级；管理安全包括人员风险管理、规范操作管理安全等，如对危急情况的规范处置、对保密材料的规范管理等，由于人员在工厂、企业内都扮演着重要的角色，管理安全与上述两个层级都有所对应；数据安全指保证生产数据、业务数据、商业数据的隐私性与可用性，由于工业互联网数据在工厂、企业、产业链中都有所涉及，因此数据安全对应以上三个层级；同理，应用安全、网络安全在工厂、企业、产业链中也都有所涉及，应用安全和网络安全也对应着工业互联网的三个层级。

在设备、控制、管理、数据、应用、网络六大安全维度中，每一维度都有其对应的安全防护目标以及主要技术方法，如表 3-6 所示，这些安全防护技术相辅相成，共同保障着工业互联网的安全稳定运行。

表 3-6　工业互联网安全的核心关键技术

核心关键技术	防护目标	主要方法
设备安全	保证工业设备的芯片、硬件、运行功能安全；防御侧信道攻击、逆向工程、入侵攻击等	身份鉴别与访问控制、软件漏洞修复、固件防逆向等
控制安全	保证控制协议、控制平台、控制软件安全；防御恶意软件、运行时攻击（runtime attack）、供应链攻击等	控制协议加密、指令安全审计等
管理安全	保证企业内部人员日常操作符合安全规范；防御恶意软件传播、社会工程学攻击等	安全培训、加强监管等
数据安全	保证生产数据、管理数据、用户数据安全；防御恶意软件、蠕虫病毒攻击等	数据防泄露、数据加密、数据备份恢复等
应用安全	保证业务运行的应用软件及平台安全；防御水坑攻击、钓鱼邮件攻击等	安全审计、身份认证、访问授权管理等
网络安全	保证工厂、企业、产业链各层面的有线、无线网络通信安全；防御窃听、中间人攻击、拒绝服务（Denial of Service，DoS）攻击等	边界隔离（防火墙）、接入认证授权、数据传输加密等

（二）核心关键技术

本节将重点介绍目前在工业互联网中设备安全、控制安全、管理安全、数据安全、应用安全、网络安全中主流采用的核心关键技术方法及其实现方式。

1. 设备安全技术

工业互联网中的设备主要包括负责生产、制造、能源等环节的工业装备、仪器、智能终端等以及负责办公环节的办公主机、服务器等。在这其中，具有敏感准确的感知能力及行之有效的执行能力的智能化设备是安全防护的关键，它们承担感知、计算、控制的重要任务，几乎所有针对工业互联网的攻击目标都在其中。对应的安全防护技术主要有身份鉴别与访问控制、软件漏洞修复、固件防逆向等方法。

对于接入工业互联网的现场生产设备，需要通过基于硬件标识的技术对终端设备进行身份鉴别与访问控制，以此确保只有合法的设备才能够接入工业互联网。例如无人值守的数据传输终端，在其接入网络并传输数据前，需要认证其是否为合法设备，从而确保信息来源的真实性和可靠性。这部分技术主要通过硬件标识实现，硬件标识可以分为两种，一是对终端设备进行传统标识，包括静态口令、数字证书等方法，二是利用终端设备的硬件本征差异进行指纹提取。设备指纹类似于人类指纹概念，是由设备特征信息构成的设备身份标识。设备指纹通常由单种或多种设备特征信息构成，其包含的特征信息越多，安全性也就越高。根据特征信息来源，可分为软件设备指纹和硬件设备指纹。其中，软件设备指纹的特征信息来源于终端设备软件，例如设备 ID、浏览器信息及设备软件环境等。硬件设备指纹的特征信息来源于终端设备硬件，例如终端设备的感知、计算和传输单元等，其主要存在原因为终端设备硬件部件在制造过程中，由于制造工艺的限制，存在细微的差异，该种差异可通过相应部件的输出信号进行观测，从而作为设备特征信息来源。设备指纹的优点在于其差异来源于设备本身，与生物认证类似，具有较高的安全性和可用性。

在设备的软件漏洞修复方面，通过业界漏洞挖掘方法找到设备软件、固件中所存在的安全漏洞，设备供应商采取打补丁等方式对设备固件、软件、操作系统等方面进行安全增强。漏洞挖掘作为一种有效发现程序漏洞的方法，一直是安全界关注的热点，根据漏洞挖掘时是否需要运行程序，可以将其分为静态代码审计和动态自动化挖掘两类，静态代码审计包括词法分析、控制流分析、数据流分析等技术，动态自动化挖掘包括模糊测试技术。

设备的固件防逆向是指通过提高固件的分析难度，来实现对固件的保护，防止其被逆向工程还原代码，主要可分为反静态反汇编技术和反动态反汇编技术，例如代码重叠技术、分支跳转地址多重定向技术以及父进程检测等技术。此外，固件的窃取是固件逆向的第一步，而工业互联网中现有部分设备存在的通用异步收发传输器（Universal Asynchronous Receiver/Transmitter，UART）、联合测试工作组（Joint Test Action Group，JTAG）接口常被用作烧录口暴露给攻击者，因此在硬件层面应对接口进行隐藏保护和数据加密，使其与外界进行隔离，如配置字加密方式和程序加密等。

2. 控制安全技术

控制安全是指工业互联网的生产控制安全，包括控制协议安全和控制软件安全等。具体包括各种工控协议安全、SCADA 和 DCS 等控制系统安全。工业互联网中生产的"感知—计算—控制"环节主要依靠控制协议来实现数据的通信，其中的逻辑运算代码部署在 PLC 等工控机终端上。为了保证工业互联网的控制协议、控制平台、控制软件的安全，目前主要采用的技术有控制协议加密、指令安全审计等安全策略。

为了确保工厂内控制系统执行的控制命令来自合法设备或用户，必须在控制协议中加入对节点的身份认证，未经认证的节点所发出的控制命令将不被执行。因此，在控制协议通信过程中加入如令牌（Token）等认证机制，以避免控制设备接收并响应来自非法地址的报文信息，从而保证攻击者无法通过截获报文获取合法地址建立会话，进而影响控制过程安全。同时，不同的操作类型需要不同权限的认证用户来操作，如果没有基于角色的访问机制，没有对用户权限进行划分，会导致任意用户可以执行任意功能。目前，传统的 Modbus、RS-232 等控制协议由于其弱加密的特性容易受到非法获取并破解的风险，学术界已经实现了多种基于哈希链、对称加密算法的控制协议设计，这大大加强了控制协议的安全性，未来可能将在工业互联网中得到应用。

通过对控制软件进行安全监测审计可及时发现攻击事件，避免发生安全事故，并可以为安全事故的调查提供翔实的数据支持。目前许多安全产品厂商已推出了各自的监测审计平台，可实现协议深度解析、攻击异常检测、流量异常检测、重要操作行为审计、告警日志审计等功能。一些企业开始采用蜜罐系统对控制协议进行模拟运行，能够发现更多入侵行为，并在分析相关行为后采取更新防火墙、服务器、工作站等安全策略进行主动防御。

3. 管理安全技术

管理安全包括工业互联网在第三方应用管理、安全风险管理、人员风险管理、规范安全管理和配置与变更管理等方面的安全问题。工业互联网管理安全培训主要是针对各个企业内的工作人员的安全意识以及故障应急处置能力的培训。

通过安全培训等方式让工作人员了解控制软件、设备以及系统之间相互作用所产生的危险状况和伤害事件，引发事故的事件类型；明确操作人员在对智能化系统执行操作过程中可能产生的可预见的误用以及智能化系统对于人员恶意攻击操作的防护能力，如规定移动存储介质的禁用范围。同时，企业应制定全面的安全应急响应机制，定期组织安全演习，提高对环境的突变，如电磁辐射、火灾、地震等异常情况下的风险处置能力。

4. 数据安全技术

数据安全是指工厂内部重要的生产管理数据、生产操作数据以及工厂外部数据（如用户数据）等各类数据的安全。工业互联网业务结构复杂，涉及的工业数据更是种类多样、体量巨大、流向复杂，其中不仅包含生产流程的监测数据，还有涉及企业商业机密的隐私数据。分布式储存的特点导致工业互联网的数据保护难度增大，目前主要采用的安全技术有数据防泄露、数据加密、数据备份恢复等安全策略。

为防止数据在传输过程中被窃听而泄露，服务提供商根据不同的数据类型以及业务部署情况采用对应的手段防止数据泄露，例如通过安全套接字协议（Secure Sockets Layer，SSL）保证网络传输数据信息的机密性、完整性与可用性，实现工业现场设备与工业互联网平台之间、工业互联网平台中虚拟机之间以及主机与网络设备之间的数据安全传输，并为平台的维护管理提供数据加密通道，以保障维护管理过程的数据传输安全。

在数据加密方面，运营商可根据数据敏感度采用分等级的加密存储措施（如不加密、部分加密、完全加密等），加密存储措施需要按照密码管理规定生成、使用和管理密钥。同时由于工业互联网在产业链层面存在着互联网上的数据交换，针对数据在工业互联网平台之外加密后再传输到工业互联网平台中存储的场景，需要运营商确保工业互联网平台运营商或任何第三方无法对隐私数据进行解密。

数据备份是在意外发生或攻击事件后恢复数据的有效方式，企业需要根据业务需求，制定必要的数据备份策略，定期进行备份。同时，数据作为用户托管在工业互联网服务提供商的资产，服务提供商有妥善保管的义务。在发生或者可能发生企业信息泄露、毁损、丢失的情况时，应当立即采取补救措施，从而降低企业的损失。

5. 应用安全技术

应用安全是指支撑工业互联网运行的平台安全以及应用程序安全等，这类平台包括 ERP 系统、产品数据管理（Product Data Management，PDM）、客户关系管理（Customer Relationship Management，CRM）以及越来越多的企业使用的云服务等。工业互联网企业由于多元业务的需求，将会部署更多的支撑运行的应用平台，因此需从工业互联网平台与工业应用程序两方面进行防护。对于工业互联网平台，可采取的安全措施包括安全审计、身份认证、访问授权管理等。对于工业应用程序，可采用全生命周期的安全防护，在应用程序的开发过程中进行代码审计，以减少漏洞的引入和安全功能缺陷；在运维过程中需定期进行漏洞检测、流程审核及渗透测试等安全测试和功能测试，及时修复应用软件存在的安全漏洞和后门。

工业互联网平台用户分属不同企业，需要采取严格的访问授权机制来保证不同企业能够访问其对应的数据资产。同时，认证授权需要采用更加灵活的方式，以确保用户间可以通过多种方式将数据资产分模块分享。在代码安全方面，主要通过代码审计检查源代码中的缺陷和错误信息，分析并找到这些问题引发的安全漏洞，并提供代码修订措施和建议。此外，虚拟化安全也是当前应用安全的一大发展方向。

6. 网络安全技术

网络安全是指工厂内有线网络、无线网络的安全，以及工厂外与用户、协作企业等实现互联的公共网络的安全。网络安全是工业互联网安全防护的重中之重，与设备、控制协议不同的是，网络贯穿了工厂层级、企业层级、产业链间等全部工业互联网体系。工厂层级的安全防护主要包括边界隔离（工业防火墙）、接入认证授权等安全策略；企业、产业链间的安全防护主要包括边界隔离（防火墙）、数据传输加密、网络攻击防护等安全策略，以确保网络安全、标识解析安全等。

工厂互联网各互联单元之间都应该进行有效可靠的安全隔离和控制，如在工厂 OT 安全域之间采用网络边界控制设备（工业防火墙），在 IT 安全域之间采用网络边界控制设备（防火墙），以逻辑串接的方式进行部署，对安全域边界进行监视，识别边界上的入侵行为并进行有效阻断；在通信和传输保护方面，采用如完整性校验技术手段来保证通信过程中的机密性、完整性和有效性，防止数据在网络传输过程中被窃取或篡改，并保证合法企业对信息和资源的有效使用。

另外，工业互联网接入网络的设备与标识解析节点应该具有唯一性标识，即网络应对接入的设备与标识解析节点进行身份认证，保证合法接入和合法连接，对非法设备与标识解析节点的接入行为进行阻断与警告，形成网络可信接入机制。网络接入认证可采用基于数字证书的身份认证等机制来实现。在网络攻击防护方面，为保障网络设备与标识解析节点正常运行，对登录网络设备与标识解析节点进行运维的用户进行身份鉴别，设计智能算法识别来自可疑地址的网络信息，对其网络设备与标识解析节点源地址进行监视与限制。

（三）技术难点与挑战

工业互联网面临各类安全威胁，目前已发生多起安全事件，如震网（Stuxnet）病毒、黑暗力量（Black Energy）木马事件等，危害工业互联网的信息和物理安全（Sadeghi et al., 2015）。通过攻击事件来剖析工业互联网面临的安全问题，可以将工业互联网安全面临的挑战总结为以下四点。

1. 大规模存量设备导致攻击面扩大

为实现工业互联网的"感、控"等关键环节，工业互联网存在着大量存量设备，其软件版本、硬件结构各不相同，且很多设备上线运行后就难以更新版本。因此大量设备的软件版本老旧、存在高危安全漏洞，硬件使用年限久、可能存在设计漏洞，各类漏洞的修复周期长、修复成本高，在工业场景下难以实施。同时，网络和物理环境的开放使得设备与系统的各类漏洞暴露在攻击下，面临物理空间的攻击信号和网络空间的攻击代码的威胁，这导致可被利用的脆弱点增加，攻击面扩大，因此需要对海量异构的存量设备进行体系化的安全分析与加固。

设备安全存在的安全挑战主要有漏洞、缺陷、规范使用和后门等。以PLC 为例，PLC 采用的大多是经过裁剪的实时操作系统，比如 Linux RT、QNX、VxWorks 等，这些实时操作系统广泛应用在通信、军事、航天等工程领域，但是随着工业与网络的互联暴露出很多问题，例如 PLC 上几乎所有的程序都是以 Root 权限运行的，一旦被渗透攻击会造成严重的后果。2017 年，SEC Consult 安全公司人员发现，德国工业自动化公司万可（WAGO）的 PLC存在一个潜在的高危漏洞，允许攻击者访问组织的整个网络。此漏洞影响了基于 Linux 的 WAGO PFC200 系列 PLC，特别是运行固件版本为 07.07.07(10)的 17 个 750-820X 型号。攻击者可以通过发送特制的数据包读取或删除任意文件或者切换当前执行的 PLC 程序中的功能，甚至删除当前执行的 PLC 程序的变量列表。在工业互联网下，设备广泛互联，关键设备的漏洞和缺陷可对生产和关键基础设施构成严重威胁。

此外，工业互联网设备的硬件也存在安全威胁，如芯片漏洞、传感器攻击等。在芯片漏洞方面，嵌入式芯片可能被植入硬件木马。硬件木马指的是在芯片或者电子系统中故意被植入的特殊模块或者设计者无意留下的缺陷模块，在特殊条件触发下，该模块能够被攻击者利用而实现具有破坏性的功能。在传感器攻击方面，工业互联网工业设备装备了大量的传感器，用于感知温度、转速、加速度等信息。这些传感器可能存在一些换能漏洞，例如传感器电容式微型机电系统（Micro-Electro-Mechanical System，MEMS）加速度计可能会受到模拟声学注入攻击的影响，攻击者可以通过这种声学攻击技术干扰并欺骗传感器，向微处理器和嵌入式系统发送任意的数字值，而这些恶意值可以破坏传感器输出数据的完整性。

2. 多层级网络导致安全边界模糊

在工业互联网"联"的网络环境下，工厂内延续了传统工控系统两层三级的网络架构，而在工厂外全产业链形成了跨环节、跨主体、跨区域、跨国界的全方位链接，组成了泛在的、异构的实体互联网络。该网络提供各产业与企业之间进行数据交互的平台，完成如能源管理和资产跟踪等业务。原有的网络安全防护技术通过在各层各域间部署隔离设备，防止公共互联网中的攻击传播至工厂内，同时也阻止工业云平台中的攻击传播到车间层并影响现场级的物理设备行为。但在新型的网络环境下，不同层级间设备交互增强，各层级间的安全边界模糊，原有封闭的安全设备面临着新的攻击风险。因此，传统的分层分域隔离难以部署，且传统的各层级内部的独立静态防护手段难以适用于网络环境开放带来的新型威胁，不再满足工业互联网发展下的安全需求。

3. 分布式系统导致数据保护困难

在工业互联网中智能联网设备大幅增加，系统呈现分布式趋势，除了传统工业云平台外，在工业生产的各个环节和模块都存在具有计算和存储功能的设备，其中保留了大量来源于工业生产、管理、操作控制等多个环节的数据。此类储存数据的设备种类多样，包括生产终端、边缘设备、服务器、私有云平台、大数据平台等，不同设备中储存的信息具有不同的敏感度，如企业私有云平台中的数据包含敏感的运营规划信息。同时由于工业互联网业务互联的需求，数据在各层级之间需要流动，单点、离散的数据保护措施难以在保障数据正常流通的情况下支撑不同敏感度的数据保护。

4. 多种类协议导致难以统一加固

工业控制协议是以太网在工业控制中的应用。目前还没有统一的工业控制的应用层协议，常用的工业控制协议有 Modbus-TCP/IP 和 PROFINET 等。除此以外，不同的厂商还会定义大量的私有工业控制协议。有些私有工业控制协议可能缺少有效的安全防护措施，甚至采用明文传输，一旦被渗透，将导致攻击者可以通过控制系统下达恶意指令，造成严重的危害。同时，工业互联网的一些控制协议、控制平台和控制软件等在设计之初可能未考虑完整性、身份校验等安全需求，存在输入验证、许可、授权和访问控制不严格，不当身份验证、配置维护不足，凭证管理不严等安全挑战。

在控制协议方面，工业互联网的大量私有控制协议缺少安全防护机制，存在重放攻击和中间人攻击等安全威胁。例如，Modbus-TCP 协议不包括任何身份验证或访问控制机制，因此潜在的网络攻击者能够执行大量的网络攻击，如拒绝服务攻击、中间人攻击和未授权访问等。

在控制软件方面，大量的工业控制软件存在未知的安全漏洞，如未授权远程代码执行漏洞等。例如，Black Energy 是一款自动化的网络攻击工具，集成了很多黑客工具，研究人员发现攻击者可以利用该工具的变种攻击人机界面（Human Machine Interface，HMI）系统和西门子的视窗控制中心（Windows Control Center，WinCC）软件。

在控制平台方面，工业互联网的控制系统如 SCADA、DCS 等可能缺少严格的身份访问控制，会被攻击者远程渗透，作为攻击的跳板实现对生产设备的控制。例如，导致乌克兰大停电的网络攻击就是首先通过恶意邮件和 Black Energy 工具渗透 SCADA 系统，再通过 SCADA 系统的控制软件，远程控制断路器发送断开指令，导致停电，并操作恶意软件使得电力公司的主控电脑与变电站断开连接，随后再次发动攻击让主控电脑全体瘫痪，致使电厂工作人员无法立即进行电力维修工作。

第四节　本 章 小 结

本章围绕工业互联网"三层级四环节"的逻辑架构，结合工厂、企业、产业链三个层级，探讨"感、联、知、控"四个环节背后的关键科学问题，即全模态信息表征、全要素互联组织、全场景智能认知、全流程柔性协同。以上关键科学问题之间层层递进、闭环反馈、螺旋上升，并对工厂、企业、产业链三个层级产生影响，形成微观与宏观结合、时间与空间结合的工业互联网核心架构。围绕关键科学问题，重点聚焦工业互联网工业智能感知、工业互联与信息集成、工业大数据与工业智能、工业互联网控制协同、工业互联网平台软件、工业互联网安全等六个技术领域，归纳了相关核心关键技术的发展现状，总结了技术难点和挑战。

第四章

工业互联网发展目标及展望

随着人工智能、物联网、云计算、大数据等新一代信息技术的进步和应用，工业互联网将向泛在化、协同化、智能化的形态不断发展，以实现有效提升生产效率、降低生产成本、提高企业净利润率、演化新的业态，并支撑新一轮科技革命和产业变革的目标。本章将明确工业互联网的发展目标和思路，归纳工业互联网的核心技术、标准体系、工业管理的发展方向，并对工业互联网的行业应用和未来愿景进行展望。

第一节　工业互联网发展目标和思路

工业互联网的发展，是由云计算、物联网、大数据、人工智能、机器人、移动通信以及网络安全等相关技术的发展所驱动的，其核心技术包括但不限于智能感知、互联与信息集成、大数据与工业智能、控制协同、平台软件、网络安全等。从网络的视角出发，工业互联网的发展应该主要面向以下发展目标。①泛在化，在设备总数、网络连接数、行业应用等方面具备足够的覆盖，使得工业互联网全面涵盖工厂、企业和产业链；②协同化，工业互联网的建设使得厂房内的设备间、不同的软硬件系统间、网络内和不同网络间以及产业链上不同的工业间都形成有效的协同；③智能化，工业互联网的发展，本质上是数据驱动的智能化，能够减少人力成本，提高生产率和产业效率。

除以上目标外，工业互联网在发展过程中，还要注重网络安全和隐私保护。从发展思路和发展路径来说，工业互联网的发展应该注重建设网络设施、构建标识解析体系、搭建工业互联网平台、实现新型应用以形成产业新生态、构建安全保障体系。

一、发展目标

（一）泛在化

工业互联网的发展，需要将机器、设备、传感器，以及人员通过网络实现互联互通，以支撑生产域的"人、机、料、法、环"全面的数据采集、控制、监测、管理、分析。

其中感知设备包括但不限于传统的重量、压力、温度、湿度、密度、位移、化学成分等传感器，以及射频识别、视觉感知、激光雷达等新型感知设备。生产控制网络的设备包括但不限于用于智能机器、仪器仪表、专用设备等边缘设备接入的工业总线模块、工业以太网模块、TSN模块、无线网络（WiFi6、WIA等）模块等，以及用于边缘网络多协议转换的边缘网关，用于生产控制网络汇聚的工业以太网交换机、TSN交换机，用于生产控制网络数据汇聚的RTU设备，用于生产控制网络灵活管理配置的网络控制器等。

工业互联网除了机器与设备的互联，也需要将人互联互通，从而形成为实现共同目标的联合协同的基础。通过机器、设备、传感器和人与人之间的连接和协同，来自不同供应商的模块化机器能够根据一定的标准灵活组合，从而更灵活地适应不断变化的市场需求或个性化订单。从这个角度来讲，更广泛的、具有普适意义的网络覆盖是工业互联网发展的一个基本目标。

根据思科发布的《2020年全球网络趋势报告》，到2023年全世界将有超过2/3的人口，即53亿人接入互联网，并且平均每个人将会拥有大约3.6个网络设备，即全球互联网设备总数将超过299亿。其中将会有超过50%的机器对机器设备（Machine To Machine Devices，M2M Devices），即146亿以上的机器对机器设备，复合年平均增长率超过10%。按照目前的发展趋势，智能传感器、视频监控、健康监测、交通、物流等领域是物联网设备数量增长最快的领域。除了物联网设备外，智能手机和智能电视是新联网设备的重要组成部分。

报告进一步显示（图4-1），物联网设备将于2023年达到近150亿，其中工业互联网设备增长迅速，智能汽车年复合增长率超过30%，能源工业联网设备增长率超过24%，健康医疗增长率为19%，智能工厂增长率为15%，零售业增长率为11%，远远超过互联网10%左右的平均增长率。通过无线通信技术连接的物联网设备同样增长迅速，到2023年大约有44亿的移动物联网设备，占比大约为29.5%，年复合增长率超过30%。

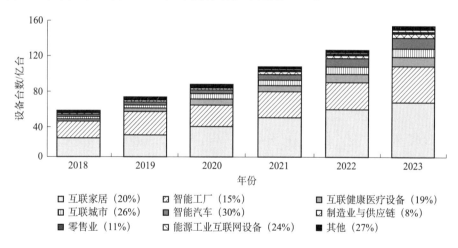

图4-1　全球机器互联/物联网的垂直增长情况（Cisco，2020）

注：图例中括号里的百分数为年复合增长率

实际上，绝大多数的工业生产都需要大量的物联网设备，这其中又以工业传感器为主。截至2020年底，中国的规模以上工业企业数量超过30万，每个工业企业的传感器数量超过10万，仅此一项，中国潜在的工业互联网终端数应在300亿以上。

（二）协同化

协同，是工业互联网发挥作用的核心关键，是传统制造工艺、先进技术、信息技术结合的过程，其最终目标是通过降低成本而不损失质量来提高盈利能力。工业互联网中相互联系的对象和人们能够共享信息，从而形成为实现共同目标的联合协同的基础。这种协同主要包括三种类型：人与人之间的协同，人机协同和机机协同。

在此过程中，效率和竞争力也得到了改善。随着泛在互联的工业互联网环境的建设，协同不仅涉及技术和自动化，还涉及人员调动、流程调整与生产效率提升、安全性提高、运营成本降低之间的一致性。工厂内的协同正在改变产品的设计、制造、使用和维护方式。协同还存在于工厂和供应链间，以促进利益相关者之间的紧密合作。例如，在供应商和客户之间以及员工自身之间的协同，为所有相关方提供了新的机会。

（三）智能化

智能化主要指智能工厂、智能制造和智能产品。智能工厂具有可互操作的系统、多尺度动态建模和仿真能力、智能自动化生产、强大的网络安全性以及联网的传感器。智能制造利用连接的数字产品，包括但不限于计算机集成制造、高适应性和快速设计变更、信息技术以及更灵活的技术劳动力培训等手段，来监视制造生产过程，从而发现自动化操作的机会，并使用数据分析来改善制造性能。其他目标有时包括基于需求的生产水平的快速变化、供应链的优化、有效的生产和可回收性等。

举例来讲，智能制造的一种体现形式是个性化定制生产，以接近于大规模生产的成本为每个用户生产定制化的产品。个性化定制有两种不同的途径，一种是个性化制造，另一种是大批量定制，其内涵不同，目标也不尽相同。

例如，有一家国外的创业公司，专门从事沙滩鞋的个性化制造。其原理是对客户的脚进行 3D 扫描，然后进行 3D 重建，建立双脚的 3D 模型，最后生成对应的数控代码，由于该鞋使用的是比较软的泡沫材料，所以直接采用机器人进行加工。通过这种方式可以完全匹配客户的双脚，使鞋穿起来更舒适。还有一种个性化制造的模式是采用 3D 打印（增材制造）。这种方式可以制造任意形状的产品，但制造精度不高。例如，可以通过 3D 打印制作小人偶作为礼品，也有食品企业尝试用 3D 打印机打印个性化的蛋糕，还有企业利用激光技术，在玻璃的表面或内部制作任意的 2D 或 3D 的形状，通常也是用于个性化定制小礼品，激光内雕的工艺和设备已经非常成熟。这些技术本质上都是一种制造工艺，与离散制造企业复杂产品的大批量定制是不一样的。

大批量定制则是另外一种方式，最典型的案例就是戴尔模式。戴尔公司全球首创客户可以基于互联网选配产品的模式，客户可以直接在线选择电脑的配置，如 CPU、硬盘、内存、显示器等。电脑里面的大规模集成电路极其复杂，但产品结构相对简单、标准，不同的零件都可以直接插在主板上面。因此，实现个性化选配的难度不大。戴尔公司的优势在于供应链管理，它将来自全球的客户的个性化配置有效地管理起来，可以准确地按照订单进行装配。

智能化还可以体现在智能产品上。如智慧衣服可以计算训练功效、运动量、关节角度、关节转动率、移动范围、平衡、速度、离心率、集中注意时长、步调、心率、氧饱和程度以及紧张状态时长。智慧衣服可以有效地获取运动员或者健身爱好者的身体状况，从而更好地保护身体，提高运动效率，避免运动损伤。智慧汽车也是近年来发展的热点方向，其最重要的阶段性进步就是无人驾驶。在工业互联网时代，智慧汽车将使无人驾驶变得触手可及，它代表着汽车发展的方向和自动化生活的未来，如同计算机把人类从纸质资料中解放出来一样，无人驾驶将把人从道路驾驶的压力中彻底解放出来。目前，L2 级别的辅助驾驶已经非常成熟，但距离 L5 级别的完全无人驾驶还有相当大的提升空间。此外，智能产品还包括可穿戴设备，如苹果（Apple）公司推出的 iWatch，每天贴着人们的身体，采集身体的各项数据，这些数据对于手表厂商也许意义不大，但是对于保险公司具有重要价值。西门子生产的一台高铁的牵引电机，在运行过程中会不断地把数据传回给西门子的工厂。由此，西门子可以掌握电机目前的运行状况，以此判断何时需要检修。相较于以往定时的保养模式，现在西门子可以更精准地掌握产品实时状态信息，以实现智能维护。

二、发展思路

（一）建设网络设施

工业互联网的发展首先依赖于大规模的 IT 建设，特别是网络设施建设，以解决工业互联网发展"最后一公里"的问题。

网络设施的建设，首先包括传统的通信网络基础设施，其中主要包括移动通信网络、光纤网络、IPv6、移动物联网、卫星通信网络等新一代通信网络等的建设内容，以 5G 为代表的移动通信网络占据主要的地位。据 GSMA 智库预测，到 2025 年，将有超过 2/5 的人口生活在 5G 覆盖范围内，届时移动 5G 连接数将达到 22 亿，占移动连接总量的 1/4。2020 年，我国每万人拥有 5 个 5G 基站，到 2023 年每万人将拥有 18 个基站，到 2025 年，每万人拥有 5G 基站数将达 26 个，如果以 14 亿人口来折算，2020 年有 5G 基站 60 万个，2023 年将达到 250 多万个，2025 年就是 360 多万个基站。

工业互联网的潜力更多的是来源于将不同的系统整合到一起时，其所发挥的杠杆作用和加速器作用。工业生产时的数据收集和日志记录必须集中在靠近公有云等包含大规模存储、内部处理、计算能力和网络互联性的网络设施上。这使得除了传统的通信网络以外，工业云、工业传感器、工业物联网以及工业边缘计算能力，也都是网络设施建设的内容。

具体来讲，工业互联网需要在数据源、企业、云提供商和服务提供商之间进行直接、安全的互联。对于需要实时信息的系统和人员来说，邻近也很重要。当前的工业信息化基础设施常常是由单独开发的以及来源于特定的供应商的专有传感器、专用系统和专用软件组成的。不同的传感器、系统和软件因为缺少通用性而使得互联互通变得尤为困难。

GE 的 GE Predix 就是工业互联网依托工业云的很好的例子。2015 年，该企业开始在北美和全球范围内的多个数据中心部署分布式托管策略，以捕获来自全球最大的制造和生产系统的数据。根据 Equinix 发布的市场研究报告《全球互联网发展指数》，制造商越来越多地投资于交易对手之间的私有互联，以建立下一代全球制造业供应链。根据该报告，2020 年，制造业的互联带宽容量达到 540 太比特每秒，以每年 54% 的速度增长，占到整个互联网带宽容量的 11%。

此外，为了有效地利用信息技术开展及时的数据分析，制造公司需要一个全球集成的互联框架，以便在此框架上进行协作和创新。因此，时延就成了制造公司应用信息技术的一个重要阻碍。然而，时延只能通过减少互联距离、减少互联跳数来解决。最好的方法是工业边缘计算，即部署具备 IT 基础架构和互联能力的边缘计算节点。这些边缘计算节点应靠近物联网传感器、合作伙伴和客户。鉴于许多此类数据都是在工业云中收集和分析的，因此保持工业云服务以及支持直接和安全的工业云访问也至关重要。

（二）构建标识解析体系

传统的标识解析体系主要是依托 DNS 来进行的。DNS 是用于连接到因特网或专用网络的计算机、服务或其他资源的分层分散式命名系统。它将各种信息与分配给每个参与实体的域名相关联，可以将更容易记住的域名转换为使用底层网络协议定位和识别计算机服务和设备所需的 IP 地址。通过提供全球性的分布式目录服务，1985 年以来，DNS 已成为因特网功能的重要组成部分。

DNS 通过为每个域指定名称服务器（Name Server）来分配域名，并将这些名称映射到因特网资源上。网络管理员可以将其分配的名称空间的子域上的权限委派给其他名称服务器。该机制提供了分布式且容错的服务，旨在避免使用单个大型中央数据库而带来单点故障的风险，并降低名称服务器对性能的要求。

工业互联网的解析体系，则是在传统的 DNS 上的扩展和延伸。它通过条形码、二维码、无线射频识别标签等方式赋予工业互联网上所有实体一个唯一的身份。工业互联网标识解析体系是工业互联网网络体系的重要组成部分，是支撑工业互联网的神经中枢，其作用类似于互联网领域的 DNS。工业互联网标识解析体系的核心包括标识编码、标识解析系统和标识数据服务。①标识编码：机器、物品的"身份证"。②标识解析系统：利用标识，对机器和物品进行唯一性的定位和信息查询，是实现全球供应链系统和企业生产系统的精准对接、产品的全生命周期管理和智能化服务的前提和基础。③标识数据服务：能够借助标识编码资源和标识解析系统开展工业标识数据管理和跨企业、跨行业、跨地区、跨国家的数据共享共用。

标识解析技术负责将对象标识映射至实际服务所需的信息，如地址、物品、空间位置等。例如，通过对某物品的标识进行解析，可获得存储其关联信息的服务器的地址。标识解析是在复杂网络环境中，能够准确而高效地获取对象标识对应信息的"信息转变"的技术过程。标识解析技术通过建立统一的标识体系将工业中的设备、机器和物料等一切生产要素都连接起来，通过解析体系连接割裂的数据和应用，实现对数据的来源、流动过程、用途等信息的掌握。

标识解析体系纵向可以打通产品、机器、车间、工厂之间的数据孤岛和系统隔阂，帮助实现底层标识数据大规模采集、信息系统间数据共享以及标识数据的分析应用。标识解析体系横向可以连接产业链的上下游企业，利用标识解析按需查询数据。中小型企业可以依托标识解析体系连接成标识解析平台，利用标识解析按需共享数据。

目前国际上主要采用 DOA 和相关的 Handle System 处理系统。DOA 于 20 世纪 90 年代初期起源于美国国防部高级研究计划局（Defense Advanced Research Projects Agency，DARPA）的国家研究计划（Corporation for National Research Initiatives，CNRI）。DOA 设计的原始动机之一是需要长期（数十年或数百年）识别和检索信息，因此持久性是其关键的设计要求。数字对象体系结构是一种在因特网上运行的分布式信息存储、定位和检索系统的通用体系结构，它描述了操作的基本组件，且允许灵活地使用来提供服务，尤其是如何表示元数据。数字对象体系结构的基本组件包括：①数字对象，一种包含数据、状态信息、元数据的结构化记录，其包含可以找到相关信息的位置的指针；②存储库，是用来存储的系统；③标识符/句柄，一组数字对象的标识符，被称为"句柄"，这些标识符是唯一的、持久的并且独立于底层物理或逻辑系统；④解析系统和注册表，是用于将句柄解析为有关信息及其存储库的信息的系统，注册表定义了存储库中可用的对象的集合。

目前的解析体系中，包括国际根节点、国家顶级节点、二级标识解析节点、企业标识解析节点和公共递归解析节点，如图 4-2 所示。

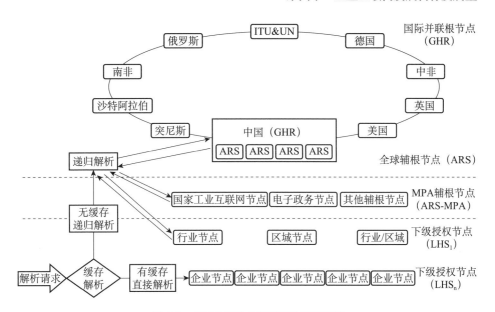

图 4-2　工业互联网标识解析体系架构

（三）搭建工业互联网平台

工业互联网平台是依托平台软件所搭建起来的平台。从工程实施角度划分，工业互联网平台主要有四种类型：端到端的设备管理平台、云服务平台、连接管理平台和数据平台。设备管理平台提供了相应的硬件、软件和管理工具，以保障安全性和连接性，并高效处理并发设备连接。云服务平台提供后端服务，以监控大量同时进行的设备连接。连接管理平台主要负责工业互联网设备的连接管理服务，主要使用 WiFi 和蜂窝技术（如蜂窝网络）等无线技术。最后，数据平台则负责收集数据，进行数据分析并进行可视化展现。工业互联网平台软件是工业互联网平台建设的基础和必要条件，工业互联网平台是平台软件的工程实现和应用实践。

工业互联网平台可以有效地节省工业公司的交易成本，并实现全新的服务和商业模式。这些平台可以将不同的协议和不同的数据格式整合到一个接口中，从而确保了准确的数据流传输以及与所有设备的交互。其实质上是通过事件动作触发器使数据更具实时性和可靠性，从而基于特定的传感器数据执行"智能"动作。工业互联网平台的建设符合平台经济学的基本原理，即平台特殊性在于网络效应，它既是优势又是风险：平台上的工业企业越多，工业互联网平台所能带来的收益越大，但建设、运行、安全、运行维护以及商业垄断等的风险也就越高。

图 4-3 显示了一些国际上正在开发或者应用的工业互联网平台，不同的平台聚焦不同的方面。如西门子的平台 MindSphere 注重数据、市场、专业服务和其他云服务的集成。SAP 的平台则注重将机器学习、区块链、物联网与企业的业务结合。除了以上这些企业所开发的工业互联网或者工业物联网平台外，还有一些企业和组织也开展了类似的工作，如图 4-3 所示。

HPE平台 应用设计，异构物联网设备联网	Adamos平台 主要用于机械工程、机器学习、实时分析，以及德国工业企业的机器制造和软件服务	NEC/Wise平台 人工智能，工业互联网基础组建，协同工作模块	PTC/ThingWorx 实时消息服务，可定制软件，市场营销，以及其他PTC产品（PLM，CAD，AR等）
Comulocity平台 物联网设备互联，实时分析，以及其他实时云服务	**部分有代表性的工业互联网平台**		德国电信平台 物联网服务、物联网设备门户、软件套装
西门子/ Lenonardo 机器学习、区块链、物联网	SAP/ MindSphere 数据、市场、专业服务等多种软件的集成	Telit/物联网 平台数据仓库、私有云、公有云等服务的集成	日立Vantara/ Lumada 工业用核心软件、定制化软件	GE Digital/ Predix 数字孪生、机器学习、预定制软件、软件开发环境	Bosch/物联网平台开发者套装

图 4-3　部分工业互联网平台

（1）IBM 提出了认知物联网的概念，它将传统物联网与机器智能和学习、上下文信息、行业特定模型和自然语言处理相结合。

（2）XMPP 标准基金会（XMPP Standard Foundation，XSF）正在创建一个名为 Chatty Things 的框架，这是一个完全开放的、独立于供应商的标准，使用可扩展通信和表示协议（Extensible Messaging and Presence Protocol，XMPP）来提供分布式、可伸缩且安全的基础结构。

（3）表述性状态迁移（Representational State Transfer，REST）是一种可扩展的体系结构，它允许事物通过超文本传输协议进行通信，并且很容易被物联网应用程序采用以提供从事物到中央 Web 服务器的通信。

（4）MQTT 是 TCP/IP 之上的发布者–订阅者体系结构，它允许事物与 MQTT 代理之间进行双向通信。

（5）IBM 设计的开放源代码软件中的 Node-RED，用于连接 API、硬件和在线服务。

（6）对象链接与嵌入的过程控制（OLE for Process Control，OPC）是由OPC基金会设计的一系列标准，用于将计算机系统连接到自动化设备。

（四）形成产业新生态和实现新型应用

工业互联网可以为工业企业有效地提高生产力、降低生产成本、提升净利润率。尽管连接性和数据获取对于工业互联网来说是必不可少的，但它们并不是最终目标，而是实现更大目标的基础和手段。

在所有的工业互联网应用中，预测性维护是一种最直接的应用，因为它适用于所有工业的现有资产和管理系统。智能维护系统可以减少意外的停机时间并提高生产率，根据一些研究，其可以降低总体维护成本高达30%，且消除故障的可能性高达70%（Dudley，2017）。

优化能耗也是重要的应用之一。互联网传感的集成和驱动系统的集成可以从整体上优化能耗。预计工业互联网设备将被集成到所有形式的能耗设备（开关、电源插座、灯泡、电视等）中，并能够与公用事业供应公司进行通信，以有效地平衡发电和能源使用。除了基于家庭的能源管理外，工业互联网还与智能电网特别相关，因为它提供了以自动化方式收集和处理与能源和电力相关的信息并对其采取行动的系统，旨在提高能源效率、可靠性、经济性和可持续性。

除了这些特定的应用，工业互联网在一些领域还有新型应用价值。

在汽车工业领域，在汽车制造业中应用工业互联网意味着生产的所有要素都将数字化。软件、机器和人员之间相互联系，使供应商和制造商能够快速响应不断变化的标准。工业互联网通过将数据从客户转移到公司的系统，然后再转移到生产过程的各个部分，实现了高效且具有成本效益的生产。借助工业互联网，可以在制造过程中使用新的工具和功能，例如，3D打印机可以直接打印出所需的定制化形状，简化了传统的压制工具，为设计高精度产品提供了新的可能性。由于3D打印技术的模块化和连通性，工业互联网还可以实现车辆定制。尽管过去它们是分开工作的，但现在工业互联网使人和机器人可以合作。机器人承担着繁重的重复性工作，因此制造周期更快，车辆进入市场的速度也更快。由于安全性和效率更高，工厂可以在导致停机之前迅速发现潜在的维护问题。大多数汽车制造商在不同的国家开设生产工厂制造同一辆汽车的不同零部件。工业互联网使这些生产工厂的彼此连接成为可能。

在石油工业领域，借助工业互联网的支持，钻探设备和研究站可以存储和发送大量原始数据，以进行云存储和分析。借助工业互联网技术，可以提升石油和天然气行业连接设备、传感器和人员的能力，以帮助公司更好地应对需求和价格的波动，解决网络安全问题，并将对环境的影响降至最低。

在整个供应链中，工业互联网可以改善维护流程，提高整体的安全性和连通性。实现互联网化的工业无人机可用于在早期阶段到达人类难以到达的位置（如海上），来检测可能的油气泄漏。它们还可以用于识别带有内置热成像系统的复杂管道网络中的薄弱环节。增强的连通性（数据集成和通信）可以帮助公司基于库存、存储、分配进度和预测需求的实时数据来调整生产水平。例如，德勤（Deloitte）报告指出，通过实施工业互联网解决方案，将多个内部和外部来源（如工作管理系统、控制中心、管道属性、风险评分、在线检查结果、计划的评估和泄露历史记录）的管道数据实时汇聚、监控，可以有效地监视输油管道威胁，改善风险管理并提供态势感知。

收益同样来源于石油和天然气工业的特定过程。借助地震成像建立的4D模型，可以更精确地完成油气勘探过程。这些模型绘制了石油储量和天然气水平的波动图，指出所拥有的确切资源数量，并预测油井的使用寿命。智能传感器和自动钻机的应用使公司有机会进行监控和更有效的生产。此外，通过工业互联网的实施，还可以收集和分析实时数据以监视库存水平和进行温度控制来改善存储过程。工业互联网可以通过部署智能传感器和热探测器来提供实时地理位置数据并出于安全原因监视产品，从而改善石油和天然气的运输过程。这些智能传感器可以监控炼油过程并提高安全性。产品需求可以更精确地被预测，并自动传达给精炼厂和生产厂以调整生产水平。

在农牧行业，工业互联网可以帮助农民做出何时收获的决定。传感器收集有关土壤和天气状况的数据，并提出施肥和灌溉的时间表。一些畜牧场将微芯片植入动物体内，这不仅使农民能够追踪他们的动物，而且还能获取有关血统、体重或健康状况的信息。

除了以上这些典型案例，拓展工业互联网应用，发展产业生态是工业互联网发展的重要组成部分。工业互联网在采矿、制造、水利、建筑乃至农林牧副渔等产业，都有非常广阔的应用前景。

（五）构建安全保障体系

工业互联网的安全保障体系建设也是工业互联网发展的重要组成部分。工业互联网的扩展带来很多新的安全隐患，连接到工业互联网中的每个新设备或组件都可能成为潜在的安全威胁风险点。截至2020年，超过25%的对企业的攻击涉及与工业互联网连接的系统，然而工业互联网安全预算还不到10%。与传统的计算机同类设备相比，现有的网络安全措施对于与因特网连接的工业互联网设备而言要差得多，它们更容易被Mirai等僵尸网络劫持，以进行分布式拒绝服务（Distributed Denial of Service，DDoS）攻击。

例如，2015年海康威视的视频监控设备因为弱口令的问题被黑客攻击，黑客利用病毒破解设备的用户名和密码，植入脚本文件，将设备挟持为病毒源，扫描攻击其他网络设备。弱口令的问题在传统的计算机设备上几乎没有可能存在。然而在工业互联网，存在大量计算能力弱、安全防护差、安全风险高的嵌入式设备。由于其数量巨大，存在巨大安全风险和隐私泄露风险。另一种可能是侵入工业互联网的方式是对工业控制器的感染，例如Stuxnet的感染，其无须物理访问系统即可传播蠕虫。

此外，具有工业互联网功能的设备可以允许更多"传统"形式的网络犯罪。例如2013年Target数据泄露事件，黑客从第三方供热通风与空气调节（Heating，Ventilation and Air Conditioning，HVAC）供应商那里窃取认证，从而获得了对Target网络的访问权，并同时窃取了信息。由于诸如此类的安全问题，现有的工业企业在采用工业互联网方面相当谨慎，进展缓慢。

传统的安全保障体系，主要是采用基于"墙"的防护思路，通过防火墙或者各种类似"墙"的技术概念和技术手段来对需要保护的部分进行保护。然而工业互联网的发展必然涉及大量新开放的场景和设备，仅使用"墙"的思路去被动保护难以进一步发展。因此，如何构建工业互联网环境下的新的安全保障体系，是一个重要的研究和实践。

第二节　工业互联网重要发展方向

工业互联网的未来发展将涉及其相关的技术研究、标准体系、工业管理等方面，其中技术研究方向包括工业智能感知、工业互联与信息集成、工业大数据与工业智能、工业互联控制协同、工业互联平台软件、工业互联安全等方面。

一、工业智能感知

（一）领域发展趋势

随着工业互联网的逐步发展，智能感知技术也在不断突破当前的限制，目前其发展趋势主要有以下三点。

1. 成本逐步降低，快速广泛普及

一方面，随着制造和工艺的升级，感知设备的硬件成本正在逐步下降；另一方面，随着算法、模型、程序、数据集的成熟，感知设备的软件成本也在逐步下降。例如，RFID 系统从实验室逐渐走入商用，并随着成本的大幅下降而被广泛应用于生产、物流、销售和回收等各个环节。近 20 年来，视觉感知技术则受益于计算机视觉技术的成熟而快速在流程监控和质量检测等环节中发挥出重要的作用。同样，近年来原本造价高昂的激光雷达和毫米波雷达也随着成本逐步下降而"飞入寻常百姓家"。

2. 新型感知手段不断涌现

工业生产需求千差万别，不同的生产场景会诞生不同的感知需求，而同一个生产任务也可能需要不同感知技术的配合。例如，在机械臂移动物体的任务中，可能需要视觉感知、毫米波雷达感知来确定目标位置，再借助压力感知来控制抓取动作的力度。在人体感知任务中，通常需要无线定位系统来

获取人员的位置，但是在某些应用中，人员不能或者不方便携带定位装置，则需要新型无线被动式感知技术作为补充。本报告后续会详细介绍感知通信一体化、非接触式高精度感知等新型感知手段。未来，会有更多未见的感知技术帮助连接起物理世界与数字世界。

3. 物理世界与数字世界的融合对感知技术提出了更高的要求

随着物联网的进一步发展，物理世界与数字世界将继续互相渗透，需要新型感知技术来支撑和推动两者的深度融合（图 4-4）。例如，在工业检修活动中，AR 视觉技术的应用使得技术专家可以在千里之外指导现场的工人进行精密设备的检查和维修。数字孪生技术充分利用物理模型、传感器、运行历史等数据，以及新型仿真技术，将物理实体的全生命周期过程映射在数字空间。

图 4-4　工业互联网智能感知发展趋势

（二）未来重要研究方向

1. 感知通信一体化

环境中已有的无线信号（声、光、射频信号等）在完成本职任务（照明、通信等）的同时，还可以"额外"用来感知环境。以射频信号为例，信号发射机产生的无线电波在传播过程中会发生直射、反射、散射等物理现象，从而形成多条传播路径。这样一来，在信号接收机处形成的多径叠加信号就携带了反映信号传播空间的信息。无线感知技术通过分析无线信号在传播过程中的变化，获得信号传播空间（信道）的特性，以实现场景的感知。这里的场景既包括人的因素（是否有人以及人的位置、姿势、动作等），也包括其他外物的因素。无线感知提供了一种全新的物理世界感知方式，即无须部署传感器，只"复用"环境中已有的无线信号即可实现场景感知，因此其也被学术界称为"非传感器感知"，体现了感知通信一体化。以前人们只能通过部署专用传感器来实现特定物理对象的感知，非传感器场景感知将人类对物理世界的感知方式推动到了一个新阶段——从以前单纯依赖部署专用传感器的方式升级为"专用"与"复用"相结合的方式。

无线感知技术将感知与通信合二为一，即感知通信一体化，具有三个鲜明特点，即"三无"：①无传感器（Sensorless），感知人及环境不再需要部署专门的传感器，这有别于无线传感网中，传感器负责感知而无线信号负责通信；②无线（Wireless），无须为通信及传感器部署有线线路；③无接触（Contactless），相较于现在市场上的各种可穿戴式智能设备，无线感知更向前迈了一步，无须用户佩戴任何设备。

如图 4-5 所示，无线感知技术的感知对象包括环境、物品以及人，潜在应用十分丰富。以感知人为例，无线感知技术可以用于被动式人员感知。"被动式"在这里指的是人员不需要携带任何电子设备，用以区别传统无线定位系统通过定位人所携带的电子设备来定位人员，这样的方式也被称作设备非绑定的（Device-free）或者非侵入式的（Non-invasive）。被动式人员检测可广泛使用于各种普适计算的应用中，以提供更好的基于用户位置的服务。例如，博物馆中参观者接近某个展品时自动播放该展品说明，超市统计近期最受关注的商品，或者在电梯及车厢中统计乘客数量等。非传感器感知还可以作为一种新型人机交互方式，通过识别人的行为（姿势以及动作、手势等微小运动）来遥控电子设备（计算机、游戏机、智能硬件等），完成特定的功能或提供交互式体感游戏；也可以用于智慧医疗监护，检测人员的睡眠质量以及老年人是否意外跌倒等。被动感知的模式还契合安全保卫应用的需求。在涉密区域监控、人员入侵检测、灾难应急响应、重要物品保护等与安全相关的应用中，需要及时发现未携带任何无线通信设备的人员（工作人员或入侵者）是否在敏感区域出现以及监测他们的活动。传统安防传感器中的红外传感器或者摄像头都受到可视角度的限制，只能在一个很有限的角度内监测目标，而且不能应对烟雾、遮挡乃至视觉欺骗的情况。在电影和生活中已经出现了针对传统安防传感器局限性的人员入侵方法，而基于无线信号的非传感器感知可以有效克服此类漏洞。

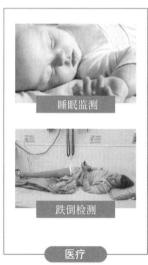

图 4-5　无线感知的应用场景

1）基本原理

本节以 WiFi 信号为例阐述无线感知的基本原理。WiFi 信号不仅可用于传输数据，还可以用来感知环境。在室内环境下，WiFi 发射机产生的无线电波经由直射、反射、散射等多条路径传播，在 WiFi 接收机处形成多径叠加信号。多径叠加信号受其传播物理空间的影响，携带了反映环境特征的信息。这里所说的环境是信号传播的物理空间，既包括人的因素（是否有人以及人的位置、特征、姿势、动作等），也包括其他外物的因素。与传统感知方式相比较，由于 WiFi 在世界范围的广泛部署，WiFi 感知在成本、易用性、普适性等方面取得重要突破。WiFi 感知的潜在应用包括人机交互、行为识别、智慧安防、智慧医疗等，目前已在入侵者检测、跌倒检测、人员识别等领域开展商业部署。

既然无线信号在传播过程中"调制"了环境信息，那么如何从接收信号中"解调"这些环境信息呢？举个简单的例子，如果手机接收到的 WiFi 信号较弱，可能是由于手机距离无线路由器较远；而如果手机接收到的 WiFi 信号强度骤降，很可能是因为手机进入了某些特定的封闭空间如电梯等。因此，可以通过分析信号的特征来识别环境的信息。

2010 年以来，研究人员通过修改固件，使得在普通 WiFi 设备上也可以获取信道状态信息（Channel State Information，CSI），利用兼容 IEEE 802.11a/g/n 的无线网卡即可从每个接收数据包中获取一组 CSI，这组 CSI 中就蕴含着信号传播空间的信息，大大地扩展了 WiFi 感知所能应用的场景。

2）发展现状

下面从三个技术方面具体介绍无线感知的发展状况。

在信号特征提取方面，WiFi 信号的许多特征可以用于感知环境变化，比如接收的信号强度指示（Received Signal Strength Indicator，RSSI）、信道状态信息等。不同的信号特征粒度不同，描述信号的角度不同，因而具有不同的感知能力。

与 RSSI 相比，CSI 呈现了不同频率（对应不同子载波）下多径传播的幅度和相位，从而更加精细地刻画了具有频率选择性衰落特性的信道（Adib et al.，2014）。相位信息是 CSI 区别于 RSSI 的一大特征。然而，受载波频率误差、采样频率偏差等因素的影响，CSI 相位通常包含较多噪声。因此，CSI 相位信息必须先经过处理才能使用（Joshi et al.，2015）。在相关工作中，PADS（Qian et al.，2014）通过对相位进行线性处理，消除了噪声对相位特征的影响，实现了对不同速度的移动人员的检测。WiDir（Wu et al.，2016）提出了多子载波的菲涅尔区（Fresnel Zone）模型，通过分析多个子载波的相位变化，推断人员的运动方向。到达角（Angle of Arrival，AoA）与飞行时间（Time of Flight，ToF）是雷达信号与声音信号定位、追踪目标时常用的两种特征。然而受多径效应与信号带宽的限制，在室内环境下准确估计经由目标反射的信号的 AoA 与 ToF 具有一定挑战性。多普勒频移（Doppler Frequency Shift，DFS）也是一种常见的用于刻画人员活动与行为的特征，这是因为目标移动将导致经由目标反射的信号的路径长度产生变化，使得观测到的信号频率发生一定的偏移。对 CSI 功率进行时频分析（如短时傅里叶变换和小波变换），可从功率的动态变化中提取人体运动导致的 DFS（Adib et al.，2015）。一些工作进一步观察到：只有目标的径向速度分量对应着反射路径长度的变化速率，提取到的 DFS 和运动速度方向、人员位置才会存在一定的几何约束关系。因此，通过添加更多链路可消除速度求解的歧义性，获得完整的人员速度信息，并应用于定位、追踪、活动识别等多种场景（Savvides et al.，2001）。

多维度信号特征的融合通常可以取得比使用单一信号特征更好的感知效果。对于许多环境，多链路条件可能过于严格，比如人们通常只在家里配置一个路由器。在只有一对收发设备的情况下，需要提取出尽可能多的参数，才能对目标进行细粒度的感知与定位。已有工作（Bahl and Padmanabhan，2000）将 CSI 建模成关于幅度衰减、DFS、ToF、AoA 的函数，使用基于期望最大化的算法对多径信道的多参数进行联合估计，并利用图匹配技术得到经由目标反射路径的长度与目标的方位信息的最优解，最终构建了单链路下的分米级被动式人员追踪系统。通过配置更多的发射天线，可对反射路径的 DFS、ToF、AoA 和出发角（Angle of Departure，AoD）进行联合估计，进一步提升单链路下的感知精度。部分最新的工作（Wu et al.，2019）通过整合以上特征，甚至可以完成媲美 IMU 精度的物体角速度与加速度的计算。

在识别算法方面，在无线感知领域中，最常见的识别算法主要基于对时间序列特征的识别与处理。通过提取接收信号的周期性、相关性等一系列时频特征，实现对特定物体或行为的识别。有学者（Zheng et al.，2016）有效利用吸烟这一行为的周期特性，通过分析 CSI 的幅度是否出现特定变化，实现了吸烟识别。利用多子载波的 Fresnel Zone 模型（Wang et al.，2016）通过分析人的呼吸深度、位置、朝向对接收到的射频信号的细微影响的不同，加深了人们对被动式人员呼吸检测的认识与理解。RT-Fall（Wang et al.，2017）通过分析两根天线的相位差在时频域的变化特性，实现了一个实时的人员摔倒检测系统。近期的工作（Zhang et al.，2020b）利用 CSI 特征进行步态识别，通过分析时序特征，完成了不同用户的区分与鉴权工作。

随着深度学习浪潮的兴起，无线感知领域对深度学习方法进行了大量的尝试。深度学习方法在计算机视觉领域取得了巨大的成功，产生了许多精确可靠的识别模型。为了借用这些模型，绝大部分已有无线感知工作不得不将原始 CSI 或从 CSI 提取到的特征以热力图或类似的形式转化为图片，作为识别模型的输入，并将识别模型作为黑盒来对待，最终获得识别结果。然而，这种方式忽视了视觉感知与无线感知在信号层面上的区别（电磁波频率、成像方式等），缺乏在无线信号空间对行为活动的精细时空建模，造成识别模型性能欠佳。Widar3.0（Zheng et al.，2019）利用卷积神经网络与循环神经网络分别挖掘输入特征血容积脉冲（Blood Volumn Pulse，BVP）在空间维度与时间维度的特性，可对 6 种常见的人机交互手势（包括推拉、横扫、拍手、滑动、画圆、画之字）进行准确率 >90% 的判别。

在数据集方面，高质量公开数据集对科研的推动作用是巨大的。清华大学研究团队在这方面做了进一步探索，公开了 Widar3.0 的手势识别数据集。该数据集包含原始 CSI 数据以及提取出的信号特征（DFS 和 BVP），包括 75 个不同场景下（包括不同位置、朝向与环境）采集的约 26 万组动作实例，总时长超过 144 小时，数据规模约为 325 吉字节。

3）发展前景

从整体上看，无线感知目前还处于其发展早期，研究人员一方面积极拓展无线感知的信号种类，除了本文论述的 WiFi、RFID、毫米波、声光信号，还包括 4G/5G、蓝牙（Bluetooth）、低功率广域网络（Low-Power Wide-Area Network，LPWAN）、广播信号等；另一方面，还积极拓展无线感知的应用场景，从行为识别、手势识别、生命体征识别（呼吸、心跳）等人员感知领域，一直到振动测量、故障感知、无人驾驶等机器感知领域。

目前，无线感知技术在民用消费领域，如智慧医疗、智能家居、智慧养老等领域拥有非常光明的应用前景。其在工业生产制造领域也有着非常广阔的前景，如何能更好地将无线感知技术服务于工业中，是一个需要重点解决的问题。

2. 非接触式高精度感知

近些年来，包括 WiFi、蓝牙、超宽带（Ultra-Wide Band，UWB）在内的多种无线信号都被用于各式各样的非接触式感知任务中，实现了人们对物理世界的丰富感知和深刻理解，填补了传统感知技术无法涉及的感知真空地带。随着新一代信息技术近年来的飞速发展，毫米波（开始进入人们的视野中，与当前其他无线信号往往处于 6 吉赫以下的频段相比，毫米波是频率范围在 30 吉赫到 300 吉赫的电磁波，具有更小的波长（1—10 毫米），对应拥有更精细的感知粒度，以毫米波为媒介的非接触式高精度感知技术，在工业智能感知领域具有巨大的研究价值和应用前景。下面以毫米波感知为例，简单介绍非接触式高精度感知技术的基本原理，探讨其发展现状和前景。

1）基本原理

毫米波感知技术在民用领域所依赖的硬件平台主要包括商用毫米波雷达和支持 60 吉赫的 WiFi 设备。其中商用毫米波雷达是相对于军用毫米波雷达而言的，其具有体积小、易集成、成本低、易部署的特点。其硬件通常包括由多个天线组成的天线阵列、数据收发模块以及信号处理模块。使用特定的电磁波和信号处理技术，商用毫米波雷达能够对物体的距离、方向和速度进行测量。与商用毫米波雷达相比，支持 60 吉赫的 WiFi 设备成本更低、部署更简单。其设备遵循近年来发布的新型 IEEE 802.11ad、IEEE 802.11ay 等标准，在实现高传输效率的同时，波束成型的实现能够使设备发出很窄的波束，以达到定向通信的效果，同时在感知层面实现较高的空间分辨率。正交频分复用（Orthogonal Frequency Division Multiplexing，OFDM）的调制方式也使得设备能够利用多个子载波得到更丰富的感知信息。随着 IEEE 802.11ad 等标准的推广，这些 WiFi 设备将得到广泛部署，在此基础上开发的毫米波感知应用无须额外的部署成本，更被人们所青睐。

与其他无线信号相比，毫米波的优势在于高频率与大带宽。拥有更高的信号频率，意味着毫米波的波长更小，对空间中微小变化感知的粒度更细；拥有更大的信号带宽，意味着毫米波的时间分辨率更高，对距离和速度感知的精度更高。高频率带来的好处还不止于此，由于毫米波的波长很小，而通常使用的天线尺寸相对无线波长是固定的，更小的波长意味着更小的天线尺寸。只需使用很小尺寸的天线阵列，与波束成形（Beamforming）技术结合，就能形成很窄的定向波束。因此毫米波的方向性强，具有很高的空间分辨率。

毫米波感知与其他无线感知技术相同，都是通过分析信号接收机接收的经过目标反射的无线信号对环境进行感知。利用无线信号感知环境有很多种方式，举一个简单的例子，信号接收机接收到的信号强度反映着无线信号在传播路程中的损耗，如果信号强度较低，说明物体与信号接收机的距离较远，如果信号强度突然变化，说明环境中出现了新的行人或物体，改变了信号的传播路径。另一种感知方式是利用信号中的相位变化实现对周围环境的感知，由于信号的相位变化与强度变化相比更加精细，利用相位变化往往能够实现更加精确的感知和定位。与感知强度变化相比，感知信号的相位变化往往也需要更高的采样率和计算能力。

毫米波感知与其他无线感知也有所差异，由于毫米波拥有高频率和大带宽的特点，因此在信号处理和分析方面都有着自己独特的方式。以毫米波雷达为例，毫米波雷达能够感知除信号强度和信号相位之外的第三种信息，即信号频率的变化，并以此来实现更加精确的感知和定位。毫米波雷达通过连续发送和接收调频连续波（Frequency Modulated Continuous-Wave，FM-CW）信号来利用信号频率的变化对目标的位置、速度和角度进行感知，并能够根据信号处理后得到的信息对目标的微小移动进行深层次的感知。FM-CW信号的特点是在一个周期内，信号频率随时间线性变化。在同一个信号周期内，发射信号与接收信号之间相差一个固定的频率差，频率差的大小反映着信号的延迟时间，也就是信号的传播时间。根据这个固定的频率差，能够得到反射信号的物体与雷达间的距离。对雷达接收到的信号做进一步处理，还可以提取感知物体的运动速度等其他信息。

毫米波雷达能够拥有丰富的感知能力。在空间维度上，毫米波雷达能够利用距离和角度感知将空间划分为一个个小区域，并得到每个小区域内的反射信号；在时间维度上，对反射信号进行分析不仅可以对物体的运动速度进行感知，还可以对物体的微小运动进行细粒度感知，如工业级别的机器振动、人体体征感知等，以实现对物理世界充分且精细的感知功能。

2）发展现状

毫米波感知由于其丰富的感知维度和精细的感知粒度，已经受到人们的广泛关注。毫米波感知到的距离、速度、角度等既可以作为室内定位、动作识别的特征，又能够作为识别目标后进行进一步细粒度感知的基础。接收机得到的毫米波反射信号中常常包含了环境给信号带来的影响，如相位变化、频率偏移等，对这些信号进行进一步处理和建模，就能够实现物体识别、位移测量等细粒度感知任务。当前毫米波已经被应用到了很多环境感知任务中，包括工业测振、语音识别、体态监测、材料识别等。

之前已经提到，毫米波雷达能够拿到特定距离对应着的反射信号中包含着微小位移的信息，一个典型应用便是工业场景中的振动测量任务（Jiang et al.，2020）。有研究者利用毫米波雷达对微小位移的精细感知能力，对钢厂中的除鳞泵的振动进行精细刻画，包括振动的频率和幅度（图4-6）。由于工业场景中的振动往往只有微米级别，其他无线信号测量技术基本不可能感知如此细微的变化，而传统的基于嵌入式传感器的测振方案，往往面临部署困难、成本偏高、不易维护等难题。即使使用毫米波雷达对其进行感知也是十分困难的。一方面，工业环境中的多径情况非常复杂，雷达收到的信号中混杂着除振动物体之外许多无关的反射信号；另一方面，如此细微的振动引起的无线信号变化很容易被信号中的噪声所干扰。因此，为了根据雷达的反射信号测量出工业场景中的微米级振动，研究者充分利用雷达反射信号中的有用信息，提出了多信号整合模型，描述了反射信号的特性并利用信号间的一致性对微小振动进行了精确的恢复，最终成功从反射信号中恢复出微米级的振动。

有研究者已经将毫米波应用到了手势识别中（Khamis et al.，2020），通过观察不同手势对反射信号带来的对应影响，结合分类器或者机器学习技术，将收到的反射信号映射到对应的手势，实现手势识别的任务。

毫米波信号对细微位移的感知能力同样被研究者用于精确追踪物体的移动轨迹（Wei and Zhang，2015），利用信号的接收强度和相位的连续变化，结合目标物体与信号发射端和接收端的几何相位位置，实现对物体的精确定位和实时追踪。

除去感知微小位移带来的相关应用，毫米波良好的距离、速度、角度感知性能也被研究者用于多人追踪的任务（Wu et al.，2020），研究者利用数字波束成型弥补天线数量不足带来的低角度分辨率的问题，在检测到目标后进行目标聚类和持续追踪，利用轨迹的连续性将不同人的位置和轨迹区分开，最终能够实现针对动态目标仅仅 9.9 厘米的中位定位误差以及良好的区分目标效果。

图 4-6　工业场景中的微米级振动感知

3）发展前景

以毫米波感知为代表的非接触式高精度感知技术，在工业智能感知领域具有广阔的应用前景，研究价值十分突出，目前正处于快速发展的阶段。着眼于工业互联网应用需求，该技术的发展趋势可以概括为以下几个重点方向。

第一，精细量化感知。如第三章第二节所述，工业智能感知技术的重要特点之一就是要求高精度，而现有大多数技术 [如基于 WiFi、远距离无线电（Long Range Radio，LoRa）、声音、UWB 的感知] 受信号带宽或设备处理能力的限制，感知精度普遍较低，只支持粗粒度的测量或者事件级别的检测等应用，难以实现对工业感知对象的精细量化感知。因此，如何利用毫米波，实现非接触式的精细量化感知，是未来发展的重要课题。

第二，多目标感知。非接触式高精度感知技术，因其技术原理本身决定了感知信号特征同时受多种环境因素和环境中各种对象的共同影响。当前感知模型和算法，忽略了这种影响的复杂性，特别是多感知目标在信号特征层面的耦合现象，一直未能得到有效应对；加上无线信号传播固有的多径传播特性，使得多目标感知成为极具挑战性的任务。多目标感知恰恰是工业智能感知最典型的应用场景，因此，实现多目标感知，既是应用场景的突出要求，也是非接触式高精度感知技术走向落地应用的必由之路。

第三，感知技术通用性。现有非接触式高精度感知技术的通用性非常有限，主要表现在两个方面：一是感知模型的环境依赖性强，无法适应环境和对象变化；二是相当一部分已有工作，为了获得足够精细的感知能力而诉诸复杂的信号收发设备（如大规模毫米波天线阵列），这类设备造价昂贵且部署复杂度高，大大制约了感知技术的通用性。未来，基于普通商用毫米波雷达或支持 60 吉赫的 WiFi 设备的感知技术，才能真正满足工业场景大范围布设使用的需求。在此基础上研究适应环境多样性和动态性的感知模型与算法，是另一个重要的发展方向。

二、工业互联与信息集成

（一）领域发展趋势

2021 年 3 月 12 日，ITU-T 通过了中国信息通信研究院技术与标准研究所主导制定的首个工业互联网国际标准——ITU-TY.2623《工业互联网网络技术要求与架构（基于分组数据网演进）》，标志着我国工业互联网的标准化工作开始取得重要成果，同时这也是我国在工业互联网领域取得新突破的重要起点。工业互联网有机会结合新一代信息技术与大规模工业领域，通过跨设备、跨系统、跨厂区、跨地区、跨行业的全面互联互通，实现各种生产和服务资源的更大范围、更高效率、更加精准地优化配置。作为实现这一目标的基础，如何实现高效、可靠的信息集成成为所需解决的首要问题。

图 4-7 详细阐述了信息集成技术在信息集成覆盖广度、信息集成覆盖精度、信息集成智能程度三个不同维度上的发展趋势以及三个不同维度之间的相互关系，通过有线网络与无线网络融合、基于多标识体系的协同式服务和增强边缘与云端的协同能力，最终实现全域精细化智能全覆盖。下面我们将分三个部分详细介绍这三个维度的具体信息。

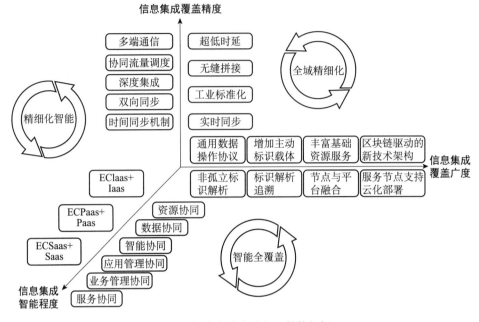

图 4-7 信息集成中的发展趋势解析

（二）未来重要研究方向

1. 有线网络与无线网络融合

在未来的工业互联网中，"万物互联"必然占有重要的一席之地。在这样的背景下，如何充分挖掘当下互联网体系结构中的传输潜力，实现工业互联网对资源的精细化分配成为决定工业互联网发展前景的重要因素之一。为了实现这一目标，必须对现有的地址空间进行扩容，实现对每一个工业互联网终端的精准定位。同时，精细化带来的传输时延高效化、传输安全严格化的需求以及管理规模扩大带来的管理自动化、组网智能化等需求，都是工业互联网下一步发展所需要解决的重点问题。IPv6 协议的推出和不断发展，为这些问题的解决提供了基础。作为新一代互联网体系结构，IPv6 是传输格式的一大进步。相比于之前的第 4 版互联网协议（IPv4），IPv6 具有海量的地址空间，除此之外 IPv6 对数据报文格式进行了扩容和升级，增加了组播和自动配置功能，特别是增加了安全功能，设置了严格的加密机制。然而，IPv6 在应用发展中也出现了一些新问题，所以 IPv6 也在不断创新，不少新的 IPv6 技术也随之而来，从网络路由协议、管理自动化、智能化及安全等方向积极推进 IPv6 网络新技术，不断完善 IPv6 技术体系。

解决了海量端点的编址问题，我们还将面临海量终端下高效性与灵活性的矛盾。在未来的工业互联网中，终端将深入到地球的每一个角落，仅仅依靠有线传输，难以满足越来越复杂的工业需求；而单纯的无线传输无法充分发挥当下有线骨干网的优势，无线网络提供的传输带宽也难以满足越来越多的设备接入，因而打破有线网络与无线网络的边界，实现其有机融合成为亟待发展的重中之重。

随着无线通信技术的发展，无线网络在时延和可靠性方面有了巨大提升，如 1 毫秒时延、1 微秒抖动和 99.9999% 的网络传输质量等。未来通信技术带来的大带宽、低时延、高可靠的特性，可以满足工业设备的灵活移动性和差异化业务处理能力的需求。TSN 是工业互联实现低时延、高可靠和确定性传输的重要技术之一。有线网络和无线网络的融合将兼具 TSN 确定性传输和无线网络移动性的特点，是未来实现工业互联网无线化和柔性制造的重要基础，不但符合智能工业的要求，还可降低成本，催生新的商业模式，创造一个脱离有线束缚且满足端到端确定性时延的工业网络新时代。

1）总体要求及内涵

目前有线网络和无线网络的融合主要可分为有线网络和无线网络技术的无缝拼接、有线网络与无线网络深度集成和 TSN 服务能力的开发这三个方向。首先，利用无线网络将工业设备以无线方式接入到有线网络，无线网络本身的技术优势可以为 TSN 网络提供不受电缆限制的、可靠的设备接入。此外，则要将有线 TSN 的相关技术原理深度集成进无线网络，保证数据在无线网络上的端到端的确定性传输。通过对以太网 TSN 技术的集成，进一步提高无线网络的可靠性，实现更为灵活的上行链路流量调度和更为快速的高精度时间同步。

2）重要的发展方向

一是有线网络和无线网络技术的无缝拼接。通过有线网络和无线网络的融合，将可以在不需要电缆的情况下增加新的设备，也可以使用高度灵活的移动设备。面向数控机床、立体仓库、制造流水线，基于有线网络和无线网络的无缝拼接可以打通产线设备和集中控制中心的数据链路，实现工业制造产线的远程集中控制，以更好地提升生产效率。

该方向面临的主要技术挑战是部署环境问题。TSN 的产业链比较长，在工业互联网中实现 TSN，会涉及工业设备、工业以太网和控制系统等的升级改造。在工业互联网的实际环境中，TSN 的大规模商用还需要一定时间，设备对 TSN 协议的支持还未得到广泛推广。虽然无线网络和有线网络的融合在工业自动化网络中的部署得到了广泛关注和研究，但因为两系统融合的复杂性，真正进入实际工业互联网现场仍然存在一些挑战。

二是有线网络和无线网络的深度集成。URLLC 具有低时延、高可靠性和灵活性等特性，TSN 可保证时间敏感数据通过标准以太网确定性传输，通过两者的有机结合能够满足智能生产的需求。但这两个技术分别是不同场景下的技术，各自的原理都有一定的特殊性，两者的深度集成必然存在一定障碍，例如如何将有线 TSN 的时间同步机制以及协同流量调度机制在无线场景下实现等。第三代合作伙伴计划（3rd Generation Partnership Project，3GPP）在 R16 阶段对 URLLC 和 TSN 融合的问题做了进一步的探讨，URLLC 功能得到了全面增强，融合的大部分技术问题都得到了解决，其架构也基本完成。

有线 TSN 和无线网络的深度集成的进一步研究方向包含以下两个方面。第一，上行时间同步。在已经支持下行时间同步的基础上，进一步支持上行时间同步，即双向同步，从而有利于更精确高效的时间同步。第二，用户设备之间的直接 TSN 通信。目前只支持用户设备到用户面功能（User Plane Function，UPF）的通信，在工业互联网中存在设备之间的直接通信，如何保证终端到终端之间的确定性通信也是一个需要考虑的问题。

三是 TSN 服务能力的开放。不同业务有各自的时延和可靠性需求，通过对应用开发者提供调用接口，为不同应用提供差异化的时延抖动等 QoS 保障能够更充分地利用网络资源。

2. 基于多标识体系的协同式服务

虽然目前国内外的工业互联网标识解析技术已经取得部分成果，但是在架构、性能、安全等层面仍然存在尚未解决的难题，如在架构层面，存在多标识兼容以及解析权限不对等等问题；在性能层面，需要满足超低时延及可扩展性要求；在安全层面，现有标识解析体系的安全与隐私保护方案无法满足工业需求等。基于多标识解析体系的协同式服务则可以打破"信息孤岛"，实现信息的统一整合，为解决上述问题提供了思路和方向。

1）总体要求及内涵

与 DNS 类似，可以通过引入区块链技术来实现基于多标识解析体系的协同式服务，进而解决目前工业互联网标识解析技术所存在的问题，这一做法具有以下几点优势。

一是加强公平性。当前大多数标识解析服务都采用了集中式存储标识映射的方式来实现，如同上面所提到的 DNS，这样很容易造成少数国家、地区、机构对整个标识解析系统的控制甚至垄断。不仅如此，单根服务器往往存在负载不均衡和单点故障的问题。种种潜在风险当然不利于工业互联网的健康发展。

区块链天然的去中心化特性能够有效地解决这一问题，从而实现对工业互联网标识的对等解析。一种可行的设想是：参与到区块链中的每个节点都维护着所有标识的哈希信息，同时维护着一部分（对应于某个大洲、国家或地区）标识的全量信息，从而实现了各节点间的权力对等，互相制约。

二是提高兼容性。工业互联网资源的复杂性决定了工业互联网标识的异构性，进而决定了工业互联网标识体系的多样性。工业互联网标识体系有很多种，目前国内外几种主流的标识体系包括 EPC 标识体系、Handle 标识体系、OID 标识体系、国际标准关联标识符（International Standard Link Identifier，ISLI）标识体系、中国科技资源（China Science and Technology Resource，CSTR）标识体系、Ecode 标识体系、国家物联网（National Internet of Things，NIOT）标识管理公共服务平台标识体系等。各种标识体系采用不同的编码方式，导致工业互联网的信息互通成本很高，难以形成一张互联互通、信息共享的大网。如何实现一种可兼容各种异构标识的公共解析服务成为问题的焦点。

采用区块链技术是尝试解决这一问题的可行思路。如图 4-8 所示，可以将各种标识体系转译为统一的编码，而各个区块记录了这一编码与对应设备的信息。不同标识到统一编码的转移可以通过智能合约来实现，并且直接通过智能合约对该编码进行检索，实现了端到端的各种标识体系到设备的映射再到设备信息的查询返回。

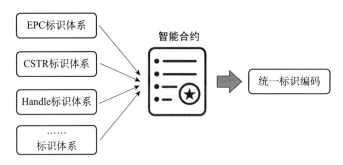

图 4-8　基于区块链的标识解析架构示意图

通过区块链来实现标识体系的公共解析的好处不仅在于端到端的功能的实现，还在于能够实现标识体系解析能力的动态扩展。如果需要增加对新的标识体系的解析能力，可以通过对智能合约的升级来实现。理论上讲，通过这种方式所实现的标识解析能力，其扩展性是没有上限的。

三是促进安全性。目前主流的工业互联网标识解析技术大多与互联网中的 DNS 密切相关。换言之，DNS 所存在的软件漏洞、缓存中毒、域名劫持、DDoS 攻击等安全问题在工业互联网标识解析服务中也难以避免，这将对工业互联网的安全与稳定造成很大的隐患。如果采用以区块链技术为基础的工业互联网标识解析技术，那么解析服务的安全性就可以由联盟链的安全性来保证，这无疑对于安全问题的解决有很大的好处。

四是改善响应速度。如同第一点中所述，当前的工业互联网标识解析协议采用了与 DNS 相似的集中式解析方式。这种解析方式面对一次请求时，需要进行多次的查询，响应速度较慢，效率较低。如果采用基于区块链的工业互联网标识解析服务，我们仍以第一点中的设想方案为例，那么当出现一次请求时，该请求只需要发送到最近的区块链节点，获取标识的哈希值，然后根据该哈希值到相应的节点获得被映射设备的全量信息即可。整个请求过程只发生了两次请求跳转。并且不难想到，基于区块链的工业互联网标识解析服务对于每次请求，最多只需要两次请求跳转，相比于集中式服务，效率提高了很多。

五是强调隐私保护。工业互联网的信息隐私如果保护不到位，可能泄露一家企业甚至一个行业的用户信息、交易信息、运营状况，造成极为恶劣的影响，如何保护工业互联网的信息隐私就成为重中之重的问题。联盟链技术可以为工业互联网标识解析提供足够强大的隐私保护。如前面介绍所示，联盟链的读写权限仅限于同一联盟中的成员，联盟链的准入认证机制保证了联盟外的人很难探知联盟链中的信息，这为工业互联网标识解析提供了极强的隐私保护。

2）重要的发展方向

在过去的几年时间里，出现了很多新的扁平化技术架构，其通过分布式的管理架构实现新突破，如分布式哈希网络，但它过于理想化，缺少整体性的考虑。区块链技术则带来了新的机遇，一方面，"链"为"网"带来安全，区块链的分布式信任传递和管理的机制，有助于破局多元化管理机制长期的难题；另一方面，"网"又为"链"带来新的场景，工业互联网标识作为新型资源空间，更加适合发挥区块链技术的优势。

区块链技术在联盟内的数据透明、交易可信、数据安全方面的优势，为实现基于多标识体系的协同式服务带来重要技术手段，为当前工业互联网标识解析技术带来智能化方案。结合上述五点融合内涵的优势，可以看到，基于多标识体系的协同式服务能够在各个方面优于目前主流的工业互联网标识解析技术。如何设计、建设、落地基于多标识体系的协同式服务是发展工业互联网标识解析技术的关键所在，也是工业互联网长远、稳定发展的重要保障。

3. 增强"云—边—端"协同能力

边缘计算（Taleb et al., 2017）是在靠近物或数据源头的网络边缘侧，融合网络、计算、存储、应用核心能力的分布式开放平台，就近提供边缘智能服务，以满足行业数字化在敏捷连接、实时业务、数据优化、应用智能、安全与隐私保护等方面的关键需求。它可以作为连接物理世界和数字世界的桥梁。

与之对应，云计算是在网络的某一个端点构建的集中式计算服务平台，它在边缘计算所提供的各项服务的基础之上极大地提高了相应的服务能力，能够满足对计算、存储等要求更高的应用的需求。由于集中式供给带来的通信以及处理开销，云计算在实时性和个性化方面存在着一些短板。

边缘计算与云计算各有所长，云计算擅长全局性、非实时、长周期的大数据处理与分析，能够在长周期维护、业务决策支撑等领域发挥优势；边缘计算更适用于局部性、实时、短周期数据的处理与分析，能更好地支撑本地业务的实时智能化决策与执行。因此，边缘计算与云计算之间不是替代关系，而是互补协同关系。边缘计算与云计算需要通过紧密协同才能更好地满足各种需求场景的匹配，从而放大边缘计算和云计算的应用价值。边缘计算既靠近执行单元，更是云端所需高价值数据的采集和初步处理单元，可以更好地支撑云端应用；反之，云计算通过大数据分析优化输出的业务规则或模型可以下发到边缘侧，边缘计算基于新的业务规则或模型运行。

当前，工业互联网飞速发展，物联网外延不断延伸，基于海量数据采集的精准控制分析技术已经嵌入了工业网络的核心。工业系统的网络是工业系统智能化的基础设施，为上层的智能化分析提供更好的架构和支撑是工业互联网的核心要求。就工业系统而言，边缘设备收集的数据量庞杂、网络传输的协议接口多样、计算设备的实时性要求高、工业生产环境的个性化场景丰富，如果全部依赖云计算处理相关内容，成本和效率会限制相关技术的发展。相反，如果全部依赖边缘计算处理，能够满足效率和成本的要求，但在计算能力、全局把控、海量计算方面又成了相应的短板。因此，在下一步，如何结合边缘计算与云计算的相关优势（Anon et al., 2014; Celesti et al., 2019），实现高质量的边缘协同对工业互联网的未来发展有着至关重要的意义（边缘计算产业联盟和工业互联网产业联盟，2018）。

1）总体要求及内涵

如图 4-9 所示，"云—边—端"协同的能力与内涵，涉及 IaaS 模式、PaaS 模式、SaaS 模式在各层面的全面协同。边缘 IaaS 模式与云端 IaaS 模式对应可实现对网络、虚拟化资源、安全等的资源协同；边缘 PaaS 模式与云端 PaaS 模式对应可实现数据协同、智能协同、应用管理协同、业务管理协同；边缘 SaaS 模式与云端 SaaS 模式对应可实现服务协同。

资源协同：边缘节点提供计算、存储、网络、虚拟化等基础设施资源，具有本地资源调度管理能力，同时可与云端协同，接受并执行云端资源调度管理策略，包括边缘节点的设备管理、资源管理以及网络连接管理。边缘节点强调的是信息处理的实时性特性，而云端更为侧重的是信息集成的全局特点和精细程度。

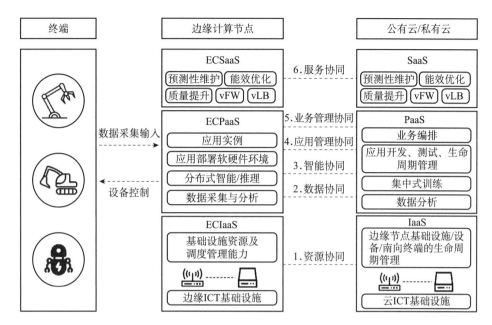

图 4-9 "云—边—端"协同总体要求与内涵

数据协同：边缘节点主要负责现场／终端的信息采集，按照规则或数据模型对数据进行初步处理与分析，并将处理结果以及相关数据上传给云端；云端提供海量数据的存储、分析与价值挖掘。边缘与云端的数据协同，支持数据在边缘与云之间可控有序流动，形成完整的数据流转路径，高效低成本地对数据进行生命周期管理与价值挖掘。在这个过程中，时效性、可靠性和异构网络的融合特性之间的动态协同是一个重要话题。

智能协同：边缘节点按照 AI 模型执行推理，实现分布式智能；云端开展 AI 的集中式模型训练，并将模型参数数据下发至各边缘节点。在这个层次，如何实现边缘智能和云端智能的异构融合，从而产生更为复杂的高层次的智能成为新的挑战。

应用管理协同：边缘节点提供应用部署与运行环境，并对本节点多个应用的生命周期进行管理调度；云端主要提供应用开发、测试环境，以及应用的生命周期管理能力。在这个过程中，边缘节点与云端的信息交互，确保云端和边缘节点应用的安全同步是应用管理协同的关键因素。

业务管理协同：边缘节点提供模块化、微服务化的信息感知即信息上报等应用实例；云端主要根据边缘需求，提供大规模信息处理能力和全局业务信息挖掘能力。

服务协同：边缘节点按照云端策略实现部分边缘 SaaS 服务，通过边缘 SaaS 与云端 SaaS 的协同实现面向客户的按需 SaaS 服务；云端主要提供 SaaS 服务在云端和边缘节点的服务分布策略，以及云端承担的 SaaS 服务能力。

2）重要的发展方向

为了支撑上述"云—边—端"协同能力与内涵，需要重点发展云侧和边缘侧（端侧）协同的参考架构与关键技术。参考架构需要考虑下述因素。①连接能力：有线连接与无线连接、实时连接与非实时连接、各种行业连接协议等。②信息特征：持续性信息与间歇性信息、时效性信息与非时效性信息、结构性信息与非结构性信息等。③资源约束性：不同位置、不同场景的边缘计算对资源约束性要求的不同，带来边云协同需求与能力的区别。④资源、应用与业务的管理与编排：需要支撑通过边云协同，实现资源、应用与业务的灵活调度、编排及可管理。

根据上述考量，如图 4-10 所示，边云协同架构所需的重要突破及发展方向包括云侧和边缘侧。

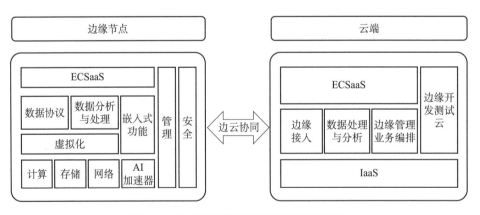

图 4-10　边云协同总体架构及重要发展方向

在云侧，应具备平台能力，包括海量边缘接入的信息处理能力、海量数据处理与分析能力、边缘管理与业务编排能力。其中，边缘管理与业务编排需要考虑边缘节点设备、基础设施资源、南向终端、应用、业务等生命周期管理，以及各类增值应用、网络应用的业务编排。

在边缘侧，应具备基础设施能力、边缘平台能力、管理与安全能力、应用与服务能力。

基础设施能力：需要包含计算、存储、网络、各类加速器（如 AI 加速器），以及虚拟化能力；同时考虑网络时延等方面的特殊要求，需要直接在边缘侧进行高速信息处理，而非通过云端资源。

边缘平台能力：需要包含数据协议模块、数据处理与分析模块。数据协议模块，要求可扩展以支撑各类复杂的行业通信协议；数据处理与分析模块需要考虑时序数据库、数据预处理、流分析、函数计算、分布式人工智能及推理等方面的能力。

管理与安全能力：管理包括边缘节点设备自身运行的管理、网络基础设施资源管理，以及边缘节点南向所连接的终端管理等；安全需要考虑边缘信息集成中的隐私安全及通信安全。

应用与服务能力：需要考虑两类场景，一类场景是具备部分特征的应用与服务部署在边缘侧，部分部署在云端，边缘协同云共同为客户提供一站式应用与服务，如实时控制类应用部署在边缘侧，非实时控制类应用部署在云侧；另一类场景是同一应用与服务，部分模块与能力部署在边缘侧，部分模块与能力部署在云侧，边缘协同云共同为客户提供某一整体的应用与服务。

三、工业大数据与工业智能

（一）领域发展趋势

随着工业互联网的发展，工业大数据与工业智能也呈现了新的发展趋势。工业大数据是工业数字化、网络化、智能化发展的基础性战略资源，正在对工业生产方式、运行模式、生态体系产生重大而深远的影响。在工业数据领域，随着海量级、广分布的大量数据的出现，原有的数据生态发生了质变。以传统关系表征的数据在逐步转向以动态图为主体的组织存储方式，为上层的应用和系统服务提供了灵活快速的保障。此外，数据处理的方式也在不断地转变，数据的索引方式、读写策略、压缩传输以及数据流部署方式均针对工业大数据的时序特性进行了改进和重新设计，以保证其在工业场景下的有效应用。

工业大数据的飞速发展同时也加快了工业智能的产生和发展，具体体现在以下几个方面。随着数据量与数据复杂度的增加，工业知识图谱从静态图谱演变为时序图谱，且从高噪转变到低噪。工业主体赋能技术开始考虑工业设备资源受限和环境动态变化的问题，在工业主体上开始自适应地构建智能学习模型，达到算法与算力的最佳匹配。工业群体协作也逐渐由集中式决策控制向分布式迈进，并在任务分派、多点协作等方面呈现新的趋势。此外，人工智能技术与工业场景的融合不断加深，更加贴近各行各业的实际需求。工业智能通过技术的持续创新与动态迭代，使工业互联网具备了复杂计算和推理能力，降低了工业互联网应用的开发门槛与成本，增强了工业应用赋能的价值与潜力，成为释放并拓宽工业互联网赋能价值的关键。

本节给出了工业大数据与工业智能技术的五个优先发展方向，其在分布式、自适应及动态性三个维度的技术路线如图4-11所示。

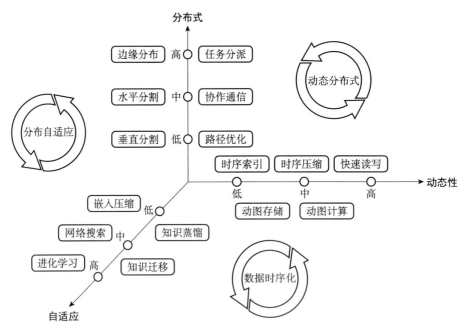

图4-11　工业大数据与工业智能技术路线

（1）工业图数据存储：研究如何将复杂工业场景中的实体与关系进行结构化保存，对复杂图数据进行压缩、存储以及一体化存算。

（2）工业时序数据管理：研究如何有效管理工业生产过程中产生的大量工业时序数据，实现工业大数据的快速写入、快速索引和高效压缩。

（3）工业知识图谱：研究如何更好地理解工业体系各要素之间的内部联系，构建时序、低噪知识图谱的内部联系，实现工业知识推理和工业知识问答、检索等应用。

（4）自适应嵌入式深度学习：在工业终端中，研究如何通过模型压缩、分割技术实现资源受限工业设备上深度模型的部署以及对资源和环境的动态自适应。

（5）分布式工业智能：研究如何将多智能体强化学习等技术应用到由各个智能工业设备组成的工业系统中，以实现传统集中式智能向分布式智能的转变。

（二）未来重要研究方向

1. 工业图数据存储

工业图数据存储是将复杂工业场景中的实体与关系进行结构化保存，用于存储链接数据、挖掘数据关联。图存储方式具有如下优点：①深度，图存储在处理深度关联的工业数据时，具有绝对的性能提升；②灵活，图存储提供了极其灵活的数据模型，可以根据工业需求变化实时对数据模型进行修改；③高效，图存储方案下数据建模直观且支持测试驱动开发模式，极大提高了工业生产和产品交付效率。图存储技术以由结点、结点属性和边三者组成的图结构为基础。在图结构中，可以用图结点表示异构的工业设备、物料、技术工人，用结点属性表示不同工业设备、物料、技术工人的各种属性，用边表示工业设备、物料、技术工人间的数据传递关系，从而实现复杂工业场景建模与存储。工业图数据存储未来的发展包括图数据压缩、动态图存储和图计算。

1）图数据压缩

工业场景日趋复杂，所构建的工业图越来越庞大，工业图复杂度急剧上升。由于图结构的非欧几里得特性，存在大量冗余数据，因此图数据压缩成为图存储中的一项关键技术。图数据压缩技术可以有效地降低图数据的存储空间，同时支持在压缩形式的图数据上进行快速访问，分为基于邻接表的图数据压缩技术和基于形式化方法的图数据压缩技术。①基于邻接表的图数据压缩技术，基于工业数据图的局部性和相似性，包括空隙编码（压缩节点的标签值）、参考压缩（邻接表复用）等。②基于形式化方法的图数据压缩技术，其核心思想是将工业数据图中的节点进行二进制编码，把图中的边转化为布尔代数，使用有序二叉决策图进行处理，以此共享子图、提高效率。

2）动态图存储

目前工业上常用的图存储是将工业流程中产生的关联数据以图的形式建模并进行存储，这虽然在一定程度上能够表现出工业流程中数据的关联，但是大部分数据图是静态的。在实际工业场景中，工业流程以及工业设备往往是动态变化的，一旦工业流程、工业设备以及工业设备产生的数据发生变化，原本建模的静态图就难以维护和使用，所以未来的图存储不仅仅是存储和维护静态图数据，还应能够实现基于动态邻接表、二叉决策图等技术的动态图数据存储和处理，以满足更多工业场景的需要。

3）图计算

上面提到的图存储以事务为核心，强调增删查改并重，并且一个查询往往只是涉及图中的少量数据，而未来的工业图数据存储体量巨大，分离的存储查询与计算在效率上存在瓶颈，因此未来图存储计算一体是图存储的必然趋势。图计算是解决大规模工业数据处理的方法，对整个工业数据图做分析计算。图计算系统是针对图算法的特点而衍生出的专用计算系统，能够高效地运行图算法。因此随着工业领域的发展，需要引入图计算系统来解决图数据处理的问题。图计算是图存储的补充与发展，是未来工业图数据存储的重要发展方向。

2. 工业时序数据管理

工业生产过程的连续性导致了大量工业时序数据的产生。如何对工业时序数据进行有效管理是本节将要讨论的主要内容，将从工业时序数据的写入、索引和压缩三个方面进行展开。

1）工业时序数据写入

工业时序数据在数据写入上有三个特点：写入平稳、持续、高并发高吞吐。首先，工业时序数据的写入是比较平稳的，这点与应用数据不同，应用数据通常与应用的访问量成正比，而应用的访问量通常存在波峰波谷。其次，工业时序数据通常是以一个固定的时间频率产生的，不受其他因素的制约，其数据生成速度相对比较平稳。最后，工业时序数据是由每一个个体独立生成的,如传感器,当个体数量众多时,通常写入的并发和吞吐量较高。针对上述特点,主流时序数据库建模的方式分为两种(Erraissi et al.,2018;Nasar and Kausar,2019)。①按数据源建模:在该方式中,同一个数据源在某个时间点的所有指标测量值会存储在同一行,融合了实时在线数据分析、全文检索系统和时间序列系统的特点,可以满足不同使用场景的工业时序数据的写入。②按指标建模:在该方式中,每行数据存储某数据源的某指标在某时间点的测量值,实现对一个生成工业时序数据的工业设备的持续高速写入。

2)工业时序数据索引

工业时序数据有非常典型的冷热特征,越是历史的数据,被查询和分析的概率越低。索引能够帮助查询和快速定位要读取的数据,这对于降低查询执行的延迟非常关键。但对于分布式环境和海量工业时序数据,传统数据库索引技术很难直接应用在工业时序数据的管理上。因此需要采用特定的索引技术。在时序数据管理中,多采用时序索引和倒排索引(Bajer,2017)。①时序索引以时间为轴,数据只有增加没有变更,并且必须包含时间戳字段。时序查询场景会有很多聚合查询,对于特定场景,如果其使用频次高且数据量非常大,采用物化视图进行预聚合,能够有效提高查询效率。②倒排索引被用来存储在全文搜索下某个字段在一个文档或者一组文档中的存储位置的映射。工业时序数据类型多样、来源复杂,可能存在多条时间线。采用倒排索引进行管理能够有效提升查询效率。

3)工业时序数据压缩

在不同的应用领域,针对不同的数据应用特征,有不同的数据压缩技术。在工业领域中,工业实时时序数据也有一定的变化规律,针对这些规律,需要使用特定的数据压缩算法。工业时序数据有如下特征:工业实时数据的数据变化具有一定波形规律;工业实时数据中只有一小部分测点的值经常发生改变;工业实时数据中很多测点的数值都具有慢变化的特征;数值变化与时间变化具有共同变化特性;用户在一定范围内,能够允许数据的精度损失。在工业应用领域中,常用的压缩算法分为三类:无损压缩、有损压缩、二级压缩。无损压缩一般以通用压缩理论为基础,采取哈夫曼(Huffman)算法等经典的压缩算法;有损压缩更多地考虑了工业实时数据的特征,而采取了一些特殊舍点算法;二级压缩同时利用了这两种数据压缩技术。采用不同的时序数据压缩技术，能够有效地减少工业数据管理开销。

随着工业互联网发展的需求日益清晰，工业时序数据管理也面临着新的挑战，展现出新的发展趋势。

一是更灵活的数据模型。传统的实时数据库由于工业场景的特殊性，常使用单值模型，即对每个测点单独建模，包含名称、精度、数据类型、开关量/模拟量等描述信息，查询时需要针对每个测点进行查询，该模型写入效率高。部分时序数据库需要采用多值模型，这样对外提供服务时会更适合分析的场景。当然，单值模型和多值模型是可以互相转换的，很多数据库对外提供的服务为多值模型，但是底层存储还是单值模型。

二是逐步转向云服务。出于安全和性能等原因，传统的工业场景处理实时数据常采用私有化部署。然而，由于工业时序数据海量、持续的特点，会大大增加机器、软件以及后续的服务开销。将时序数据管理部署于云端，一方面，可节省购置机器的成本，不需要维护机器和软件系统，只需要懂得如何开发和维护业务。另一方面，服务使用多少就购买多少，避免一次性购买服务造成的资源浪费或者资源不足再进行二次建设，减少企业开销。

三是逐步向边缘计算发展。工业领域是物联网的重要试验田，工业互联网的发展势必会带来更多传感器的使用以及更多工业数据的采集。当工业数据过于庞大，集中化的处理方式就很难响应实时的数据分析需求，这就带来了数据计算向边缘的发展，融合了边缘计算的时序数据解决方案会更适合工业互联网处理场景需要。

3. 工业知识图谱

工业知识图谱是基于工业产品研发、生产、运行、保障、营销和企业管理等运行关系数据建立的网络。结构化存储海量工业大数据，可以更好地组织、管理和理解工业体系的内部联系，是知识图谱的重点发展方向之一。知识图谱相比于深度学习等方法，无须海量数据训练，就能更加广泛地应用到不同具体任务，符合工业知识总量多、细分专业知识量少、对知识应用可靠性要求高的要求，可作为工业智能领域优先发展对象。通过建立工业知识图谱，可以有效表达、管理和分析工业知识体系，并为不同个性化工业场景提供精准的知识服务。工业知识图谱具有一般知识图谱的通用价值，包括知识融合、语义搜索、知识推荐、知识问答、大数据分析与决策等。同时借助工业知识图谱，可以协助人们更好认识、管理、优化、控制和改进各种工业互联网内的庞大资源和流程。

工业体系庞大，工业产品类型多、定制化程度高，导致工业知识关系极其复杂，远远超过人的思维逻辑、分类体系、目录体系等一般管理手段的能力范畴，具有标准多、噪声大、时序强的特点，工业知识图谱的构建存在着诸多挑战：一是知识演化和知识管理，时序数据呈现时间上的关联性，有自主演化的特点，如何对不断演化的知识进行管理是第一点技术挑战；二是从多个结构化及非结构化源中抽取工业知识，工业数据由传感器或工业设备采集而来，数据质量较低，如何从中有效抽取工业知识是第二点技术挑战；三是大规模管理运营，大规模工业知识图谱如何进行场景化运营，提升存量运营和客户服务质量，发挥最大效用，实现降本增效则是第三点技术挑战。

工业知识图谱在产品全生命周期均能发挥重要作用，并能为工业相关的金融征信、产业分析、经济研究和教育培训等提供多样化支持。工业知识图谱未来发展方向包括工业时序知识图谱和低噪工业知识图谱。

在工业时序知识图谱方面，当前的知识图谱研究大多面向静态知识和动态知识。前者指的是不随时间发生变化的客观事理知识，后者指的是随时间动态变化的事件、新闻、事物状态等。工业中产生的数据大部分是时序数据。工业时序知识也是随时间动态变化的，但其在采样尺度上与一般动态知识相差甚大。一般动态知识记录事件的变化，通常数小时甚至数天更新一次，而工业时序数据构成的知识具有极高的采样率，一分钟内就可采样几十甚至上千条。因此，研究能够合理存储并有效组织高采样工业时序知识的知识图谱对于工业数据的组织具有重要意义，被称为时序知识图谱。

在低噪工业知识图谱方面，大多数传统知识表示学习方法都假设现有知识图谱中的知识是完全正确的，这会带来潜在误差。基于工业场景构建的工业知识图谱存在大量噪声数据，如何从带有噪声或冲突的知识图谱中学习到准确的知识表示向量，同时又能够发现已有知识图谱中可能存在的错误，成为未来亟须解决的问题。未来工业知识图谱将引入基于结构信息的置信度等技术，同时提升知识表示学习和知识图谱噪声探测的效果，从而实现低噪工业知识图谱，做到更精准地辅助决策及传统应用赋能。

工业知识图谱可以对工业产品的结构、功能、性能和工艺等技术性信息，以及价格、物流和口碑等商业信息进行综合管理，未来工业知识图谱不仅能提供自动知识问答功能，还能够进行事实性错误检测，从而丰富对工业设备的描述，增强工业智能算法的挖掘能力，能有效地弥补交互信息的稀疏或缺失，为采购和销售人员提供全面可靠的商业和财务信息，辅助企业智能决策、节约服务成本、提高服务效率、提升用户体验。

4. 自适应嵌入式深度学习

在工业场景中，受到硬件架构、设备尺寸、内存大小等物理方面的约束与续航时间、供电方式等能耗方面的约束，工业设备往往很难运行智能认知模型。从残差网络（Residual Network，ResNet）到视觉几何群网络（Visual Geometry Group Network，VGG），模型的参数量与计算量有了几十倍的提升，这对于传统工业设备是一个极大的挑战。基于该问题，出现了模型压缩、模型分割和模型动态自适应方法。

1）工业载体模型压缩

模型压缩旨在尽可能不降低模型精度与效果的情况下，对特定的工业设备，如移动终端、智能终端等模型进行精简，使得模型运算速度更快、资源消耗更少（He et al.，2018）。按照不同的技术类型可以分为以下几类：模型量化、模型剪枝、知识蒸馏。①模型量化：指对神经网络中的浮点参数根据某种手工规则或统计学规则进行量化处理，使深度学习中的浮点数计算可以转换为整数运算或者低比特定点运算，降低模型运行资源消耗。②网络剪枝：该方法是目前应用最为广泛的模型压缩技术。这种方法利用神经元的激活程度、权重大小等指标来评价模型结构的重要性，通过将不重要的卷积核、神经元、通道或者卷积层进行裁剪来减少模型的冗余。③知识蒸馏：利用原始模型与精简模型数据在同一个目标域内的特性，借助大量的迁移数据，让精简模型去拟合较为庞大的原始模型，学习到原始模型内部的映射关系，使得精简模型也可以具备与原始模型相似的精度。

2）工业载体模型分割

在工业生产中，通常一个车间包含多台制造设备，需要多个制造设备进行协作以完成生产任务。如多车协同运输物料、多机器人协作组装产品等。这些设备在运行时，通常也能贡献出一部分空闲的计算能力。因此除了通过模型压缩技术来实现高复杂度模型在低计算能力设备上运行外，也可以通过将复杂计算模型划分给场景内的多个嵌入式设备，在多个设备之间传输模型运算的中间结果来实现任务协作，最终完成复杂任务在资源受限的工业设备上进行计算（Kang et al.，2017，Zhao et al.，2018）。具体来说模型分割技术分为水平分割与纵向分割两种，即在模型分割的过程中以模型层为粒度将深度模型进行分割；以及将模型中的层进行融合，并以网格方式对融合的层进行垂直划分。在工业环境中，通过选择一个主要设备负责计算任务的分发，多个协作设备分别执行不同的独立任务，来实现模型的整体分割与协作。

另外，生产设备在生产过程中的剩余电量、内存占用等不可控因素使得设备的计算资源不断变化，生产产品种类的变化造成的深度学习模型输入样本存在差异，这些不断变化的因素使得传统的静态模型无法应对动态变化的工业场景，因此需要建立动态自适应深度学习模型解决这些问题。

3）工业载体模型动态自适应

在工业环境中，智能制造系统的运行环境、设备资源等不断发生变化。为使系统能适应不同的状况，需要模型可以根据设备所处的环境（输入）、设备自身的资源变化（电量、内存）等因素动态改变模型参数或结构，提升自身的适应能力。在资源较为充足的环境下使用高精度的神经网络，在资源不足的情况下，以轻微的精度损失为代价降低模型的资源消耗。人工智能领域已经开展了神经网络自动搜索和基于进化计算的自适应嵌入式模型研究，而工业场景中的约束定义也值得高度关注，因而需要研究和实现基于工业载体模型的动态自适应机制。

5. 分布式工业智能

分布式工业智能是将最新的多智能体技术比如多智能体强化学习等方法，应用到由各个智能工业设备组成的工业系统中，使得多个智能工业设备能在更高维且动态的真实场景中通过交互和决策完成错综复杂的任务，从而实现设备自组织，完成传统工业控制向分布式工业智能的转变。

工业场景下多设备控制的复杂性高、动态性强以及存在时变和耦合的特点，给分布式工业智能的发展带来了诸多问题与挑战：分布式结构使得在多智能体下实现全局优化存在一定的困难或无法找到最优解；工业设备在运行过程中由于资源的缺乏可能会发生冲突或出现死锁现象；随着设备数量的增加，规划和协调的复杂性以及由此产生的通信量也随之增加。

建立在工业设备集群之上的分布式工业智能，要解决的核心问题是如何调度工业设备来执行合适的任务并建立高效通信，其中主要涉及以下研究内容。

一是任务分配。任务分配是分布式工业智能中的重要环节。目前工业设备集群研究大多针对静态任务分配，对于动态环境下的分布式任务只是建立初步模型，设备的执行策略并不完善（Xiao et al.，2020）。大多数研究在进行动态任务分配的优化时，并没有发挥出群体协作的优势，难以真正解决工业设备集群的全局最优问题。同时，任务分配需要进一步考虑设备异构性，最新研究已经开始利用设备异构性来充分发挥多智能体优势，以便完成工厂内部甚至更大场景下的协作任务，比如仓库场景下机械臂与传输机器人共同完成工具的选取、传输及交付任务，无人机与无人车协作完成追捕任务，等等。

二是协作通信。分布式工业智能下的协作通信是指工业设备通过建立通信来了解其他设备的状态、位置和环境信息，进而方便完成协作任务（Long et al.，2018；Zhang et al.，2020a）。建立科学的通信机制在协作通信中十分关键。一般情况下，可以应用分布式网络结构让工业设备稳定地进行数据交互，其灵活性相对较强，扩展性更好，能够对有效信息进行高效的传输，避免出现通信冲突的状况。尽管在理想状态下，工业系统中任意两个机器都可以进行实时通信。但考虑到部分场景下的通信带宽受限，需要尽可能保证机器之间通信的高效性，让设备本身学会通信，即能够确定在什么状态下与哪个智能体进行通信是有效的。

三是路径选择。可移动的工业设备需要着重考虑路径选择的问题。工业场景下多设备的协同路径规划，需要为各个可移动设备寻求一条从起始点到目标点的最优路径。传统的路径选择是指以全局环境信息作为基础，实现设备的全局路径规划。目前的分布式工业智能需要进一步考虑在部分可观测的环境下如何实现设备的路径选择，即在机器设备仅仅知道一定范围内的环境信息的情况下，如何实现最优路径寻找。目前已有基于去中心化的多智能体强化学习技术，能够为各个智能体建立多步超前的树搜索策略，初步实现多个工业终端路径的智能选择。

四、工业互联网控制协同

（一）领域发展趋势

伴随着工业互联网"三层级四环节"架构的发展和演化，控制协同技术的发展趋势为：①调控层次从"产品链"向"产品链-价值链-资产链"协同调控发展；②新一代信息技术与工业技术的持续融合；③基于CPS的控制向"机理-数据-知识"多模态控制方向发展。其中，由于"机理-数据-知识"多模态控制技术贯穿产品链、价值链、资产链，同时作为新一代信息技术与工业技术持续融合的内在驱动，可用于描述控制协同技术的发展趋势，如图4-12所示。

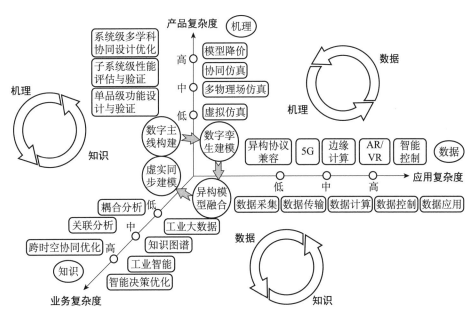

图4-12　"机理-数据-知识"多模态控制协同发展趋势（中国电子技术标准化研究院和中国信息物理系统发展论坛，2020）

1. 机理

"机理"主要是产品设计视角，围绕产品全生命周期中机理产生过程展开。产品机理建模是构建数字模型的过程，其结果是在信息空间中形成物理等价物。仿真技术伴随着建模的整个过程，利用多种仿真技术包括单学科物理场的仿真、多物理场仿真及系统仿真等构建数字孪生模型，针对产品复杂度的不同，产品机理建模和仿真可从部件级、子系统级和系统级逐层进行，最后形成以数字孪生为特征的虚拟数字模型，然后将数字孪生模型和仿真求解器部署到 CPS 中。

2. 数据

"数据"主要是制造过程视角，围绕数据的产生和应用展开，以实现数据在各业务环节中的有序流动。CPS 的本质是实现数据在设计、采购、仓储、生产、管理、配送和服务等环节有序流动，以数据流带动资金流、物流和人才流，进而优化流程，提高制造资源配置效率。以数据的采集、传输和计算分析技术为驱动，打通每一个业务环节，有效支撑 CPS 在各类应用场景下实现价值。为应对更加复杂的应用场景和应用环境，保证数据的采集、传输、计算和使用更加智能，需要异构协议兼容、大规模实时数据传输、边缘计算、AR/VR、智能控制等多种技术协同。

3. 知识

"知识"主要是服务提升过程视角，围绕知识的产生和应用展开，实现数据到工业知识的转化。CPS 在研发设计、工艺管理、生产制造、测试试验以及运维服务等业务环节的应用存在耦合性、关联性和跨时空系统性等特点，根据涉及业务场景和复杂度的不同可以将其划分为单场景、跨场景和全场景应用，不同场景、跨场景、全周期场景等对知识体系要求不一，存在着演进规律不明等困难。CPS 针对上述不同场景分别提供耦合分析、关联分析以及跨时空协同分析等功能，以实现"原始数据—数据处理—知识加工—知识管理—认知服务"的知识产生与应用过程。为满足不同场景下的数据分析需求以及知识的产生与应用，需要工业大数据、知识图谱、工业智能和智能决策优化等关键技术的支撑。

综上，未来工业互联网控制协同将综合虚拟仿真、数据分析、认知决策等多个领域的关键技术，实现"机理－数据－知识"驱动的多模态耦合控制；通过机理、数据与知识模型的指导、修正、完善、迭代、反馈调控、验证等耦合作用，形成全面多模态控制方法与机制。

（二）未来重要研究方向

1. "产品链－价值链－资产链"协同调控

如上所述，当前工业互联网按工厂、企业、产业链三个层级开展控制协同系统建设，其技术演进的未来发展还将考虑企业产品链、资产链、价值链（产品研发—供应—生产制造—销售—服务）的协同调控技术。该技术将打通企业生产、销售、运营、供应、管理等各个业务环节和流程，分析不同工业领域的产业链和价值链，通过资源要素连接，开展工业互联网下内外部协同调控，推进各类产业资源的高效协同与优化配置，推进行业发展。

未来工业互联网下，企业"产品链－价值链－资产链"的协同调控体现在以下几方面。

第一，工业互联网通过对产品全生命周期的连接与贯通，强化产品设计、流程规划到生产工程的数据集成与智能分析，以实现产品链的整体优化与深度控制协同。例如，通过工业互联网网络互联实现项目人员异地远程在线控制协同，以及模型、机理等各类数据远程共享，企业可以低成本并高效率地完成产品、工艺的协同研发和优化。

第二，工业互联网面向企业业务活动，支撑计划、供应、生产、销售、服务等全流程全业务的互联互通；同时，面向单环节重点场景开展深度数据分析优化，从而实现全价值链的效率提升与重点业务的价值挖掘，例如，企业可通过工业互联网实现生产过程数据实时采集与连通，叠加机器学习、边缘计算、工业大数据分析等技术，实现产品质量提升、能耗降低，从而提升生产制造环节的价值。

第三，工业互联网将孤立的设备资产单元转化为整合互联的资产体系，支撑系统设计、建造、投产、运维、退役到报废与回收等设备全生命周期多个环节数据集成串联，这为设备管理难度大的企业，尤其是为重资产企业，提供了轻便化、灵活化、智能化的设备管理方式和产品后服务，从而实现资产链的全面运维保障与高质量服务。例如，企业可以通过工业互联网构建面向边缘设备的全面互联和感知能力，优化设备维护周期，预测关键设备的故障，并进行远程的在线维护，从而提高资产资源的可靠性和资产管理的经济效益。

2. 新一代信息技术与工业技术融合性控制

未来"云—边—端"控制协同技术的持续演进，将集成新一代信息技术与工业技术，形成融合性控制技术。该融合性控制技术驱动了工业互联网物理系统与数字空间全面互联与深度协同。同时，工业技术和信息技术都将根据工业互联网中的新场景、新需求进行不同程度的调整，以构建出完整可用的控制技术体系。

新一代信息技术勾勒了工业互联网的数字空间，可直接作用于工业领域，构成了工业互联网的通信、计算、安全基础设施；同时，基于工业需求进行二次开发，成为融合性技术发展的基石。通信技术中，以5G、WiFi为代表的网络技术可提供更可靠、快捷、灵活的数据传输能力；标识解析技术为对应工业设备或算法工艺提供标识地址，以保障工业数据的互联互通和精准可靠；边缘计算、云计算等计算技术为不同工业场景提供分布式、低成本的数据计算能力；数据安全和权限管理等安全技术保障了数据的安全、可靠、可信。信息技术构建了控制闭环优化的基础支撑体系，使绝大部分工业互联网控制系统基于统一的方法论和控制技术组合构建；同时，其打破了互联网领域与工业专业领域技术创新的边界，统一的技术基础使互联网中的通用技术创新可以快速渗透到工业互联网中。

工业技术，以制造技术为例，基于机械、电机、化工等工程学中提炼出的材料、工艺等基础，叠加工业视觉、测量传感等感知技术，以及执行驱动、自动控制、监控采集等控制技术，面向运输、加工、检测、装配、物流等需求，构成了工业机器人、数控机床、3D打印机、反应容器等装备技术，进而组成产线、车间、工厂等制造系统。从工业互联网视角看，制造技术构建了专业领域的技术和知识基础，指明了数据分析和知识积累的方向，成为设计网络、平台、安全等工业互联网功能的出发点。同时，制造技术构建了工业数字化应用优化闭环的起点和终点，工业数据的源头绝大部分都产生于制造物理系统，数据分析结果的最终执行也均作用于制造物理系统，使其贯穿设备、边缘、企业、产业等各层工业互联网系统的实施落地。

以智能制造领域为例，未来制造技术和信息技术的突破是工业互联网融合性控制技术的基础，例如增材制造、现代金属、复合材料等新材料和加工技术不断拓展制造能力的边界，云计算、大数据、物联网、人工智能等信息技术快速提升人类获取、处理、分析数据的能力。制造技术和信息技术的融合性控制强化了工业互联网的赋能作用，催生了新一代工业软件、工业大数据、工业人工智能等融合性控制技术，使机器、工艺和系统的实时建模和仿真，产品和工艺技术隐性知识的挖掘和提炼等创新应用成为可能。

3. CPS 多模态控制技术

CPS 下多模态控制技术（中国电子技术标准化研究院和中国信息物理系统发展论坛，2020），其通过数据在设计、采购、仓储、生产、管理、配送和服务等环节流动，基于数据流控制资金流、物流和人才流，进而不断地优化流程，提高制造资源配置效率。可见，多模态控制技术以数据的采集、传输和分析应用技术为驱动，打通工厂—企业—产业链层级的业务环节，体现为单元级控制、系统级控制和系统的系统（System of System，SoS）级控制。为了应对复杂的控制场景，保证控制数据的采集、传输、分析和应用更加智能，需要异构协议兼容、无线控制技术、模糊控制技术、神经网络控制技术、学习控制技术、可编程控制技术等多种技术协同。通过技术协同，实现异构数据实时感知、数据高效稳定传输，以及数据挖掘、有效控制，支撑人与系统的完美交互，构建 SoS 级 CPS 控制系统，从而实现多个系统级 CPS 工作状态的统一监测、集中管控。

同时，CPS 控制针对单场景、跨场景和全场景控制，实现"原始数据—数据处理—知识加工—知识管理—认知服务"的控制智能产生与应用过程，以实现"数据－信息－知识"的高效转化，加速了信息空间与物理空间之间的交互联动。

基于多模态控制的智能决策技术，可从工业数据中发现可供迭代利用的知识，并能够基于推理与优化算法生成指导管理与控制活动的策略，是实现基于数据有序流动的闭环赋能体系、资源优化、价值提升的重要抓手。工业场景下通过建立工业大数据和知识驱动的流程工业智能优化决策机制和系统体系结构，以及工业大数据驱动的领域知识挖掘、推理与重组、多源异构多尺度生产指标构建，形成基于大数据和知识驱动的生产指标决策、优化运行与控制一体化的工业智能控制决策优化新模式，实现基于 CPS 工业生产的绿色化、智能化和高效化。

五、工业互联网平台软件

（一）领域发展趋势

互联网和其他网络（包括电信网、移动网、物联网等）的交汇融合，进一步推动了人类社会、信息空间、物理世界的融合，形成新的人、机、物融合计算环境。工业互联网作为一种典型的人、机、物融合环境，覆盖数据中心（云）、通信网络（网）、边缘设备（边）和智能终端及物联网设备（端）的海量异构资源，其应用呈现出泛在化、社会化、情境化、智能化等特征，需求多样且多变。然而，工业互联网平台软件尚处于萌芽和探索期，现有"工业互联网平台"大多只是特定于具体业务场景的定制化功能软件，并不具备平台软件所需要的资源管理和应用开发能力，无法满足工业互联网发展的需求。工业互联网平台软件需要更好地凝练应用共性，更有效地管理资源，并根据频繁变化的应用需求和动态多变的应用场景对各类资源作按需、深度、灵活地定制。

解决此问题的一种可行方法是借鉴计算机操作系统的思路，通过"软件定义"的方法和技术途径按需灵活定制工业互联网平台软件（Mei and Guo，2018）。自 2008 年斯坦福大学提出了"软件定义网络"（McKeown，2009）并研制了 OpenFlow 交换机原型之后，软件定义的概念在存储、数据中心等领域得到迅速推广和发展，"软件定义一切"（Software Defined Everything，SDX）正在重塑传统的信息技术体系，成为信息技术产业发展的重要趋势。软件定义的技术本质就是将一体化硬件设施解耦，实现"硬件资源的虚拟化"和"管理任务的可编程"，即将传统的"一体式"（Monolithic）硬件设施分解为"基础硬件虚拟化及其 API+ 管控软件"两部分（Mei，2017）：基础硬件通过 API 提供标准化的基本功能，进而在其上新增一个软件层替换"一体式"硬件中实现管控的"硬"逻辑，为用户提供更开放、灵活的系统管控服务。

但是，现有软件定义方法及操作系统技术主要面向传统互联网环境的应用需求，在工业互联网环境下还存在很大局限性。纵向上看，传统的操作系统技术采用分层结构，将管理功能分解成多个抽象层次，每一层都采用软件定义的方式屏蔽下层异构性，为上层提供 API，这种做法通常存在性能损失，需要垂直优化以满足工业互联网的需要。横向上看，各类资源要么被锁定在单个系统的内部，要么通过固定的结构和协议将特定系统耦合到一起，难以根据应用特征对底层资源进行弹性可伸缩的调度及分配。

因此，结合工业互联网特点来看，未来工业互联网平台软件主要有三个方面的发展趋势（图4-13）：一是场景化，工业互联网平台软件的结构和行为并非标准且统一的，而是需要根据不同场景进行灵活定制；二是分布式，工业互联网平台软件所接入和管理的资源并非固定集中的，而是动态开放的，平台软件需要通过按需聚合和可信协同的方式实现分布式资源管理；三是生长式，工业互联网平台软件并非按周期和计划进行迭代式升级维护，而是根据自身运行情况和应用场景需求的变化进行自我适应和演化，以实现平台软件的持续健康生长，满足复杂工业场景的需求。

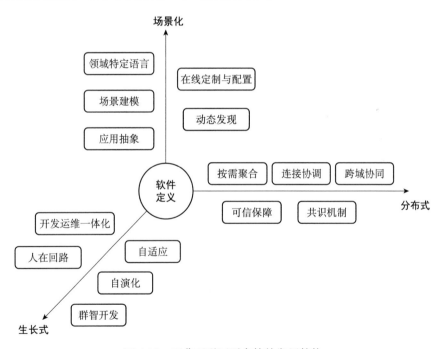

图 4-13 工业互联网平台软件发展趋势

（二）未来重要研究方向

基于上述趋势分析，工业互联网平台软件未来重要的研究方向可归纳为面向工业互联网的软件定义方法、海量异构工业资源的分布式可信协同、工业场景驱动的软件适应与演化支撑、基于群智开发的工业互联网平台生态链构建等四个方面。

1. 面向工业互联网的软件定义方法

工业互联网平台软件是面向工业场景的、服务于多样化泛在计算应用的、开发运行和适应演化的系统软件。类比操作系统，工业互联网平台软件在本质上是提供虚拟化资源管理和应用编程接口的一个软件层。因此，构建工业互联网平台软件要研究的科学问题一方面是如何认识工业互联网环境中各种实现感知、计算、通信、执行、服务等能力的工业资源，提炼资源的核心属性，形成工业互联网下的资源抽象模型；另一方面是面向工业互联网场景，分析工业应用的本质特征、凝练应用共性并予以有效抽象，形成工业互联网下的领域编程模型。在此基础上配以相应的软件定义方法实现工业资源的虚拟化、工业任务的可编程，以更有效地管理、调度工业资源，适应动态多变的工业应用场景。

1）泛在工业资源抽象

工业互联网环境下的资源不仅覆盖工厂数据中心（云）、工业通信网络（网）以及终端设备（端）的传统计算、网络、存储资源以及其中产生的数据资源，还涉及企业、员工等人类社会关系在信息空间的投射。在硬件设备抽象方面，需要研究面向海量、多类、异构的新型工业硬件资源的抽象表示和驱动，以及异构工业网络中设备资源之间的新型消息标准；在数据抽象方面，传统操作系统基于文件对数据进行统一抽象，工业互联网平台软件中数据资源跨域多态，需要设计基于场景的数据抽象模型，以支撑基于角色的数据融合和面向任务的场景感知；在人类社会资源、物理世界资源抽象方面，需要针对其区别于信息系统资源的本质特征，如时空属性、社会关系属性等，设计新型资源模型来表达人类社会、物理世界资源；在控制抽象方面，基于进程的控制抽象是传统操作系统资源管理和程序执行的基本单元，工业互联网平台软件中的人、机、物资源复杂多样，需要研究以数据为中心的控制抽象简化对资源的控制行为，与此同时，还需要考虑到所控制资源的主体特征，设计基于角色的控制抽象模型。

2）新型工业应用抽象

工业互联网环境是典型的人、机、物融合环境，其中的新型工业应用呈现出泛在化、情境化、智能化等新型应用形态与模式，需求多样且多变。首先，在工业应用抽象方面，需要研究设计面向工业互联网的软件定义方法和领域特定语言，给出资源的数据与控制解耦机理、资源编程接口智能化生成与运行模型技术以及场景化资源编程与执行模型技术，以更好地凝练应用共性，更有效地管理资源，并根据频繁变化的应用需求和动态多变的应用场景对各类资源作按需、深度、灵活的定制。其次，在应用场景抽象方面，需要从平台软件角度抽象出多种多样的工业互联网应用领域和场景，包括数据规模巨大、突发性强、实时性高的基于工业云的泛在效用计算，对资源需求的动态性、不确定性很强的柔性生产场景，以及移动性强、承载设备多、续航要求高、迭代快的协作计算场景等。

3）工业资源虚拟化

虚拟化不仅能够实现设备和设备之间的有效隔离，更重要的是可以实现大量设备资源的细粒度管理，为资源的弹性供给、高效配置和按需聚合奠定基础。然而，由于工业互联网资源种类的多样性以及设备计算能力的极端差异化，传统的虚拟化技术并不能直接应用于工业互联网领域。首先，面向工业互联网的虚拟化技术需要在做好资源隔离的前提下实现高密度的资源虚拟化，然而与集中式云数据中心不同，边缘计算场景将是工业互联网的最主要场景，可能需要在边缘的十几个服务器上分别支持数千种不同的工业生产服务，当前已有的基于容器的轻量级虚拟化技术尚不能完全满足此需求。其次，工业互联网环境中的计算设备高度异构，同时可能会面临一些极端硬件设备，这给工业设备虚拟化的性能提出了苛刻要求，需要探索新的轻量级虚拟化架构和优化机制。最后，微服务架构在云计算应用中的流行意味着软件体系结构进一步地解耦，单个镜像上运行的业务更加专一，当前 Unikernel 等机制可以大幅度精简冗余模块，提高虚拟机的启动速度，但虚拟化场景下的适用性和成熟度还需要进一步提升。

2. 海量异构工业资源的分布式可信协同

由人、机、物资源组成的工业互联网环境具有很高的开放性和复杂性。首先是需求和环境的开放性，突出表现在工业系统通常是在不断适应需求和环境变化的过程中逐步成长演化而成的，演化的过程在时间尺度上可能长达数年甚至数十年。其次是行为的开放性，突出表现在工业系统中存在大量非

211

线性相互作用和涌现现象，很难简单地通过叠加单个成员系统的行为来进行整体工业系统行为的刻画和预测。最后是边界的开放性，突出表现在工业系统处于人、机、物融合环境下，往往依赖于大量外部人、物资源及软、硬件实体，系统自身的构成不具有明确、封闭的边界。因此，工业场景下的资源协同和管理需要采用新思路。

1）工业资源协同模型

在开放、复杂的工业互联网环境下，传统自上而下的协同模式不再适用，"连接协调"将成为更为妥当的资源管理和应用协同方式，即通过按需聚合和动态协同的方式打破不同设备资源节点之间的协同壁垒，统一管理并优化利用计算、数据以及物理世界的各种资源，从而支持工业生产场景中的分布式自主协同。换言之，工业互联网平台软件将成为通过软件定义管理复杂工业系统的"元"级系统，其面向单个场景、单类设备的"控制"功能将逐渐转移到面向多个场景、海量设备资源的"连接协调"功能。虽然相关理念在中间件领域和网构软件等范型中已有了初步实践，但在共性机理层面上的一系列问题仍有待解决，包括如何设计模型来协调跨域资源及其能力，如何在动态环境下维持相对稳定的资源抽象，如何支撑软件实体通过扁平化架构达成共识，如何有效管理调度各种冲突及涌现现象，等等。

2）工业资源协同基础设施

"连接协调"的协同模型需要何种类型的基础设施支撑，是工业互联网平台软件的另一重要问题。近年来，以区块链为代表的分布式共识技术，特别是区块链从应用系统向运行平台蜕变的发展历程，为这一方面的实践提供了一个可借鉴案例：区块链通过扁平化架构和"连接协调"机制，可以在相对开放的环境下，在多种类型大规模分布式系统中构建群体的共同认知。但是，当前区块链的实际部署仍集中在金融、物流等少数领域，若要使其应用于开放复杂的工业互联网环境仍有一系列问题需要解决，包括如何结合不同的工业场景在可扩展性、安全性和效率间进行权衡，如何实现不同工业区块链之间的跨链互操作，如何在形成共识的同时保护工业数据的隐私，如何在开放的工业互联网环境下实现有效监管，等等。此外，区块链及其相关软件系统作为新一代分布式软件体系结构的探路者，不仅扩展了系统软件运行平台的外延与内涵，在未来还极有可能成为工业互联网平台软件和应用软件生态发展的催化剂。因此，如何借鉴区块链思想，为未来大规模网络化工业系统的共同认知、协同决策、行为实施等环节实现连接协调提供手段支撑，是工业互联网平台软件技术可以探索的方向。

3. 工业场景驱动的软件适应与演化支撑

当前，工业互联网的应用通常仍采用传统软件开发的方法，即针对特定企业的特定场景开发专用软件。然而由于每种场景在不同企业的实际生产环境和管理流程中都存在其个性化需求和特点，这些特定的软件将由于缺乏通用性而难以复用，这会导致边际成本显著提高，进而制约产业的发展。要解决上述问题，关键在于软件系统不应静态绑定到特定场景，而应当具备灵活适应场景的能力，在其生命周期内能够持续演化来应对环境和用户需求的变化。

在工业互联网环境下，软件系统将与其所在的物理环境紧密融合在一起，相互作用、相互影响。这与传统的、完全在信息空间运行的软件演化有很大区别。在以工业控制为代表的核心系统软件中，相关系统行为包含连续实时计算与离散决策控制之间的交互与融合，系统外部运行环境、内部协作关系随时间、任务的变化进行实时演变。此外，在工业互联网环境下，许多软件系统的规模不断增大，此类系统往往具有与单个节点或小规模分布式系统不同的演化规律。

上述特征对工业互联网场景下软件系统适应场景持续演化的需求提出了巨大的挑战。为此，一方面，需要对复杂场景进行建模与分析，从而提取出能够作为适应和演化依据的软件体系结构和系统运行态势；另一方面，需要为软件适应和演化提供支撑，要从应用软件自身的适应与演化功能，提升为在平台层面提供支持软件进行适应和演化的共性基础能力。

1）复杂工业场景的建模与分析

工业互联网软件系统涉及多种计算现象，是一类复杂系统，具有高度随机性和不确定性，系统的行为可以根据环境的改变进行动态调整，其规约建模与分析验证等需要不同于传统软件的理论和工具的支持。在规约和建模方面，需要研究跨领域的信息物理融合系统建模方法，从不同关注点对并发、混成、实时、随机、涌现等复杂行为构建模型，支持系统层、实现层、逻辑层、线路层等不同抽象层次的建模，并为其建立统一语义模型；需要研究能够描述复杂异构系统的规约逻辑，支持在不同抽象层次上精确定义系统各种复杂行为的性质。在分析和验证方面，需要探索新的支持信息和物理紧密融合的测试、仿真、验证和确认技术，要能够处理开放网络环境下由感知环境、通信及控制结构引起的高度并发性、实时性和高度不确定性，特别是要研究针对时延、随机、涌现等复杂行为的验证技术和工具。为了更好地对大规模软件系统进行形式化分析和验证，还需要研究自动推理与复杂约束求解的技术与工具，提高其自动化程度和可扩展性。

2）复杂工业软件系统的演化规律发现

复杂工业软件系统往往规模巨大，其海量状态数据之间存在着千丝万缕的联系，需要基于大数据的软件系统态势评估从中"去粗取精、去伪存真"，提取出能够作为适应和演化依据的运行态势。软件系统中的节点通过"连接"形成了一个复杂网络，需要基于复杂网络中的交互来掌握软件体系结构和当前运行态势。在由大量自治软件单元所组成的复杂软件系统中，适应性演化动作往往发生在单元、子系统、系统等多个尺度上，需要对各个尺度上的演化效果进行评估，必要时需要进行多个尺度上的演化调整，以确定如何在群体层面上形成恰当的适应性演化行为，以及不同层次上的适应性演化如何相互影响。

3）运行平台支撑的协同持续演化

工业互联网平台软件是驱动应用动态感知、自主适应、在线演化的理想载体，需要有能力支撑工业应用与物理环境长期性的共同演化。具体来说，工业互联网平台软件本身和其上应用都应具有柔性架构，应用的运行节点本身可以动态调整，各运行节点间的连接关系可以按需变化，并且携带有指导这些变化的元层数据；需要平台软件内部构建"感知—理解—调整"回路，能够捕获和理解环境及运行状态，进而据此进行应用的配置生成、主动部署、参数和连接关系在线调整等操作；需要对工业互联网场景下泛在应用的本质特征，分别予以有效的场景抽象，研究相应的软件定义方法，以凝练工业互联网应用场景的共性，从而更有效地管理资源，并适应动态多变的应用场景；需要具有从过去的适应和演化动作及效果中持续学习的能力，从而突破预定义场景和决策规则的约束。

4）"人在回路中"的软件系统演化决策

软件是"由人开发，为人开发"的产品，人在软件全生命周期各个阶段所发挥的作用不可替代，人是软件产品需求的提出者，也是需求落地实施的开发者，同时也是软件终端的使用者以及运行时的维护和升级者。因此，未来工业互联网平台软件的适应性演化决策应当是以软件和人相结合的方式进行的，除了现有的规则、策略、机器学习等自动化方法外，"人在回路中"是其重要的特点。具体来说，工业互联网平台软件需要集成 DevOps 工具链，来有效支持人作为"指导者"（Oracle）的作用；软件系统需要从平台层所累积的人的行为数据，特别是群体行为数据中进行主动学习，从而不断提升其演化决策能力；人与软件实体应协同工作，在宏观尺度上通过人的行为变化来驱动软件演化，实现行为涌现和人机协同演化。

4. 基于群智开发的工业互联网平台生态链构建

互联网技术的发展打破了传统软件开发面临的时间和空间的局限性，使得大规模群体的连接和协作成为可能。以开源软件、软件众包为代表的群智开发是一种通过互联网连接和汇聚大规模群体智能，实现高效率、高质量软件开发的群体化方法，对现代软件生态系统的发展产生了深远影响。特别是对于以操作系统为代表的系统软件，从技术持续创新、建立规模生态，到实现商业成功，进而形成产业发展正循环，需要各方力量的长期合作和投入。工业互联网平台软件作为一种系统软件也不例外。然而，由于工业互联网平台软件所支撑的应用具有涉及面广、分工精细的特征，其开发过程对领域知识有较高的依赖，而且这些应用常常涉及生命财产安全，所以对其质量也有更高的要求。如何构建面向工业互联网的软件生态是一个亟须解决的问题。

当前，软件系统正处于从不同组织内或组织间人员混合参与的组织化开发向复杂软件供应链和生态系统下的社会化开发的转型阶段，软件供应链的复杂性、个体参与生态的困难性、群体协作的不可控性以及生态的可持续性都是软件生态系统发展过程中面临的挑战，工业互联网平台软件也不例外。如何在工业互联网平台生态链构建过程中，最大限度地扬长避短，发挥开源和众包的优势，在技术、平台和机制设计层面上驱动开源社区的群智汇聚，丰富和完善工业互联网平台及其上软件生态链，是未来工业互联网领域的重要研究内容。

1）复杂工业软件供应链下的风险规避

在基于群体智能的社会化开发模式下，规模呈指数级增长的软件项目及其之间庞杂的依赖关系使得软件供应链的复杂度激增。软件供应链在为工业软件开发提供便利的同时，也引入了新的风险和不确定性。为此，需要对供应链软件间的功能性和组织性依赖关系进行大规模分析，理解大规模代码和项目的供应链行为并加以利用，从而帮助开发者与使用者提高效率并规避风险，包括利用供应链高效地找到可依赖的或可替换的高质量软件构件、工具或平台，以及及时发现供应链中的脆弱点并避免由此带来的潜在风险。

2）大规模群体的有效激励与高效协作

参与群智开发的个体具有高度的行为自主性和不可预测性，如何有效激发参与个体进行贡献以及如何组织群体开展高效协作共同完成复杂软件开发任务是群智开发面临的重大挑战。为此，需要研究群智贡献质量和价值的多维量化评估与度量方法以及面向工业软件生态的激励机制，如基于区块链等新型技术的知识产权共享与群智激励方法；需要针对工业软件系统涉及面广、分工精细并且高度依赖领域知识的特征，研究如何分解复杂任务并为参与个体进行最优适配，协调群体之间的依赖和消解冲突，对碎片化贡献进行高效共享与汇聚融合，实现个体智能的最大释放。

3）工业互联网平台软件生态链的持续成长演化

参与者群体、代码与社区等多种要素共同形成了工业互联网平台软件生态链，其中各个要素相互依赖、紧密交互。为了推动生态链的持续成长演化，应当建立多元高效的主动反馈机制，对参与群体进行实时反馈和持续引导。为此，需要基于博弈论和社会经济学等理论研究开源生态形成与演化的动力学模型，从高层次视角分析和认识整个生态链。此外，还需要研究开发者的群体智能与基于开发大数据的机器智能的互补融合机制，构建面向软件生态演化的人机反馈回路，在个体激发和群智融合的基础上，通过评估和反馈推动工业互联网平台软件生态链的持续成长演化。

六、工业互联网安全

（一）领域发展趋势

随着工业互联网在各行各业的深耕落地，安全作为其发展的重要前提，将会得到越来越多的重视。在工业互联网起步阶段，学术界就已开展对应的安全框架的建设工作，将传统的基于互联网、工业控制系统的安全防护技术进行针对性的优化并应用于工业互联网中，如入侵检测、数据加密、接入控制等方法。不仅如此，工业互联网"三层级四环节"的特点使得工业互联网中各个模块连接得更加紧密，现在以及未来的工业互联网安全技术的发展趋势也更将从整体性的角度出发，在系统的层面实现安全防护策略，安全架构的重心将从被动防护向持续普遍性的监测响应及自动化、智能化的安全防护转移。本报告将工业互联网安全领域分为三类——设备级、业务级与系统级。设备级主要是对工业生产、控制设备的安全防护技术，业务级主要是对工业生产涉及的感知、计算、控制环节进行安全防护，系统级主要是对工业互联网系统整体的运行网络进行安全防护与加固，如图 4-14 所示。

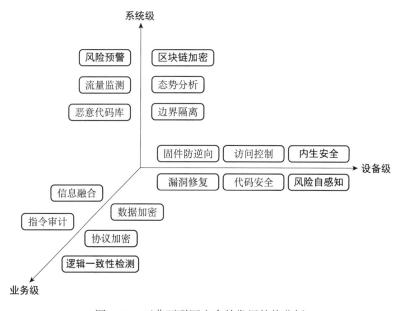

图 4-14　工业互联网安全的发展趋势分析

　　结合未来工业互联网全要素互联组织、全流程柔性协同的特点，未来的重要研究方向主要落在以下几点：一是设备级的内生安全，将传统的固件防逆向、软件漏洞挖掘等安全技术结合形成一个统一的内生安全设计框架；二是提升终端设备的风险自感知能力，对终端的自身安全状态进行自检测，与基于网络流量的安全监测技术相辅相成，实现对工业互联网设备的全面防护；三是业务级的异常状态监测将更结合具体的业务逻辑，通过判断业务相关的各个节点实时数据与业务逻辑的一致性来对系统状态做全面感知，有效应对未知的安全威胁；四是系统级的安全态势感知预警将成为安全保障的重要技术手段，借助人工智能、大数据分析等技术，分析工业互联网当前运行状态并预判未来安全走势，实现对工业互联网运行态势的全局掌控；五是结合区块链、边缘计算等新兴技术加固工业互联网中数据传递交换的完整性，进一步保障工业互联网安全。

（二）未来重要研究方向

1. 设备内生安全

工业互联网的"感、控"等关键环节都离不开设备作为实现对象，因此确保设备的运行安全为一大关键技术。随着工业互联网的不断发展，生产、监测、控制等各类设备由机械化向数字化、智能化转变，更多设备的监测、控制结果影响整体系统的规划与运行，设备与系统间的双向交互增强（Evans and Annunziata，2012）。同时存在大量终端设备部署位置分散，在网络和物理世界都处于开放环境，缺乏隔离，面临物理世界的各类干扰信号，容易被破坏、伪造、假冒和替换，导致信息泄露、设备损坏、设备被恶意操纵等严重后果。设备成为新型攻击入口，设备软硬件脆弱性导致的内生安全问题成为未来研究的核心方向之一。

设备的内生安全可以分为硬件、固件安全和软件、操作系统安全两大类，内生安全问题一般来源于设备的逻辑设计漏洞、器件制造缺陷和恶意植入的软硬件后门。要解决设备内生安全问题，需要预先发现以上几类脆弱性，并针对性地进行防御。

1）逻辑设计漏洞

此类漏洞广泛存在于操作系统以及各类应用程序中，例如常见的缓冲区溢出漏洞。此类漏洞的形成原因是软件和系统的代码逻辑不严谨，漏洞检测机制不完备。针对此问题未来可通过对设备进行配置优化的方式实现应用软件和设备嵌入式系统的脆弱性分析，通过漏洞挖掘技术，对工业互联网应用及操作系统进行静态挖掘和动态挖掘，实现对设备逻辑设计隐患的常态化排查。除此之外，设备硬件在干扰信号下也会暴露出新型设计漏洞，比如电磁信号可通过干扰信号传输线路篡改传输数据，因此对工业互联网设备进行干扰信号排查，有指向性地部署屏蔽，也是未来防御设备内生安全问题的重要手段。

2）器件制造缺陷

此类漏洞主要存在于设备的硬件层面，由于器件制造工艺的限制，设备中广泛存在的滤波器、放大器、模数转换器等模块存在非线性等非理想特性。另外，工业互联网中由于器件小型化的趋势，设备内模拟信号、数字信号、电源模块等组件集中式分布，模块间存在不必要的信号耦合。此类来源于器件非理想的漏洞可能被攻击信号利用，篡改设备的数据采集结果，进而影响工控系统决策。因此在未来需要形成设备制作缺陷的检测和挖掘标准，对于难以避免的非理想特性，可通过加强屏蔽的方式进行安全防御。

3）软硬件后门

工业互联网设备来源于全球的各个第三方供应商，在生产和输送中面临被植入各类后门的风险。未来在设备层面可通过安全芯片、安全固件、可信计算等技术提供可信的设备组件。工业互联网设备供应商需要采取措施对设备固件进行安全增强，阻止恶意代码的传播与运行，另外供应商可从操作系统内核、协议栈等方面进行安全增强，并力争实现对于设备固件的自主可控，对设备芯片与操作系统进行安全加固。

2. 安全风险自感知

在保障工业互联网系统安全层面，业界近年来已经对网络报文的安全分析进行了大量研究，如通过入侵检测系统（Intrusion Detection System，IDS）判断当前网络是否存在异常流量，也有利用故障录波器、设备隔离加密等模块实现对工业互联网终端设备的安全风险监控。又如图 4-15 所示的数据安全态势感知平台，平台包括终端探针、网络探针、数据库探针、电子文档探针、用户行为分析探针几个感知模块，能够智能分析当前系统网络流量并判断是否存在异常。然而，在工业互联网越来越智能化的背景下，这些基于网络流量的安全风险感知技术无法很好地对设备进行安全状态评估，如部分高级可持续性攻击（Advanced Persistent Threat，APT）在网络层面上是难以被察觉的，这种攻击通过逐步入侵系统外围终端、工作站，最终进入服务器进行大肆破坏，可能会造成巨大的经济损失。又如一些物理层面的信号干扰攻击，无法通过网络流量维度检测到，但会对设备运行造成实质性的影响。因此，研究设备层面的安全风险自感知技术，即提升设备对自身安全状态的自检测能力，进而结合网络流量层面的入侵检测技术，能够实现对工业互联网设备的全面防护，确保其稳定可靠地运行。

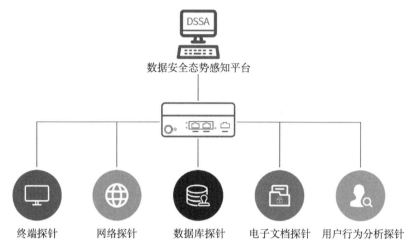

图 4-15 数据安全态势感知平台

在此方面，学术界形成了一种融合物理世界信息和数字空间信息的多模态安全监测方法。该方法主要利用工控设备在运行过程中产生的功耗、温度、频率等物理世界信息以及流量、内存、漏洞等数字空间信息，对设备的运行参数进行系统性的感知。如利用机器学习算法分析 PLC、医疗器械等物联网设备的功耗，以检测物联网设备是否被木马感染。还有团队提出一种利用设备硬件的电路动态电流和最大运行频率之间的关联关系检测硬件木马的方法，由于设备正常电路运行时的动态电流会随电路的最大运行频率呈现特定关联关系，当电路中存在硬件木马时，该关联关系将会发生变化，通过对比关联关系并结合功耗分析就能够实现硬件木马的检测。此外，利用隐马尔可夫模型对嵌入式系统中微控制器的功耗信息进行分析，也能够推测出微控制器指令执行的顺序，进而判断程序指令是否遭到篡改。这些技术能够在一定程度上判断设备是否处于正常工作，但只是单一维度的安全状态分析，还未做到全面性。另外，上述这些自感知技术的研究还仅仅停留在理论层面，尚未在实际工业互联网系统中得到示范应用，无法验证其有效性。如果能够形成对工业互联网系统的硬件模块、配置信息、通信数据等的多维度的状态感知，对工业互联网安全将起到极大的推进作用。

3. 业务逻辑一致性检测

工业互联网的"知"这一环节由具体业务决定，不同业务决定了工业互联网在生产流程决策、运维管理决策、产业优化决策的逻辑流程。基于工业互联网的业务强耦合特点，从业务的角度分析工业互联网运行的安全性将起到关键性的效果，甚至还能监测到传统异常监测无法感知到的威胁。如Stuxnet病毒针对工控系统的攻击，通过对 PLC 代码指令的篡改，一方面，修改实际的控制指令，导致生产效率下降以及现场设备实体的损坏；另一方面，病毒还会对 PLC 输出部分的代码片段重新编程，使得 SCADA 系统读取的节点数据仍为正常工作时的参数。这种网络攻击使得操作人员几乎不能在监控页面中发现设备的异常状态，并且传统的流量监测手段也无法捕捉到这类经过伪装的恶意流量，而基于业务逻辑一致性的检测方法可以较为准确地探测到这一异常现象。

业务逻辑检测的本质就是系统中相关的控制指令与感知数据应当具有特定不变的逻辑关系。在实际的生产环节中，通常都是由 PLC 等设备的控制指令控制某个节点操作，相应的传感器将感知到参数变化。如在控制流量大小时，阀门的闭合程度会与流量呈相关性，并且这种相关性在系统控制软件不更新的情况下将永远保持不变。通过监测系统中这些节点与控制指令的相关性，企业可以建立正常状态下系统的运行模型，能够反映不同节点在正常运行时的状态区间。当工业互联网面对类似于 Stuxnet 的攻击时，通过对业务逻辑的判断，检测到相关性发生变化就能够对威胁进行及时报警，进一步增强工业互联网运行的安全性与稳定性。

业务逻辑一致性检测的方法目前已在智能电网、无人驾驶系统等领域得到了应用与测试，结果均反映了其优秀的异常状态检测能力。因此，亟须将此类技术应用于工业互联网，与基于流量的网络安全防护手段形成互补、联动，以有效地提高整体安全防护水平。

4. 系统安全预警

工业互联网面临的网络安全威胁会在流量等层面呈现出和正常状态不同的特征。利用安全状态的不同，可以实现在攻击发生前期及时预警，从而阻止攻击的进一步渗透。安全预警技术是为防御网络攻击,根据所研究对象的特点,通过采集系统的安全状态信息,在攻击发生前发出警报并采取安全防御措施的技术。结合态势感知和攻击检测等技术的安全预警技术是工业互联网安全防护技术的发展趋势之一。

态势感知是指综合分析工业互联网的安全要素,并结合企业网络、商业网络和工业网络状态得到安全态势因子,评估工业互联网的安全状态,预测工业物联网安全状态的变化趋势,并以可视化的方式呈现给用户。目前国内已经有一些企业将态势感知技术用于互联网和企业内网,但是将态势感知技术用于工业互联网的还是比较少。国外目前有人提出了专门用于工业控制系统的态势感知参考架构(Situation Awareness Reference Architecture,SARA),并提出了构建网络入侵自动响应和策略管理系统。

攻击检测技术是对防火墙的补充,可以检查内部的异常和跨防火墙的攻击,包括网络入侵检测、病毒查杀和异常代码检测等。目前业界已经提出了一些针对工业网络的入侵检测系统,包括基于异常的入侵检测和基于行为特征的入侵检测等。大数据分析技术也开始被应用于网络状态分析和预测。通过大数据建模、分析和预测,提前预测工业系统的状态,发现可能存在的安全事件,从而提前响应和报警。目前已有的入侵检测技术存在误报率较高等问题,这也是未来有待解决的问题之一。从技术发展趋势看,只有解决了工业网络的协议多样性、应用多样性等问题,互联网态势感知和攻击检测等方法才能适用于工业互联网的安全预警,安全预警技术将成为工业互联网安全保障的重要策略选项。此外,优秀的安全策略应该在尽可能短的时间内准确地检测到入侵事件,并进行预警和做出响应动作,包括使系统恢复正常生产过程、对安全事件进行分类等,因此未来的安全预警需要有更高的实时性和准确性。

5. 区块链安全加密

区块链技术不仅与金融交易、物联网、智能制造、数字服务等多种应用深度融合,在工业互联网领域中也存在着许多应用场景。区块链技术对工业互联网发展产生的促进作用主要体现在网络安全保障、标识解析、控制层通信安全、供应链管理等方面。

1）网络安全保障

区块链技术可在工业互联网中建立安全保障体系，为工业互联网提供一种能够在不可信网络中传递信息和交换信息的可信通道。在如今的工业互联网中，工业网络、互联网与管理网络相互连接，大量的工业互联网产业暴露在公网，相关企业 IT 与 OT 相互融合，工业互联网网络安全边界不断向外延伸，使得工业互联网打破了传统的网络安全界限，导致工业互联网成为网络攻击的重点目标。如图 4-16 所示，在工业互联网中，将区块链技术运用于工厂内骨干网络、工控网络、TSN 以太网、WiFi 网络、蜂窝无线中，利用其分布式存储技术与对等网络（Peer-to-Peer，P2P）协议可将边缘级采集的数据作为交易记录存储在区块链账本中，从而实现数据存储安全。

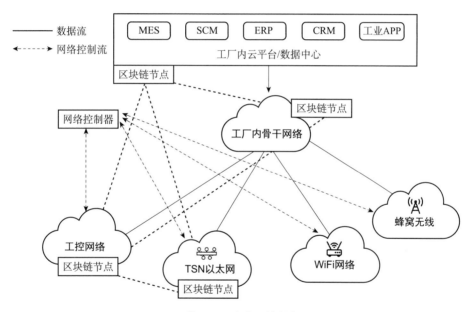

图 4-16 工业互联网安全区块链部署示意图

2）标识解析

在工业互联网中，标识解析是区块链应用的一个重要环节，其通过在工业互联网中建立不同的标识解析节点并利用一些特定规则来识别工业互联网中的各种对象。工业互联网标识解析体系通过二维码、条形码或无线射频识别标签等方式为每一个虚拟对象或者实体赋予唯一身份编码，为海量终端设备分配唯一地址，并在其中承载相关的数据信息，以实现对设备、系统等对象的定位及管控，防止随意接入与数据篡改。标识解析体系被认为是工业互联网中的基础，是驱动工业互联网发展的核心，是工业互联网互联互通的枢纽，其作用类似于互联网中的 DNS 系统。在工业互联网中，标识解析用于实现工控设备、对象等从标识到地址的映射。通过将区块链技术用于工业互联网标识解析，可将不同节点存放在云中。联盟链的共识节点是雾计算代理节点，在每轮共识中雾计算代理节点都会选举一个记账节点，将交易打包成区块进行共识。在联盟链中，参与节点只进行标识交易和交易初步验证。

3）控制层通信安全

工业互联网接入的每个资产都可以以区块链的形式存储唯一可信的身份标识，并对其状态、数据、属性等状况进行查询和更新。同时，区块链对通信协议进行登记，能有效解决现有工控协议三个层面上缺乏的安全技术，即无会话、无加密、无身份认证，使得控制层通信更加安全可靠。控制层中传输的数据也因区块链的共识机制具有不可篡改的特性，一旦某个节点的内容被篡改，数据在刷新时就会出现警告或者进行应急处理。

4）供应链管理

工业互联网利用"云—边—端"的运营模式，将设备的状态数据等上传至云端，这样可以大大降低人工操作失误的可能，同时也可提高云端数据的可信度。将区块链技术应用于工业互联网供应链管理，通过采用数据分布式管理，完成可信环境的搭建，可以实现有效的全要素供应链追溯与协同服务。通过设计产品参数、检测质量结果等数据"上链"，实现数据的安全存储和可靠互传以及操作行为和身份验证的可追溯，促进工业互联网平台互联互通。通过赋予交易中主客体一定的身份，利用区块链不可篡改的特性，主客体在认证通过后被加入区块链，交易过程在区块链特性的约束下不可篡改，并由主客体双方共同维护交易的数据，提升数据可信度。

七、标准体系建设

标准是科学技术和实践经验的结晶，是推进技术发展、产业融合的技术制度。随着经济、社会、科技、国际贸易日益发展，标准的"规制"作用日益凸显，成为一种越来越重要的"治理"手段。同时，在全球化不断深入的影响下，标准制定的主导权已成为获取国际竞争优势的重要利器。

工业互联网的标准化工作是实现工业领域各要素、各环节互联互通和互操作的基础，对于工业互联网的可持续发展至关重要，是各国推进工业互联网相关发展战略的重要方向。

（一）领域发展趋势

随着工业互联网技术产业的发展，各领域不断地融合突破创新，但整体上，工业互联网仍处于起步阶段，尤其是工业互联网标准化发展仍面临长期的探索研究过程。未来，工业互联网标准将呈现出更加开放的发展趋势。

一是技术的开放。以工厂内网为例，工业互联网工厂内网络技术体系将打破传统工业网络众多制式间的技术壁垒，实现网络各层协议间的解耦合，控制系统、应用系统将不再与某项具体网络技术强绑定；IEEE、IETF 等国际标准组织加入技术标准研制，IP/IPv6 在工厂内的深入部署，都将进一步推动工厂内网络技术的开放。

二是数据的开放。现有的标识解析技术大部分是面向物联网个别领域应用的，缺少针对工业互联网特定应用场景、复杂工序流程等特定应用的设计，在数据互认、互操作等方面也缺乏技术方案，无法满足工业互联网全产业链协同发展的需求。工业大数据的国际标准化工作，目前仍集中于传统的工业控制领域所涉及的工业数据的标准化工作。例如，国际标准化组织自动化与集成标准化技术委员会（ISO/TC184）下设工业数据分委会（TC184/SC4），其围绕工业自动化系统和集成中的产品数据的表示和交换、特性数据交换、工业制造管理数据以及数据质量等方面开展了国际标准研制。未来，工业互联网业务对数据的强烈需求，将促使传统工业控制闭环中沉没或消失的数据开放出来，而生产全流程的数据将由更标准化的语法和数据模型开放给上层应用使用。

三是平台的开放。全球工业互联网平台发展迅速，涌现出一批优秀平台产品和创新应用，但从整体上看，当前平台发展还处于初级阶段，产业发展与标准化共识正在形成，工业设备连接、数据采集、工业大数据应用、工业机理建模分析、工业微服务、工业应用开发环境、平台间兼容等重点领域成为标准化和产业推广布局的重点。工业 APP 属于新兴领域，产业界尚无相关标准。未来，需要围绕工业 APP 的架构、开发部署、运维管理、测试验证等关键领域开展标准研制和产业化推广。同时，工业互联网平台企业均开展平台边缘计算智能算法和模块的研发及产业化，需要加快制定平台边缘计算智能的实时操作系统、分布式计算任务调度、边云协同策略等方面的标准。

四是融合的开放。IT 和 OT 安全的融合发展不断向纵深推进，现有面向公网或专网的安全技术及管理标准尚不能满足工业互联网跨网络、跨领域的整体安全保障需求。在特殊性能需求方面，IT 网络中常见的影响网络时延或开销的操作在 OT 网络中可能无法适用，因而提供平衡安全风险和业务影响的方案将成为厂商追求的目标。在网络复杂度方面，IT 网络中的资产管理模式难以适应 OT 网络中混合的生产协议、未知资产、遗留系统和设备，因而支持更多的工业控制协议的细粒度解析，正确标识与管理 OT 资产都将成为未来工业互联网安全标准发展的重要方向。

（二）未来重点研究方向

近年来，国际主要标准化组织积极推进工业互联网标准工作。工业互联网作为新兴领域，其标准的完善需要循序渐进的过程，目前还有很多不足甚至空白。ISO、IEC、国际电信联盟（ITU）等三大国际标准化组织和具有全球影响力的多个区域或技术标准化组织纷纷推动工业互联网相关国际标准制定。ISO 与 IEC 的工作组加强合作，针对工业互联网交互规范联合开展标准研制，同时针对语义互操作、信息模型、系统集成、知识图谱等工业互联网相关领域重点环节进行标准融合。ITU 主要依托相关工作组，设立工业互联网网络、边缘计算等项目研究计划，稳步推进标准研制工作。IEEE 已经完成十余项 TSN 等关键技术标准，以抢抓新兴领域标准主导权。3GPP 正在加快推进 5G R17 版本，增强 5G 面向工业领域标准的低时延、高可靠特性。

美国、德国等制造业强国基于产业发展需求，在产业联盟、国家政策等多个层面推动相关标准化工作。IIC 由多家大型信息技术企业发起成立，是推动工业互联网标准化的重要平台，它以参考架构为引领，通过企业自主设立的应用案例，组织垂直领域应用的探索，建立测试床以提供验证支撑条件，联合其他标准化组织，协同推动工业互联网落地应用。德国在国家工业规划层面提出"工业 4.0"概念，发布了《工业 4.0 标准化路线图》（第四版）（DIN et al.，2020），认为当前核心标准化需求包括用例、RAMI、系统及其属性、互通性、集成、通信、人员与工作7个方面，跨领域的标准化需求分为开源、工业安全、数据保护/隐私、增值网络可信度、功能安全等（胡琳等，2021）。根据《工业互联网综合标准化体系建设指南（2021版）》，截至2021年底，中国已经发布工业互联网领域国家标准57项、行业标准3项，并有23项国家标准、118项行业标准正在加快制定中，涉及工业互联网基础共性、网络、边缘计算、平台、安全、应用等各方面。此外，工业互联网产业联盟已发布联盟标准31项。

工业互联网标准化与网络、数据、平台、安全等领域密不可分，由于工业互联网的发展需要循序渐进，一些方向在全球的发展基本同步，是目前亟须解决的，也是未来优先发展的领域，包括基础共性标准、工业数字化与数据标准、工业互联网基础网络通信标准和工业互联网安全标准等（图4-17）。

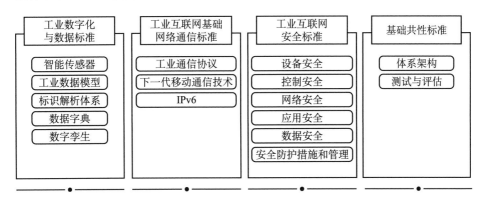

图4-17 未来优先发展的工业互联网标准

1. 基础共性标准

基础共性标准是主要规范工业互联网的通用性、指导性标准，未来亟须优先发展体系架构、测试与评估等标准。

1）体系架构标准

在全球范围内，以美国、德国、日本为代表的工业发达国家纷纷发布工业互联网参考架构并制定相关标准，用于促进制造业的快速变革，推进工业互联网的加速发展。目前，美国发布了IIRA，德国发布了RAMI 4.0，日本发布了智能工厂的IVRA-Next。中国陆续发布了《工业互联网体系架构（版本

1.0）》《工业互联网体系架构（版本 2.0）》。中国工业体系极为复杂，具有海量的存量设备，导致标准难以统一，数据要素难以实现有效流转。为确保数据的可互通、可理解、可迁移，以及将存量设备纳入工业互联网，亟须围绕架构模型各个层级构建系列标准。

体系架构标准包括工业互联网体系架构以及各部分参考架构，以明确和界定工业互联网的对象、边界、各部分的层级关系和内在联系。

2）测试与评估标准

由于产业界对工业互联网的理解不统一，企业对自身工业互联网发展的定位、现状和发展路径不明确，需要一致的方法论来评判具体实践，这就需要一套测试与评估标准来帮助企业了解自身建设水平、发现存在的问题并获取相关的诊断建议，同时帮助应用企业和解决方案服务商建立透明的信息窗口，促进产学研结合。

测试与评估标准主要规范工业互联网技术、设备/产品和系统的测试要求，以及工业互联网应用领域、应用企业和应用项目的成熟度要求，包括测试方法、评估指标、评估方法等。

2. 工业数字化与数据标准

工业互联网作为第四次工业革命的重要基石，同样以工业数字化、网络化和智能化为主要内容。其中，数字化是网络化和智能化的基础。由于工业互联网的发展仍面临工业数字化的挑战，因此数字化与数据标准的研制就成为相比网络化和智能化更亟须解决的问题。工业数字化过程和工业数据的主要技术包括智能传感器、工业数据模型、标识解析体系、数据字典、数字孪生等。

1）智能传感器标准

智能传感器是指具有信息检测、信息处理、信息记忆、逻辑思维和判断功能的传感器，其能够充分利用集成技术和微处理器技术，集感知、信息处理、通信于一体，是实现物理要素数字化的关键设备。

在工业场景中，智能传感器的种类众多，如环境传感器、惯性传感器、模拟类传感器、磁性传感器、生物传感器、红外传感器、振动传感器、压力传感器、超声波传感器等（工业和信息化部，2021）。保证不同种类的智能传感器之间，以及相同种类传感器在不同厂商之间的数据能够相互转换识别是目前一大挑战。国际上，ISO、IEEE 等成立了相关的工作组来研究智能传感器方面的标准，如 IEEE 1451.2 工作组建立的智能传感器标准，为传感器与各种网络之间的连接提供了条件和方便。对于中国来说，虽然目前关于智能传感器已有国家推荐性标准，但其通用性过强，不适用于类型、变化多样的工业互联网场景，没有形成实质性的标准。

2）工业数据模型标准

数据模型是数据特征的抽象，能够规范物理要素数字化的框架。千万不同的行业、场景都能形成一套独立的信息模型，如机械自动化、电子电气、军民通用、航空航天、智慧城市、交通、地理、软件、能源、建材等。可见由于工业领域范围之广，工业数据模型标准的研制注定是一个漫长的过程。

工业数据模型标准主要规范物理实体（在制品、设备、产线、产品等）在网络空间中的映像及相互关系，包括静态属性数据描述、运行状态等动态数据描述，以及物理实体之间相互作用及激励关系的规则描述等标准。

3）标识解析体系标准

标识解析体系负责对工业互联网中虚拟物品的身份进行分发、注册、管理、解析和路由，是实现数字化管理的重要支撑。标识解析体系标准主要包括编码与存储、标识数据采集、解析、数据交互、设备与中间件、异构标识互操作等标准（任语铮等，2019）。

标识解析体系架构主要包括国际根节点、国家顶级节点、二级标识解析节点、企业标识解析节点和公共递归解析节点五层。其中，国际根节点归属管理层，负责保存最顶层信息；国家顶级节点负责对接国际根节点和对内统筹，兼容多种现存标识解析体系；二级标识解析节点主要建设在企业层面，负责面向行业提供标识注册和解析服务；公共递归解析节点负责通过缓存等手段提升解析网络服务性能。

4）数据字典标准

数据字典是指通过对数据的数据项、数据结构、数据流、数据存储、处理逻辑等进行定义和描述实现对数据的管理，相当于元数据的索引规范，是工业大数据应用的基础。对于承载海量数据的工业互联网而言，为实现数据管理的规范化，构建数据字典标准势在必行。

ISO/TC184 制定了工业数据系列标准，如《工业自动化系统与集成 开放数据字典及其主数据应用》（ISO 22745）等，这些标准为全球范围的企业应用提供了通用的基本概念、框架、方法和原则。数据字典标准将在现有标准基础上，促进相关机构开发工业产品数据字典，以支撑产品数据的表达和交换。

5）数字孪生标准

数字孪生技术是一种在数字世界刻画物理世界、仿真物理世界、优化物理世界、可视化物理世界的重要技术。作为实现工业数字化的关键技术，一直以来备受业界关注。然而由于目前缺乏数字孪生相关标准的参考，数字孪生技术在实际落地时面临重重困难。

首先，目前缺乏数字孪生相关术语、系统架构、适用准则等标准的参考，导致不同用户从不同的应用维度与技术需求层面出发，对数字孪生有不同的理解与认识，从而造成数字孪生在研究和落地应用过程中存在交流困难、集成困难、协作困难等问题；其次，由于缺乏数字孪生相关模型、数据、连接与集成、服务等标准的参考，在数字孪生关键技术实施过程中，导致模型间、数据间、模型与数据间、系统间集成难、一致性差、兼容性低、互操作难等问题，形成新的孤岛；最后，由于目前缺乏数字孪生技术的适用准则、实施要求、工具和平台等标准的参考，在相关行业、领域实施数字孪生过程中，易造成用户或企业对数字孪生的使用困惑。

3. 工业互联网基础网络通信标准

工业互联网以网络为基础，网络的标准化是工业互联的重要前提。如果网络的标准问题不解决，就无法形成广泛连接的平台。因此，工业互联网网络通信标准的构建是迫在眉睫的，包括工业通信协议、下一代移动通信技术、IPv6 等。

1）工业通信协议标准

工业的网络设施种类繁多，工业通信协议非常复杂，导致在工业互联网边缘侧的通信面临巨大调整。支持统一的工业通信语言和方案，是奠定工业互联网实现全要素、全产业链、全价值链全面互联的基础保障，确保了工业场景的可互操作性。

类似于 OPC UA 的工业通信标准（https://opcfoundation.cn/about/opctechnologies/opc-ua），可以整合不同的通信协议，实现原始数据和预处理的信息从工业边缘侧到工业互联网云平台的传输，并且能够独立于制造厂商的操作系统和编程语言。

2）下一代移动通信技术标准

下一代移动通信技术因具有高带宽、低时延、低功耗等优势，被广泛应用于工业互联网领域。随着技术的发展，下一代移动通信技术将从服务于人、人与物进一步拓展到支撑智能体的高效互联，实现由万物互联到万物智联的跃迁，成为连接真实物理世界与虚拟数字世界的纽带。下一代移动通信技术与工业互联网的融合将推动制造业从固定的互联方式向工业移动互联发展。

为使下一代移动通信技术更加适用于复杂且可靠性要求更高的工业场景，需要其与包括 TSN、软件定义网络（Software Defined Network，SDN）等在内的新型网络，以及新型标识与可信解析、平台数据模型管理与应用开发、基于人工智能的安全防护等工业互联网关键共性技术不断融合发展。

3）IPv6 标准

IPv6，又称下一代因特网协议（IP Next-Generation，IPng）。在国际上，主要由 IETF 负责 IPv6 的标准制定，通过国内外专业技术人员的不断研究，已经制定出了全新的 IPv6 标准，主要涉及寻址、路由、安全、管理等领域。

国际标准将 IPv6 标准划分为基本协议类、网络体系结构与性能指标分配、网络的评估标准和测试方法、网络设备规范和网络设备的测试规范、支持移动通信类、业务与应用类六大类。基本协议类规定了有关 IPv6 的核心协议，如头格式、编址、路由以及相关的测试方法等；网络体系结构与性能指标分配规定了基于 IPv6 的组网（如核心网、城域网）、过渡和端到端的指标分配方案等；网络的评估标准和测试方法规定了衡量 IPv6 网络（安全和性能）的相关参数、指标和对应测试的方法；网络设备规范和网络设备的测试规范规定了设备如路由器、交换机和接入服务器等设备的规格；支持移动通信类规定了如 Mobile IPv6 等协议；业务与应用类规定了基于 IPv6 的视讯、IP 电话（Voice over Internet Protocol，VoIP）等业务。

4. 工业互联网安全标准

工业互联网以安全为保障，虽然工业互联网仍处于初期发展阶段，但工业互联网的安全必须先行，以便为产业发展保驾护航，决不能等到遭遇险情才开始重视。目前工业互联网安全标准体系亟须健全，安全接入、数据保护、平台防护等方面的标准缺失，无法为企业部署安全措施时提供统一引导。

工业互联网安全分为对象防护、防护措施和防护管理三个视角。工业互联网安全标准则主要以对象防护为方向。围绕工业互联网各安全防护对象，工业互联网安全标准化研究涵盖工业互联网设备安全、控制安全、网络安全、应用安全、数据安全等标准体系。

1）工业互联网设备安全标准

随着工业设备逐渐网络化和智能化，其将来面临的风险远比传统工业设备面临的风险，范围更大、种类更多、层级更高。

设备安全标准主要规范工业互联网中各类终端设备在设计、研发、生产制造以及运行过程中的安全防护、检测及其他技术要求。主要包括各终端设备安全防护技术、安全检测及其他安全要求，规范对象涵盖如测控设备、机械电气设备、工艺设备、实验仪器设备、芯片硬件等。

2）工业互联网控制安全标准

随着工业和信息化的不断深入融合，来自信息网络的威胁也同时对工业控制系统造成安全威胁。

工业互联网控制安全标准规范工控系统专业的防火墙、安全隔离、各类工业控制协议、工业控制操作系统和软件等安全技术，包括SCADA、DCS、FCS等安全标准。

3）工业互联网网络安全标准

工业互联网以网络为基础，网络的安全是工业安全运行的基础保障。网络安全标准包括工厂内外通信网络、标识解析体系及相关网络产品等安全防护技术、安全监测及其他安全要求。

4）工业互联网应用安全标准

工业互联网应用安全是靠近IT端的安全，应用安全标准主要是工业互联网平台、应用软件等安全防护技术、安全检测及其他安全要求。平台安全标准主要规范工业互联网平台的安全防护、检测、病毒防护及其他技术要求，包括边缘计算能力、工业云基础设施（包括服务器、数据库、虚拟化资源等）、平台应用开发环境、微服务组件等安全标准。应用程序安全标准主要规范用于支撑工业互联网智能化生产、网络化协同、个性化定制、服务化延伸等服务的应用程序的安全防护与检测要求，包括支撑各种应用的软件、APP、Web 系统等。

5）工业互联网数据安全标准

工业互联网数据安全主要是指工业数据管理的安全。工业数据一旦受到威胁，其后果的严重性将远高于普通的数据。因此，世界各国都高度重视工业互联网数据安全。

工业互联网数据安全标准主要规范工业互联网数据相关的安全防护、检测及其他技术要求，包括工业大数据、用户个人信息等数据安全技术要求、数据安全管理规范等标准。

6）工业互联网安全防护措施和管理标准

围绕工业互联网安全防护措施和管理，工业互联网安全标准化研究包括规范安全保障管理、安全评估检测、威胁监测预警、事件应急处置等，主要规范工业互联网运营者在安全管理制度、安全责任履行、安全监测预警及事件应急管理等方面的安全要求（王冲华等，2019）。

八、工业互联网驱动下的新型工业管理

（一）传统工业管理与新型工业管理

传统的工业管理关注工厂布局、物料放置、库存仓储、生产日程、计划调度等方面，从时间角度分析生产操作的优化方向，提出了准时生产（Just-in-Time，JIT）制。在新型工业管理中不仅关注生产制造过程的合理性、高效性，还从可持续发展的角度强调了生产制造的绿色安全性。随着信息技术的进步和互联网时代的到来，工业管理技术顺应大规模定制化的市场发展，将管理及研究范围延伸到产业链上下游管理、智能生产、智慧物流、全流程质量管理等方面，从"人、机、料、法、环"等全生产要素优化配置和产业链协同的角度找到柔性化管理的优化方向，打造企业柔性化生产的能力，形成了用户直连制造（Customer-to-Manufacturer，C2M）新模式。必须借助以云计算、大数据、物联网、人工智能等为核心的技术来辅助解决生产中的复杂问题，并基于工业互联网对传统产业进行数字化转型升级，提高产业链的协同能力。

新型工业管理已经与新一代信息技术紧密联系在一起。在全面基于工业互联网打造数字经济新优势的指引下，让信息技术与制造行业进行深度融合，创造新的发展生态，充分发挥工业互联网在社会资源配置中的优化和集成作用，已经成为新型工业管理的一个重要命题，也是工业互联网提高现代企业管理和新时代制造业水平的必不可少的组成部分。新型工业管理伴随信息技术的发展，正指导着数字化、网络化、智能化与工业化相辅相成，互相促进。

（二）工业互联网驱动下的工业管理发展路径

随着工业互联网的发展与探索，工业管理逐步形成了"三大路径"：一是工业企业的智能化改造，主要侧重企业内部，将设备、系统等连接并加强数据采集，以实现企业提质增效等需求。二是工业与产品、企业上下游和用户的协作。在工业互联网理念的引导下，工厂正在将系统、产品、供应链与用户连接起来，从而进一步提供产品增值服务、增加企业之间的信息交互与服务协作，提升用户体验。三是平台化路径，工业企业、互联网企业等依托原有能力，结合工业互联网的发展需求，来打造工业互联网平台。

围绕工业互联网的创新应用有很多，有设备的健康管理、智能生产管理、能耗监控、排放管理、质量管理等。例如，设备健康管理是国内外都在积极推进的应用，通过通信模块将设备连到网上，易于做到预测性维护。创新应用围绕企业经营管理和资源配置优化，依托平台化理念，可以将企业的生产能力、生产资源在全国甚至全球范围内进行调配。

工业互联网不仅仅是制造业的切入点，通过工业互联网发展可以探索出整个数字经济发展的路径，或者说产业转型发展的方法和路径。工业互联网做好以后，会带动整个实体经济的发展。当然，工业互联网还有很多需要研究和探索的地方，特别是在应用模式、推广模式、商业模式方面还有很多挑战。

（三）工业互联网驱动下的工业管理面临的机遇和挑战

1. 工业管理面临的机遇

一是基于强大的信息基础设施和应用服务支撑，传统工业管理正迫切地向智能化发展迈进，且为融合更多的创新应用提供了市场。

二是工业领域互联网应用模式和商业模式创新为发展工业互联网提供了丰富的实践经验基础。随着新一代信息技术的普及应用，互联网正从企业销售、交易服务向研发设计、产品生产、装备制造、能源供给全面渗透。众多新兴业态和服务模式快速涌现，给传统生产方式带来了革命性变化，开辟了工业互联网自主创新发展的新空间。

三是以互联网为代表的新一代信息技术与工业融合有利于加快创新步伐、化解产能过剩、平衡投资消费，将更多劳动力向服务业转移，推动经济社会平稳健康发展。互联网在经济社会各领域所发挥的重要作用日渐显现，为工业互联网的全面发展带来更多机遇，工业互联网的关键作用和战略地位必将进一步凸显。

2. 工业管理面临的挑战

一是互联网向产业互联网转型发展需要一定的过渡期，目前侧重消费服务的互联网暂难满足工业生产性需求。当前阶段，互联网对个人用户市场的开拓比较得心应手，而对工业企业市场缺乏相应的技术与服务能力。这主要是由于互联网基因和工业生产体系之间存在差异。互联网创新强调开放、共享，而工业生产体系对稳定和安全性要求更为严苛，两者的特性与体系难以契合，表现为现阶段互联网与工业融合主要集中在下游销售和上游设计等环节，鲜少直接发生于生产过程。

二是工业企业和互联网企业缺乏深度融合，工业互联网供需双方存在认识差异。因行业差异与专业壁垒的影响，作为供需双方的工业企业和互联网企业对互联网的认识存在不同。一些工业企业或对互联网创新理解不够，缺乏开放共享的精神和自我变革的勇气，或对互联网思维认识盲目，迷失于各种似是而非的概念。一些互联网企业对工业领域创新需求的理解和挖掘也不到位，或因缺乏对工业生产的足够认识而"不接地气"。此外，缺乏既了解工业又熟悉互联网的融合型人才也构成了障碍。

（四）工业互联网驱动下的工业管理变革

随着工业互联网的加速发展，互联网思维对工业管理产生了颠覆性的影响，对企业管理理念、管理逻辑的改变都是显著的，并且商业模式、组织形式、研发设计、产业生态、运营管理等也发生了巨变。

1. 加速商业模式巨变

1）工业管理转变为生态平台管理

传统企业工业管理不再只关注自身的生产过程、产品和服务，而是更多地关注对产业链的掌控能力、商业生态系统的构建和协同能力。供应链协作、网络组织、虚拟企业、国际战略联盟等企业合作形式也应运而生，适应平台竞争是未来企业竞争的关键。因此，在工业互联网时代，生态平台管理成为企业商业模式在价值创造方面所发生的一个显著的变化。

2）产业链深度协同成为新的核心

传统企业工业管理产业链各主体信息不对称，缺乏有效的信息流通渠道，往往只从个体利益最大化的角度进行分散决策，产业链整体收益达不到最优，难以适应制造业供给侧结构性改革的需求。为此，需要运用工业互联网打破产业链上各主体之间的信息壁垒，让产业链上下游企业更贴近市场，实现技术、产能和订单共享，打通生产链、物流链和资金链，提高资源配置效率，形成产业链生态圈。

3）从规模化生产到个性化定制

工业企业通过整合提取经营、生产、能源、设备、质量、物流等各业务数据，为构建企业的大数据管理和分析系统提供全方位的数据支撑。同时通过数字化转型，推动企业上下游产业链深度衔接，让数据信息线上快速传递，促进供应链资源的融合和高效配置。依托工业互联网让制造快速触达用户的需求，协同供应商、金融机构、物流以及产学研等组织，实现全要素链、全产业链、全数据链、全价值链的全面协同。

4）从产业制造到智能服务产生附加值

基于实体经济基础上衍生出新的业务形态模式，企业由提供单一产品转变为提供"产品＋服务"。在售前营销阶段，利用大数据技术对用户需求进行分析，实现客户画像及精准营销；在售后服务阶段，利用物联网、大数据和人工智能算法，实现产品监控和管理，对可能出现的风险进行预警。

2. 促进组织管理重塑

1）数字化组织成为主要的组织形式

通过运用数字化理念融入管理，让组织更凝聚，让个体更高效。随着工业互联网的深入发展，智能制造技术及可重构制造系统的综合应用、能够满足个性化需求的大规模定制及网络化协同制造成为产业组织变革的新特征，跨界融合、平台经济成为产业组织的新模式。

工业互联网时代带来的个性化价值崛起和市场生态环境快速变化促使整个组织管理谋求转型。当组织能够为个体提供价值和做出贡献的时候，这个组织才会有持久的生命力。因此，工业互联网时代的管理新范式需要的是赋能，而不是控制，数字化组织正是为应对这种需要而产生的。

2）产业链协作的社会组织形式

传统的科室制组织，人力资源是集中和单一的，企业只能协调和利用企业内部的人力资源。现在，组织边界被打破甚至完全消失，可以通过工业互联网实现制造行业上下游采、销、存、运全要素组织协同，这包括需求协同、订货协同、生产协同、运输协同、财务协同等。

3）人、机、物深度协作的工作组织形式

随着无线通信及物联网技术的不断成熟，万物互联将会极大地改变我们未来的制造及生产方式。工业互联网平台能够将生产过程中的人、设备、能源、工艺等产生的即时、海量数据有机地连接起来，通过整合每个生产环节以实现合作共生的"联合体"。工业互联网时代，人与设备的关系被赋予新的内涵，人、机、物多元融合，协同共生的工作组织关系是企业组织变革的又一个显著特征。通过人、机、物的协同共生可实现产品生产的数字化和智能化，生产效率将实现质的飞跃。

3. 优化研发管理模式

1）推进精益研发，完善知识产权管理，提升研发体系规范性

产品研发管理通常是指对产品及各类型科研项目从需求策划、项目立项、项目过程到结题验收全生命周期中的信息与过程进行在线管理。工业互联网给产品的研发管理带来的优化作用，主要体现在以下几个方面。

在科研项目管理方面，实现各类型、各层级、跨部门管理的科研项目从策划立项到结题评价的全生命周期在线管理，项目进度跟踪，周期控制，过程知识积累，项目任务清晰化，问题项目自动分析汇总。新产品研发项目作为科研项目的一种，除新产品过程管理具有特殊性外，其项目主体过程在科研项目管理模块实现。

在研发过程管理方面，研发过程管理着力于借助信息化手段，规范并细化科研项目的过程管理，解决科研项目任务清晰化、项目过程标准化和显性化、研发费用管理、文档提炼、经验总结、成员及项目评价等问题，并配合管理制度变革，试点项目强矩阵式管理和知识场景化等管理理念。

在新产品管理方面，新产品研发项目作为特殊的一类科研项目，除项目的立项、季报跟踪、结题验收等借助科研项目管理模块进行项目管理，其余部分从普通科研项目剥离出来，单独管理。主要包含新品需求管理、新试过程管理，并通过打通产销等系统接口，实现新品的新试跟踪，同时预留建设新产品目标成本测算、新品价值分析等功能。

在专利管理方面，实现专利从申请、受理到授权等全生命周期的业务在线管理，缴费和资助等费用自动管理，各类统计数据实时呈现，打造专利管理体系。

在合理化建议管理方面，实现面向公司全体员工的合理化建议活动的在线申报、在线采纳审批，为员工提供面向主管部门及领导的便捷的在线交流互动平台，提升员工创新积极性。

2）智慧质量系统优化产品缺陷模型

基于工业互联网平台的智慧质量信息系统（Quality Information System，QIS）注重对过程的实时控制和问题的预防，提供主动式问题处理与改善追踪的系统平台，以实现持续改善。

QIS 将收集从原料到产品的制造过程质量相关数据（质量规范—过程工艺—产品信息），同时结合知识库的品质监控判定分级等工艺规则，通过知识与数据的相互作用，对生产工序的过程质量进行判定、预测，优化质量和防范缺陷。

通过 QIS 系统帮助企业逐步实现产品质量数据追溯、质量统计分析、质量监控、参数超标预警、质量判定、质量设计标准等管理需求，为企业持续进行工艺优化、提升产品品质提供数据支撑和决策依据。

4. 改变生产制造过程

1）强化生产进程跟踪管理及高级计划排程

基于工业互联网，建立以市场为导向、按订单组织生产的流程管理模式，梳理并固化生产制造流程，规范生产组织，提升产品质量及收得率，降低生产成本。对整个生产环节进行全方位管理，让生产过程在系统中一目了然，通过系统全面掌控生产过程，做到生产全流程受控。同时利用高级计划与排程（Advanced Planning and Scheduling，APS）弥补传统产销一体化系统和 ERP 系统的不足，对交付业绩、库存水平、交付周期和产出量进行优化和均衡，从而大大提高客户服务水平，降低整体成本，提高企业的盈利能力。

在高级计划管理方面，帮助企业计划管理人员了解整体订单的生产计划情况，尤其是中长期的趋势和预测。当企业接受新订单时，产能如何，准确的交货日期在什么时候，对其他订单的影响怎样，这些问题都可以通过系统得到可靠准确的信息。

在订单优化排程方面，按照企业的订单情况、金额优化目标来安排生产计划。该部分优化的核心是基于智能优化的算法，在不同情况下，企业的优化目标可能不同，如订单延迟最少、设备使用率最高、生产周期最短、库存最小等都可以成为企业优化调度的目标。

在智能分析与决策方面，APS 系统将优化排程运行的结果以可视化图标的形式输出，包括生产指令、设备负荷图、生产异常预警。生产指令提供详细的每个班次、每台设备的生产调度指令；设备负荷图可发现瓶颈资源、均衡设备负荷、挖掘产能潜力；生产异常预警在发生生产异常时，能够自动输出生产异常报告等。

2）产线级一体化生产调度平台

基于工业互联网，产线级一体化生产调度平台以"数字工厂"为中心，推动产线的数字化；以"一线一室"为中心，推动生产工序的自动化、远程化、智能化，同时将运维和操作人员协同整合，实现操维合一、一人多角、一岗多能。如图 4-18 所示，该平台打通了营销、生产、质量、研发、物流、设备、能源、成本、安全、环保业务协同通道，实现了产线级运营智控一体化；基于在线流程化管控，实现各工序间精准化动态匹配，指标动态监视、预警、推送，从而实现面向产品的精益生产管理；建立覆盖产线的大数据中心，基于数据挖掘，实现智能化辅助决策和产线级智能化集中决策。

3）企业级一体化智能管控平台

基于工业互联网构建从原料进厂、生产制造到成品出厂的全流程一体化智能管控平台（图 4-19），将与生产运营相关的因素深度整合，实现涵盖制造、能环、物流、安保、质量、设备等专业的多部门的集中协同调度。

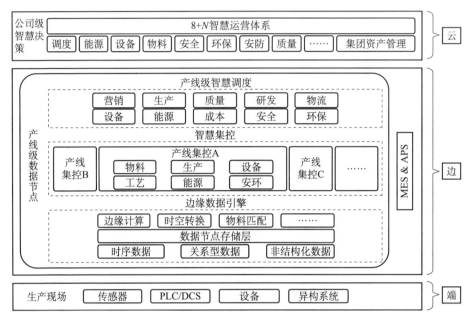

图 4-18　产线级一体化生产调度平台

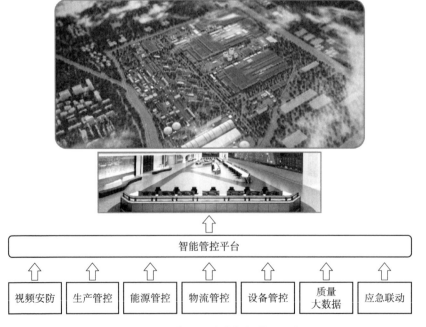

图 4-19　企业级一体化智能管控平台

智能管控中心通过将"生产、设备、能环、物流、安保"等多专业管控业务进行集中部署，建立多专业一体的信息、指令、指挥和应急平台。从而实现信息归一，指令精准，协同高效的管控目标。

5. 推动运营管理迭代提升

1）风险管理

风险管理（Risk Management，RSKM）旨在帮助企业建立"控制有制度、部门有制约、岗位有职责、操作有程序、过程有监控、风险有监测、工作有评价、责任有追究"的全面风险管理体系。

风险管理考虑到企业管理的复杂程度，能灵活适应集团多层级、多业务条线的风险管理策略。同时，平台的设计思路充分体现了风险、内控相互融合的理念，实现风险、内控、制度的联动更新，贯通风险管理、内控管理知识体系及运行体系，保证风险管理人员、内控管理人员、业务人员高效、协同工作，提升工作效率。

2）客户关系管理

客户关系管理旨在实现企业客户资源集中管理，实现战略共享，建设统一的客户诉求管理平台，收集客户的诉求与建议，提高销售接单响应效率，加快接单响应速度。

依托平台和系统，销售业务员在客户的拜访、客户商务沟通中会收集到客户的采购需求，将这些需求转化为销售机会，对销售机会进行跟踪处理，对机会挖掘、初步接洽、需求确定、询单报价、谈判审核、赢单等一系列的机会状态进行管理。

3）工业品超市

基于工业互联网的工业品超市（Maintenance，Repair and Operations，MRO）的电子交易平台，将经过招标的优选供应商和性价比高的产品在商城中上架发布，用户可以完成相关产品浏览、线上下单、在线签署合同、物流跟踪和查询、供货评价、客户在线支付等操作，以提升采购效率、实现战略采购的目标。

4）供应商管理

强化供应商关系管理（Supplier Relationship Management，SRM）系统，

巩固供应商作为企业的外部资源，实现其在采购供应链战略功能的定位中的核心要素位置，实现供应商从引入、使用、评价到退出整个生命周期的闭环管理，实现所有环节审批的线上化，以积累审批记录、供应商资料变更记录、诉求记录、档案等知识库，从而为多个任务提供数据支撑，如分析供应商的价格，分析产品可用性，寻找新供应源、新产品及新技术等。

5）智能招标管理

实现企业招标项目的开标、澄清、评标、中标通知书发放等过程无人化，最大限度地减少招标过程中的人为因素，提高评标效率，提升招标过程的保密性及安全性，充分利用信息技术，实现信息及时、同步传递，甚至是超前传递，是提高用户满意度的基本保证。

6）销售电子商务

销售电子商务旨在将企业的营销、市场和服务等业务有机整合，以"客户"为中心，形成统一的客户服务型电子商务管理平台，建立电子合同、自助录单、开单模块，帮助企业提升客户服务能力、接单响应能力等，实现客户及时、便捷的信息自助查询，提升客户满意度。

（五）工业互联网驱动下的工业管理数字化转型

1. 数字化转型的背景

工程机械、整车制造、石油化工、钢铁等工业领域越来越多的企业开始通过信息系统的建设，进行工业管理数字化转型。数字化转型在改善企业运行效率的基础上，利用以工业互联网为基础的物联网、区块链、大数据以及人工智能等新技术，对企业的业务模式进行变革，通过数字化转型促使传统企业发掘新的业务增长点和商业价值。

以这些新技术为驱动力，传统企业都在朝向数字化企业进行彻底的、根本的转型，这种自身进化为企业带来的不仅仅是效率的提升，还包含生产、运营、用户体验等能力的全面提升。企业借助人机互联提升智能制造水平，借助组织流程变革和可视化技术实现智能运营，推出个性化产品和延伸服务。借助客户画像、市场预测等实现精准营销，全渠道提升客户体验。

数字化转型是制造业优化成本、降低能耗、提高效率的重要推动力，也是提升产业链整体竞争力的制胜要素。

2. 数字化战略的进化

工业管理数字化转型绝不是孤立的信息技术的变革，也不是单纯的技术概念拓展，而是战略与技术、管理与服务、制造与运营，以及商业模式转型等一系列数字化转型的革命。数字化转型需要企业自上而下地同步进行思维变革、组织变革、流程变革、商业模式变革。通过确立"创新驱动、数字化转型、新产业裂变"三条成长曲线，打造"数字化转型"第二成长曲线，推动指数级成长，使数字化转型成为企业增长的核心动能。

在数字化战略的进化过程中，战略转型涉及领导力、理念、团队、客户的参与度等多方面的转型。管理转型包含流程敏捷化，并借助数字化技术建立数字化管理模式，比如，制定数字化关键绩效指标（Key Performance Indicator，KPI）体系、打造智慧运营数字看板、实现智能风控体系建设等；技术转型包括将物联网、大数据、AI 等新基建的核心技术应用于实践；制造与运营转型是通过数字化技术，使企业的制造与运营模式发生变化，通过智慧调度和智慧集控中心的建设，让一线的生产骨干从现场操作岗位转移到智慧集控中心；商业模式转型，包括在实体经济的基础上衍生出新的商业模式，比如供应链金融服务、垂直电商服务等。

1）数字化转型加速管理变革

通过工业管理数字化转型，实现"一切业务数字化、一切数字业务化"，促进工业企业熵减。在一切业务数字化方面，实现营销数据、研发数据、生产计划、工艺数据、质量数据、物料数据等的互联互通，建立全流程数字化制造系统。在一切数字业务化方面，通过大数据应用、AI 技术等给企业装上"透视镜""显微镜""望远镜"，利用数据来洞察业务痛点，把握未来机会，实现运营寻优，给企业建设工业大脑，由数字大脑代替人脑的决策。具体从以下六个维度体现。

（1）思维平台化：倡导开放、共享、共赢，多边多向连接，构建生态圈。

（2）组织扁平化：通过组织架构改革，建设智慧调度中心、智慧集控中心，去厂级化，去中心化。运用工业互联网，让所有的业绩数据化、实时化、价值化，让组织和团队的绩效评价更多维和透明，实现充分放权但不失控，人员简干但效率更高。

（3）单元灵活化：推行数字化阿米巴经营模式，划小核算单元，打造战略业务单元（Strategic Business Unit，SBU）等无边界组织，实现人人都是首席执行官（Chief Executive Officer，CEO）。

（4）流程敏捷化：战略决策智慧化、全流程在线管理、流程端到端。

（5）管控智能化：在采购、销售、物流、工程等业务系统植入风险控制模型，由人工管控、线下验证转为系统管控、线上验证，并对接第三方征信平台。

（6）产业链去中心化：在新模式下，实现企业与供应商和用户直接触达，减少不增值的中间环节。

2）管理提升支撑数字化转型

工业管理数字化转型是一项长期的系统性工程，不仅仅是技术工具的运用，更需要企业战略、组织、人才、考核、资金、对标等全方位的保障。特别要加强顶层设计，需要系统布局、整体推进、统筹兼顾。

工业企业需要制定清晰的数字化战略目标，每年迭代更新数字化转型规划。基于工业互联网的数字化转型建设应设立专职的推进运作组织，要让企业工业互联网建设以价值为导向，由技术驱动向业务驱动转变。

在资金保障方面，以企业战略规划为基础预留专项项目资金；在技术保障方面，以企业自己的专业技术团队为基础＋国内外平台服务商支持＋科研院所产学研合作等建立长期合作机制；在管理绩效方面，建立与每个关系人相关的数字化KPI能力排名；在合作共赢方面，掌控工业互联网时代下最新的业务、技术发展趋势，全球化、跨界化地向标杆企业学习。

3. 数字化转型的推进与落实

在数字化战略规划下，智能工厂追求"四化"，即"少人化、一键化、集控化及协同化"。围绕智能中台实现生产全要素的线上化，开展一体化的智慧生产与运用。

以钢铁行业为例，在智能工厂层面构建生产集控中心，打造高度集成的智能工厂，贯穿炼铁、炼钢、热轧、能源、环保等全流程业务，实现生产执行层的全局集控和全局总览，使得信息更直观，交流更便捷，操作更规范，生产更顺畅。

在智慧运营层面，构建智慧调度中心、智慧营销中心和财务共享中心，建成高层管理驾驶舱，以纵观企业生产、能源、物流、设备运转、安保等实时动态，确保做到应急联动、敏捷决策。

1）基于工业互联网的智能工厂建设

如图 4-20 所示，智能工厂的建设不但运用了当下最先进的互联网技术，而且还融合了各行业多年积累的生产及管理理念。通过智能工厂的建设，充分保障工厂内外部的协同发展，实现工厂一体化操控和智能化决策，以提升本质安全，促进技术整合，打破组织边界，加强工序协同，提高生产效率，创造一流生产指标。

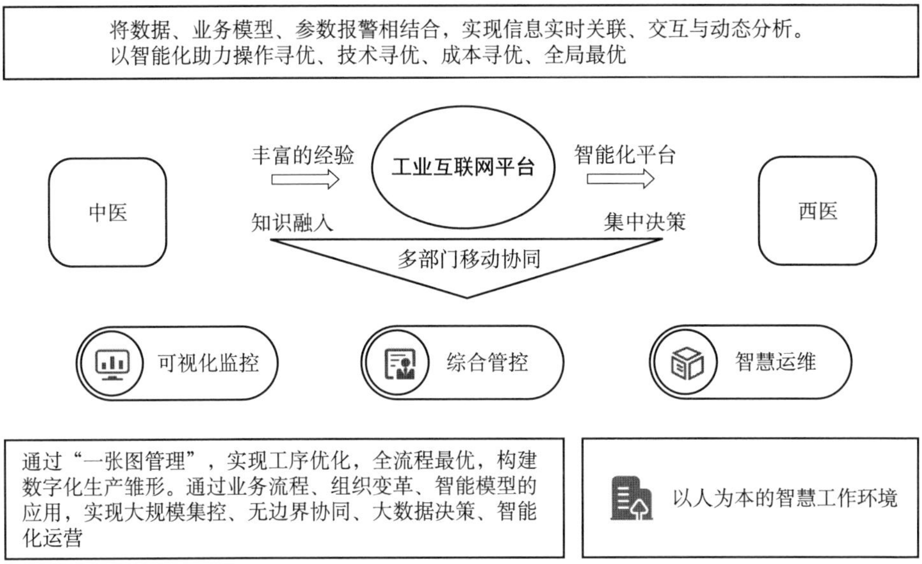

图 4-20 基于工业互联网的智能工厂

智能工厂建设依靠数据向智能决策转变，例如，钢铁行业高炉生产，因为铁水生产周期较长，以前在没有太多大数据积累、AI 智能模型的时候，为了提升产品品质，工艺操控专家主要靠丰富的经验来调整高炉的参数，这就像中医诊疗中的望闻问切，主要靠医生的经验。

随着大数据、智能应用模型以及 AI 等技术的应用，智能工厂的建设，就像购置了西医的体检设备，而且是搭载了将工艺经验、工艺诀窍固化后的智能应用模型的体检设备，也就是相当于中西医结合来治病，可以高效地为产品生产提供针对性的智能决策提议，甚至给出整套的智能化运维方案，助推创新能级的提升。

通过 3D 数字孪生技术的应用，构建数字孪生系统。结合工厂生产实绩、关键设备状态、视频监控等数据，实现生产区域的"一张图管理"。

2）基于工业互联网的智慧调度平台建设

以钢铁企业为例，生产调度是指对企业生产进度计划的组织和执行。钢铁从原料、炼铁、炼钢直至轧钢的整个生产环节多，协作关系复杂，生产连续性强，情况变化快，如果某一局部区域发生故障，或某一措施没有按期实现，往往会波及整个生产经营的运行。因此，加强生产调度工作，对于及时了解、掌握生产进度，研究分析影响生产的各种因素，根据不同情况采取相应对策，使生产差距缩小或恢复正常至关重要。

智慧调度平台依托工业互联网平台，构建企业级视角的生产管控指标体系，实现企业级生产运营的管控决策支持，充分结合企业现状，应用一系列先进技术，打造八大专业领域合一的智慧管控调度中心，以生产管控、应急响应为主线，实现"传统调度"向"专业调度"转型。

企业智慧调度平台覆盖从原料进厂、生产制造到成品出厂的全流程，将与生产运营相关的因素集中到一起，实现多部门集中协同调度，涵盖生产调度管理、能源管理、物流管理、设备管理、质量管理、安全管理、环保管理、安防管理八大领域。企业智慧调度平台整体设计完整、清晰、动态孪生，既能完整清晰地展示实物流，又能体现工艺流程，通过全流程数据信息共享，逐步实现调度数字化，成为未来企业日常运营的核心大脑。系统架构如图 4-21 所示。

智慧调度平台具备"五个中心"的职能：一体化管控中心、高效决策中心、综合指令中心、信息融合中心和应急指挥中心。

一体化管控中心即实现企业生产、销售、能源、设备等七大主业部门的综合一体化管控。

高效决策中心将打造一体化的数字化管控平台，通过 3D 数字化地图和 BI 展示看板融合展示企业各级运营管控业务，实现高效的分析决策。

综合指令中心通过建立扁平化的调度管控模式，由企业调度直接将调度指令下发给分厂作业区执行。

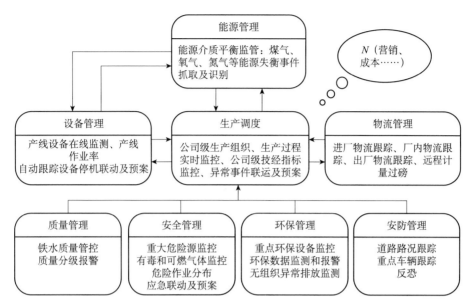

图 4-21 基于工业互联网的智慧调度平台

信息融合中心通过建立大数据平台,统一对接企业的产销、制造执行系统、能源管理、物流管理、设备管理等系统的业务数据,实现多系统的信息融合共享,最终为跨业务、跨部门调度决策以及大数据分析提供基础数据平台。

应急指挥中心是指当企业范围内有重大安全、自然灾害、生产等事件时,作为公司统一的指挥中心开展应急指挥。同时,通过生产运行集中管控,达到精简调度岗位和人员、提高管制调度指令信息共享效率、促进跨部门协同、统一各专业统计分析指标的目的。

4. 数字化转型的经验教训

1)吸收培养人才,建立数字化领导和实施团队

对于企业而言,是否有足够的能力做好数字化项目,是否能够让整个组织有能力消化、吸收数字化转型带来的工具、流程的改变,决定了数字化进程的快慢。单单依靠咨询公司、互联网公司去做数字化转型往往达不到好的效果,企业需要主导自己的数字化转型之路,找到真正能够推动数字化转型的人才,设立数字化的愿景、目标以及最适合公司发展的蓝图。

领导公司数字化需要很强的数字化团队,他们同时具备数字能力和商业

知识，并真正了解公司的业务和发展方向，懂得把技术和业务完美地结合在一起，推动业务流程和业务模式的变革。

2）大数据应用是数字化变革的主要动能

数字化变革的主要动能是数据。业界很多公司还停留在把线下流程转到线上，把 Excel 电子表格和纸质材料搬到系统上的阶段，这部分工作不会改变流程，也不会改变商业模式。

驱动数字化变革的是对大数据的运用，这不只是停留在数字化，也不只是做报表和数据分析，而是真正用大数据和 AI 来做推荐和做决定，用数据打破节点，重新连接，才能大幅度改变商业流程和商业模式。

3）建立强大的技术中台是数字化转型能快速推进、加速创新的基石

对工业企业而言，打造公司自己的技术中台很重要，让应用在平台上模块化成长，快速迭代，以低成本不断拓展业务功能。

基于企业技术中台开展数据治理工作，并任命各领域数据负责人，驱动业务效率提升和模式创新。通过构建企业特色工业数字系统，形成企业数据治理战略蓝图，推动更高水平、更高层次、更具前瞻性的战略规划落地。

第三节　工业互联网行业应用展望

本节将按应用行业分析讨论工业互联网未来发展方向。首先会详细讨论离散和流程智能制造行业的工业互联网应用前景，然后对能源行业电源端和电网端的工业互联网应用方向展开讨论，最后简要分析工业互联网在其他行业的发展趋势，主要包括智慧交通、智慧医疗、智慧建筑/智能建造、智能环卫、安全生产和智能矿山等行业。

工业互联网概念是 2012 年提出的，而"感-联-知-控"四大环节涉及的技术在制造、能源、交通等行业早在二三十年前就有研究和应用，因此在不同的行业已经形成了相关的专业术语，比如在能源行业电源端的应用被称作"能源工业互联网"，而在电网端的应用则被称作"能源互联网"。考虑到行业应用的特殊性，下面对工业互联网在不同行业的应用的阐述将尽可能按不同行业的视角、用相关行业的专业术语进行描述与讨论。

一、在智能制造中的应用展望

本小节将从制造设备层、车间层、制造企业层、供应链层和制造服务层五个层面展望工业互联网在智能制造中的应用。其中，制造设备层和车间层合在一起对应"三层级"中的工厂层级，制造企业层自然对应企业层级，供应链层对应产业链层级，制造服务层与图 3-1 中的"服务"相对应。

智能制造主要包括两种生产方式：离散制造与流程制造。离散制造是指产品的生产需要经过一系列不连续的加工装配任务来完成，产品加工的工艺路线和设备的使用非常灵活，在产品设计、处理需求和订单数量方面变动较多，主要包括火箭、飞机、武器装备、船舶、电子设备、机床、汽车等行业；流程制造则有重复批量生产和连续生产两种类型，原料均需要连续不断地经过加工设备，其与离散制造的区别主要在于生产的产品是否可分离，主要包括钢铁、石化、有色、建材、医药等行业。虽然两者的生产特性不同，但从工业互联网应用的角度来看还是有很多共同点的。本小节将展望工业互联网在智能制造中的应用前景，在分层描述时，先讨论离散和流程制造行业的共性，然后根据应用场景的特点，分别简述其区别。

（一）在制造设备层的应用：智能设备、机床、机器人

工业互联网体系下的智能制造将向着"人-信息系统-物理系统"三元素融合的方向发展，如图 4-22 所示。相比于传统的机械设备，未来工业互联网中的物理设备能主动与信息系统进行有效融合，处于制造设备层的智能设备、机床、机器人等物理实体将会具有强大的感知、计算、分析与控制能力，并通过学习的方式产生知识，从而实现自我提升。感知控制、孪生融合以及自我学习将成为智能的制造设备层发展的必然趋势。

1. 自主感知与自主控制（感知控制）

制造设备的出现，在一定程度上代替了人的体力劳动并提高了生产制造的效率。物理设备功能在智能制造领域中已发生了一次演变，并将向着第二

次演变迈进（图4-23）：第一次演变通过融合"信息系统"，以自主感知与自主控制的形式代替了人的部分脑力活动；第二次演变将通过"自我学习"的方式，将人从烦琐的体力劳动与脑力劳动中解放出来。

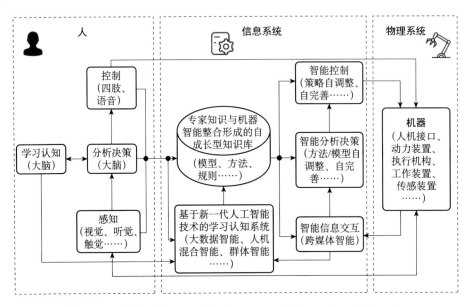

图 4-22　工业互联网在新一代智能制造下的"人‑信息‑物理系统"

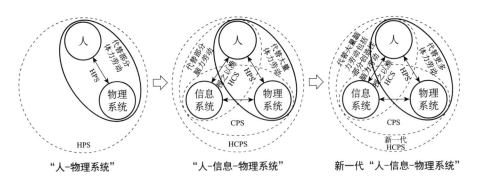

图 4-23　物理设备层在制造系统中的功能演变

在工业互联网体系下，伴随着多源传感器的广泛部署，物理设备层将逐渐具备拟人的感知能力，如视觉（摄像头传感器）、听觉（声音阵列传感器）、嗅觉（烟雾传感器）、味觉（电化学传感器）、触觉（压力传感器）等。智能设备将通过传感器自主感知并收集来自人、工件、集群设备以及工作环境的变化情况，并将通过人员设定、信息系统建模分析与决策的形式实现自主控制。

2. 数字孪生设备（孪生融合）

工业互联网虽然可以通过大数据平台，实时不间断地收集海量的数据，但是重复、冗余的信息较多，有效、完备的数据较少，有效数据的稀缺性与完备性制约了物理设备智能化的发展。未来，数字孪生技术将通过物理设备虚拟化的形式解决上述问题。数字孪生设备将通过关键节点映射的形式，将物理设备实体状态信息映射到虚拟的数字空间，并在虚拟环境中对真实的物理设备以及设备集群运行状态和工作任务进行仿真优化，从而实现最优的设备运行状态。与此同时，数字孪生将通过仿真求解的形式模拟不同极端工作情况下的设备监测数据，从而弥补缺少完备数据的问题。在此基础上，可结合实际数据与小样本学习（如迁移学习、对抗生成网络等）的方法实现预测模型的微调，并将其用于实际设备健康状态监测与控制中。孪生融合过程如图 4-24 所示。

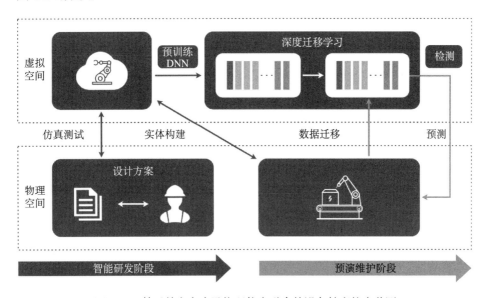

图 4-24　基于数字孪生及物理信息融合的设备健康状态监测

3. 设备预测性维护与健康管理（自我学习）

当前工业制造领域中，多源、异构、海量的工业状态监测数据不断涌现，高精、柔性、复杂的智能制造装备结构持续迭代，时变、空变、动态的智能生产运维要求不断提高。基于数据和机理驱动的方式，通过自我异常检测、自我故障诊断、自我剩余使用寿命预测的方式实现设备预测性维护与健康管理的自我学习过程（图4-25），以及确保重大智能制造装备安全、健康、可靠运行，已成为近年来学术界研究的热点问题以及工业界发展的必然趋势。

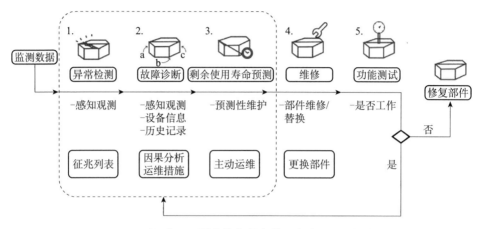

图4-25　一种设备预测性维护与健康管理自我学习的概念框架

未来的智能设备将通过数据和机理驱动的方式，对设备监测数据流中不符合预期模式的事件或观测值进行识别，通过不确定性估计的方式，实现自我异常检测；在故障发生时，通过数据分析、自主动态选择或集成信号处理、深度学习、数字孪生等方法，从所监测的实时数据中判别设备的健康状态，指出故障的种类、发生的位置以及形成的原因；与此同时，智能设备将逐渐实现自我剩余使用寿命预测，智能运维将从被动运维、规划运维向预测性运维的方向转变，通过预测性运维方式在保障设备安全生产的同时，可实现生产效益的最大化。相比于传统的专家知识系统与机器学习算法，新一代的设备预测性维护与健康管理能够实现自感知、自分析、自学习与自决策，真正做到无人化的智能运维模式。

工业互联网制造设备层中，离散制造与流程制造在"感知控制－孪生融合－自我学习"方面具有较高的相似性，其感知要素、预测模型、控制算法、运维方式等由具体设备确定，因此不展开描述。

（二）在车间层的应用：智能车间、智能工厂

近年来，工业互联网在智能车间/工厂的主要应用是从工厂车间收集实

时状态数据，并将其输入到企业决策系统中。这些数据用于自动化工作流程 /
过程，以维护和优化设计生产系统，而无须人工干预。未来，生产系统在工
业互联网的支持下可以进行流程挖掘，重新设计生产流程以提高效率。同时，
随着智能算法和机器学习技术的进步，大量多源的实时数据将自动生成最佳
决策，实现车间调度、能耗、质量和人机协同的智能化管理。

1. 实时工艺规划及动态调度、车间物流最优化（智能排产调度）

工艺规划用来确定产品加工方法、加工顺序、工艺参数以及产品制造所
需的制造资源、制造时间等，是连接产品设计与制造的桥梁。动态调度的作
用是在制造环境的约束下，对将要进入或已经进入制造过程的工件进行作业
安排的整体优化，其是生产准备和具体工艺实施过程的纽带。车间物流则根
据生产车间的布局、产品工艺的路线和工件作业的安排，满足车间物料及时
配送的需求，达到提升物流配送效率、降低物流成本的目的。工艺规划与动
态调度、车间物流的集成优化对于消除加工现场资源冲突、提高设备利用率、
缩短产品制造周期、提高产品质量和降低制造成本具有重要意义，三者在实
际生产中是密不可分的。

基于工业互联网的离散制造与流程制造在智能车间层面，拥有不同的生
产制造特性，在车间调度方面存在不同的生产要素和管理方法。

离散制造过程通常可以分解成很多加工任务来完成，其加工的工艺路线
和设备的使用也非常灵活，因此加工过程中包含着更多的变化和不确定因素。
对于动态事件影响较小的生产车间，工业互联网将根据实时采集的数据，确
定车间的生产状态和进度，针对具体的动态事件，如机器故障、紧急插单、
工件重加工等，可以对原有的工艺方案、排产计划和物流规划进行实时调整
和优化，以适应当前的生产环境；对于扰动频繁出现的车间，则可以通过深
度强化学习等方法进行实时的工件和机器的选择，同时也可以通过分析车间
历史数据和实时数据来预测车间未来的运行状态，并针对可能会出现的扰动
进行主动调度。

流程制造是指被加工对象不间断地通过生产设备和一系列的加工装置使
原材料进行化学或物理变化，最终得到产品。因此，这一类制造过程的工艺
固定、生产计划简单，但对于生产过程中的产品和设备的状态数据要求较高。

随着数字孪生技术的发展，通过工业互联网可以实现工艺模拟仿真及实时动态调度，以提升生产效率与质量。数字孪生通过融合生产过程机理模型、实时运行数据、关键设备仿真模型，不断将物理工业系统中的碎片化知识传输到虚拟仿真系统，使不同维度和粒度的工业知识重新组装，以动态实时的方式构建一个映射于数字世界的数字孪生模型，从而反映物理实体的全生命周期，实现工艺优化、动态调度和物流规划。

2. 能耗智能管理

制造业能源需求约占全球能源需求的 1/3。随着能源价格的上涨，能源管理成为一个重要的问题。传统方法基于孤立的工厂状态，缺乏对整个工厂的全面了解，这是因为没有构建起将整体能耗映射到业务以及对能耗进行细粒度、连续测量的基础架构。工业互联网不仅可以通过在任何与能源相关的位置部署传感器，来帮助连续实时跟踪及关联能源消耗和业务活动，而且还可以在具有工业互联网功能的"闭环"中实施在线动态能源感知控制。

从更全面的角度来看，能源效率不仅仅是简单的独立优化方法（如单流程/单机器优化），跨域协作（例如，物理世界中的机械、材料和车辆，商业世界中的企业信息系统、生产过程和物流，等等）必须通过数据采集和数据关联以制定更优的节能策略。此外，统计分析和与能源实时相关的指标应结合为一个整体，大数据分析可以在绿色制造这一方向上发挥重要作用。同时，通过生产能耗的优化可以进行生产工艺的优化，实现真正的能耗智能管理。

对于高能耗的操作和过程，可以通过部署传感器来捕获能耗信息。通过一系列数据分析以识别能耗模式，实现节能调度以及工况诊断。

因此，基于工业互联网平台可以建立能源综合管理系统，实现能源和资源高效管控及优化，提高资源利用率，降低能源消耗及排放。另外，基于工业互联网的人、机、物协同可以提升生产过程的自动化和智能化程度，实现少人化生产管理。

在能耗智能管理方面，工业互联网在离散制造与流程制造的应用中具有一定相似性，但流程制造往往存在高能耗设备和生产线，因此，能耗智能管理在流程制造行业中显得尤为重要。

3. 实时质量管控

质量控制中的多维实时数据分析除了向后追踪质量问题和向前追踪预防措施外，还可以在关键质量指标和过程/操作参数之间建立模型，以进行主动和精确的质量控制。当找到有缺陷的产品时，多维数据分析可用于查找有缺陷产品的故障根源或预测产品质量。

在离散制造过程中，为了确保产品的质量，有必要在产品制造过程中进行实时检查。传感器可以安装在零件或半成品上，也可以根据需要部署在加工设备上，以检测质量参数。来自传感器和机器的相关数据可以进行关联和分析，以促进质量保证和控制。当数据分析表明机器设备的性能严重下降时，可以在实际发生机器故障之前进行预防性维护，以减少潜在损失。

流程制造过程中的产品可能有保质期，需要对产品的质量进行跟踪，往往需要从产品到半成品、供应商等进行跟踪，对批次管理要求较高。基于工业互联网平台，利用数据分析与挖掘技术实现可视化实时质量管控，可以保证生产过程安全稳定。通过机理和大数据分析技术对影响产品质量水平的各方面因素进行评价与判断，针对产品检验环节发现的质量问题和措施数据着重进行关联挖掘分析，实现产品质量问题的准确性和措施实施精准性，对产品生产过程中的质量问题进行定性定量分析，从而将工艺、工位操作等影响产品质量的因素进行数字化，利用质量大数据分析系统构建企业产品质量指标体系，实现质量体系指标分析业务的可视化。

4. 人、机、物协同

当前制造企业运营技术底层网络大部分是基于有线网络的，人机协作制造环境的复杂化、变化多端、灵活性要求，使得工业通信逐步采取包括5G通信在内的无线传输方式。人机协作制造系统的人、机、物融合面临着通信协议众多、技术指标高等问题，发挥无线通信如5G的大带宽、低时延和高可靠性的特点，构建实时稳定的工业互联网络，可以形成人–机–物融合的增强效应。

充足、有效、多样的数据是人、机、物实现协同工作的原动力。通过构建云–边–端互联框架，基于5G的工业互联网可以实时采集人、机、物多模态数据，并上传到云上。在云端可以进行多模态数据融合，进而实现大规模数据分析，开展人机协作系统智能决策优化。通过感知识别人体行为进行行为预测，同时机器人根据人员的行为预测进行路径规划，实现人机协作。还可以学习历史数据和分配规则进行人机任务分配，并可针对不同的动态事件，训练出不同的行为决策模型，进行实时任务调度。

在未来工业互联网广泛应用的智能制造时代，流程制造的生产线及生产设备的自动化程度将非常高，人、机、物协同将主要应用于离散制造。

（三）在制造企业层的应用：智能企业决策

基于工业互联网平台打通用户需求与研发设计之间的数据流，构建覆盖产品全生命周期的数据贯通体系，以数据按需有序流动带动企业订单管理、资源调度、库存管理、成本优化等部门的协调配合，高效率、全方位地满足用户个性化、碎片化、多样化需求，实现企业层的智能决策优化。

1. 产供销一体化

产供销一体化的实质就是以市场为导向，要求生产单位的生产、库存与市场销售直接有效地结合，更好地服务于市场。生产企业要第一时间掌握市场供求信息，掌握公司的各项资金和扶持政策，分析市场信息，调整产品结构，合理安排生产，从而降低不良库存。通过工业互联网平台，针对市场销售进行生产，构建快速响应机制，保证生产的产品满足市场需求。最大限度地减少中间环节，降低公司运营成本、降低营业费用、节约流动资金、缩短资金运行周期，在提高资金利用率的同时提高公司的利润率。

基于工业互联网，构建产供销智能化管理体系和信息化平台，衔接销售、采购、计划、作业、质量、库存、物流各过程的经营管控，实现以市场为导向、以客户需求为目标的订单生产管控机制，贯通公司级信息化系统、产线一二级自动化过程控制系统，对产品相关的生产、管理过程中关键绩效指标进行采集、分析和控制，提升公司的整体管理水平。实现系统对业务流程的全方位支撑，形成从客户需求识别到原材料采购需求、内部生产制造，最后到产品销售的全产业链服务体系，实现从"生产制造"到"业务生态圈"的业务管理闭环。

同时，通过对市场的数据分析，可以预测市场需求的变化，更好地调整企业内部生产计划和产品设计，从而减小库存堆积的风险。

2. 实时订单管理

为了提高订单管理的效率和协同工作，订单管理的数字化已经成为一种趋势，ERP 系统和客户关系管理系统都会涉及订单管理模块。需要管理的订单主要有以下两种：销售订单管理和采购订单管理。基于工业互联网和数据库技术，可以实时更新 MES 的生产数据，实现订单生产过程的实时监控和追踪，帮助管理人员掌握每个销售订单的生产进度和产能信息。采购订单则是企业根据车间层的实时调度数据和实际资源库存以及其他相关因素，制订切实可行的采购订单计划，并下达至供应商进行采购。同时，订单管理也是客户关系管理的有效延伸，能更好地把个性化、差异化服务有机地融入客户管理，通过历史订单数据，构建客户需求模型，并通过预测客户订单时间等，提前准备生产计划和生产资源。

3. 资源优化

企业资源调度主要包括人力资源、生产物料、车间设备和刀具、运输设备以及其他必需资源的调度。企业通过工业互联网，形成资源数据流，根据实时订单和生产动态数据，建立实时的资源流网络，通过算法优化，进行动态资源调度，使得企业高优先级的订单产线物料能得到及时供应并使生产成本最小。工业互联网数据可以明确物料与设备的数量、功用和性能，能实现在某个车间设备、物料急缺的情况下，迅速找到空闲的、能匹配的替补资源，并实现调度。透明化数据管理能够减少资源闲置，提高资源的利用率，降低企业的资源消耗成本。

适量的库存能够帮助企业实现利润增长，更好地提升客户满意度，但是过量的库存会增加企业的资源使用成本，占用企业资金。影响库存的因素很多，如需求预测、生产排程、质量问题、设计问题等。在工业互联的基础上，应打通 ERP 系统、仓库管理系统（Warehouse Management System，WMS）、MES 之间数据流并相互关联，以实现库存数据透明化，在保证顺利生产的基础上，降低企业资金周转周期。

4. 成本优化

随着市场经济的发展，制造企业之间的竞争日趋激烈。因此，实施成本管理，有效降低企业成本，成为企业生存和发展的关键。

基于工业互联网平台，打通企业内部的研发、生产、采购和销售等部门的数据链，形成统一的优化模型。通过销售部门分析和预测市场需求信息，指导产品研发的方向，减少非必要的研发成本，同时可以根据订单和需求预测实时调整生产计划，降低库存堆积风险和储存成本。采购部门主要负责原料采购和物流配送，因此需要对供应商和物流公司进行有效管理，通过工业互联网平台全方位收集供应商的各项信息，如供应商品的价格、产品质量及品类、供应量、历史销售额、产品平均到货时长以及地理位置等情况，建立供应商电子档案，并根据相关信息对供应商进行定性评估，根据不同权重对供应商进行量化评估和排序。对于量化排序靠前的供应商，给予不同的管理策略和相对优惠的策略，以构建长久合作关系，从而控制产品原料成本。同时，对于生产过程中的动态事件，通过实时动态调度，提高人员和设备以及原材料的利用率，从而增加产能，降低生产成本。通过 ERP 系统，实现企业财务日结的核算方式，一是不会造成工作堆积，每天的工作业务在第一时间进行核算分配，通过学习掌握当天成本、利润的波动情况；二是可以实现企业经营中的异常情况的监测，及时提出应对方案，实现对成本的超前控制，以维持各项程序的正常健康运作。

5. 个性化定制

从制造业发展趋势看，市场环境发生了深刻变革，产品日益丰富、买方市场逐渐形成，企业竞争越来越强调基于客户需求的竞争，产品的定制化和个性化需求不断增长。定制化和个性化产品因更能满足每个客户由于环境、认知、审美、爱好等不同而产生的独特个体需求、创造更高附加值，成为未来买方市场竞争的制高点。

客户将在产品设计和制造阶段与相关方紧密合作，以很好地表达他们的需求。社交网络的出现，引发了开放式创新。工业互联网可以提供有关制造对象的实时信息，并使用执行器来控制它们，从而帮助云制造增强其封闭感测、决策和执行回路的能力，大大提高协作效率和体验。

在开放的个性化定制设计和制造范例中，可以将个人要求发布到社交网络，朋友、个人设计师、设计公司、专业协会或任何其他相关人员可以共同参与个性化定制产品概念模型的设计。由于背景、生活经验、思维方式、能力等方面的差异，这种合理的大规模头脑风暴可以极大地促进产品设计理想概念的产生。在此过程中，客户可以与设计师和其他人充分沟通。制造商和检验人员也可能参与此阶段，从生产、组装和检验的角度施加约束。同时，可以根据并行的工程实践，开始部分生产工作和检查计划。设计、生产和检查之间的实时信息流闭环实现了产品的最终修改，用户可以方便更改产品的设计，从而更好地满足个性化需求。

综上所述，将知识自动化渗透到生产经营各个层面，形成敏捷的实时决策能力，以数据驱动业务目标化管理和智能化决策，能够大幅提升决策管理的效率与质量。一方面，知识工作者可依靠知识和经验制定企业综合生产指标、制造流程的生产指标、运行指标和生产指令，与车间层的制造流程形成人机合作智能化决策系统。人机合作智能化决策系统能够实时感知订单、能源、库存、成本等信息与制造流程生产过程的状态，以企业高效化和绿色化为目标，实现订单管理、资源调度、能源管理、库存管理、绩效优化等智能化决策，并通过自学习与自优化决策，实现人与人机合作智能优化决策系统协同，使决策者在动态变化环境下精准优化决策。

另一方面，还可以建立业财融合一体化系统（图4-26），打通内部各业务环节，以促进销售、采购、生产与财务等环节的数据、信息联动和业务协同，构建统一的业务节拍，提升跨职能部门的协同；建立数字化生产过程管理系统，基于生产过程工艺信息和设备运行状态，自动进行多工况动态调度、生产资源协调管理和快速下达生产指令，全面提升企业生产组织管理水平；构建一套完整的涉及企业关键的指标体系，统一配置相关的标准化指标库，通过工业互联网平台提供的分析工具，可实现指标的计算、评价，同时可对各类指标数据进行快速查询、对比，对重点指标及时分析告警等。通过对数据指标的拆解分析得到产品、策略、运营等各方面目前存在的问题，从而得出优化方向。

离散制造与流程制造在工业互联网企业层管理决策方面并无很大区别，但流程行业的加工对象一般有更严格的加工标准，因此个性化定制并不适用。同时，在企业系统中，离散制造与流程制造的产品量值和感知要素也不同，因此在未来的具体实施中会有所差别。

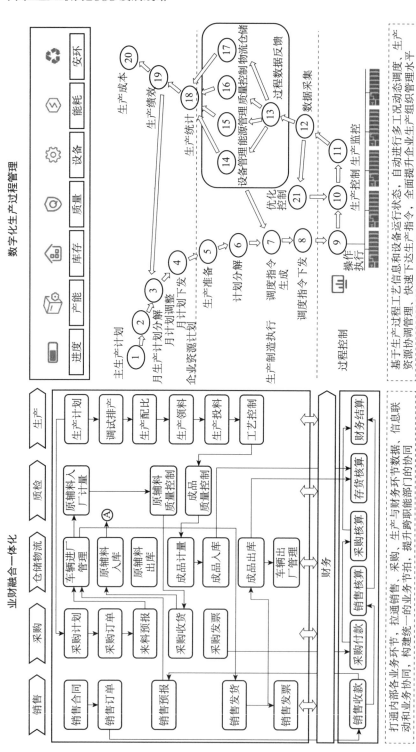

图 4-26 业财一体化系统

（四）在供应链层的应用：智能供应链、智能物流

运用工业互联网，可以通过在车间、库存、采购和销售、维护、物流等方面的实时信息共享，来连接供应链中的所有参与方，从而使所有参与方都可以了解参与方之间的相互依赖关系、物料/零件流程以及生产周期，在潜在问题发生之前找出并制定正确的措施。各参与方都可以实时访问需求、供应和反馈信息，消除信息不对等问题。这将对即时或精益生产的有效实施产生重大影响。

1. 需求预测

需求的不确定性和季节波动性不断冲击着供应链的各个组成部分，对生产商、贸易商、经销商的供货能力提出了更大、更多的考验。随着全球市场一体化的进程和信息技术的指数级增长，客户需求也呈现出多样化的趋势。基于工业互联网，可以基于供应链网络建立完善的信息同步与共享平台，通过历史订单数据和实时数据以及外部环境因素，对客户的需求进行实时预测。准确的需求预测可以降低库存的数量。科学的库存决策是企业生产计划的重要组成部分，是企业实现降本增效的重要武器，也是对顾客和市场的需求做出快速响应的有力依据。同时，制造商与客户之间实现数字化实时对接，可以从整体优化的角度去研究企业生产与运输协同调度问题，同时优化订单生产排序与车辆运输路径，从而在有限的资源下实现较高的客户服务水平，实现供应链协同优化。

2. 供应链网络规划

供应链网络规划是企业考虑产品性质、客户分布、配送成本等因素，以选择生产工厂、采购点以及存储仓库地址、数量和功能。基于工业互联网，通过运用大数据分析，可以实现数据驱动新零售选址、量化评估客流和人群画像等功能，给选址提供更可靠、便捷、高质量的数据参考，从而确定生产工厂、采购点以及存储仓库的地址以及规模等，提高成功率以及企业效益，为后期有序经营奠定了坚实的基础，同时也节省了调研成本与开店成本。

互联网时代的供应链物流网络必须是开放的，也必须是上下游协同的。建设协同/开放型的供应链物流网络，除了企业自营的网点设施布局，还需要考虑将上游供应商的网点设施包含到整体网络布局中来，利用自营库存和供应商库存构建更加协同的供应链物流网络资源和运作体系。也需要考虑与更

广大的市场末端的区域型服务商在设施资源方面的相互合作，构建高度柔性的末端服务网络。同时，因流程制造产品可能具有的时效性、附加产品以及贮存条件严格等特性，在进行选址、布局和运输等方面约束更多，要在整个过程中确保产品的质量和稳定性。

3. 供应链网络协同

当前供应链企业之间存在信息壁垒，在一定程度上割裂了产业链上下游生产要素的联系，阻碍了供应链的高效协同。未来的企业应基于工业互联网建立网络协同制造平台，其中各个企业组合为一个实体，企业之间可以自由建立各种业务，业务之间彼此隔离。整个应用模式分为控制层、标识层、数据层和应用层四层，如图 4-27 所示。其中，控制层对企业在标识层、数据层、应用层中的各种活动进行约束管理；标识层为企业的产品提供唯一标识，标识作为产品身份体现在数据层企业的数据记录中；数据层对企业的各种数据进行管理，紧密支撑上层业务应用；应用层是基于数据层的具体应用模式。

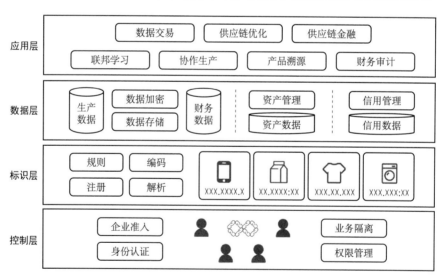

图 4-27　工业互联网在供应链层的应用模式

在工业互联网的场景下，企业协同将更加注重数据的安全性和隐私性，同时各方也期望能够利用更多相关数据进行机器学习训练，提升企业的生产效率。联邦学习完美契合这一需求。一方面，相似企业往往拥有相似的数据，这些数据虽在特征上重叠较多，但样本身份几乎不重叠，构成了横向联邦学习；另一方面，处于同一供应链的上下游企业，可能在样本身份上重叠度较高，但数据特征重叠度较低，构成了纵向联邦学习。区块链在其中可以记录每个企业更新的贡献程度，可以对更新溯源，从而防止恶意攻击，而且企业的贡献程度也可以作为企业的信用记录，用于挑选联邦学习合作方。

通过网络协同制造平台采集分析企业供应、经营、市场的海量数据，对物料需求、价格波动等进行预测研判，自动完成供需匹配，实时地形成最佳决策，对采、产、销全链条供应链业务进行协同优化。在工业互联网中，基于 RFID、定位系统等物联网感知手段获取产品实时状态信息，通过网络传输和信息处理可将数据分析结果应用于物流业运输、仓储、配送、包装、装卸等基本活动环节，实现货物运输过程的自动化运作和高效率优化管理，从而提高物流行业的服务水平，降低成本，减少自然资源和社会资源消耗。

通过网络协同制造平台，制造企业可进行供应链协同、服务协同、生产协同、客户定制化协同、设计协同以及企业内部协同等，通过制造协同动态共享制造资源和制造能力来优化流程制造传统运作模式，提升生产柔性和敏捷性，并实现价值共创以及资源利用率、生产效率等的提升甚至最大化（图 4-28）。通过工业互联网协同制造平台，有效助力企业协同共赢。

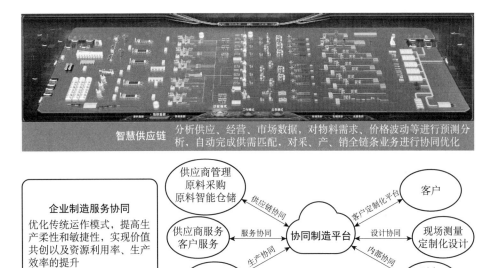

图 4-28 服务协同与智慧供应链

离散制造与流程制造在供应链层的未来发展趋势基本相同，因此不再分开讨论。

（五）在制造服务层的应用：智能产品、智能运维

1. 远程智能运维服务、主动运维服务

当前，确保重大智能装备安全、健康、高效运行已成为国内外基础性、关键性与迫切性的问题。全球制造业仍旧处在"2.0补课""3.0普及""4.0示范"阶段，传统运维模式下的有限数据采集、人工留守监测、被动运维决策等已难以满足当前日益复杂的装备状态监测与健康管理需求，重大制造装备的运维服务效果将直接影响到整个企业社区的产品生命周期。基于工业互联网的远程智能运维服务及主动服务，将成为实现智能装备运维与健康管理的重要技术。

远程智能运维服务是基础，主动运维服务是核心。远程智能运维将互联制造设备，以实现数据采集，提升监管效率，健全设备生命周期管理，辅助系统调度与生产优化。工业互联网未来将作为实现远程智能运维服务的关键要素，通过主动运维服务的方式，帮助用户节约成本，降低企业运维风险，提高设备运行效率，促进企业增值服务的发展。基于工业互联网，建立健全面向新一代智能制造的远程运维服务平台，其主要目的在于：①有效的数据收集与存储，为远程运维系统的建模、分析与主动运维决策提供基础保障；②主动实时跟踪、监测、分析、预测设备的运行状态，确保重大装备安全、健康、高效、稳定地运行；③通过数据互通，连接制造商的产品生命周期管理系统、客户关系管理系统、产品研发管理系统等，从而实现信息共享。

主动运维服务将有效提高重大装备管理的效率。传统运维方式多处于成本损失较大及宕机时间较长的被动模式或规划模式，而主动运维服务将采用预测模式，具备可规划的宕机时间，并可在最大程度上降低成本损失。图4-29总结了三种不同运维模式在产品生命周期的各个阶段的特点。

未来远程智能运维中的主动运维服务将结合数据挖掘、数字孪生与人工智能等形式为企业生产提供主动运维服务，即主动监测装备状态、主动预测

设备故障、主动分析故障原因等。海量的工业大数据奠定了系统智能分析与建模的数据基础，基于数据驱动的主动运维监测将不再依赖人工留守，其能实现全天 24 小时不间断、不疲惫地实时、高效监测；不断发展的人工智能技术为设备远程运维服务提供了使能支撑，通过日志分析与数据挖掘，能有效发现装备故障及其成因的潜在模式，提高智能运维服务的效率。故此，以主动运维服务为核心的远程智能运维服务，能通过不断地迭代更新，学习智能预警、诊断与预测等，从而为企业提供更好的设备维护方案、运营优化方案以及营销战略管理方案等。

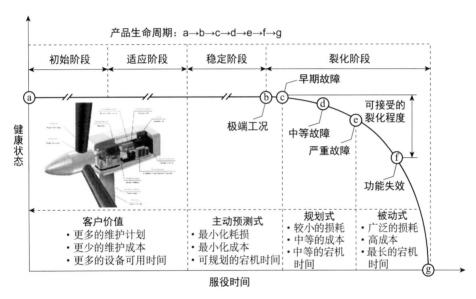

图 4-29　产品生命周期中的主动预测式运维、规划式运维、被动式运维

　　未来将设备远程智能运维服务的思维应用于用户产品，可实现创新型的产品服务模式，例如，定制个性化保修策略、推荐性售后保养咨询、预测性的设备租赁服务、提供零宕机担保承诺等，从而拓展新的业务市场，为企业运营创造新的利润空间。由于服务即产品的策略不受生产特性的影响，因此工业互联网的服务层将普遍适用于离散制造与流程制造。

　　如果将这些智能产品用于生产制造过程的机床、机器人等，使之成为制造设备层中的智能制造设备，远程运维和故障预测则能更好地为实际生产提供服务。

2. 智能产品最优运行

单一智能装备产品或集群智能装备产品在生产运行阶段的整体性能（健康状态、生产效益、能耗损失等），受到复杂的工作环境、使用时间和工作强度等的影响。"智能产品最优运行"将对未来的智能产品的运行过程进行优化，保障智能产品在整个安全运行阶段取得最大的经济回报。

智能产品的运行作为"人–机–物–环"的要素之一，面向复杂且不确定性生产环境，其最优运行状态将协同其他要素，在集群协作过程中动态处理好个体与整体之间的运行关系；并结合实际生产需求，确定单一指标或综合指标的长期最大回报值作为评价标准；对于运行环境中的不确定因素与突发因素，能通过工业互联网进行实时信息的感知与传播；并在决策层利用数字孪生、多智能体模型以及深度强化学习等理论技术进行智能决策与控制，从而实现智能产品的最优运行（图4-30）。

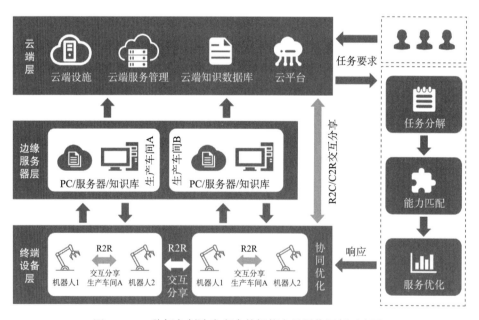

图4-30　一种复杂制造生产中的智能产品最优运行示意图

工业互联网是智能产品最优运行的重要技术支撑。首先，工业互联网将为智能产品最优运行提供实时数据反馈，为多设备协同感知、多设备控制协同等提供宝贵的数据资料。其次，工业互联网将为智能产品最优运行技术提供离线数据支持。通过采集大量产品的实际运行数据与环境数据，使用数据挖掘或相应的人工智能算法，可深入了解产品自身及环境的特点及用户需求。同时，离线数据还可用于支持智能运行软件系统的持续开发与持续部署，以及硬件系统的迭代更新与改进。未来的智能产品将充分利用各种渠道取得的信息，通过数据融合，感知产品自身及外部环境状态；在多智能体环境下充分进行信息交互，优化整体性能；同时基于产品的历史运行数据与环境数据，不断改进控制与决策，得到个性化的算法，以适应产品的工作环境与运行特点，达到最优运行的目的。

二、在能源领域的应用展望

在气候变化的现实威胁和化石能源枯竭的预期判断下，全球正在经历一次全面而深刻的能源转型发展历程，以推动可再生能源利用为主要路径，努力构建清洁、低碳、安全、高效的新一代能源系统。电力系统作为覆盖范围最广的人造系统，在未来能源系统发展中处于基础平台和枢纽的地位，工业互联网技术在电力领域的开发应用，也成了能源工业互联网应用的核心和典型代表。

随着"互联网+"在电力系统领域的发展与应用，电力行业信息化总体呈现向智能化发展的趋势，围绕电力系统的"源、网、荷、储"各环节，充分应用物联网、人工智能等技术，基本实现状态全面感知、信息高效处理、应用便捷灵活特征的智慧电力系统，当前以数字化、网络化与智能化的深度融合为核心的第四次工业革命正在全球迅速推进，工业互联网在能源领域的应用成为电力工业切入第四次工业革命的战略基点，通过数字化手段改变整个电力工业过程，并通过数字化技术连接企业内部和外部环境，将成为推动经济发展的新增长极。本节主要聚焦工业互联网在电力系统领域的源、网两大典型应用实践，即能源工业互联网及能源互联网，能源工业互联网侧重电力系统源侧各类电源的全息感知、智能分析和精准调控预测，实现各类电源协调有序发展，解决可再生能源高比例并网难题。能源互联网是以智能电网为基础，将先进信息技术与先进能源技术深度融合应用，支撑能源电力清洁低碳转型、能源综合利用效率优化和多元主体灵活接入，具有清洁低碳、安全可靠、泛在互联、高效互动、智能开放等特征的智慧能源系统。

（一）在电源端的应用

能源工业互联网是指针对能源行业（如电力、煤炭、石油、天然气等），带有流程型工业属性（设备持续不间断运转）的集数据采集、分析、预测、反馈控制等功能为一体的信息化平台。能源工业互联网平台包括两项主要功能，其一是实现能源行业设备的有效管理，包括设备实时健康评估、设备故障预警及诊断，这是实现从现有设备计划性检修模式过渡到设备预测性检修模式的重要基础；其二是实现对能源行业生产运行的优化调度，通过对设备数据的采集及模型计算，优化调度生产系统全环节，从而实现能源生产的提质增效。

能源工业互联网发展初期的主要目标是在能源企业内建立工业互联网平台，实现能源企业内生产实时数据的采集、传输、计算分析，打通能源企业内的数据孤岛，实现企业内的数据互联互通，帮助能源企业提升设备管理能力、生产运行效率，引领能源企业的管理创新、科技创新，实现能源企业提质增效、转型升级。

能源工业互联网发展中期的主要目标是统一能源行业的数据标准、网络标准、标识解析体系，串联能源企业工业互联网平台形成更高一级的行业平台，实现能源行业的数据、知识、物资等工业资源的互联互通，实现能源行业级的资源优化配置、能源智能调度、能源安全智能管控。

能源工业互联网发展的长期主要目标是统一国际能源行业数据标准、网络标准、标识解析体系，形成国际能源工业互联网的支撑体系。形成以大数据、人工智能技术为基础的、可实现自动化生产运行的智慧能源工厂。形成由智慧电网、智慧油网、智慧气网组成的智慧能源基地，实现全国甚至国与国之间的能源智慧调度与资源配置。建立能源行业与上、下游行业间的连接，促进信息交互与价值交换，通过区块链技术实现物资、信息、金融等生产要素交易形成智能产业链。

1. 总体架构

能源工业互联网平台总体架构如图 4-31 所示。

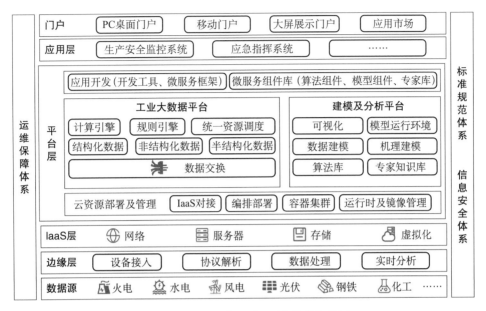

图 4-31　能源工业互联网平台总体架构图

　　能源工业互联网平台采集各种生产设备的数据（如锅炉、燃气轮机、水轮机、发电机、变压器等）以及相应的控制系统数据 [如 MES、厂级监控信息系统（Supervisory Information System at Plant Level，SIS）、DCS、SCADA 等]，另外还包含一些管理系统的数据。

　　边缘层负责将设备传感器中的数据按照特定的传输协议，如 MQTT 等，上传到平台层。同时，由于边缘层有一定的计算能力，所以可进行一些数据标准化和实时分析处理。如针对故障预警场景，边缘层进行实时计算有助于尽早发现问题，尽早进行处理，提高预警的时效性。对于电力行业来讲，许多大型的电力集团和能源公司往往是电厂、区域公司（产业公司）和集团公司三级管理模式。在针对工业互联网的场景中，安全生产的实时性是非常重要的。因此，边缘计算的能力，对于电力工业互联网平台来说是非常重要的。

　　平台层提供的功能分为技术能力和业务能力两部分。技术能力属于工具层面，包括开发工具、技术中间件、运维监控、数据存储与治理、数据建模与分析五类。开发工具提供模型和应用的开发、调试、打包、部署等功能。技术中间件为平台功能的运行提供支持。运维监控为平台的平稳、高效运行提供工具支持。从边缘端传来的数量巨大、类型各异的数据，通过数据存储模块进行存储和管理。数据存储采用分布式架构，以支持拍字节（Petabyte，PB）甚至太字节（Terabyte，TB）级数据的存储，并通过多副本方案确保数据的可靠性。由于边缘端采集的数据质量参差不齐，标准也不尽相同，所以平台层还提供数据治理功能。对数据进行校验、排错、格式化、统一化等处理，满足后期分析和管理要求。数据建模与分析功能支持对数据进行分析和挖掘，最大化地发挥数据价值。业务能力即对应平台层的微服务组件库，是业务层知识以模型形式的沉淀和固化。模型按来源分为三类：设备机理模型、专家模型和大数据挖掘模型。设备机理模型指从设备的设计原理、影响因子、物理属性等维度出发创建的模型，反映设备的基础运行规律。专家模型属于经验模型，是设备专家在长时间运营、使用设备过程中所形成经验的模型化表示，更贴近设备的实际运行情况。大数据挖掘模型指利用大数据分析技术，对设备运行历史数据进行挖掘分析得到的模型，反映的是隐藏在数据中的、不易为人们发现和理解的因果关系或相关性。

应用层功能分为四个层级。一是厂级的智慧电厂层面，包括设备状态、健康评估、故障预警与诊断、性能优化、决策支持等功能；二是集团级智慧经营层面，包括生产实时监控、机群发电调度、机群对标寻优、市场预测、上网竞价管理、计划与综合业务管理、财务管理、绩效管理等；三是包含上下游企业的供应链协同功能；四是设备全生命周期管理。

同时，作为一个支撑平台，应用层除了具体的业务功能，还可以提供应用市场功能以支持业务运营。模型和应用开发者也可以使用这个平台，在上面开发针对新场景的模型或应用。测试通过后，发布到应用市场，逐步扩充、完善平台的实际业务功能。

电力行业作为重要的基础性产业，其安全性对全社会的生产生活有重大影响。所以电力行业工业互联网的安全尤其重要。平台安全策略涵盖了从底层网络、设备接入，到设备控制系统、数据安全、应用安全的各个层级。

2. 业务构架

以一个发电集团为例，其能源工业互联网平台业务架构包含集团侧、区域侧、厂站侧三层，如图 4-32 所示。

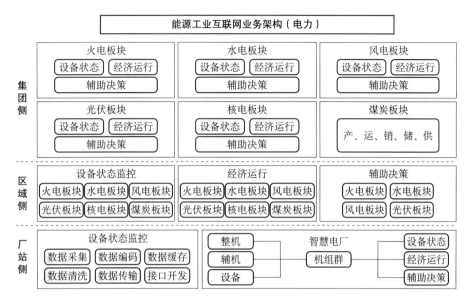

图 4-32 能源工业互联网业务架构（电力）

集团侧业务共分为火电、水电、风电、光伏、核电、煤炭6个业务板块。集团侧将定期抽取设备数据进行汇总分析，形成设备状态集中监管、设备性能优化分析、设备性能优化对比，分析及计算结果将在总部大屏进行展示。辅助决策模块包括成本分析、生产分析、物资分析、燃料分析，通过在集团侧数据的数据汇聚，对各个业务板块进行建模与数据挖掘，支撑总部的智慧化经营。

区域侧作为工业互联网的二级节点，包含设备状态监管（监控）、经济运行、辅助决策三个模块。其中辅助决策功能与集团相似，只是分析对象为本区域所汇聚的数据，分析结果上传到集团总部作为集团级分析的输入项。设备状态监管及经济运行包含数据调取、数据存储、设备聚合监视、设备故障诊断、设备运行优化、设备故障预警等主要应用，应用可按不同业务需求从集团平台的应用商店进行下载。

厂站侧作为集团工业互联网的三级节点，包含数据服务、智慧电厂两大模块。数据服务主要包括数据采集、数据编码、数据缓存、数据清洗及数据传输和接口开发。智慧电厂模块包括针对设备、辅机、整机、机组群等四个层级的设备状态监控（监管）、经济运行、辅助决策等应用，应用采用模块化开发形式，低层级应用的计算结果作为高层级应用的输入项，通过逻辑组合按照树状结构由低到高汇聚成四个层级的应用组。电厂可按不同的业务需求、设备等从集团平台的应用商店进行下载使用。

3. 核心功能

能源工业互联网的核心功能是基于数据驱动的物理系统与数字空间全面互联与深度协同，以及在此过程中的智能分析与决策优化。通过网络、平台、安全三大功能体系构建，工业互联网全面打通设备资产、生产系统、管理系统和供应链条，基于数据整合与分析实现 IT 与 OT 的融合和三大体系的贯通。工业互联网以数据为核心，数据功能体系主要包含感知控制、数字模型、决策优化三个基本层次，以及一个由自下而上的信息流和自上而下的决策流构成的工业数字化应用优化闭环。

在能源工业互联网的数据功能实现中，数字孪生已经成为关键支撑，通过资产的数据采集、集成、分析和优化来满足业务需求，形成物理世界资产对象与数字空间业务应用的虚实映射，最终支撑各类业务应用的开发与实现。

在数据功能原理中，感知控制层构建工业数字化应用的底层"输入－输出"接口，包含感知、识别、控制、执行四类功能。感知是利用各类软硬件方法采集蕴含了资产属性、状态及行为等特征的数据，例如用温度传感器采集电机运行中的温度变化数据。识别是在数据与资产之间建立对应关系，明确数据所代表的对象，例如需要明确定义哪一个传感器所采集的数据代表了特定电机的温度信息。控制是将预期目标转化为具体控制信号和指令，例如将工业机器人末端运动转化为各个关节处电机的转动角度指令信号。执行则是按照控制信号和指令来改变物理世界中的资产状态，既包括工业设备机械、电气状态的改变，也包括人员、供应链等操作流程和组织形式的改变。

以某发电集团的智能仓储项目为例，通过利用 RFID 标签、扫描识别等技术将物资信息数字化，并建立库区 WiFi 覆盖平台，与集团物资管理系统、ERP 系统等进行对接，利用移动手持设备，解决大量人工输入输出检索、不同系统跳转、现场系统双作业等低效工作，实现物资到厂至领料发货全流程高效操作，提高工作效率。持续探索利用智能安防、门禁、人脸识别等技术，建立无人仓储，实现物资管控的无人化。结合区块链技术，建立物资共享平台，通过数字虚拟仓库技术打通上下游企业物资交易链，实现物资的优化调度及智能化交易，为企业去杠杆、降库存。

数字模型层强化数据、知识、资产等的虚拟映射与管理组织，提供支撑工业数字化应用的基础资源与关键工具，包含数据集成与管理、数据模型和工业模型构建、信息交互三类功能。数据集成与管理将原来分散、杂乱的海量多源异构数据整合成统一、有序的新数据源，为后续分析优化提供高质量数据资源，涉及数据库、数据湖、数据清洗、元数据等技术产品应用。数据模型和工业模型构建是利用大数据、人工智能等方法和各类工业经验知识，对资产行为特征和因果关系进行抽象化描述，形成各类模型库和算法库。信息交互是通过不同资产之间数据的互联互通和模型的交互协同，构建出覆盖范围更广、智能化程度更高的"系统之系统"。

决策优化层聚焦数据挖掘分析与价值转化，形成工业数字化应用核心功能，主要包括分析、描述、诊断、预测、指导及应用开发。分析功能借助各类模型和算法的支持将数据背后隐藏的规律显性化，为诊断、预测和优化功能的实现提供支撑，常用的数据分析方法包括统计数学、大数据分析技术、人工智能等。描述功能通过数据分析和对比形成对当前现状、存在问题等状态的基本展示，例如在数据异常的情况下向现场工作人员传递信息，帮助工作人员迅速了解问题类型和内容。诊断功能主要是基于数据的分析对资产当前状态进行评估，及时发现问题并提供解决建议，例如能够在数控机床发生故障的第一时间就进行报警，并提示运维人员进行维修。预测功能是在数据分析的基础上预测资产未来的状态，在问题还未发生的时候就提前介入，例如预测风机核心零部件寿命，避免因为零部件老化导致的停机故障。指导功能则是利用数据分析来发现并帮助改进资产运行中存在的不合理、低效率问题，例如，分析高功耗设备运行数据，合理设置启停时间，降低能源消耗。同时，应用开发功能将基于数据分析的决策优化能力和企业业务需求进行结合，支撑构建工业软件、工业 APP 等形式的各类智能化应用服务。自下而上的信息流和自上而下的决策流形成了工业数字化应用的优化闭环。其中，信息流是从数据感知出发，通过数据的集成和建模分析，将物理空间中的资产信息和状态向上传递到虚拟空间，为决策优化提供依据。决策流则是将虚拟空间中决策优化后所形成的指令信息向下反馈到控制与执行环节，用于改进和提升物理空间中资产的功能和性能。优化闭环就是在信息流与决策流的双向作用下，连接底层资产与上层业务，以数据分析决策为核心，形成面向不同工业场景的智能化生产、网络化协同、个性化定制和服务化延伸等智能应用解决方案。

能源工业互联网功能体系是以企业系统与控制系统集成国际标准 ISA-95 为代表的传统制造系统功能体系的升级和变革，其更加关注数据与模型在业务功能实现中的分层演进。一方面，工业互联网强调以数据为主线简化制造层次结构，对功能层级进行重新划分，垂直化的制造层级在数据作用下逐步走向扁平化，并以数据闭环贯穿始终；另一方面，工业互联网强调数字模型在制造体系中的作用，相比传统制造体系，通过工业模型、数据模型与数据管理、服务管理的融合作用，对下支撑更广泛的感知控制，对上支撑更灵活深度的决策优化。

（二）在电网端的应用

能源互联网是利用工业互联网的发展理念在能源电力领域的典型实践。通过感知、网络、应用的纵向层次及源、网、荷、储、人的横向要素，构成能源互联网的立体架构。架构的本质是全面感知、要素互联、全程在线、软件定义。架构的核心是基于数字孪生，通过数据挖掘来发现传统物理模型背后的规律，通过人工智能捕捉人脑难以认知的模式，实现数字化的本源。在新机理作用下，构建能源互联网和电力物联网的 IT 要素，支撑互联网功能的呈现。

能源互联网是以电为中心，以智能电网为基础平台，将先进信息技术与先进能源技术深度融合应用，以支撑能源电力清洁低碳转型和多元主体灵活便捷接入，具有泛在互联、多能互补、高效互动、智能开放等特征的智慧能源系统。能源互联网连接能源生产和能源消费，是源、网、荷、储、人等各能源参与方互联的基础平台，能够实现互联网式的双向交互、平等共享及服务增值。

能源互联网发展初期的主要目标是初步建成国家级能源互联骨干网，建成新能源集中布局地区跨省跨区送出通道，初步建成新能源功率集中预测平台和"源－网－荷－储"服务云平台、能源大数据及分析中心、能源互联网数字孪生系统、电网安全稳定综合防御体系等能源互联网基础设施，各级电网协调发展，集中式、分布式能源系统，各种储能设施及多元化主体广泛接入，电网数字化智能化水平显著提升。开展重点城市能源互联网建设，显著提升城市电气化水平。

能源互联网发展中期的主要目标是全面建成国家级能源互联骨干网，建立跨省跨区的新能源协调控制机制，实现对新能源功率的集中预测，支撑集中式清洁能源、布式光伏和海上风电等随需并网，充分消纳。实现源网荷储资源的精准感知与控制协同，互联大电网广域协同调控，初步建成基于能源路由器的交直流混合配电网，能源互联网技术全面领先，支撑清洁低碳、安全高效的现代能源体系构建。在主要城市全面建成城市能源互联网，实现城市级能源网与智慧交通网的基础互联互动，电动汽车有序充放电参与电网辅助服务及交易，建成智慧家电云平台，形成智慧用能成熟商业模式，充分实现电能替代，能源、信息、社会系统深度融合，形成以电网为平台的能源生态圈。

展望 2060 年碳中和愿景，全面建成清洁低碳、安全可靠、泛在互联、高效互动、智能开放的能源互联网。以人为本、绿色智慧的用能方式和生活方式成为常态，自然生态环境大为改善，社会运行更加智慧，能源系统实现高效耦合，成为以智慧能源为动力、以高度电气化为特征的智能生态系统。

1. 总体架构

能源互联网总体架构以智能电网为基础平台，强化网络互联互通和先进信息、通信、控制技术应用，从体系架构上可以概括为能源网架体系、信息支撑体系、价值创造体系三大体系。能源网架体系是能源互联网的物质基础，涵盖能源生产、转换、传输、存储和消费等各环节的能源基础设施，以电为中心实现多种能源的灵活转换、互通互济。信息支撑体系是能源互联网的神经中枢，覆盖能源开发利用各环节及相关社会活动的信息采集、传输、处理、存储、控制的数字化智能化系统，是物理能源空间与虚拟信息空间交互、协同的桥梁。价值创造体系是能源互联网的价值实现载体，为各主体参与能源相关业务，开展价值衍生和数据增值提供空间，以赋能传统业务、催生新的业态、构建行业生态为重点实现价值的共创和共享。三大体系相互作用、相互支撑、有机融合，从不同维度共同支撑能源互联网建设，具体架构如图 4-33 所示。

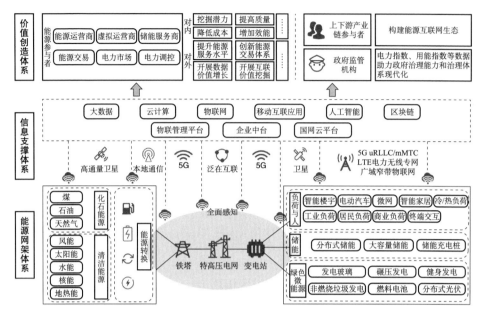

图 4-33　能源互联网体系图

2. 能源网架体系

　　能源网架体系是能源互联互通、资源优化配置的物理实体，汇集源、网、荷、储，涵盖以电力网络为骨架的整个能源链，负责能量系统的安全、高效、可靠运行，满足能源生产、传输、存储、消费全环节的实现。从"源－网－荷－储"四个环节来划分，能源互联网的能源网架体系包括能源生产环节、能源传输环节、能源消费环节和能源存储环节。能源生产环节，传统电网升级转型为智能灵活的能源互联网，全面支撑大规模、高比例的新能源（风电、太阳能）接入，提高新能源出力预测精度和调控能力，使得电网具备最大限度地调动，并平衡新能源电能供给和消费的能力，以实现能源的可持续发展。能源传输环节，充分发挥电能便利、清洁、响应快速的优势，以特高压电网为主干网架，满足远距离、大容量的输送需求，解决地域间能源分布和消费不均衡的问题。积极推动电能与其他形式能源耦合，促进多种类型能流网络互联互通和多种能源形态协同运行和高效转化，实现不同品类能源之间优势互补、协调发展。能源消费环节，推动实现节能减排低碳发展，大力推进电能替代战略，开展能源高效转换利用，极大提高全社会用能效率、电网设备利用率，推动能源消费革命，解决能源短缺、资源浪费、环境污染等重要问题。能源存储环节，规模化储能可通过先进的电力物联网技术和定制化的控制策略，为电力系统提供多时间尺度、全过程的功率调控支撑，如图 4-34 所示。

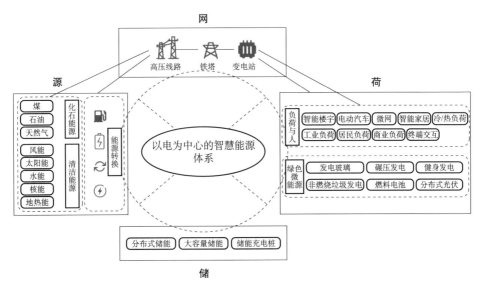

图 4-34　能源网架体系示意图

3. 信息支撑体系

信息支撑体系处于能源互联网体系架构的中间层，是物理能源空间与虚拟信息空间交互、协同的桥梁和通道，作为能源互联网的神经系统，将能源物理层的状态全面精准地映射到应用价值层，负责对能源互联网各要素数据的实时获取、全面感知、整合处理。信息支撑体系包括全域精准感知、泛在互联网络、智能支撑平台三个部分，分别实现对源 - 网 - 荷 - 资产 - 环境 - 行为的感知，为能源互联网各要素的广泛互联提供坚强通信支撑，为能源互联网各类数据的处理和服务应用提供高效智能的技术手段和支撑平台。信息支撑体系以互联网技术和方法持续对电网进行智能化升级，可有效提升能源互联网的监测信息量、数据质量、大数据分析能力和智能处理能力，如图 4-35 所示。

1）全域精准感知

智能感知技术属于"能源 + 互联网"发展模式中信息"数字化"属性的代表，是"能源瓦特"变"数字比特"的映射过程与技术路径，能够实现能源互联网物理网络与空间环境数字化转变，有力支撑能源互联网信息体系建设。能源互联网的海量信息数据来源于源、网、荷、储各环节状态感知与采集，不仅涉及传统的以指令计划和程序控制为实现方式的调控对象电气量，还涉及状态量、环境量、行为量等。全面感知是能源互联网建设与发展的必然需求与技术支撑。

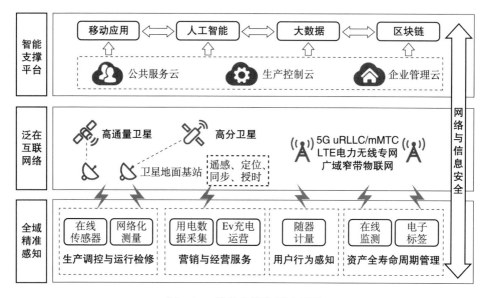

图 4-35　信息支撑体系示意图

2）泛在互联网络

随着新一代通信基础设施及企业数字化建设进程的推进，能源行业清洁低碳转型发展，可再生能源大规模开发利用，分布式能源、储能、电动汽车等交互式能源设施快速建设，多能联供、综合服务、智慧用能等各种新型用能形式不断涌现，推动电网向能源互联网升级。以电力物联网为基础的能源互联网是能源与信息深度融合的复杂系统，故迫切需要开展对"低时延、大带宽、高可靠、广覆盖"的新一代通信网络的关键技术研究，构建电力行业新一代通信网络标准体系，建设新一代通信网络及电力业务一体化试验检测环境，加快电力新一代通信核心工具产品和定制化业务终端的研发，协同推进电力新一代通信试点应用，设计和形成综合多种通信技术的"空天地"一体化通信网络整体架构，并开展电力新一代通信系统全场景安全防护体系和防护方案研究，全面建成新一代能源互联网网络安全防护体系，最终实现各类能源生产、传输、消费全环节的各类设备和主体的移动接入、实时交互和深度感知，有力支撑各种能源接入和综合利用，提高发电单元的主动响应和协调控制能力，满足新一代电网的安全高效、绿色经济、精益管理等需求。

3）智能支撑平台

随着分布式电源、柔性负荷、储能、电动汽车等负荷在发、输、变、配、用各环节持续大量接入电网，资源配置对象快速增长，源荷双侧不确定性问题突出，资源配置效率有待提升，亟待借助智能化数字化技术手段在数据驱动、主动推理、人机融合、群体智能等方面的优势，实现电网调控海量信息快速处理，提升对复杂大电网特性和规律的认知能力和电网运行控制的智能化水平。

4. 价值创造体系

价值创造体系是能源互联网的价值实现载体，承载业务流，是在深入融合能源网架体系和信息支撑体系的基础上开展的各类业务活动和价值创造行为，以赋能传统业务、催生新的业态、构建行业生态为重点实现价值的共创和共享。基于需求及供给统一的信息模型、具有全新组合优化规则的能源自由互联与共享方式是未来能源互联网体系的全新运营模式。通过构建基于能源互联网的互动共享综合新型交易体系，打造开放式能源互联交易平台，实现能源优化配置的全国统一电力市场交易。通过平台建设运营和商业模式的创新整合行业内产业链上下游企业的力量，为各种不同形式的能源提供用能服务，共建能源互联网生态圈，推动新兴业务的快速发展，促进全社会节能降耗，控制能源消费总量，如图4-36所示。

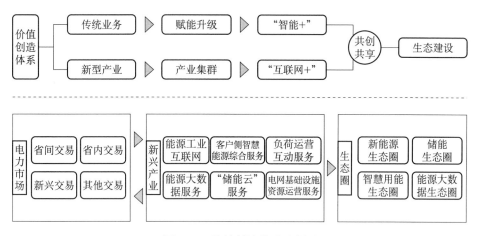

图 4-36　价值创造体系示意图

1）电力市场

电力市场作为能源互联网的天然组成部分，是促进资源大范围优化配置、提高能源利用效率和安全可靠供应水平的重要手段。一方面，能源互联网技术的不断发展将支撑交易技术支持系统的智能化水平不断提高，突破制度设计中的瓶颈问题，助力电力市场灵活、互动、高效建设；另一方面，电力市场所萌生的商业模式将不断降低市场准入门槛，引导用户按需交易，实现能源互联网物质流、能量流、信息流、业务流、资金流、价值流的优化配置。

2）生态建设

借助互联网渠道，广泛连接能源电力行业产业链上下游企业及电力用户，基于开放共享共赢理念，构建共建共治的能源互联网生态圈。推动新兴产业能源转型新业务、能源数字新产品以及能源平台新服务的发展，实现平台建设运营和商业模式的创新，激发行业创新活力，为企业可持续发展提供强大动力。

三、在其他行业的应用展望

（一）在智慧交通行业的应用展望

智慧交通是基于智慧城市的大框架提出的，其作为一种新的服务体系，是在交通领域充分运用工业互联网、空间感知、云计算、移动互联网等新一代信息技术，对交通管理、交通运输、公众出行等交通领域全方面以及交通建设管理全过程进行管控支撑，使交通系统在区域、城市甚至更大的空间范围具备感知、互联、分析、预测、控制等能力，以充分保障交通安全，发挥交通基础设施效能，提升交通系统运行效率和管理水平，从而为通畅的公众出行和可持续的经济发展提供服务。

工业互联网在智慧交通领域的应用，强调将互联网、物联网、5G、大数据、云计算、卫星导航系统、人工智能等信息技术手段进行协同创新，推动互联网前沿技术成果与交通、汽车、导航等领域应用的深度融合，促进交通设施和运营的数据信息资源互通共享，实现运输组织的方式优化和价值创造。

工业互联网在智慧交通领域的技术应用趋势主要体现在：①工业互联网的多样化、品质化、均等化服务水平将大幅提升，运输服务将实现"人便其行、货畅其流"，通达性和保障性将显著增强；②智慧交通新业态、新模式将不断涌现，"互联网＋"交通运输正在深刻改变着人们的出行方式，出现了网约车、共享单车、共享汽车等线上线下的新模式，以及刷脸进站、"无纸化"登机、无人机投递、无接触配送、智慧停车、道路客运定制服务等新业态；③未来"高铁网＋互联网"双网加速融合以及"互联网＋"融入货运物流，将使人们享受交通出行的便利，并为经济发展注入了新动能。

工业互联网技术的快速发展，将推动现代信息技术与交通运输管理和服务全面融合，提升交通运输服务水平。同时，交通运输基础设施和装备领域智能化不断取得突破。铁路、公路、水运、民航客运电子客票、联网售票日益普及，运输生产调度指挥信息化水平显著提升。下面将从新基建下的"车－路－网－云"交通体系、智能网联车路协同自动驾驶方面给出工业互联网在智慧交通领域的发展展望。

1. 未来"车－路－网－云"交通体系发展

未来交通体系将围绕车路协同、工业互联网等一系列融合创新应用场景展开，其本质上是集"车－路－网－云"等网络支撑技术于一体的生态体系。其中，"车－路"是由智能车载控制终端、智能车载安全保障终端、道路健康感知设备、路况车况感知设备、道路气候环境感知设备等构成智慧交通的感知／接入／通信技术体系；"网"提供信息传送的通道，涉及以5G/6G为代表的新一代无线通信网络，以卫星导航为代表的室内外一体化、无缝化、高实时、高可靠、高精度位置服务网络，以网联车为代表的智能化车联网；"云"将包括新一代路网信息基础设施、交通大数据智能分析平台、交通行业信息资源商业化平台，针对公路、铁路、水路、航空等交通资源信息，采用工业互联网平台一体化的形式综合提供交通共享资源。

"车－路－网－云"交通体系将适应和引领经济新常态，响应新的生产方式、新的业态模式和新的战略需求，营造宽松有序的发展环境，促进智慧的技术性探索和应用性示范的开展，促进交通共享出行方式的颠覆性转变。

2. 智能网联车路协同自动驾驶发展展望

未来车路协同自动驾驶系统通过先进的车、路感知设备对道路交通环境进行实时高精度感知，按照约定的通信协议和数据交互标准，实现车与车、车与人以及车与道路交通设施间不同程度的信息交互和共享（网络互联化），并涵盖不同程度的车辆自动化驾驶阶段（车辆自动化），以及考虑车辆与道路供需间不同程度的分配协同优化（系统集成化），进而高效和协同地执行车辆和道路的感知、预测、决策和控制功能，从而形成一个能够整合、协调、控制、管理和优化所有车辆、信息服务、设施设备、智能化交通管理的以车路协同自动驾驶为核心的新一代智能交通系统。

智能网联车路协同自动驾驶是一个由低至高的发展历程，主要包括四个阶段：信息交互协同阶段、感知预测决策协同阶段、控制协同阶段、车路一体化阶段。其未来发展趋势是：除采集全时空动态环境信息和实施车与车、车与路等动态实时信息交互外，进行状态预测和行为决策，并在此基础上实现车路协同自动驾驶控制功能，进而完成对整个自动驾驶关键步骤的全覆盖。例如，在高速公路专用道、城市快速路、自动泊车等限定场景进行应用，主要体现在系统参与者对环境信息的全面采集、驾驶决策和控制执行等各个层面。

未来车路协同自动驾驶技术发展方向包括：融合卫星和路侧设施的高精度、高可靠定位逐渐成为主流，视觉识别和激光雷达将逐渐成为感知技术的核心，基于云技术的车路协同自动驾驶分布式云平台初现雏形，融合网联化智能技术的自动驾驶技术快速发展，车路一体化自动驾驶的交通系统优化技术进入快车道。

（二）在智慧医疗行业的应用展望

医疗领域是关乎民生的重要问题之一，关系到人民群众追求美好生活的切身利益。新一代信息技术的应用，给医疗领域的发展提供了巨大的想象空间。借助工业互联网打造智慧医疗体系，融合人、机、物的大数据信息，可提供精准化的智慧医疗服务，提高居民生活质量。下面将以数字化医院、互联网慢病管理和急重症救治为例，阐述工业互联网在智慧医疗行业的应用，还有远程手术等，此处不展开。

1. 数字化医院

整合院内运营管理数据、业务数据、科研数据，构建数字孪生医院，实现医院数字化管理和实体运行的有机结合，主要包括以下几个方面。

（1）设备互联。通过智能传感器、无线射频、5G 网络和云计算等物联网技术，精细化管理医院设备，实现医疗设备的全生命周期资产管理、故障诊断和远程维护，监控工作负荷和能耗，提高现有设备的开机利用率，优化资产管理和运营。

（2）人机互联。在医疗设备互联互通的基础上，应用人机交互等信息技术实现人机互联。语音交互、图像视觉识别、机器人辅助等人机交互技术使得机器设备能及时有效地记录反馈患者的临床数据。医生端的人机交互则可提高工作效率、减少人为误差、扩大医疗可及性。

（3）数字化管理。院内业务流程智能管理，运用运筹优化等人工智能技术实现医护资源有效配置，从而提高医院整体运营能力和服务水平。

2. 互联网慢病管理

新型互联网管理平台实现以患者为中心的、医患良性互动的全流程健康管理。收集、存储、融合、挖掘、共享脱敏大数据，打通慢病管理产业链。

在患者全流程管理方面，基于物联网的智能穿戴设备、智能检测设备和智能监控设备逐渐普及到居民的日常生活中，做到实时监测慢性病患者的生命体征、病理型行为。充分利用大数据和人工智能技术，实现院前预测早筛、智能分类，院中精准治疗，院后智慧随访、康复指导。

在产业链集成方面，结合生物技术、信息技术，打破企业信息系统、医院管理系统和公共卫生系统之间的行业壁垒。集成药/械、技术服务、管理平台、医疗保险、电商企业，形成居民智慧康养、行政决策科学有效、企业精益运营的有机整体。

3. 急重症救治

推动工业互联网在急救工作中的应用，加强区域内急诊、急救的资源共享和信息整合，实现从发病现场、急救车到医院连续、实时的远程协作。

在智能救护车联动医院的急救体系方面，新型救护车配备车载无人机，可提前送检血液等生化样本，运输特殊急救药物；配置车载移动计算机断层扫描（Computed Tomography，CT）、呼吸机、心电超声等联网检测设备，及时为患者进行远程诊断、救治。

在急危重症监护方面，实时监测危重症患者体征，运用机器学习、强化学习等人工智能算法分析医疗大数据，提供精准诊断和干预决策，规范临床治疗，改善患者愈后状况。基于计算机视觉和 5G 网络技术，实现远程医学影像识别标注、远程手术、远程监护。

（三）在智慧建筑 / 智能建造行业的应用展望

工业互联网及数字化技术，在改变工程建造技术和管理的同时，也为人类带来了更高品质的工程产品与服务。从最初的建筑自动化（Building Automation）、家庭自动化（Home Automation）到虚拟建筑（Virtual Building）、智能建筑（Intelligent Building）、智慧建筑（Smart Building），以及最近兴起的智能家居（Smart Home），甚至充满想象力的智能空间（Smart Space）等。

1. 智能建筑与智慧建筑

智能建筑的发展一方面得益于人们对工作和生活环境的舒适度、智能化、安全感等要求的不断提高，节能和环保的时代主题促使人们开始关注建筑的节能。另一方面，信息技术的发展也是极其强大的推动力。计算机技术、自动控制技术、信息存储与传输技术、通信网络技术等高新科技，为建筑智能化管理提供了条件，优化了自动化办公技术和内外界信息的传递，从而提供了最佳的办公居住条件。虽然至今没有智能建筑的统一定义，但是归纳来说，智能建筑的立足点都是强调建筑物的功能，基于适当的设计和建造以满足用户的要求，通过数字化系统与实体建筑设施进行映射互动，以实现建筑价值增值。

工业互联网、移动通信技术、云计算等新一代信息技术的不断涌现，也推动智能建筑进入了更高的发展阶段——智慧建筑。智慧建筑的概念最初是美国在 20 世纪木提出的，目前最权威的定义来白国际标准协会，即"智慧建筑是以建筑为载体，通过对建筑物 5A 系统 [即楼宇自动化系统（Building Automation System，BAS）、办公自动化系统（Office Automation System，OAS）、火灾自动报警系统（Automatic Fire Alarm System，FAS）、安全自动化系统（Security Automation System，SAS）、通信自动化系统（Communication

Automation System，CAS）]的控制确保人们享有的建筑环境最大程度的智能化"。实际上，工业互联网技术促使了智能建筑到智慧建筑的发展，智慧建筑强调对各个智能系统的集成管理，以共同协作来实现建筑物的功能目标。

2017年，阿里巴巴发布《2017智慧建筑白皮书》，描绘了从智能建筑到智慧建筑的发展趋势，其所理解的智慧建筑是在现行理解基础上，增加了三方面的特征描述：一是智慧建筑是一个具有全面感知能力和永远在线的"生命体"，二是智慧建筑拥有如人的大脑一般的自我进化平台，三是智慧建筑将成为一个人、机、物深度融合的开放生态系统。

未来的智能化健康住宅可针对室内环境对人体健康、舒适度以及身心状态的影响进行量化研究，努力寻求通过室内环境改善人体健康的有效解决方案，其研究涉及建筑科学、健康科学及行为科学等多个学科领域。

这种基于工业互联网的未来智能健康住宅具备了感知能力。每个家居用品及必要的室内构件上都配备相应功能需求及精度要求的传感器，除实现实时监测家居用品自身的状态信息外，还将采集室内环境参数、家居用品使用者的血压/血糖/心律等多种生理指标和健康状态信息，并将这些数据上传至系统平台以待后用。且在住宅建筑设计初始就结合相应的建筑–医学研究结果，针对居住者所属特征分类（典型疾病、年龄、工作性质等）及建筑所在外部环境，提出健康的室内环境方案和实现方案，使空气、水、湿热环境、噪声等室内环境因素达到最利于室内居住者健康、舒适度以及身心状态的范围。在后期使用中，建筑将根据家居用品及室内构件采集的室内环境数据，实时采取方案补给或削减波动的指标，使其始终维持在适宜范围，同时结合采集的人体健康数据，不断优化室内环境因素的最优标准。

另外，这种智能化的健康住宅还将具备意外情况的处理能力。一旦居家环境或住户在住宅和移动场景中出现监测数据异常，将触发建筑智能连接的其他系统协作解决该非正常事件，住户不再需要担心灶火、电路等安全隐患，也无须担忧家中小孩、老人发生紧急或意外情况时错过最佳救助时间。住宅建筑连接的平台智能评估系统及在线医生还将根据上传的住户健康数据，实时把控住户的健康情况，住户可通过客户端查询，实时了解住宅状态与家人的健康情况。甚至随着科技的进步，该住宅建筑具有学习功能，通过分析住户在建筑中的活动习惯和情绪，自我优化家居生活，如根据主人的心情，变化室内采光、色彩等，成为可感知、能决策、会管理、可自我进化的"建筑生命体"。

除了住宅以外，工作场所的室内环境也能对员工的工作效率和身体健康产生重要影响。随着工业互联网、大数据、人工智能技术的广泛应用，诸如舒适度与生产力、舒适度与睡眠、舒适度与健康之间的关系将能够被掌握，能够了解听到、闻到、看到和感受到什么可以给人带来满足感，能够知晓什么样的温度和照明可以让人感到安全和放松，从而可以利用科学增进建筑使用者的健康与福祉。

2. 智能建造

工业互联网在智能建造行业中的应用与其在制造行业中的应用有很多相似之处。制造业一般在封闭的车间制造产品，而建造行业则是在开放的空间中构建大型建筑、桥梁和其他结构。施工设备的监控和维护与制造设备的监控和维护相似，但一般都是远程监控。因此，基于移动通信技术的工业互联网显得更有用。

工业互联网在施工现场的应用与在制造车间有一定的相似性，通过工业互联网收集的实时信息可以用来改进施工任务的计划和调度，从而提高施工项目管理的效率。未来结合 3D 成像、机器学习、数据分析和可重复使用的低成本传感器对施工现场进行全面可视化监控可以降低施工风险，提高工人安全，降低现场运营费用。将可穿戴设备与个人防护设备集成，并结合先进的无线通信方法可以进一步保障施工现场的安全。另外，工业互联网与建筑信息模型（Building Information Model，BIM）的集成将使项目管理人员和施工人员能够实时了解潜在风险、合规问题、项目进展等。工业互联网的广泛应用将不断促进建造施工工地的自动化、数字化和智能化，在不远的将来也会像无人工厂一样实现无人施工工地，并在施工环境恶劣的场景，尤其在月球和火星上的建造工地得到应用。

（四）在智能环卫行业的应用展望

环卫行业包括垃圾分类、收运、资源化、处理以及城市公共区域的清扫保洁，与民生福祉息息相关，目前信息化水平相对较低。每人每天都会产生垃圾，且这些垃圾风吹不走、水流不走，与其他领域的应用相比，"智能环卫"

是"智能城市"的技术底线。依托工业互联网构建"智能环卫",连接融合多种设备、打通挖掘动态数据、精细管控作业过程,可"洁净""减污""降碳",优化生活体验、建设更美城市。

1. 连接融合多种设备,打造智能洁净城市

如图 4-37 所示,工业互联网在环卫行业的应用将连接融合设备,以推动城市环卫设施设备的互联互通,实现动态的垃圾收运和清扫保洁,减少环卫作业对日常生活的干扰,提升居民环保行为的参与体验,打造智能洁净城市。

图 4-37 垃圾分类设施设备的互联互通

通过连接垃圾分类设施设备（RFID、容量传感器、重量传感器、监控视频）、环卫车队传感设备（卫星定位、监控视频、称重计量）、空气质量监测设备（标准站、小型站、微站）等传感设备,融合人地分布、人车流量等公共数据,实现对城市洁净状态、清扫保洁需求、垃圾收运需求的动态掌握,从而制订合理的环卫保洁计划。

通过应用无人驾驶环卫车辆,实现环卫日间作业转向夜间作业,从而降低环卫作业对日常生活的干扰。

通过构建环卫设施设备和居民环保行为（如垃圾分类投放）之间的连接,全过程核定和反馈居民环保行为的物质流、能量流、信息流,从而改善居民

环保行为的参与体验，形成正向互动的良好氛围。

2. 挖掘用好动态数据，支撑绿色智能"物流"

融合环卫系统内外多传感器数据和时空数据，盘活数据采集、存储、挖掘、使用的过程资产，构建绿色智能的"反向物流"体系。

在垃圾分类优化方面，为"垃圾分类就是新时尚"做好技术配套，在动态掌握环卫设施设备分布和资源配置的前提下，利用大数据和人工智能算法对环卫车辆路径进行优化调度，动态安排最优车辆和行驶路线。

在设施优化与资源规划方面，通过跟踪分析人地分布的变化趋势和环卫工作的全流程成本，对大中型环卫节点（处理厂、垃圾分类转运站、再生资源集散场）的布局进行优化重塑，为环卫设施更新规划和建设提供技术依据。

3. 践行降碳减排承诺，建设生态无忧"工厂"

将工业物联网融入垃圾分流分类处理设施，实现对设施"工厂"的精细化管控，在环卫管理的"最后一公里"践行降碳减排承诺。

完善垃圾处理和资源化工厂的运营排污全过程感知链条，建立关键设备和关键生产工况参数的信息采集全覆盖，将工况信息与排污信息构建出垃圾处理和资源化工厂的"数字孪生"模型，实现对生产和排污过程的精细管控，从而能够支撑践行降碳减排承诺。

在"数字孪生"模型基础上构建污染物排放"虚拟测量"模型，实现污染物的趋势预测以及超标排放预警，避免污染治理设施成为二次污染源。

在"数字孪生"模型基础上延伸设备诊断和预测性维护的应用，实时监测阀门、风机、泵、汽轮机等关键设备的工况参数，诊断设备健康状态，开展设备预测性维护，优化设备检修，从而减少不必要的设备更换和检修支出。

（五）在安全生产领域的应用展望

安全生产是实现工业高质量发展的重要保障。然而，目前工业领域仍存在工况设备无法及时监测、数据汇聚和使用程度不足、隐患排查和应急手段较为传统、安全评估能力不足、安全知识积累与传播效率较低等问题。未来，工业互联网将实现全要素的全面深度互联，打通场景中各环节的信息流，增强工业安全生产的感知、监测、预警、处置和评估能力，加速安全生产向动态感知、事前预防、全局联防的转变，提升本质安全水平。同时，工业互联网将促进安全知识的沉淀和共享，把安全知识和经验便捷地传播到每个角落，构筑起坚实的安全防护体系（图4-38）。

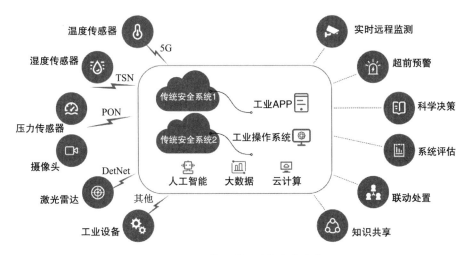

图 4-38　工业互联网赋能安全生产

1. 连接融合多种设备，实现快速感知、实时监测

通过工业互联网加强异构设备接入，实现泛在数据采集，结合 5G 等新一代信息技术，对工业设备状况实时监测。例如，矿山生产机械设备众多，通过工业互联网，可实现对水泵、风机、皮带等关键设备的状态、参数进行实时采集，为实现设备运行状态及设备故障前兆特征信息的快速感知、及时分析和精准预测奠定基础。

通过工业互联网打通数据壁垒，实现数据的全面汇聚。加强对系统间配套性的研究，利用工业互联网将各个复杂的系统网络、繁多的通信协议、不同种类的传感器连接到一起，打破数据孤岛，加强数据汇聚，通过加强不同状态监测和安全预警系统之间的协同性，提高系统使用效率，构建立体监测预警体系。

2. 深度挖掘汇聚数据，实现超前预警、系统评估与科学决策

通过大数据、人工智能等新一代信息技术，对海量数据进行深度挖掘，从而增强安全隐患识别能力，实现安全态势精准预判。例如，在井下开采过程中，利用信息融合算法对每个传感器节点信息进行多层次、多方面、多级

别的处理，可有效避免单一传感器信息处理不清现象，从而达到信息互补和协同的感知效果，实现对井下情况的精准掌握。此外，在重大灾害预警方面，由于监测数据庞杂，数据分析量大，可基于工业互联网的数据汇聚，充分利用大数据、人工智能等技术，构建重大灾害监测预警模型，实现重大灾害前兆信息智能判识和精准预测预警。

通过工业互联网数字化模型和软件能力，全面提高系统评估能力和安全决策水平。利用工业互联网平台，加强重点行业安全管理经验和知识的软件化沉淀，结合安全科学理论，总结归纳引发安全风险的主要因素，构建安全风险指标体系，实现智能监测预警，提高系统评估能力。建立应急预案数字化模型，提升应急领域认识和控制能力，面对各种复杂的非程序化问题，提取环境特征进行分析推理，支撑应急决策。基于工业互联网平台开展基于虚拟现实、增强现实或数字孪生技术的安全生产风险仿真、应急演练和隐患排查，推动安全决策水平系统化提升。

3. 变革管理结构与信息分发模式，实现联动处置，加强知识共享

通过工业互联网对管理结构的变革，全面提高安全应急反应能力，实现多层级联动处置办法。利用工业互联网平台，对危险点进行24小时实时监测，安全管理人员可以随时随地发现安全隐患，通过应急处置机制启用多级预警，给管理人员、监察人员、上级主管部门发送预警信息，第一时间通知相关人员处理危险，降低故障风险，实现由"现场处理"向"远程指挥＋现场处理＋应急联动"的安全应急响应机制的转变。

通过工业互联网催生信息交流新模式，实现安全知识的高效汇聚与便捷共享。利用工业互联网将行业共性、难点、痛点问题及时汇集，形成对数据价值的深度挖掘和利用，进而获取高质量安全知识。更进一步，通过服务机构资源库、技术专家资源库、应急预案管理库等服务资源库的汇聚，增加知识共享性，让更多集团与行业从业者能够轻松获取专家知识，实现由"定期授课"向"平台共享＋应用转化＋专家激励"的知识共享新模式的转变。

（六）在智能矿山行业的应用展望

矿山领域是传统资源领域的重要支柱，关系到能源、原材料工业的稳定供应，对国民生产、生活和国防军工影响巨大。长期以来，工作环境复杂恶

劣、基础条件差、管理粗放、安全风险高，使得矿山领域更加迫切地需要智能制造技术的支撑。未来，工业互联网将通过资源与生产环境数字化、技术装备智能化、生产过程控制可视化、信息传输网络化、生产管理与决策科学化，以智能化带动传统转型升级，打造"安全、高效、智能、绿色"企业，提高企业核心竞争力。

1. 实现生产的互联互通，改变传统生产服务方式

基于工业互联网实现矿山生产自动化、安全化和降本增效，平台开放、实时、互通，生产和服务系统深度融合。

网络应用落地在智能综采工作面系统，可贯穿于生产运营和设备的全生命周期管理。对矿山人员信息、环境信息、设备信息自动采集和无缝集成，实现水泵、破碎机、输送带、提升机、工程机械、运载设备等所有关键设备的集成控制；建立以可靠性为中心的维护系统，分析矿井的性能变化，预测和防止机械故障和其他影响生产的事件的发生，及时提供关键任务设备的运行数据进行预测性维护决策，降低设备故障率，减少安全隐患；识别井下人员和环境信息，结合作业需要，按需进行通风、送风，保证工作环境稳定正常，从而提高生产效率、安全性。

实现无人装备的应用，改变传统采矿的概念，利用无人驾驶的列车和工程机械使得作业速度提高，从而提高劳动生产率；基于 AR 技术的设备远程操控应用，使操作人员在远程根据虚拟化场景遥控设备作业，改善工作环境，降低劳动强度；基于磁共振（Magnetic Resonance，MR）检查技术的设备检维修应用，使得检维修人员更快捷地对设备进行维护，提高工作效率和准确性，缩短停机时间，从而保证生产的连续稳定。

井下工业互联网将实现高传输带宽、标准化传输协议，通过更少的中继设备，更便捷的接入方式，更好的电磁兼容性，更强的电源电压波动适应，更好的防尘、防水、防潮、防腐、耐机械冲击等防护性能，实现全巷道、工作面的网络覆盖，保证井下人员、设备、环境信息采集和控制系统处在工作稳定、性能可靠和故障率低的工况下正常运行。

远程监控网络使专业人员可远程获得全世界各地加工工厂和矿山的实时运营信息，远程操作系统使专业人员可以同时管理多座矿山、多个智能设备，

不仅节省了劳动力，同时也极大地提高了生产效率和安全性。

2. 构建全产业链新生态与创新可持续发展新模式

形成资源领域的工业互联网平台生态体系。基于工业互联网的业务流程、数据接口，建立多平台融合的数据空间，形成工业数据和业务协同的知识资源，建立基于 IT/OT 融合工业技术的矿山领域设计仿真、生产运行、产供销管理软件应用体系，实现全产业链全生命周期的设计 / 生产 / 运维。

工业互联网实现对海量数据进行汇聚和分析，支撑多资源的泛在连接，实现弹性供给和高效分配，形成全面感知、实时互联；通过工业互联网平台的矿山设备模型、矿山工艺模型、矿山安全模型、矿山算法库等实现矿山大数据深度学习、分析决策、动态仿真和动态预测，并下达到矿山各种资源进行控制协同，进而辐射影响下游的选矿、冶炼和加工等过程。

基于标识解析系统形成跨设备、跨系统、跨企业、跨领域的资源集成和共享的供应链 / 服务链体系，使得集成商、设备厂商、行业专家、数据科学家、院校能够基于平台进行智能矿山的协作，不断积累矿山相关模型和算法，形成数字化的矿山知识库，促进矿山智能化生态协同发展。

基于工业互联网创新可持续发展新模式，实现企业入网和共享知识，建立社会多方参与、互惠互利的商业模式。建立第三方提供专业服务的技术创新、系统生产、运行优化、资源配置和人才培养解决方案的盈利模式，形成知识和数据共享的利益汇报机制，推动问题发现、知识创新、技术进步的全生命周期价值链协同。

第四节　工业互联网未来愿景

随着核心技术、标准的不断发展和成熟，工业互联网必将催生工业生产制造新模式，重塑产品规划、设计、制造、销售环节，为工厂、企业乃至整个产业链带来新的发展机遇。

一、产品智能化和个性化

产品智能化通常指将人工智能算法通过某种方式嵌入到产品中。随着移动计算技术和传感器技术的进步，近年来所诞生的智能家电、智能服饰、智能汽车等智能产品使得物理世界和数字世界结合更紧密。相比于传统的产品，智能产品通常具有以下特征：情景感知，能识别和处理产品所在的应用场景；个性化，根据买方和消费者的需求量身定制；自适应性，根据买方和消费者的反应和任务而变化；主动性，尝试预测买方和消费者的计划和意图；位置感知，能够通过一些定位系统或者定位服务感知位置，并根据位置执行相应的行为或者策略；网络能力，具有与其他产品通信和捆绑的能力。

一方面，智能产品通过感知情景变化、用户行为和自身状态，不断改进产品服务。智能产品的功能可通过自学习的方式持续改进，多个智能产品之间可以通过协同合作的方式共同完成复杂任务，为人们的高品质生活提供支持。此外，产品的智能化为定制个性化保修策略、推荐性售后保养咨询、预测性的设备租赁服务、零宕机担保承诺提供可能。若这些智能产品应用于工厂的机床、机器人等设备，其远程运维和故障预测则能更好地为实际生产提供服务。

另一方面，产品个性化趋势更加明显，而柔性化生产为个性化制造提供了行之有效的途径。例如在当前海尔集团的互联工厂，从与用户交互到产品创意产生，从个性化订单下达到工厂自动匹配出订单需要的模块部件，用户的个性化需求贯穿整个生产周期，使空调等产品的颜色、外观、性能、结构等全部由用户决定。在未来，个性化产品的种类将更加丰富，例如，在珠宝饰品方面，可定制化的珠宝饰品，使得饰品独一无二，顾客可以先在网上下单预订一个喜欢的样式，然后通过 3D 打印机打印出来；在医疗植入方面，植入的骨头、关节和头盖骨一般都可定制，尤其在 3D 打印技术的支持下，能更快捷、更便宜，而且在替换金属零件的时候还能更好地进行装配；在药品方面，现代技术可以实现个性化定制的药片和药剂，其成分可根据患者的年龄、性别、体重、遗传基因和以前对药的不同剂量水平的反应进行调整。

柔性化生产打通用户交互、产品创意产生、个性化订单下达、产品模块部件匹配、自动化生产等环节。此时，"量体裁衣"式的个性化生产将成为现实。

二、生产虚拟化和服务化

随着信息技术的发展，工业生产从传统的实体工厂向数字化工厂转变，工厂形态正经历远程工厂、熄灯工厂、虚拟工厂、无厂房工厂等多个阶段，并朝着物理空间与数字世界高度协同的方向发展。

远程工厂指或多或少应用了远程生产技术的工厂。远程生产主要基于自动化生产供应商的技术进步来实现，主要依赖于自动化供应商所提供的远程操作策略解决方案，该解决方案可提供客户在艰难的业务环境中进行操作所需的专业知识和技术能力。远程操作策略在运营复杂的制造工厂中起着至关重要的作用，并依赖于现代化的自动化基础架构。使用从过程或资产中收集的数据，工厂人员可以管理日常生产和维护，并在多个站点进行改进。他们可以运营工厂，跟踪生产目标，监控资产运行状况，甚至可以创建方案来确定实施之前的运营变更效果。远程功能的建立还有助于支持已安装的自动化系统、网络和设备，并可以协助开发、部署和测试、培训以及技术移植。

熄灯工厂指采用熄灯生产模式的工厂。采用"熄灯制造"的工厂是完全自动化的，不需要现场人员在场。这些工厂被认为能够"关灯"运行。许多工厂都有熄灯的能力，但很少有工厂采用熄灯生产模式。通常，在计算机数控加工中，需要工人打造能够容纳要制造的零件的模胚并取出完整的零件。随着实现完全自动化所需的技术越来越多，许多工厂开始在轮班之间（或作为单独的轮班）使用无人值守生产来满足不断增长的生产需求或节省劳力。未来，这种自动化概念将变得越来越流行。熄灯工厂可以提高生产率并降低维护成本。熄灯工厂只需要考虑机器人工人，从而最大限度地减少空间和气候控制要求，可以将人工劳动者派遣到单独的位置执行诸如质量保证之类的任务。这样完全为机器人而优化的制造空间，可以大幅度提高生产率。

虚拟工厂并非一个工厂，其是使用工业互联网技术构建的，通过将不同的供应商和联盟合作伙伴聚集在一起，创建一个虚拟网络工厂。该虚拟网络工厂可以单独运行拥有的供应网络。通过这种方式，虚拟制造网络是制造企业 [从原始设备制造商（Original Equipment Manufacturer，OEM）到供应商] 的协作网络，它们通过工业互联网进行连接，以配置、管理和监控制造过程。

许多公司采用了通过虚拟网络获取全球资源的理念，以最大限度地降低其整体运营成本，专注于核心竞争力，并依靠其他具有特定专业知识的公司来接管它们无法自行执行的制造过程的各个部分。虚拟制造网络的演进是动态制造网络，它描述了一个更加灵活、敏捷的制造网络，该网络能够很快被实例化或分解，以满足新兴市场的需求。

未来的虚拟工厂并非简单地将不同的工厂进行信息流的融合，更重要的是依赖数字孪生、虚拟现实、现实增强等技术，将不同的实体工厂在虚拟的数字空间进行整合，变成一个完整的工厂。

虚拟工厂带来生产理念的转变，也促进了无厂房工厂的进一步发展。传统的"无工厂制造"是指企业将部分或全部生产（有时是海外）外包出去的战略决策。这种模式更准确的称呼应该为"OEM制造"。举例来讲，阿迪达斯并没有自己的制造工厂，而将制造工作外包给了其他的制造工厂。所以阿迪达斯所谓的"无工厂制造"，只是"没有自己的工厂的制造"。未来的无厂房工厂跟OEM模式具有很大的差别，其不仅仅是以上那种从商业模式上采用无厂房生产的工厂，而是在虚拟工厂的基础上，利用小型企业、微型企业，对生产任务进行众包。由此，即使没有自己的物理厂房，企业也能利用虚拟工厂连接全球生产资源，真正实现无工厂生产制造。

可以预见未来，全球将是一个大工厂，每个企业的工厂和设备将以"软件定义"的模式呈现。企业管理者和工人只需要在工业互联网平台上操作，便可实现对虚拟工厂中生产资料、生产设备、生产流程的管理。此时，企业价值体系由以制造为中心向以服务为中心转变，即便产品已经交付使用，企业仍可以远程感知产品的运行数据，进而得以分析实时运行状况，为用户提供维修、预警、保养等附加工业服务，并从中产生新的盈利点。

三、从供应链到供应网络

在传统的工业生产中，供应链是产业形态的重要组成部分。传统意义上，供应链是指生产及流通过程中，涉及将产品或服务提供给最终用户活动的上游与下游企业所形成的网链结构。供应链围绕核心企业，从配套零件开始，制成中间产品以及最终产品，最后由销售网络把产品送到消费者手中，将供应商、制造商、分销商直到最终用户连成一个整体。供应链管理的经营理念是从消费者的角度，通过企业间的协作，谋求供应链整体最佳化。成功的供应链管理能够协调并整合供应链中所有的活动，最终成为无缝连接的一体化过程。随着移动通信技术的发展，供应链已经进入了移动时代。移动供应链是利用无线网络实现供应链的技术，将原有供应链系统上的客户关系管理功能迁移到手机，是传统供应链的一个自然扩展。

然而，面对经济全球化时代复杂多变的市场环境，要实现高效率的供应链管理很不容易。其中一个重要原因是市场上每时每刻都出现大量的信息，其中蕴含着丰富的机遇，也预示着不小的风险。但是供应链中的企业往往不能及时、准确地掌握有用的信息，因而在决策时十分茫然，难以做出正确抉择。

工业互联网的发展，正是可以解决传统供应链的不足。随着信息技术的发展和产业不确定性的增加，如今企业间关系很多时候并非简单的上下游关系，而是呈现日益明显的网络化趋势，很多企业跟其他企业之间既是上游关系也是下游关系，同时还伴随一定的竞争关系。举例来讲，华为生产手机芯片，在供应自己使用的前提下，还可以供应给其他手机厂商（如小米、OPPO等），这样华为就是手机厂商的上游企业。华为自己也生产手机，因此跟手机厂商还存在竞争关系。与此同时，华为还为移动运营商提供基站设备，因此跟其他手机厂商还存在一定的协作和下游的关系。此时华为如果还是简单一味地把其他厂商定义为上游、下游企业或者竞争对手，都是不恰当的。

由此，传统的供应链就会转变为更复杂的供应网络。供应链从线性的单链转向非线性的网络结构，即供应网络（Supply Network）。供应网络的概念更加注重围绕产品供需中的生态关系，包括企业、供应商与用户之间的一切供应关系。

四、从产业链到产业网络

传统的产业生态主要采用产业链来描述。产业链是产业经济学中的一个概念，是各个产业部门之间基于一定的技术经济关联，并依据特定的逻辑关系和时空布局关系客观形成的链条式关联关系形态。产业链是一个包含价值链、企业链、供应链和空间链四个维度的概念。其中价值链和供应链两者关系紧密。

产业链分为接通产业链和延伸产业链。接通产业链是指将一定地域空间范围内的断续的产业部门（通常是产业链的断环和孤环形式）借助某种产业合作形式串联起来。延伸产业链则是将一条已存在的产业链尽可能地向上下游拓深延展。产业链向上游延伸一般使得产业链进入到基础产业环节和技术研发环节，向下游拓深则进入到市场拓展环节。产业链的实质就是不同产业的企业之间的关联，而这种产业关联的实质则是各产业中的企业之间的供给与需求的关系。

产业链形成的动因在于产业价值的实现和创造。产业链是产业价值实现和增值的根本途径。任何产品只有通过最终消费才能实现价值的闭环，否则所有中间产品的生产就没有意义。同时，产业链也体现了产业价值的分割。随着产业链的发展，产业价值由在不同部门间的分割转变为在不同产业链节点上的分割。产业链也是为了创造产业价值最大化，它的本质是体现"1+1>2"的价值增值效应。这种增值往往来自产业链的乘数效应，它是指产业链中的某一个节点的效益发生变化时，会导致产业链中的其他关联产业相应地发生倍增效应。产业链价值创造的内在要求是：生产效率≥内部企业生产效率之和（协作乘数效应）；同时，交易成本≤内部企业间的交易成本之和（分工的网络效应）。企业间的关系也能够创造价值。价值链创造的价值取决于该链中企业间的投资。不同企业间的关系将影响它们的投资，并进而影响被创造的价值。通过鼓励企业做出只有在关系持续情况下才有意义的投资，关系就可以创造出价值来。

传统的产业链具有以下几个特点：①产业链的完整性与经济区划紧密相关；②产业链的层次性与区域类型密切相关；③产业链空间分布具有明显指向性。

随着工业互联网的发展，产业链也相应地发展成为产业网络，并从以下几个层面呈现出新的特性。

1. 产业网络的完整性与经济区划松耦合

产业链是相关产业活动的集合，其构成单元是若干具有相关关系的经济活动集合，即产业环或者具体的产业部门；而产业环（产业部门）又是若干从事相同经济活动的企业群体。传统上，从事相似或相同经济活动的企业为实现自身利益最大化，必然努力探寻自身经济活动的优区位。在这种"循优推移"过程中，一方面，产业环（产业部门）的微观构成单位——企业，为了获取集聚经济效益，逐步聚集到适合其发育成长的优区位，即原先分布于各区域的同类企业在优区位实现企业"扎堆"（Clusters）；另一方面，各个产业环（产业部门），为了获取地域产业分工效益，在空间上趋于分散。但以上特性在工业互联网的带动下不再是必需的。企业扎堆的现象，更多的是体现在供应链甚至是供应网络上的，从而最大限度地降低企业物流的成本、人才储备的成本和创新升级的成本。

2. 扁平化产业网络

传统上，产业链是产业环逐级累加的有机统一体，某一链环的累加是对上一环节追加劳动力投入、资金投入、技术投入以获取附加价值的过程，呈现出明显的层次性和区域聚集效果。链环越是下移，其资金密集性、技术密集性越是明显；链环越是上行，其资源加工性、劳动密集性越是明显。由此，欠发达区域与发达区域的类型划分，往往依据的是其在劳动地域分工格局中的专业化分工角色。一般而言，欠发达地区更多地从事资源开采、劳动密集的经济活动，其技术含量、资金含量相对较低，其附加价值率也相对较低；发达地区更多地从事深加工、精加工和精细加工经济活动，其技术含量、资金含量相对较高，其附加价值率也相对较高。因此，区域类型与产业链的层次之间产生了内在的关联关系，欠发达区域一般拥有产业链的上游链环，其下游链环一般则布局在发达区域。然而，工业互联网的发展，大幅度降低了企业资金获取和技术获取的难度。企业间不一定是层次关系。企业的成本更多地聚集在人才、技术创新和能源物流等基础设施上。产业链的层次性，会更多地与人才、资金、基础设施等因素挂钩，呈现出扁平化的趋势。

3. 产业网络空间分布更松散

传统的认知，优区位指向引导产业环或者集中或者分散地布局在不同的经济区位，表现为产业环具有明显的空间指向性。这种空间指向性主要表现为如下方面：第一，资源禀赋指向性，产业环基于对优区位的追求，势必在某种程度上依赖区域的资源禀赋，而后者的空间非集中性引起追逐资源禀赋的产业环的空间分散性。第二，劳动地域分工指向性，劳动地域分工使得各区域具有了自身的专业化生产方向，产业链对专业化分工效益的追求便造成了产业环的空间分散性。第三，区域传统经济活动指向性，区域传统经济活动通常是区域特定资源禀赋和区域经济特色的体现，经济活动的路径依赖性和惯性使得区域在产业链分工中具有深深的烙印。工业互联网发展后的产业网络空间分布会更加松散，跟人才、资金、基础设施等因素结合，空间上分布更松散，以减少传统的大城市病，降低成本。

五、产业链互动

产业链互动是指一定区域内，不同产业链之间通过政府和市场的调节，形成相互间的共同发展。传统的产业链互动主要有以下三种方式。

（1）资源依托型：这主要是对资源富足区域的利用。比如水电资源丰富的区域，可能催生出多个依托水电资源的产业。这就是能源工业和制造业间的基于资源依托型的互动。

（2）物流通道型：某些地区交通不便，缺乏有效的物流通道，而发达地区交通便利。因此交通不便的区域发展对物流要求较低的产业，然后集中性地依托发达地区的物流。

（3）资本连接型：主要依托资本，实现不同产业间的互动。

产业链间的互动主要有四种模式，即产业支撑互动、产业带动互动、产业耦合互动和产业融合互动。工业互联网的发展，必然强化这四种互动模式，从而进一步淡化产业链，强化产业网络。

六、未来工厂与工业平行空间

随着工业互联网核心技术以及新能源、新材料等领域取得新技术突破，虚拟工厂、云工厂等"未来工厂1.0"将纷纷落地，以数字孪生为标志的"未来工厂2.0"也正在兴起。我们可以大胆预测，经过15年左右的发展，工业平行空间将应运而生，"未来工厂3.0"时代即将到来。

从近期发展来看，网络化、柔性化、智能化生产模式将成为趋势，一大批智能产品将会在衣、食、住、行等方面给人类生活带来极大便利，许多传统生产厂商也将完成角色转变和模式重塑。工业互联网将不同的供应商和联盟合作伙伴聚集在一起形成虚拟工厂，通过连接全球生产资源，真正形成无工厂生产制造的模式。数字孪生将在工业互联网中发挥重要作用，使实际生产制造过程实时映射到虚拟平台，实现"现实制造"与"虚拟呈现"的有机融合。用户使用 AR/VR 等计算机视觉技术实时可视化监控生产过程，通过人工智能、区块链等技术的辅助做出决策，再将命令传送回物理世界，由此实现虚拟和现实的无缝融合。

从远期发展来看，工业互联网将在数字孪生的基础上，通过将"人、机、物"各种实体与其数字孪生体高度协同与有机结合，进一步实现工业全场景、全周期的虚实共生与高效协作，构建出工业平行空间。在未来，企业将在工业平行空间里开展研发、生产制造、产品销售与经营管理：①研发阶段，企业汇集来自全球各地的研发者进行产品设计，缩短产品研发周期，降低产品研发成本；②生产制造阶段，现场操作情况将实时展现在虚拟平台中，远程人员可沉浸式地进行实时高效管理；③产品销售阶段，企业可持续跟踪每个产品的使用情况，为客户提供更优质的消费体验；④经营管理阶段，产品的使用情况将通过工业平行空间反馈到企业，帮助企业实时监控市场趋势。对于消费者而言，其购买的物理产品自带连接工业平行空间的数字孪生体，可及时反馈自己的各类消费诉求，以获得与自身需求更加匹配的消费体验。届时，工业互联网发展的红利将通过工业平行空间惠及整个人类社会。

第五节　本章小结

本章对工业互联网的未来发展进行了展望。首先明确了工业互联网发展的总体目标，即"泛在化、协同化、智能化"，然后介绍了实现以上目标的发展思路和发展路径，即开展基础设施建设、构建标识解析体系、搭建工业互联网平台、拓展产业生态和新型应用、落实安全保障体系。在此基础上，进一步明确了工业互联网的发展方向，包括主要的技术研究方向、标准体系建设方向和工业互联网驱动的工程管理。本章进一步对工业互联网的行业应用进行了展望，主要包括在制造业、能源以及交通、医疗、建筑、环卫、安全生产、智能矿山等行业的应用展望。最后，本章描述了工业互联网的发展愿景，从未来的智能产品和生产模式，到产业的"供应网络"、"产业网络"、产业链的互动，再到未来工厂和工业平行空间，都做了一定的展望。

第五章

我国工业互联网发展的相关政策建议

《国务院关于深化"互联网＋先进制造业"发展工业互联网的指导意见》和《工业互联网发展行动计划（2018—2020 年）》等政策发布以来，各界深入实施工业互联网创新发展战略，持续提升工业互联网创新能力，在各地方、各部门、各行业的协同努力下，我国工业互联网产业发展步入快车道。本章首先梳理并给出工业互联网政策制定的指导思想和总体布局，在此基础上从不同维度梳理工业互联网创新发展的政策体系。最后，聚焦工业互联网发展过程中面临的核心问题给出相应的政策建议。

第一节　工业互联网发展的指导思想和总体布局

本节将梳理并给出工业互联网政策制定的指导思想和总体布局。首先，从必要性、可行性、紧迫性三个维度分析工业互联网创新发展的深度背景。

其次，顺应新一轮科技革命和产业变革趋势，立足于我国现实基础和优势特色，系统分析了工业互联网创新发展的战略逻辑。

一、创新发展的深度背景

2008 年金融危机引发全球对产业革命的深刻反思，发达国家试图通过再工业化和高端制造业回归掌握新一轮产业竞争的制高点。以工业互联网为代表的新型生产组织范式成为新一轮产业变革的主攻方向。工业互联网作为数字化转型的关键支撑力量，正在成为全球新一轮科技和产业革命的竞争高地。以美德为首的发达国家虽起步较早，但目前在技术、标准、应用等方面尚未取得系统性突破，国际技术和产业格局尚未成型，这为我国工业互联网加速追赶和力争并跑提供了宝贵的时间窗口。一方面，我国基础设施完善、规模总量领先、产业体系齐备、信息化水平持续提高，这些优势为工业互联网的应用渗透奠定了坚实基础、提供了广阔空间。另一方面，党中央、国务院高度重视工业互联网发展，顶层谋划成为工业互联网发展的根本遵循，工业互联网从概念导入到实践深耕成效显著。

总体来看，我国工业互联网虽起步较晚，但发展迅速，势头强劲，成效显著，整体处于国际先进行列，部分领域进入国际领先行列。但是，与高质量发展的要求相比，与转型升级的迫切需求相比，我国工业互联网发展既存在长期掣肘于我国工业传统领域发展瓶颈的问题，又面临伴随新兴领域发展而出现的新挑战。一是传统瓶颈短期内难以突破。高端通用芯片、传感器自给能力严重不足，工业软件特别是设计仿真等基础软件短板明显，核心算法、机理模型的掌握和积累不足，严重制约我国工业互联网高端化发展。二是部分新兴领域话语权较弱。开源软件是打破传统工业软件格局的重要手段，目前工业互联网的核心开源项目均由国外企业或基金会主导，我国企业很少主导开源项目，大部分企业参与开源项目依然是在"搭便车"。三是资源要素保障依然不足。应用工业互联网前期投入多、回报周期也较长，但企业自有资金有限、外部金融体系支撑力度不足，工业互联网应用部署缺乏必要的资金支持。同时，现有人才队伍也难以满足工业互联网产业发展需要，领军人才与高技能人才紧缺。四是推广应用基础整体偏弱。目前国内企业特别是中小企业生产方式粗放，管理水平较低，尚未完成精益生产改造，工业互联网规模化推广前提尚不具备。为了解决这些问题，我们要强化企业创新主体地位，支持企业增加研发投入，加大对各类所有制企业的创新政策落实力度。

二、创新发展的战略逻辑

《国务院关于深化"互联网＋先进制造业"发展工业互联网的指导意见》印发以来，在各地方、各部门、各行业的共同努力下，我国工业互联网发展成效显著，由概念导入向实践深耕加速推进。取得这些进展的关键在于，一是我国工业互联网顶层设计已经明确，二是各领域支持政策持续完善。本节将系统分析我国工业互联网创新发展的战略逻辑。

党中央、国务院高度重视工业互联网发展。2017—2021年，习近平总书记12次对工业互联网作出重要指示批示，党中央、国务院36次对工业互联网进行战略部署，工业互联网连续5年被写进政府工作报告，工业和信息化部出台了13份文件落实工业互联网创新发展战略，另在31份相关文件中作出部署。

打好政策"组合拳"是重要保障。推动工业互联网创新发展，无前车之鉴，无路径可依，须树立明晰的政策导向，坚定各方信心，多措并举，激发产业活力。习近平总书记多次对工业互联网作出重要指示，凝聚了共识，指明了方向，坚定了信心。2017年《国务院关于深化"互联网＋先进制造业"发展工业互联网的指导意见》正式发布实施，明确了工业互联网的基本概念、重大意义、总体目标、重点任务、政策举措。在工业互联网专项工作组的统筹协调下，2018—2020年工业互联网三年行动计划超预期完成。2017—2020年，工业和信息化部先后出台网络、平台、数据、安全、应用多项政策，实施工业互联网创新发展工程，建设了一大批公共服务平台，形成了一批具有标杆效应的试点示范项目，完成了一批产业示范基地建设，示范引领作用不断增强。我国31个省（自治区、直辖市）出台了地方政策，不断丰富政策工具箱，利用重大技术装备研发、技术改造、智能制造等多种支持方式，推动设立工业互联网产业基金，引导社会资本积极布局。2021—2023年工业互联网三年行动计划，聚焦基础设施、融合应用、技术创新、产业生态、安全保障等五大方面的重点任务，部署了 11 个重点行动和 10 个重点工程，为第二个发展阶段提供了行动指南。

第二节　工业互联网已有的政策体系梳理

目前，我国在工业互联网领域已基本建成"四梁八柱"的政策体系，在关键技术攻关、基础设施建设、产业生态、人才培养、学科建设与资金保障等方面出台了一系列政策措施。

一、关键技术攻关与产业化

在关键技术攻关方面，已有政策推动了工业互联网标识解析关键技术及安全可靠机制研究、新型网络互联的技术研究，以及 5G、软件定义网络等技术在工业互联网中的应用研究。促进了新兴前沿技术在工业互联网中的应用研究与探索。在关键技术产业化方面，已有政策在加快工业互联网关键网络设备产业化，提升产品与解决方案供给能力，推进关键技术产业化工程，开展标识解析产品研发与产业化等方面均做出重要部署。集中形成一批关键软硬件产品与解决方案，构建一批面向不同工业场景的工业数据分析软件与系统以及具有深度学习等人工智能技术的工业智能软件和解决方案，研制一系列具备联网、计算、优化功能的新型智能装备，聚焦重点领域，围绕重点应用场景，实现产业化部署。

二、基础设施与生态体系

在基础建设方面，已有政策在推进标识解析体系建设，加强工业互联网标识解析体系顶层设计，建设和运营国家顶级节点，与各主要标识解析系统实现互联互通；推动标识解析节点等接入高质量外网，利用标识实现跨企业、跨地区、跨行业的产品全生命周期管理，促进在信息资源集成共享等方面做出重要部署。具体措施包括大力推动工业企业内外网建设，推进连接中小企业的专线建设，构建工业互联网网络地图，实施工业互联网企业内网标杆计划，建设工业互联网网络信息模型实验室等。在生态体系方面，已有政策在构建创新体系、构建应用生态、构建企业协同发展体系、构建区域协同发展体系等方面做出重要部署。具体措施包括建设工业互联网创新中心，开展工业互联网产学研协同创新，通过开放平台功能与数据、提供开发环境与工具等方式，广泛汇聚第三方应用开发者，鼓励龙头工业企业利用工业互联网将业务流程与管理体系向上下游延伸，带动中小企业开展网络化改造和工业互联网应用，面向关键基础设施、产业支撑能力等核心要素，形成中央地方联动、区域互补的协同发展机制等。

三、人才发展体系

已有政策在人才培养、人才流通共享、人才激励与评价、人才需求预测等方面做出重要部署。具体措施包括打造工业互联网人才实训基地、培养高端复合型人才，并通过人才引进、人才选拔等方式，不断壮大我国工业互联网人才队伍。畅通高校、科研机构和企业间的人才流动渠道，鼓励通过双向挂职等柔性流动方式加强人才互通共享。畅通技术技能人才职业发展通道，拓展知识、技术、技能和管理要素参与分配途径，完善技术入股、股权期权激励、科技成果转化收益分配等机制。定期发布工业互联网领域人才需求预测报告，编制工业互联网紧缺人才需求目录，建立工业互联网领域未来科技创新领军人才培养体系等。

四、学科建设与学科改革

已有政策在顶层设计、学科建设、需求导向、学科改革等方面做出重要部署。具体措施包括将人才培养、人才引进、人才激励、深化工程教育、加速学科布局建设等列为建设重点，支持复合教学新模式、工程教育新理念的建设和发展，支持高校、科研院所引进工业互联网领域高水平研究型专家，对于专科教育、职业培训，鼓励交叉学科建设，优化技工院校专业设置，支持设立质量研究院、品牌研究院，支持行业协会、专业机构加强专业技能和质量品牌人才培训，继续推动和支持部属高校密码学院建设，实施"卓越工程师教育培养计划 2.0"等。

五、财政支持与金融服务

在财税支持方面，已有政策在落实相关税收优惠和资金补贴等方面做出重要部署。具体措施包括探索"云量贷"服务，鼓励探索税收减免和返还措施，建立减轻企业税费负担的长效机制，通过利用工业转型升级专项资金或推动地方政府出资产业投资基金和创业投资企业支持工业互联网发展，探索采用首购、订购优惠等支持方式鼓励设立工业互联网专项资金、建立风险补偿基金，探索建立产业基金等市场化、多元化资金投入机制，根据企业经营情况及实际建设需求，确定投资规模，明确资金来源，确保资金投入。在金融服务方面，已有政策在融资、信贷扶持、普惠金融、产业链金融服务等方面做出重要部署。具体措施包括支持工业互联网企业在境内外各层次资本市场开展股权融资，积极推动项目收益债、可转债、企业债、公司债等的应用，鼓励银行业金融机构创新信贷产品，探索开发数据资产等质押贷款业务，推进普惠金融体系建设，深化大中型银行普惠金融事业部改革，推动中小银行和非存款类金融机构有序健康发展，延伸产业链金融服务范围，鼓励产业链龙头企业联合金融机构建设产融合作平台，创新面向上下游企业的信用贷款、融资租赁等金融服务，加强资金集约化管理。

第三节　工业互联网创新发展的政策建议

工业互联网是加快促进企业数字化转型的关键支撑和主要引擎。但是，各行各业特点千差万别，企业信息化水平参差不齐，多数企业数字化水平较低，网络化、智能化基础薄弱。因此，不能片面地以工业互联网应用的数量、进度、范围等作为标识采取"运动式"的方式来推进工业互联网的发展，而是要根据行业的实际情况，一业一策地加以推进，成熟一个行业落地一个行业。本节将从技术能力提升、人才结构优化、生态体系构建、完善资金保障四个方面进行阐述。

一、技术能力提升

目前，我国工业互联网关键核心技术依然面临一些问题，一方面，科学研究与产业的技术需求脱节。工业互联网相关技术创新日新月异，关键核心技术相关研究多数是基于理论层面的技术研究，滞后于应用层面的技术创新。另一方面，技术体系聚焦领域相对片面。传统 IT 企业、装备和自动化企业、龙头制造企业对关键核心技术的关注维度不一，缺乏对体系结构和关键技术融合应用的研究。为解决上述问题，应从以下三个方面入手。

一是以"感、联、知、控"为核心、以平台软件为抓手、以安全为保障推动工业互联网基础和应用研究。通过引导领先企业在关键领域的技术研发，推动人工智能、区块链、边缘计算、数字孪生等与工业互联网的融合技术研究，加速创新技术的应用与新型产品的研发，实现融合产品的测试验证与市场化推广。二是依据工厂、企业、产业链三个层级推广典型案例和技术方案。在工厂层，推进工业互联网基础研究科教融合，提升原始理论创新水平，在工业机理模型、先进算法、数据资源上有所积累与突破；在企业层，鼓励工业企业基于工业互联网平台，打造模型与功能可灵活复用的软件、边缘控制器、边缘云与智能网关、过程控制系统等产品，强化设计仿真、工艺优化和技术创新能力；在产业链层，结合产业链全球协同等技术特点和要求，推动建设基于工业互联网的协同研发平台，推动利用区块链的分布式账本结构，提高供应商订单的精确性，加强产品追踪溯源。三是引导工业企业使用符合自身需求和发展目标的工业互联网技术。坚持需求牵引，推进信息技术与工业融合发展，促进工业互联网基础技术理论研究；以技术创新为驱动，打造云端协同的智能网联装备，构建具备实时优化能力的工业控制系统，基本填补我国在工业装备、工业控制系统与工业软件等方面的短板。

二、人才结构优化

目前，我国工业互联网专业人才缺乏已经成为制约我国工业互联网发展的主要瓶颈，通过招聘网站不完全统计，现阶段工业互联网人才的主要来源是社会招聘，校园招聘占比不足 10%。与工业互联网带动新增就业岗位相比，学历教育人才供给远远不能满足新增岗位需求。造成上述情况的原因主要包括：一是普通高等学校缺乏工业互联网专业；二是继续教育虽积极探索工业互联网产业人才培训，但系统性不足；三是工业互联网人才分类培养体系尚未形成。为解决上述问题，应从以下几方面入手。

一是通过优化学科结构，着重培育兼备信息技术和行业领域知识的复合型人才。依托工业互联网产业示范基地建设人才实训基地，针对制造企业和互联网企业的典型课题，组织开展专业技术人才、应用型人才、技能型人才等各类人才的培训，培养适合工业互联网发展需求的复合型人才。二是大力推动计算机人才进入工业企业，用计算思维影响和引领工业发展。充分发挥人才引进政策的作用，鼓励工业企业通过挂职兼职、技术咨询、短期工作、项目合作等方式引进计算机领域的人才，通过计算思维来完成工业数据价值化，拓展计算思维在工业领域的应用边界。三是为工业互联网人才建立可持续的成长机制。深化人才激励机制改革，鼓励企业完善科技人员股权、期权和分红奖励办法，吸引、留住高级技术人才和技术骨干，调动科技人员创新创造的积极性和主动性。加快园区建设，引进大企业、科研机构等，为人才搭建施展才华的事业平台。

三、生态体系构建

一是立足工业实际，深化工业互联网与各细分行业融合应用。面向各行业数字化转型需求，探索基于工业互联网平台的平台化设计、智能化制造、网络化协同、个性化定制、服务化延伸、数字化管理等新模式、新业态的实施路径。二是推动建设跨行业跨领域、面向重点行业和区域、面向特定技术领域的工业互联网平台。打造"综合型－特色型－专业型"工业互联网平台体系，深化工业资源要素集聚，推动行业知识经验在平台沉淀集聚，推动前沿技术与工业机理模型创新融合。三是基于生态视角构建工业互联网商业模式。建立生态合作模式，发挥各行业优势长板，针对不同需求提供更多更有价值的产品及服务，大企业应发挥支撑引领作用，实现大中小企业融通发展。

四、完善资金保障

目前，我国工业互联网发展取得了阶段性成果，但是在产业发展初期，研发和建设投资巨大、产业支撑能力不足、开放融合生态尚未建立，企业"不敢用、不会用、用不起"依然是工业互联网领域面临的最大问题。我国企业特别是中小企业的数字化水平较低，无法承受数字化转型和工业互联网应用的高昂成本，缺乏转型动力。在推进工业互联网普及的过程中存在"政府热、企业冷"的状况，为解决上述问题，应从以下三方面入手。

一是将技术改造资金从针对传统设备、技术的投入转向对产业基础数字化水平提升的投入。进一步推动国家工业互联网大数据中心在全国范围内的体系化建设，构建工业数据资源管理体系，强化工业数据汇聚能力，更好地发挥基于数据的服务能力，夯实产业数字化发展基础。二是确保社会资本流向企业数字化转型的关键领域。进一步加大金融扶持与引导力度，推动工业互联网领域的产融合作持续深化，加大产业基金的引导作用，确保社会资本流向企业数字化转型的关键领域，加大对新技术创新的支持力度。三是强化财税政策引导，推动企业加大数字化转型投入。探索将企业数字化转型经费投入纳入税前加计扣除政策，激励企业加大数字化转型投入；采取后补助方式，对工业企业数字化转型费用按标准予以奖补，统筹监督管理服务券的发放和资金结算；采取购买服务的方式，鼓励中小企业业务系统向云端迁移，推动中小企业数字化转型。

第四节 本 章 小 结

首先，本章系统梳理了工业互联网政策制定的指导思想和总体布局。在深入分析工业互联网创新发展的背景后，系统分析了工业互联网创新发展的战略逻辑。其次，本章在关键技术攻关、基础设施建设、产业生态、人才培养、学科建设与资金保障等方面系统梳理了工业互联网创新发展的政策体系。最后，结合工业互联网在技术能力提升、人才结构优化、生态体系构建和完善资金保障方面面临的问题，提出有针对性的政策建议。

参 考 文 献

边缘计算产业联盟，工业互联网产业联盟 . 2018. 边缘计算与云计算协同白皮书（2018 年）
[OL]. http://www.ecconsortium.org/Uploads/file/20190221/1550718911180625.pdf[2022-
5-16].

工业和信息化部 . 2021. 工业互联网创新发展行动计划（2021—2023 年）[OL]. http://www.
gov.cn/zhengce/zhengceku/2021-01/13/content_5579519.htm[2022-5-16].

工业和信息化部，国家标准化管理委员会 . 2021. 工业互联网综合标准化体系建设指南
（2021 版）[OL]. http://www.gov.cn/zhengce/zhengceku/2021-12/25/5664533/files/9cfdc5ca2c
54436dab4808863ca3f182.pdf[2022-5-16].

工业互联网产业联盟 . 2017. 工业互联网平台白皮书（2017）[OL]. http://www.caict.ac.cn/
kxyj/qwfb/bps/201804/P020180118536136839328.pdf[2022-5-16].

工业互联网产业联盟 . 2018a. 工业互联网平台标准体系框架（版本 1.0）[OL]. http://www.
aii-alliance.org/upload/202003/0302_135657_121.pdf[2022-5-16].

工业互联网产业联盟 . 2018b. 工业互联网网络连接白皮书（版本 1.0）[OL]. http://www.aii-
alliance.org/bps/20200302/843.html[2022-5-16].

工业互联网产业联盟 . 2018c. 工业互联网安全框架 [OL]. http://www.aii-alliance.org/
upload/202002/0228_140108_424.pdf[2022-5-16].

工业互联网产业联盟 . 2020. 工业互联网体系架构（版本 2.0）[OL]. http://www.aii-alliance.
org/upload/202004/0430_162140_875.pdf[2022-5-16].

工业互联网产业联盟 . 2021. 工业互联网标识应用白皮书（2021）[OL]. http://www.aii-
alliance.org/uploads/1/20220109/c994bbd77c6227ed1b08d5affaf78a22.pdf[2022-11-12].

胡琳，杨建军，韦莎，等 . 2021. 工业互联网标准体系构建与实施路径 [J]. 中国工程科学，23(2): 88-94.

李杰，邱伯华，刘宗长，等 . 2017. CPS：新一代工业智能 [M]. 上海：上海交通大学出版社 .

刘云浩 . 2017. 从互联到新工业革命 [M]. 北京：清华大学出版社 .

罗军舟，何源，张兰，等 . 2020. 云端融合的工业互联网体系结构及关键技术 [J]. 中国科学（信息科学），50(2): 195-220.

任语铮，谢人超，曾诗钦，等 . 2019. 工业互联网标识解析体系综述 [J]. 通信学报，40(11): 138-155.

王冲华，李俊，陈雪鸿 . 2019. 工业互联网平台安全防护体系研究 [J]. 信息网络安全，(9): 6-10.

王建民 . 2017. 工业大数据技术综述 [J]. 大数据，3(6): 3-14.

余晓晖，刘默，蒋昕昊，等 . 2019. 工业互联网体系架构 2.0[J]. 计算机集成制造系统，25(12): 2983-2996.

中国电子技术标准化研究院，中国信息物理系统发展论坛 . 2020. 信息物理系统建设指南（2020）[OL]. http://www.cesi.cn/202008/6748.html[2022-5-16].

中国信通院，工业互联网产业联盟 . 2020. 离散制造业边缘计算解决方案白皮书 [OL]. http://www.aii-alliance.org/upload/202004/0430_161704_111.pdf[2022-5-16].

Adib F, Hsu C-Y, Mao H, et al. 2015. Capturing the human figure through a wall[J]. ACM Transactions on Graphics, 34(6): 219:1-219:13.

Adib F, Kabelac Z, Katabi D, et al. 2014. 3D Tracking via body radio reflections[C]// Proceedings of the 11th USENIX Symposium on Networked Systems Design and Implementation (NSDI 2014). Seattle: 317-329.

Agache A, Brooker M, Iordache A, et al. 2020. Firecracker: Lightweight virtualization for serverless applications[C/OL]//Proceedings of the 17th USENIX Symposium on Networked Systems Design and Implementation (NSDI 2020). Santa Clara: 419-434.

Anon F, Navarathinarasah V, Hoang M, et al. 2014. Building a framework for internet of things and cloud computing[C]//Proceedings of the 2014 IEEE International Conference on Internet of Things (iThings 2014). Taipei: 132-139.

Bahl P, Padmanabhan V N. 2000. RADAR: An in-building RF-based user location and tracking system[C]//Proceedings of the 19th Annual Joint Conference of the IEEE Computer and Communications Societies (INFOCOM 2000). Tel Aviv: 775-784.

Bajer M. 2017. Building an IoT data hub with Elasticsearch, Logstash and Kibana[C]// Proceedings of the 2017 5th International Conference on Future Internet of Things and Cloud Workshops (FiCloudW 2017). Prague: 63-68.

Barbalace A, Luchetta A, Manduchi G, et al. 2008. Performance comparison of VxWorks, Linux, RTAI, and Xenomai in a hard real-time application[J]. IEEE Transactions on Nuclear Science, 55(1): 435-439.

Berger H. 2012. Automating with SIMATIC: Controllers, Software, Programming, Data[M]. Paris: Publicis.

Butzin B, Golatowski F, Timmermann D. 2016. Microservices approach for the internet of things[C]//Proceedings of the 2016 IEEE 21st International Conference on Emerging Technologies and Factory Automation (ETFA 2016). Berlin: 1-6.

Celesti A, Amft O, Villari M. 2019. Guest editorial special section on cloud computing, edge computing, internet of things, and big data analytics applications for healthcare industry 4.0[J]. IEEE Transactions on Industrial Informatics, 15(1): 454-456.

Ciritoglu H E, Saber T, Buda T S, et al. 2018. Towards a better replica management for hadoop distributed file system[C]//Proceedings of the 2018 IEEE International Congress on Big Data (BigData Congress 2018). San Francisco: 104-111.

Cisco. 2020. Cisco Annual Internet Report (2018–2023)[OL]. https://www.cisco.com/c/en/us/solutions/collateral/executive-perspectives/annual-internet-report/white-paper-c11-741490.pdf[2022-5-24].

Compton M, Barnaghi P M, Bermudez L, et al. 2012. The SSN ontology of the W3C semantic sensor network incubator group[J/OL]. Journal of Web Semantics, 17: 25-32.

CorporateLeaders, Parametric Technology Corporation. 2018. Digital transformation report[OL]. https://www.ptc.com/en/technologies/plm/digital-transformation-report[2022-5-16].

da Cruz M A, Rodrigues J J, Lorenz P, et al. 2019. A proposal for bridging application layer protocols to HTTP on IoT solutions[J]. Future Generation Computer Systems, 97: 145-152.

Dai W, Nishi H, Vyatkin V, et al. 2019. Industrial edge computing: Enabling embedded intelligence[J]. IEEE Industrial Electronics Magazine, 13(4): 48-56.

De Alwis A A C, Barros A, Polyvyanyy A, et al. 2018. Function-splitting heuristics for discovery of microservices in enterprise systems[C]//Proceedings of the International Conference on Service-Oriented Computing (ICSOC 2018). Zaragoza: 37-53.

DIN, DKE, VDE. 2020. Deutsche normungsroadmap industrie 4.0. (Version 4)[OL]. https://www.

din.de/resource/blob/95954/fef3e0c46a3b5d042f25078c50547f0d/aktualisierte-roadmap-i40-data.pdf[2022-5-16].

Dudley S. 2017. Which asset maintenance strategy should you be using[OL]. https://www.ibm.com/blogs/internet-of-things/asset-maintenance-strategy/[2022-5-16].

Erraissi A, Belangour A, Tragha A. 2018. Meta-modeling of data sources and ingestion big data layers[J]. Smart Application and Data Analysis for Smart Cities (SADASC'18).

Evans P C, Annunziata M. 2012. Industrial internet: Pushing the boundaries of minds and machines [J]. General Electric Reports: 488-508.

Gilad Y, Hemo R, Micali S, et al. 2017. Algorand: Scaling byzantine agreements for cryptocurrencies[C]//Proceedings of the 26th Symposium on Operating Systems Principles (SOSP 2017). Shanghai: 51-68.

Gorraiz J, Melero-Fuentes D, Gumpenberger C, et al. 2016. Availability of digital object identifiers (DOIs) in Web of Science and Scopus[J]. Journal of Informetrics, 10(1): 98-109.

Han B, Gopalakrishnan V, Ji L, et al. 2015. Network function virtualization: Challenges and opportunities for innovations[J]. IEEE Communications Magazine, 53(2): 90-97.

He Y, Lin J, Liu Z, et al. 2018. AutoML for model compression and acceleration on mobile devices[C]//Proceedings of the 15th European Conference on Computer Vision (ECCV 2018). Munich: 815-832.

He Y, Song K, Meng Q, et al. 2020. An end-to-end steel surface defect detection approach via fusing multiple hierarchical features[J]. IEEE Transactions on Instrumentation and Measurement, 69(4): 1493-1504.

Hua Y, Hein B H. 2019. Interpreting OWL complex classes in automationML based on bidirectional translation[C]//Proceedings of the 2019 International Conference on Emerging Technologies and Factory Automation (ETFA 2019). Zaragoza: 79-86.

Industrial Internet Consortium. 2016. Industrial internet of things volume G4: security framework[OL]. https://www.iiconsortium.org/pdf/IIC_PUB_G4_V1.00_PB.pdf[2022-5-16].

Industrial Internet Consortium. 2017. Architecture alignment and interoperability[OL]. http://www.iiconsortium.org/pdf/JTG2_Whitepaper_final_20171205.pdf[2022-5-16].

Industrial Internet Consortium. 2018. The industrial internet of things volume G5: connectivity framework[OL]. https://www.iiconsortium.org/pdf/IIC_PUB_G5_V1.01_PB_20180228.pdf[2022-5-16].

Ioannou A, Weber S. 2016. A survey of caching policies and forwarding mechanisms in information-centric networking[J]. IEEE Communications Survey and Tutorials, 18(4): 2847-2886.

Jiang C, Guo J, He Y, et al. 2020. mmVib: micrometer-level vibration measurement with mmwave radar[C]//Proceedings of the 26th Annual International Conference on Mobile Computing and Networking (MobiCom 2020). London: 45:1-45:13.

Joshi K, Bharadia D, Kotaru M, et al. 2015. WiDeo: Fine-grained device-free motion tracing using RF backscatter[C]//Proceedings of the 12th USENIX Symposium on Networked Systems Design and Implementation (NSDI 2015). Oakland: 189-204.

Kalogeras A P, Rivano H, Ferrarini L, et al. 2019. Cyber physical systems and internet of things: Emerging paradigms on smart cities[C]//Proceedings of the 1st International Conference on Societal Automation (SA 2019). Krakow: 1-13.

Kang Y, Hauswald J, Mars J, et al. 2017. Neurosurgeon: Collaborative intelligence between the cloud and mobile edge[C]//Proceedings of the 22nd International Conference on Architectural Support for Programming Languages and Operating Systems (ASPLOS 2017). Xi'an: 615-629.

Khamis A, Kusy B, Chou C T, et al. 2020. RFWash: a weakly supervised tracking of hand hygiene technique[C]//Proceedings of the 18th ACM Conference on Embedded Networked Sensor Systems (SenSys 2020). Virtual Event: 572-584.

Lee J, Davari H, Singh J, et al. 2018. Industrial artificial intelligence for industry 4.0-based manufacturing systems[J]. Manufacturing Letters, 18: 20-23.

Li C, Li P, Zhou D, et al. 2020. A decentralized blockchain with high throughput and fast confirmation[C/OL]//Proceedings of the 2020 USENIX Annual Technical Conference (ATC 2020): 515-528.

Li J-Q, Yu F R, Deng G, et al. 2017. Industrial internet: A survey on the enabling technologies, applications, and challenges[J]. IEEE Communications Surveys and Tutorials, 19(3): 1504-1526.

Li X, Zhang W, Ding Q. 2019. Cross-domain fault diagnosis of rolling element bearings using deep generative neural networks[J]. IEEE Transactions on Industrial Electronics, 66(7): 5525-5534.

Ling X, Weld D S. 2012. Fine-grained entity recognition[C]//Proceedings of the 26th AAAI Conference on Artificial Intelligence and the 24th Innovative Applications of Artificial Intelligence Conference. vol. 1 (AAAI 2012). Toronto: 94-100.

Long P, Fan T, Liao X, et al. 2018. Towards optimally decentralized multi-robot collision avoidance via deep reinforcement learning[C]//Proceedings of the 2018 IEEE International Conference on Robotics and Automation (ICRA 2018). Brisbane: 6252-6259.

López-Peña M A, Díaz J, Pérez J E, et al. 2020. DevOps for IoT systems: Fast and continuous monitoring feedback of system availability[J]. IEEE Internet of Things Journal, 7(10): 10695-10707.

Mach P, Becvar Z. 2017. Mobile edge computing: A survey on architecture and computation offloading[J]. IEEE Communications Surveys and Tutorials, 19(3): 1628-1656.

Mahnke W, Leitner S-H, Damm M. 2009. OPC Unified Architecture[M]. Berlin: Springer.

Matsunobu Y, Dong S, Lee H, 2020. MyRocks: LSM-tree database storage engine serving Facebook's social graph[J]. The VLDB Endowment, 13(12): 3217-3230.

McKeown N. 2009. Software defined mobile networks[C/OL]//Proceedings of the 10th ACM Interational Symposium on Mobile Ad Hoc Networking and Computing (MobiHoc 2009). New Orleans: 1-2.

Mei H, Guo Y. 2018. Toward ubiquitous operating systems: A software-defined perspective[J/OL]. Computer, 51(1): 50-56.

Mei H. 2017. Understanding "software-defined" from an OS perspective: Technical challenges and research issues[J/OL]. Science China-Information Sciences, 60(12): 126101:1-126101:3.

Mezgár I, Pedone G. 2019. Cloud-based manufacturing (CBM) interoperability in industry 4.0[M]//Technological Developments in Industry 4.0 for Business Applications. IGI Global: 171-198.

Mintz M, Bills S, Snow R, et al. 2009. Distant supervision for relation extraction without labeled data[C]//Proceedings of the Joint Conference of the 47th Annual Meeting of the ACL and the 4th International Joint Conference on Natural Language Processing of the AFNLP (ACL 2009). Singapore: 1003-1011.

Nasar M, Kausar M A. 2019. Suitability of influxdb database for iot applications[J]. International Journal of Innovative Technology and Exploring Engineering, 8(10): 1850-1857.

Nguyen T-S, Huynh T-H. 2016. Experimental study of trilateration algorithms for ultrasound-based positioning system on QNX RTOS[C]//Proceedings of the 2016 IEEE International Conference on Real-time Computing and Robotics (RCAR 2016). Angkor Wat: 210-215.

Pereira I M, Carneiro T, Figueiredo E. 2021. A systematic review on the use of DevOps in internet of things software systems[C]//Proceedings of the 36th Annual ACM Symposium on Applied

Computing (SAC 2021). Virtual Event: 1569-1571.

Plattform Industrie 4.0. 2016. Security in RAMI4.0[OL]. https://www.plattform-i40.de/PI40/
Redaktion/EN/Downloads/Publikation/security-rami40-en.pdf[2022-5-16].

Qian K, Wu C, Yang Z, et al. 2014. PADS: Passive detection of moving targets with dynamic
speed using PHY layer information[C]//Proceedings of the 20th IEEE International Conference
on Parallel and Distributed Systems (ICPADS 2014). Hsinchu: 1-8.

Ren R, Hung T, Tan K C. 2018. A generic deep-learning-based approach for automated surface
inspection[J]. IEEE transactions on cybernetics, 48(3): 929-940.

Sadeghi A-R, Wachsmann C, Waidner M. 2015. Security and privacy challenges in industrial
internet of things[C]//Proceedings of the 2015 52nd ACM/EDAC/IEEE Design Automation
Conference (DAC 2015). San Francisco: 1-6.

Savvides A, Han C-C, Strivastava M B. 2001. Dynamic fine-grained localization in ad-hoc
networks of sensors[C]//Proceedings of the 7th Annual International Conference on Mobile
Computing and Networking (MOBICOM 2001). Rome: 166-179.

Taleb T, Samdanis K, Mada B, et al. 2017. On multi-access edge computing: A survey of the
emerging 5G network edge cloud architecture and orchestration[J]. IEEE Communications
Surveys and Tutorials, 19(3): 1657-1681.

Thramboulidis K, Bochalis P, Bouloumpasis J. 2017. A framework for MDE of IoT-based
manufacturing cyber-physical systems[C]//Proceedings of the 7th international conference on
the internet of things (IOT 2017). Linz: 1-8.

Unver H O. 2013. An ISA-95-based manufacturing intelligence system in support of lean initiatives[J].
The International Journal of Advanced Manufacturing Technology, 65(5-8): 853-866.

Usman Z, Young R I M, Chungoora N, et al. 2011. A manufacturing core concepts ontology
for product lifecycle interoperability[C]//Proceedings of the 3rd International IFIP Working
Conference on Enterprise Interoperability (IWEI 2011). Royal Inst Technol: 5-18.

Wang H, Zhang D, Ma J, et al. 2016. Human respiration detection with commodity WiFi devices: do
user location and body orientation matter?[C]//Proceedings of the 2016 ACM International Joint
Conference on Pervasive and Ubiquitous Computing (UbiComp 2016). Heidelberg: 25-36.

Wang H, Zhang D, Wang Y, et al. 2017. RT-Fall: A real-time and contactless fall detection system
with commodity WiFi devices[J]. IEEE Transactions Mobile Computing, 16(2): 511-526.

Wang J, Wang H. 2019. Monoxide: Scale out blockchains with asynchronous consensus zones[C/
OL]//Proceedings of the 16th USENIX Symposium on Networked Systems Design and

Implementation (NSDI 2019). Boston: 95-112.

Wei T, Zhang X. 2015. mTrack: High-precision passive tracking using millimeter wave radios[C]//Proceedings of the 21st Annual International Conference on Mobile Computing and Networking (MobiCom 2015). Paris: 117-129.

Wu C, Zhang F, Fan Y, et al. 2019. RF-based inertial measurement[C]//Proceedings of the ACM Special Interest Group on Data Communication (SIGCOMM 2019). Beijing: 117-129.

Wu C, Zhang F, Wang B, et al. 2020. mmTrack: Passive multi-person localization using commodity millimeter wave radio[C]//Proceedings of the 39th Annual IEEE International Conference on Computer Communications (INFOCOM 2020). Toronto: 2400-2409.

Wu D, Zhang D, Xu C, et al. 2016. WiDir: walking direction estimation using wireless signals[C]//Proceedings of the 2016 ACM International Joint Conference on Pervasive and Ubiquitous Computing (UbiComp 2016). Heidelberg: 351-362.

Xiao Y, Hoffman J, Xia T, et al. 2020. Multi-Agent/Robot Deep Reinforcement Learning with Macro-Actions (Student Abstract)[C]//Proceedings of the 10th Symposium on Educational Advances in Artificial Intelligence (AAAI 2020). New York: 13965-13966.

Xu Y, Mou L, Li G, et al. 2015. Classifying relations via long short term memory networks along shortest dependency paths[C]//Proceedings of the 2015 Conference on Empirical Methods in Natural Language Processing (EMNLP 2015). Lisbon: 1785-1794.

Zhang L, Wang C, Ma M, et al. 2020b. WiDIGR: Direction-independent gait recognition system using commercial Wi-Fi devices[J]. IEEE Internet of Things Journal, 7(2): 1178-1191.

Zhang Y, Qian Y, Yao Y, et al. 2020a. Learning to cooperate: application of deep reinforcement learning for online AGV path finding[C]//Proceedings of the 19th International Conference on Autonomous Agents and MultiAgent Systems (AAMAS). Auckland: 2077-2079.

Zhao Z, Barijough K M, Gerstlauer A. 2018. DeepThings: Distributed adaptive deep learning inference on resource-constrained IoT edge clusters[J]. IEEE Transactions on Computer-Aided Design of Integrated Circuits and Systems, 37(11): 2348-2359.

Zheng X, Wang J, Shangguan L, et al. 2016. Smokey: Ubiquitous smoking detection with commercial WiFi infrastructures[C]//Proceedings of the 35th Annual IEEE International Conference on Computer Communications (INFOCOM 2016). San Francisco: 1-9.

Zheng Y, Zhang Y, Qian K, et al. 2019. Zero-effort cross-domain gesture recognition with Wi-Fi[C]//Proceedings of the 17th Annual International Conference on Mobile Systems, Applications, and Services (MobiSys 2019). Seoul: 313-325.

缩 略 词 表

缩写	全名	释义
2G	2-Generation Wireless Telephone Technology	第二代手机通信技术规格
3G	3rd Generation Mobile Communication Technology	第三代移动通信技术
3GPP	3rd Generation Partnership Project	第三代合作伙伴计划
4G	4th Generation Mobile Communication Technology	第四代移动通信技术
5A	BAS、OAS、FAS、SAS、CAS	BAS 楼宇自动化系统、OAS 办公自动化系统、FAS 火灾自动报警系统、SAS 安全自动化系统、CAS 通信自动化系统
5C	Connection, Conversion, Cyber, Cognition, Configuration	连接、转换、网络、认知、配置
5G	5th Generation Mobile Communication Technology	第五代移动通信技术
5G-ACIA	5G Alliance for Connected Industries and Automation	工业互联与自动化 5G 联盟
6G	6th Generation Mobile Networks	第六代移动通信技术
ACM	Association for Computing Machinery	国际计算机学会
AGV	Automated Guided Vehicle	自动导引车
AI	Artificial Intelligence	人工智能
AMQP	Advanced Message Queuing Protocol	高级消息队列协议
AoA	Angle of Arrival	到达角
AoD	Angle of Departure	出发角

缩写	全名	释义
API	Application Programming Interface	应用程序接口
APP	Application	应用软件
APS	Advanced Planning and Scheduling	高级计划与排程
APT	Advanced Persistent Threat	高级可持续性攻击
AR	Augmented Reality	增强现实
ARS	Additional Resolution Services	附加解析服务
AT&T	American Telephone and Telegraph	美国电话电报公司
ATI	Accelerated Technology Industry	加速技术公司
AVB	Ethernet Audio Video Bridging	以太网音视频桥接技术
BAS	Building Automation System	楼宇自动化系统
BI	Business Intelligence	商务智能
BIM	Building Information Model	建筑信息模型
BLER	Block Error Rate	块差错率
BVP	Blood Volumn Pulse	血容积脉冲
C2M	Customer-to-Manufacturer	用户直连制造
CAD	Computer Aided Design	计算机辅助设计
CAII	China Academy of Industrial Internet	中国工业互联网研究院
CAM	Computer Aided Manufacturing	计算机辅助制造
CAPP	Computer-Aided Process Planning	计算机辅助工艺规划
CAS	Communication Automation System	通信自动化系统
CAX	Computer Aided X	计算机辅助设计软件
CCD	Charge Couple Device	电荷耦合器件
CCID	China Center for Information Industry Development	中国电子信息产业发展研究院
CC-Link	Control & Communication Link	控制与通信链路系统
CDN	Content Delivery Network	内容分发网络
CEO	Chief Executive Officer	首席执行官
CESMII	Clean Energy Smart Manufacturing Innovation Institute	清洁能源智能制造创新研究所
CFM	CFM International	国际发动机公司
CMOS	Complementary Metal Oxide Semiconductor	互补金属氧化物半导体
CNC	Computerised Numerical Control Machine	计算机数字控制机床
CNN	Convolutional Neural Networks	卷积神经网络

缩写	全名	释义
CNRI	Corporation for National Research Initiatives	国家研究计划
CoAP	Constrained Application Protocol	约束应用协议
CPS	Cyber-Physical Systems	信息物理系统
CPU	Central Processing Unit	中央处理器
CRM	Customer Relationship Management	客户关系管理
CSI	Channel State Information	信道状态信息
CSTR	China Science and Technology Resource	中国科技资源
CT	Computed Tomography	计算机断层扫描
DAG	Directed Acyclic Graph	有向无环图
DApp	Decentralized Application	分散式应用
DARPA	Defense Advanced Research Projects Agency	美国国防高级研究计划局
DCS	Distributed Control System	分散控制系统
DDoS	Distributed Denial of Service	分布式拒绝服务
DDS	Data Distribution Service	数据分发服务
DDSI-RTPS	Real-time Publish Subscribe Protocol DDS Interoperability Wire Protocol	数据分发服务实施互操作性（标准化）协议
DEI	Digitizing European Industry	数字化欧洲工业
DetNet	Deterministic Networking	确定性网络
DevOps	Development & Operations	开发运维一体化，过程、方法与系统的统称
DFS	Doppler Frequency Shift	多普勒频移
DNS	Domain Name System	域名系统
DO	Digital Object	数字对象
DOA	Data Oriented Architecture	数字对象体系架构
DOIP	Digital Object Interface Protocol	数字对象接口协议
DoS	Denial of Service	拒绝服务
DSSA	Distributed System Security Architecture	分布式系统安全体系结构
Ecode	Entity Code	物联网统一标识
EPC	Electronic Product Code	产品电子代码
ERP	Enterprise Resource Planning	企业资源计划
ESB	Enterprise Services Bus	企业服务总线
EtherCAT	Ethernet for Control Automation Technology	以太网控制自动化技术

缩写	全名	释义
EtherNet/IP	EtherNet/Industrial Protocol	工业以太网通信协定
FAS	Automatic Fire Alarm System	火灾自动报警系统
FCS	Fieldbus Control System	现场总线控制系统
FES	Flight Efficiency Services	飞行效率服务
FM-CW	Frequency Modulated Continuous-Wave	调频连续波
FREEDM	The Future Renewable Electric Energy Delivery and Management	未来可再生电能传输与管理
GE	General Electric Company	通用电气公司
GEI	Global Energy Interconnection	全球能源互联网
GHR	Global Handle Registry	全球 Handle 注册
GS1	Global Standard 1	由美国统一代码委员会于 1973 年创建的全球统一编码标识系统
GSMA	Global System for Mobile Communications Association	全球移动通信系统协会
HARQ	Hybrid Automatic Repeat Request	混合自动重传请求
HART	Highway Addressable Remote Transducer	可寻址远程传感器高速通道
HaRTES	The Hard Real-Time Switch Architecture	硬实时交换体系结构
HCPS	Human-Cyber-Physical Systems	人－信息－物理系统
HCS	Human-Cyber Systems	人－信息系统
HDFS	Hadoop Distributed File System	Hadoop 分布式文件系统
HMI	Human Machine Interface	人机界面
HPS	Human-Physical Systems	人－物理系统
HTTPS	Hypertext Transfer Protocol Secure	超文本传输安全协议
HVAC	Heating, Ventilation and Air Conditioning	供热通风与空气调节
IaaS	Infrastructure as a Service	基础设施即服务
IATF	Information Assurance Technical Framework	信息保障技术框架
IBM	International Business Machines Corporation	国际商业机器公司
ICT	Information and Communication Technology	信息与通信技术
ID	Identity Document	身份标识号
IDS	Intrusion Detection System	入侵检测系统
IEC	International Electrotechnical Commission	国际电工委员会

缩写	全名	释义
IEEE	Institute of Electrical and Electronics Engineers	电气与电子工程师协会
IETF	Internet Engineering Task Force	因特网工程任务组
IIC	Industrial Internet Consortium	工业互联网联盟
IICF	Industrial Internet of Things Connectivity Framework	工业互联网连接框架
IIoT	Industrial Internet of Things	工业物联网
IIRA	Industrial Internet Reference Architecture	工业互联网参考架构
IISF	Industrial Internet of Things Security Framework	工业物联网安全架构
IMU	Inertial Measurement Unit	惯性测量单元
IoE	Internet of Everything	万物互联
IoT	Internet of Things	物联网
IP	Internet Protocol	网际协议
IPC	Industrial Personal Computer	工控机
IPng	IP Next-Generation	下一代因特网协议
IPv4	Internet Protocol Version 4	第 4 版互联网协议
IPv6	Internet Protocol Version 6	第 6 版互联网协议
IRP	Identifier/Resolution Protocol	标识 / 解析协议
ISA	International Society of Automation	国际自动化协会
ISLI	International Standard Link Identifier	国际标准关联标识符
ISO	International Organization for Standardization	国际标准化组织
IT	Information Technology	信息技术
ITU	International Telecommunication Union	国际电信联盟
IVI	Industrial Value Chain Initiative	日本工业价值链促进会
IVRA-Next	Industrial Value Chain Reference Architecture-Next	日本新一代工业价值链参考架构
I/O	Input/Output	输入 / 输出
JIT	Just-in-Time	准时生产
JTAG	Joint Test Action Group	联合测试工作组
KPI	Key Performance Indicator	关键绩效指标

缩写	全名	释义
LCD	Liquid Crystal Display	液晶显示器
LHS	Local Handle Services	本地句柄服务
LoRa	Long Range Radio	远距离无线电
LPWAN	Low-Power Wide-Area Network	低功率广域网络
LSB	Least Significant Bit	最低有效位
LSM Tree	Log-Structure Merge Tree	日志结构合并树
LSTM	Long Short-Term Memory	长短期记忆
LTE	Long Term Evolution	长期演进
M2M Devices	Machine to Machine Devices	机器对机器设备
MAC layer	Media Access Control Layer	媒体接入控制层
MemBank	Memory Bank	存储体
MEMS	Micro-Electro-Mechanical System	微型机电系统
MES	Manufacturing Execution System	制造执行系统
mmWave	Millimeter Wave	毫米波
MQTT	Message Queuing Telemetry Transport	消息队列遥测传输
MR	Magnetic Resonance	磁共振
MRO	Maintenance, Repair and Operations	工业品超市
MSB	Most Significant Bit	最高有效位
NFC	Near Field Communication	近场通信
NIOT	National Internet of Things	国家物联网
OAS	Office Automation System	办公自动化系统
OEM	Original Equipment Manufacturer	原始设备制造商
OFDM	Orthogonal Frequency Division Multiplexing	正交频分复用
OID	Object Identifier	对象标识符
OLE	Object Linking and Embedding	对象链接与嵌入
oneM2M	one Machine to Machine	机器对机器通信的技术规格
OPC	OLE for Process Control	对象链接与嵌入的过程控制
OPC UA	OLE for Process Control Unified Architecture	用于过程控制的对象链接与嵌入统一架构
OS	Operating System	操作系统
OSI	Open System Interconnection	开放系统互连
OT	Operational Technology	运营技术

缩写	全名	释义
P2DR	Policy Protection Detection Response	策略、防护、检测、响应
P2P	Peer-to-Peer	对等网络
PaaS	Platform as a Service	平台即服务
PB	Petabyte	拍字节
PC	Personal Computer	个人计算机
PON	Passive Optical Network	无源光网络
PDCP	Packet Data Convergence Protocol	分组数据汇聚协议
PDM	Product Data Management	产品数据管理
PLC	Programmable Logic Controller	可编程逻辑控制器
PLM	Product Lifecycle Management	产品生命周期管理
PROFIBUS	Process Field BUS	过程现场总线
PROFINET	Process Field Net	过程现场网络
PTC	Parametric Technology Corporation	美国参数技术公司
QIS	Quality Information System	质量信息系统
QNX	Quick UNIX	操作系统
QoS	Quality of Service	服务质量
RAMI	Reference Architecture Model Industrie	参考架构模型
Redis	Remote Dictionary Server	远程字典服务
ResNet	Residual Network	残差网络
REST	Representational State Transfer	表述性状态迁移
RFID	Radio Frequency Identification	射频识别
RLC	Radio Link Control	无线链路控制
RNN	Recurrent Neural Network	循环神经网络
RPC	Remote Procedure Call	远程过程调用
RSKM	Risk Management	风险管理
RSSI	Received Signal Strength Indicator	接收的信号强度指示
RTOS	Real Time Operating System	实时操作系统
RTU	Remote Terminal Unit	远程终端单元
SaaS	Software as a Service	软件即服务
SAC	Standardization Administration	国家标准化管理委员会
SARA	Situation Awareness Reference Architecture	态势感知参考架构

缩写	全名	释义
SAS	Security Automation System	安全自动化系统
SBU	Strategic Business Unit	战略业务单元
SCADA	Supervisory Control and Data Acquisition	数据采集与监控
SCM	Supply Chain Management	供应链管理
SDN	Software Defined Network	软件定义网络
SDX	Software Defined Everything	软件定义一切
SIS	Supervisory Information System at Plant Level	厂级监控信息系统
SOA	Service-Oriented Architecture	面向服务的架构
SoS	System of System	系统的系统
SRM	Supplier Relationship Management	供应商关系管理
SSL	Secure Sockets Layer	安全套接字协议
SWG I4.0	Sino-German Company Industrie 4.0 and Intelligent Manufacturing Working Group	中德智能制造合作企业对话工作组
S/A	Sensor/Actuator	传感器/激活器
TAS	Time Aware Shaper	时间感知整形器
TB	Terabyte	太字节
TCP	Transmission Control Protocol	传输控制协议
TID	Tag Identifier	标签识别号
TLS	Transport Layer Security	传输层安全协议
ToF	Time of Flight	飞行时间
TSN	Time Sensitive Networking	时间敏感网络
TTEthernet	Time-Triggered Ethernet	时间触发以太网
UART	Universal Asynchronous Receiver/Transmitter	通用异步收发传输器
UDP	User Datagram Protocol	用户数据报协议
UHF	Ultra High Frequency	特高频
UICC	Universal Integrated Circuit Card	通用集成电路卡
UID	Ubiquitous ID	泛在识别
UPF	User Plane Function	用户面功能
URLLC	Ultra-Reliable and Low Latency Communications	高可靠低时延通信

缩写	全名	释义
USB	Universal Serial Bus	通用串行总线
UWB	Ultra-Wide Band	超宽带
vFW	virtual Fire Wall	虚拟防火墙
VGG	Visual Geometry Group Network	视觉几何群网络
VLAN	Virtual Local Area Network	虚拟局域网
vLB	virtual Load Balancer	虚拟负载均衡器
VolP	Voice over Internet Protocol	IP 电话
VPN	Virtual Private Network	虚拟专用网络
VR	Virtual Reality	虚拟现实
VRF	Verifiable Random Function	可验证随机函数
VRP	Virtual Reality Platform	虚拟现实平台
Web	World Wide Web	万维网
WG	Working Group	标准工作组
WIA	Wireless Networks for Industrial Automation	工业无线网络
WiFi	Wireless Fidelity	无线保真
WinC	Windows Control Center	视窗控制中心
WLAN	Wireless Local Area Network	无线局域网
WMS	Warehouse Management System	仓库管理系统
XMPP	Extensible Messaging and Presence Protocol	可扩展通信和表示协议
XSF	XMPP Standard Foundation	XMPP 标准基金会

关键词索引